权威·前沿·原创

皮书系列为
"十二五""十三五"国家重点图书出版规划项目

BLUE BOOK

智库成果出版与传播平台

河北蓝皮书

BLUE BOOK OF HEBEI

河北省社会科学院 河北省文化和旅游厅／研创

河北旅游发展报告（2020）

ANNUAL REPORT ON TOURISM DEVELOPMENT OF HEBEI (2020)

主　　编／康振海　那书晨
执行主编／史广峰
副 主 编／王玉成　郭　伟　邸明慧　白翠玲　姚丽芬

社会科学文献出版社
SOCIAL SCIENCES ACADEMIC PRESS (CHINA)

图书在版编目(CIP)数据

河北旅游发展报告.2020／康振海，那书晨主编
——北京：社会科学文献出版社，2020.7
（河北蓝皮书）
ISBN 978-7-5201-6525-9

Ⅰ.①河… Ⅱ.①康… ②那… Ⅲ.①地方旅游业-
旅游业发展-研究报告-河北-2020 Ⅳ.①F592.722

中国版本图书馆CIP数据核字（2020）第060049号

河北蓝皮书
河北旅游发展报告（2020）

主　　编／康振海　那书晨
执行主编／史广峰
副　主　编／王玉成　郭　伟　邸明慧　白翠玲　姚丽芬

出　版　人／谢寿光
责任编辑／高振华
文稿编辑／李帅磊

出　　版／社会科学文献出版社·城市和绿色发展分社（010）59367143
　　　　　地址：北京市北三环中路甲29号院华龙大厦　邮编：100029
　　　　　网址：www.ssap.com.cn
发　　行／市场营销中心（010）59367081　59367083
印　　装／天津千鹤文化传播有限公司
规　　格／开　本：787mm×1092mm　1/16
　　　　　印　张：26.25　字　数：393千字
版　　次／2020年7月第1版　2020年7月第1次印刷
书　　号／ISBN 978-7-5201-6525-9
定　　价／128.00元

本书如有印装质量问题，请与读者服务中心（010-59367028）联系

▲ 版权所有 翻印必究

《河北旅游发展报告（2020）》编辑委员会

主　　任　康振海　那书晨

副 主 任　翟玉虎　彭建强　焦新旗

委　　员　王文录　王亭亭　王建强　王艳宁　田苏苏
　　　　　史广峰　李鉴修　陈　璐　程珺红　穆兴增
　　　　　李　英　丰春雷　王进军　任海峰　李昌强

主　　编　康振海　那书晨

执行主编　史广峰

副 主 编　王玉成　郭　伟　邸明慧　白翠玲　姚丽芬

主编简介

康振海 1982年毕业于河北大学哲学系，获哲学学士学位；1987年9月至1990年7月在中央党校理论部中国现代哲学专业学习，获哲学硕士学位。曾任河北省委宣传部副部长；现任河北省社会科学院党组书记、院长，河北省社科联第一副主席。主持完成多项国家级、省部级课题，在重要报刊和出版社发表、出版论著多篇（部）。

那书晨 满族、河北工业大学管理学博士，现任河北省委宣传部副部长、省文化和旅游厅党组书记、厅长。曾任河北省人民政府副秘书长、省政府应急办主任，河北省旅游发展委员会党组书记、主任。

摘　要

《河北旅游发展报告（2020）》是由河北省社会科学院与河北省文化和旅游厅共同组织编写的一部全景式反映河北旅游发展的蓝皮书。2019年，河北省社会科学院实施哲学社会科学创新工程，在河北省社会科学院旅游研究中心的基础上，吸收省内外旅游学界及业界专家学者组建"旅游经济研究创新团队"，围绕河北省旅游发展重大理论问题和现实问题，加强应用对策性研究，经与河北省文化和旅游厅研究，决定自2019年起按年度编撰《河北旅游发展报告》（蓝皮书），推出一批高质量的旅游理论研究成果，为河北省旅游产业发展提供智库支持。

本书包括总报告、市场发展篇、行业发展篇、区域发展篇、年度热点篇、创新发展篇6个板块，力图紧扣河北省旅游业发展脉络，客观展示河北省旅游业发展轨迹，科学预判河北省旅游业发展前景，为政府决策及行业发展提供借鉴和参考。

总报告回顾总结了2019年河北旅游年度发展情况，梳理了存在的问题，进而研判未来发展形势，为2020年河北旅游业高质量发展提供思路借鉴和理论指导。市场发展篇从国内、国际两个方面对河北省旅游市场进行了分析与展望。行业发展篇从旅游景区、旅行社业、旅游饭店业、旅游新业态、旅游公共服务体系五个维度对河北省旅游行业发展进行了综合研究。区域发展篇分别对河北省坝上地区、大运河文化带、环渤海地区、环首都区域、燕山—太行山地区、长城文化带、冀中南地区进行了分析总结。年度热点篇对新时期河北省全域旅游创新建设、旅游供给侧结构性改革、京津冀城镇居民旅游消费、河北冰雪旅游发展等问题进行了梳理和反思。创新发展篇以承德中国马镇、唐山花乡果巷、河北省

红色旅游协会为例,分别对河北省旅游业态创新、乡村振兴、红色研学等问题进行实证研究,推广创新经验,以期发挥示范借鉴作用。

关键词： 河北旅游　跨境旅游　文旅融合　旅游品牌

Abstract

Annual Report on Tourism Development of Hebei (2020) is an annual blue book jointly formulated by Hebei Provincial Academy of Social Sciences and Hebei Provincial Bureau of Culture and Tourism, which panoramically reflects tourism development in Hebei province. In 2019, Hebei Provincial Academy of Social Sciences implemented innnovated project on philosophy and social sciences. The project, based on the tourism research center of Hebei Provincial Academy of Social Sciences, established "Tourism economy research and innovation team" by absorbing experts and scholars in tourism academic circle and industry in Hebei and other provinces. Focusing on major theoretical and practical problem in tourism development in Hebei province, application countermeasure research was strengthened. With joint research with Hebei Provincial Bureau of Culture and Tourism, a decision was made that Hebei Tourism Development Report blue book should be formulated annually as of 2019, which would launch a batch of quality research fruits on tourism theory, providing wise tank for tourism development in Hebei province.

The book is composed of six parts: general report, reports of market development, reports of industrial development, reports of regional development, hot spot of the year, reports of innovation and development, including one general report and twenty two special reports. The book, closely following tourism development framework, shows the track of tourism development in Hebei province objectively, and scientifically predicts prospect of tourism development in Hebei province, providing experience and reference for government decision-making and industrial development.

The general report reviews and summarizes the annual development of tourism in Hebei Province in 2019, sorts out the existing problems, and then studies and judges the future development, so as to provide ideas and theoretical guidance for the high-quality development of tourism in Hebei Province in 2020. The chapter of market development analyzes and forecasts the tourism market of Hebei Province from domestic and international aspects. In the chapter of industrial development, a comprehensive study on the development of tourism industry in Hebei Province is carried out from five dimensions: scenic spots, travel agencies, tourism hotels, new tourism formats and tourism public service system. In the chapter of regional development, the Bashang region, the Grand Canal cultural belt, the Bohai Sea Rim region, the capital rim region, the Yanshan-Taihang Mountain region, the Great Wall cultural belt and the central and Southern Hebei region are analyzed and summarized. Chapter of annual hot spot sorts out and reflects on such issues as the development of tourism innovation in whole Hebei region, the structural reform of tourism supply side, the planning of tourism industry cluster in Xiong'an new area, the tourism consumption of urban residents in Beijing, Tianjin and Hebei, and the development of ice and snow tourism in Hebei in new era. In the chapter of enterprise innovation, taking Chengde China Horse Town, Tangshan Flower Township and Fruit Alley and Hebei Red Tourism Association as examples, the book respectively conducts empirical research on the innovation of tourism industry, rural revitalization, red research and other issues in Hebei Province, and promotes the innovation experience, in order to play a role of demonstration and reference.

Keywords: Tourism in Hebei; Cross-border Tourist; Integration of Culture and Tourism; Tourism Brand

目 录

Ⅰ 总报告

B.1 2019~2020年河北省旅游业发展形势分析与展望
.... 史广峰 邢慧斌 佟 薇 / 001

Ⅱ 市场发展篇

B.2 2019~2020年河北省国内旅游市场分析与展望 .... 姚丽芬 / 032

B.3 2019~2020年河北省入境旅游市场分析与展望
.... 王丽平 魏如翔 / 050

Ⅲ 行业发展篇

B.4 2019~2020年河北省旅游景区发展报告
.... 梁 军 李晨静 商 哲 郑红娟 / 071

B.5 2019~2020年河北省旅行社业发展报告
.... 孙中伟 梁 军 贺军亮 / 097

B.6 2019~2020年度河北省旅游饭店行业发展报告

马育倩　左晓丽　马　飒　陆相林

……………… 田玉龙　周德胜　李昌强 / 120

B.7 2019~2020年河北省旅游新业态发展报告

……………… 王聚贤　徐晓红　栗惠英　杨朝晖 / 148

B.8 2019~2020年河北省旅游公共服务体系发展报告

……………… 贺军亮　田建文　梁　军 / 172

Ⅳ 区域发展篇

B.9 坝上地区旅游业发展报告

……………… 白美丽　张利娟　张冬霞　安树伟　王瑞娟 / 182

B.10 大运河文化带（河北段）旅游业发展报告 ……………… 李志勇 / 196

B.11 环渤海地区旅游业发展报告

……………… 逯宝峰　李凌雁　王翠青　孙洪杰

杜苏悦　白　娜　张姝琳 / 210

B.12 环首都区域旅游业发展报告 ……………… 蒋清文 / 225

B.13 燕山—太行山地区旅游业发展报告 ……………… 张　葳 / 239

B.14 长城文化带旅游发展报告 ……………… 白翠玲 / 252

B.15 冀中南地区旅游产业发展报告 ……………… 陈　胜 / 270

Ⅴ 年度热点篇

B.16 新时期河北省全域旅游创建与创新对策研究

……………… 史广峰　杨玉霞 / 286

B.17 文旅融合发展下河北旅游供给侧改革现状与对策

……………… 白美丽　任　亮　安树伟　王瑞娟 / 303

B.18 京津冀协同发展背景下城镇居民旅游消费行为研究
………………………………………………… 李　晓 / 318
B.19 冬奥背景下河北冰雪旅游发展现状与展望 …… 从佳琦　刘　斌 / 336

Ⅵ　创新发展篇

B.20 河北省旅游新业态项目实证研究
——以中国马镇为例 ………………………………… 王　强 / 355
B.21 河北省乡村振兴的旅游创新实践研究
——以"迁西县花乡果巷"为例 …………… 史广峰　姚聪润 / 370
B.22 河北省红色研学旅行创新发展研究 …………………… 徐平海 / 383

皮书数据库阅读**使用指南**

CONTENTS

I General Report

B.1 Analysis and Prospect of Tourism Development in Hebei Province from 2019 to 2020 *Shi Guangfeng, Xing Huibin and Tong Wei* / 001

II Reports of Market Development

B.2 Analysis and Prospect of Domestic Tourism Market in Hebei Province from 2019 to 2020 *Yao Lifen* / 032

B.3 Analysis and Prospect of International Tourism Market in Hebei Province from 2019 to 2020 *Wang Liping, Wei Ruxiang* / 050

III Reports of Industrial Development

B.4 Report on the Development of Tourist Attractions in Hebei Province from 2019 to 2020 *Liang Jun, Li Chenjing, Shang Zhe and Zheng Hongjuan* / 071

B.5 Report on the Development of Travel Agency Industry in Hebei Province from 2019 to 2020 *Sun Zhongwei, Liang Jun and He Junliang* / 097

B.6　Report on Development of Tourism Hotel Industry in Hebei
　　　Province from 2019 to 2020　　　　　*Ma Yuqian, Zuo Xiaoli, Ma Sa,*
　　　　　　Lu XiangLin, Tian Yulong, Zhou Desheng and Li Changqiang / 120

B.7　Report on the Development of New Tourism Formats in Hebei
　　　Province from 2019 to 2020
　　　　　　Wang Juxian, Xu Xiaohong, Li Huiying and Yang Zhaohui / 148

B.8　Report on the Development of Tourism Public Service System in
　　　Hebei Province from 2019 to 2020
　　　　　　He Junliang, Tian Jianwen and Liang Jun / 172

IV Reports of Regional Development

B.9　Annual Report on the Development of Tourism in Bashang Area
　　　　Bai Meili, Zhang Lijuan, Zhang Dongxia, An Shuwei and Wang Ruijuan / 182

B.10　Annual Report on the Development of Tourism in the Grand
　　　　Canal Cultural Belt (Hebei Section)　　　　　*Li Zhiyong* / 196

B.11　Annual Report on the Development of Tourism in Bohai Sea Rim
　　　　Lu Baofeng, Li Lingyan, Wang Cuiqing, Sun Hongjie, Du Suyue Bai Na and Zhang Shulin / 210

B.12　Annual Report on the Development of Tourism Around the Capital
　　　　　　Jiang Qingwen / 225

B.13　Annual Report on Tourism Development in Yanshan Taihang
　　　　Mountain Area　　　　　*Zhang Wei* / 239

B.14　Annual Report on Tourism in Great Wall Cultural Belt
　　　　　　Bai Cuiling / 252

B.15　Annual Report on the Development of Tourism Industry in Central
　　　　and Southern Hebei Province　　　　　*Chen Sheng* / 270

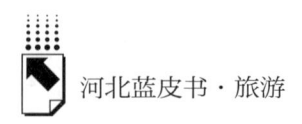

V Hot Spot of the Year

B.16　Research on the Establishment and Innovation of Tourism in the Whole Hebei Province in New Era　　*Shi Guangfeng, Yang Yuxia* / 286

B.17　Current Situation and Countermeasures of Tourism Supply Side Reform in Hebei with the Integration of Culture and Tourism
　　　　　　Bai Meili, Ren Liang, An Shuwei and Wang Ruijuan / 303

B.18　Study on the Tourism Consumption Behavior of Urban Residents under the Background of Coordinated Development of Beijing, Tianjin and Hebei　　*Li Xiao* / 318

B.19　Current Situation and Prospect of Ice and Snow Tourism in Hebei Province under the Background of Winter Olympics
　　　　　　Cong Jiaqi, Liu Bin / 336

VI Reports of Innovation and Development

B.20　An Empirical Study on New Industry Projects in Hebei Province
　　—*Taking China Horse Town as Example*　　*Wang Qiang* / 355

B.21　Study on the Practice of Rural Revitalization and Innovation in Hebei Province
　　—*Taking "Flower Township and Fruit Alley in Qianxi County" as example*
　　　　　　Shi Guangfeng, Yao Congrun / 370

B.22　Research on Innovation and Development of Red Research Travel in Hebei Province　　*Xu Pinghai* / 383

总 报 告
General Report

B.1

2019~2020年河北省旅游业发展形势分析与展望

史广峰　邢慧斌　佟薇*

摘　要： 2019年，河北省旅游业稳步发展，旅游产业结构不断优化，全域旅游创建成绩斐然，旅游公共服务日臻完善，区域协同效应逐渐凸显，旅发大会带动作用持续提升。2020年，受新冠肺炎疫情的影响，河北省旅游业将会受到较大冲击，应科学评估、积极应对风险，继续深化旅游供给侧改革，培育旅游经济新动能，推进文旅融合，激发投资热度，激活消费潜能，探索旅游治理新机制，切实推动河北省旅游业高质量发

---

* 史广峰，河北省社会科学院旅游研究中心副教授，博士，主要研究方向为旅游规划、旅游管理；邢慧斌，河北大学旅游管理系主任，教授，博士，主要研究方向为旅游规划和旅游可持续发展；佟薇，河北大学旅游管理系教师，讲师，博士，主要研究方向为旅游扶贫与社区旅游。

展,实现由旅游大省向旅游强省迈进。

关键词： 旅游业　高质量发展　文旅融合　河北

一　2019年河北省旅游业发展总体形势

（一）旅游行业稳步发展

2019年，河北省有效挖掘和整合各类旅游资源，构建了旅游业高质量发展体系，旅游人次和旅游收入继续保持着快速发展势头。2019年共接待海内外游客7.83亿人次，实现旅游总收入9313.35亿元，同比分别增长15.46%和21.96%。其中，接待入境游客187.9万人次，实现国际旅游收入9.36亿美元，同比分别增长6.9%和10.18%。外国人旅游市场方面，接待外国人140.75万人次。其中，接待亚洲游客70.79万人次、欧洲游客40.21万人次、美洲游客11.51万人次、大洋洲游客7.79万人次；接待日本、韩国、俄罗斯、美国、马来西亚、新加坡、英国等主要客源国游客分别为16.57万人次、15.72万人次、11.12万人次、6.78万人次、6.69万人次、6.3万人次和5.9万人次。港澳台旅游市场方面，接待台湾游客18.68万人次、香港游客15.88万人次、澳门游客12.59万人次，同比增长分别为13.12%、5.84%和1.09%。

国内旅游市场方面，2019年共接待国内游客7.81亿人次，实现国内旅游收入9248.69亿元，同比分别增长15.48%和22.01%。国内游客以自驾游、自由行为主要游览方式，同时受在线旅游和高速公路假日期间免费双重刺激，行程自由、时间随性的自驾自助游成为游客假日出行新常态。

（二）旅游产业结构不断优化

2019年《河北省旅游高质量发展规划（2018~2025年）》得到深入贯

彻，产品结构不断优化，河北省旅游产业高质量发展的格局正在形成，呈现从"景点游"到"全域游"、从"观光游"到"体验游"的转变。2019年，河北省重点打造了红色旅游、冰雪旅游、长城旅游、运河旅游、民俗旅游等旅游产品体系。同时，坚持以实施乡村旅游富民工程为重点，继续推进乡村旅游和扶贫工作，打造了环首都、太行山、张承坝上、燕山、大运河、冀中南六大乡村旅游片区，实施了"百村示范、千村创建"行动，并深入推进三产融合，以旅游为抓手不断优化传统产业结构，创新农村新业态。截至2019年底，河北省有5A级旅游景区10家、4A级旅游景区119家。张家口市崇礼冰雪旅游度假区、秦皇岛市北戴河滨海旅游度假区、唐山市曹妃甸生态旅游度假区、保定市涞源县白石山温泉旅游度假区和易县易水湖旅游度假区5处被确定为新一批省级旅游度假区。

（三）全域旅游创建成绩斐然

2019年是《河北省全域旅游示范省创建规划》实施的关键阶段。根据全省旅游工作会议精神，河北省先后出台了《关于加快推进旅游业高质量发展的若干措施》《河北省旅游业高质量发展10个专项工作实施方案》《河北省文化产业示范园区创建管理办法》《关于进一步激发文化和旅游消费潜力的实施意见》《关于促进全省文创商品、旅游消费品与旅游装备制造发展的实施意见》《河北省乡村旅游高质量发展工作实施方案》《河北省深化"景区带村"扶贫模式指导意见》《雄安新区及周边区域旅游协同发展规划》《河北乡村旅游提升规划》《环京津休闲度假旅游带提升规划》《河北省大运河文化和旅游融合发展规划》等一系列旅游政策，并积极参与文化和旅游部牵头制定的《雄安新区旅游发展专项规划》的编制与报批工作；另外，编制并印发了《旅游景区服务质量规范》《旅游小镇设施与服务规范》《旅游景区安全服务通则》《旅行社等级评定实施细则》《智慧旅游景区基础设施建设指南》《文化和旅游产学研基地服务规范》《温泉度假区服务规范》《民宿服务质量要求与评价》等旅游地方标准，印发了《关于深入开展文化进景区活动的实施方案》，以促进旅游高质量发展和内涵提升，加速"一圈

带动、两翼齐飞、五区支撑"全域旅游新格局的构建。

2019年，河北省全域旅游示范区创建取得显著成绩，秦皇岛市北戴河区、邯郸市涉县、保定市易县3地被认定为国家全域旅游示范区。唐山迁安市、石家庄平山县、张家口张北县、邢台内丘县、承德双桥区5地被评为首批省级全域旅游示范区。如今，全域旅游已成为推动河北旅游业创新发展的重要动力，呈现省—市—县三级同创全域旅游示范区的格局。

（四）旅游公共服务日臻完善

2019年，河北省将补齐公共服务短板作为工作重点，在全省范围内开展了文化和旅游公共服务重点任务攻坚行动，构建了旅游配套服务设施，并不断完善其功能。

1. 健全"海陆空铁"立体交通网

河北立体交通网络已经显现雏形并不断完善，京张高铁、崇礼铁路均已完成铺轨，2019年底已开通运营；津石高速施工也已全面展开，预计2020年通车。2019年，河北省新建、改造旅游专用公路1301.3公里，新建风景道588.6公里，新建绿道252公里。太行山高速按照"扶贫致富路、精品旅游路、百年工程路"的目标和交旅融合发展的理念，已全线开通试运营，对于疏解北京非首都功能、开发沿线旅游资源、带动群众脱贫致富具有重要意义。承德国家"一号风景大道"也成为游客的网红打卡地和线性旅游目的地。

太行山高速旅游建设取得阶段性成绩。2019年，河北省文旅厅统筹建设太行山高速沿线5市、11处、21个服务区"游客服务中心"。与河北省交通投资集团合作，精心打造沙河、临城旅游服务区样板，将沙河服务区建成"景区化开放式服务区"、临城服务区建成"产业化共享式服务区"。体系化打造太行山高速旅游交通标识牌，委托专业机构统一勘测设计太行山高速旅游交通标识牌，编制《河北省太行山高速公路增设旅游标志标识工程施工图设计方案》。2019年，河北省太行山高速公路被中国公路学会授予"太行山旅游高速"称号，成为全国首条旅游高速公路风景道。

2. 建立智慧便捷的旅游服务网

2019年，《智慧景区建设规范》《河北省智慧旅游建设工作实施方案》《关于推进文化和旅游信息化建设工作的实施意见》《河北省智慧景区评定管理办法（试行）》《河北省智慧景区建设评定细则（试行）》等政策出台，全面推进河北省文旅系统信息化、智慧化建设。目前，全省11个市已经相继开展了智慧旅游项目，承德、秦皇岛、保定、衡水、沧州、邢台6地市建设了市级旅游大数据平台。全省4A级以上景区中，有28家建设了票务闸机系统，17家建设了客流量监控系统，38家建设了应急广播系统，12家建设了智能停车场，17家建设了环境监测系统。2019年，河北省基本完成"一个中心，两个平台"，"河北旅游云"建设初见成效。旅游云大数据中心，横向实现与气象局、环保局、地理信息局等相关厅局的数据共享交换，纵向实现全省123家4A级以上景区708路视频监控数据接入。"一部手机游河北"生态系统基本建成，实现全省"一机游"智慧应用联动，为来冀游客提供智能化服务。目前，石家庄、张家口、承德、秦皇岛、廊坊、沧州、唐山7个地市已建设了手机智慧服务平台。

此外，2019年，河北省依托旅发大会新建、改建游客服务中心84个，新建智慧旅游中心12个，新建、改建酒店49家，为河北省优质旅游产业发展提供了坚实的条件。众多风景绿道、游客中心、旅游厕所、营地驿站等趋于产品化，借助抖音、快手等短视频的推动成为热门的网红打卡地。此外，启动智慧服务系统，运用手机软件及微信公众号等方式实现了政府、景区、游客的无障碍沟通与交流，游客可以深度体验到旅游服务的智慧化与便捷化。

3. 继续推进旅游"厕所革命"

2019年继续深度开展旅游"厕所革命"行动，全年建设完成旅游厕所1479座，比照文旅部下达的建设709座的年度任务，完工率为208.6%，连续两年任务完成数量年度排名第一，并夺取新三年（2018~2020）旅游"厕所革命"累计任务完成全国冠军。同时，河北省针对旅游厕所建设管理质量在全省范围内开展了专项提升行动，加强旅游厕所大数据支撑，支持和协助旅游厕所提供线上查询和定位服务。2019年，河北省上线百度地图旅

游厕所5376座，电子地图标注完成率为98.7%，两项指标在全国走在前列，极大提升了旅游厕所服务的便捷性，提高了游客的满意度，在一定程度上助推了河北省旅游智能化和旅游公共服务高质量发展。

（五）旅游品牌建设加速推进

2019年，河北省文旅厅启动了"发现河北之美""乐享河北随手拍""这么近，那么美，周末游河北"等主题营销活动，并在北京市举办了河北省文化和旅游产业投融资推介会暨交流学习活动，吸引了来自京津以及周边省市的大量游客，全面扩大了"京畿福地·乐享河北"的品牌知名度和影响力。创新旅游宣传媒介，充分利用航空、铁路、地铁、公交等进行全媒体营销宣传，与中石化、河北旅游空中推广中心、北京铁路局、北京西客站、12306订票平台、北京大兴机场、上海虹桥火车站等合作开展河北旅游宣传活动。开通抖音号、头条号、百家号、腾讯微视号等，建立了涵盖11个设区市、30个旅游重点县和70家旅游景区的新媒体宣传阵群。同时，"微博号"荣获"2019中国自媒体创意营销盛典"文化旅行奖；高标准举办第24届中国北方旅游交易会、"世界看河北"国际海报展等系列旅游节事活动，极大地提升了河北旅游知名度。各地结合自身特色，塑造了"石光美好，家人有约""河海之城·文武沧州""中国马城·红色安平"等旅游目的地形象，打造了"武安是个好地方，有山有水有文化""守敬故里，太行山最绿的地方""康养福地，满意青龙"等区域旅游品牌。各地推出了一批全域旅游示范性片区和典型新业态产品，极大地带动了区域经济、文化、社会、生态和环境的综合发展。

此外，河北省积极拓展中远程旅游市场。在宣传推介、市场推广、项目对接和区域共建等方面积极参与和推动环渤海和环首都的区域旅游合作，联合京津文旅相关部门，共建京津冀旅游协同发展示范区；河北省文旅厅和承德市政府协助长城旅游推广联盟，举办了"2019金山岭长城·全球旅行商推介活动"，积极推广长城旅游品牌；2019年10月14日第二次承办"9+10"区域旅游合作会议，进一步加强与毗邻省市以及国内旅游发达城市的联系和对接。在上海、深圳等地设立了河北旅游推广中心，加强了与当地各旅行商的深度合作。借助河北旅游境外推广中心、华人华侨商（协）会、国外文化和旅游组织、孔子学院和孔子课堂等平台，以多种方式开展海外特色宣传推广活动，先后组团赴美国、加拿大、瑞士、德国、英国、法国、比利时、澳大利亚、新西兰、日本、泰国、柬埔寨、巴基斯坦、坦桑尼亚、毛里求斯、特立尼达与多巴哥、巴西和阿根廷等25个国家和地区开展文化交流和旅游推介活动，组团赴波兰、塞尔维亚、希腊、老挝等共建"一带一路"国家和我国澳门、台湾地区，进行"欢乐春节·美丽河北"系列文旅推广。10月29日，"京畿福地·乐享河北"文化旅游推介会在瑞士日内瓦举行，并在瑞士正式设立了河北文化旅游推广中心。另外，设计了多条国际旅游精品线路，重点开发"一带一路"沿线及适用144小时免签政策的国家或地区；同时，针对在京驻华使节、商协会、企业人士，集中开展了"周末游河北""休假到河北"等系列活动，在很大程度上扩大了河北省旅游的国际影响力，带动更多境外游客到河北旅游。

（六）区域协同效应逐渐凸显

2019年是京津冀协同发展战略实施5周年，河北省充分利用京津冀协同发展的契机，打破行政区划界限，整合省内和京津旅游资源，同时注重与京津在旅游产品上形成错位发展，在旅游开发方面加强区域合作，使京津冀协同发展进一步向纵深推进，空间距离不断缩短，心理融合不断加深，跑出了协同发展的"加速度"。京津冀文旅标准化对接互认机制构建初步完成，2019年联合发布首个京津冀区域旅游标准——《京津冀旅游直通车服务规范》，为三地旅游直通车规范运营打下了良好基础。围绕"京津冀文化与旅游融合发展、协同发展"主题，2019年河北省成功举办"5·18京津冀文化旅游项目合作对接恳谈会"，三地共同发布了115个招商合作项目。在京津冀文化和旅游协同发展工作会上，三地部署了《京津冀文化和旅游协同发展2019~2020年工作要点》，同时签署了《京津冀文化和旅游协同发展战略合作框架协议》，并与新浪、腾讯签署了宣传战略合作框架协议。2019

年召开了京津冀文化和旅游协同发展工作会议，成立了京津冀文化和旅游协同发展领导小组，组织举办了2019年京津冀文化旅游扶贫论坛、2019年京津冀房车巡游暨非物质文化遗产和红色旅游宣传体验交流以及京津冀冬季冰雪文旅体验推广等活动。

2019年，雄安新区积极争取文化和旅游部各项政策支持，编制完成《河北雄安新区旅游发展专项规划》，加快编制《雄安新区文物保护规划》，深入实施《雄安新区公共文化服务规划》，加快提升参访接待和旅游服务能力。目前，越来越多的央企开始谋划在新区布局高新技术产业和现代服务业，与雄安新区签订合作意向的在京企业超过200家，2019年上半年已经有14家央企在雄安新区注册成立了子公司。雄安新区创新要素资源加速集聚，雄安新区管委会与中国农业科学院、河北农业大学、河北省农林科学院四方共同签署农业科技战略合作协议，推进雄安新区的农业技术合作；中国移动、中国电科、阿里巴巴、中国联通等高新技术企业的28个项目已经入驻雄安新区。

2019年，冬奥会筹办和建设工作进展顺利。河北省文旅厅会同省发展改革委研究制定了《关于支持冰雪产业发展的政策措施》，通过2019年度省级旅游发展专项资金，以财政贴息方式强力支持冬奥赛区冰雪旅游产业的发展，高标准、高质量推动冰雪产业链向深度、广度发展。张家口作为冬奥会承办方之一，2019年以冬奥会为发展契机，先后编制了《北京2022年冬奥会张家口赛区全口径住宿保障方案》《北京2022年冬奥会张家口赛区全口径住宿保障规划（2019～2022年）》《张家口市住宿业质量提升三年行动计划（试行）（2019～2021年）》《张家口市支持全市住宿业质量提升扶持措施（试行）》《张家口市全域旅游服务保障体系建设规划暨实施方案（2019～2021年）》《张家口市全域旅游服务保障体系建设实施意见》《张家口市旅游业高质量发展规划（2019～2025）》等规划，积极优化冬奥会赛时旅游供给结构，建立住宿业电子信息数据库，加强住宿保障管理信息系统建设，建设完成旅游厕所180座、咨询服务中心13个，着力构建系统的全域旅游服务保障体系。同时，通过京津冀合作举办多个重要冰雪活动，2018～2019年雪季，共举办国际雪联自由式滑雪世界杯（承办）、首届京津冀冰球邀请赛和"零度以下经济"论坛、"红红火火中国年"等冰雪体育赛事、群众性冰雪活动170项，极大地塑造了张家口的冰雪旅游形象。

（七）"旅发大会"带动旅游业持续提升

2019年，河北省36个县（区）共主办14次省市级旅游产业发展大会。按照省委、省政府提出的"节约、绿色、安全、务实"办会原则，2019年10月，第四届河北省旅游产业发展大会在石家庄市举办，并同期举办了第24届中国北方旅游交易会。各市旅发大会坚持创新发展理念，通过资源整合、业态创新、布局优化、文旅融合，打造了众多新项目、新产品，成为推动河北区域发展的重要力量。

1. 带动乡村旅游发展

通过旅发大会平台，大力发展乡村旅游，打造了一批乡村旅游精品片区。井陉县借助第四届省旅发大会实施了万家民宿和农家乐创建工程，吕家剧境小镇、于家石韵小镇等民宿产业已初具规模。衡水市在第三届旅发大会期间高标准建设了形意拳文化小镇、全省首个粮仓博物馆、"两个第一"红色景区，成功举办了"乐动中国"饶阳（国际）民族音乐大赛、中国·衡水（国际）城市雕塑艺术节等活动，极大地提高了衡水旅游的知名度，扩大了衡水旅游的影响力。

2. 推动文旅深度结合

旅发大会壮大了文旅产业，传统文化焕发了新活力，红色文化大放异彩，文化演艺事业蓬勃发展。2019年，河北省87项物质文化遗产、261项非物质文化遗产、28处红色旅游景点得到了保护与利用，同时新建或改建文博场馆40个，带动文创产品开发511个，编排演艺节目236个。这些工作有效带动了河北省演艺、票务、导游、客运、餐饮、住宿等相关产业发展，拓展了文旅产业链，提升了文化形象，增加了综合效益。

3. 坚持"两山"理念，建设生态文明

2019年，全省在旅游发展中坚持绿色发展，深入贯彻"绿水青山就是金山银山"的理念，借助旅发大会的契机实现造林面积143.2万亩，植树总量为7868.2万株,生态恢复修复面积463.3平方公里,新增绿地面积101.2万亩,拆违拆建面积216.5万平方米,清理垃圾480.3万吨,河道治理505.6公里,极大地提升和改善了城市与乡村的整体风貌和服务设施。石家庄为筹办第四届省旅发大会,累计改良土壤584万立方米,栽植乔灌木331万株,栽植地被花卉3760余公顷,新建、提升绿地5.9万亩,累计完成河道疏浚24.3公里,建设沙洲18座,获得"河北省人居环境范例奖",同时"滹沱花海"成为省会旅游的新名片。

4. 旅游投资质量和效益显著提高

河北省持续改善营商环境,构筑多元化的旅游招商和引资体系,搭建合作平台,加强旅游资源和市场资本的精准对接。同时,针对省级旅游重点项目构建了动态管理、责任包联和"省市县企"四级联系机制,切实促进和保障旅游投资的有效实施以及旅游项目建设进度和质量。

二 2019年河北省旅游业发展主要特点

(一)文旅融合程度"深"

1. 以文创产品和产业为载体,推动文旅融合发展

2019年,河北省文化和旅游厅、工业和信息厅联合颁布了《关于促进全省文创商品、旅游消费品与旅游装备制造发展的实施意见》,并举办了"2019河北文创和旅游商品大赛",收到全国约1万余套数万件参赛作品,最终评选出39件获奖作品,在国内文旅界和文创界产生了较大影响。河北省文旅厅还举办了以"京畿福地、河北游礼、活力文创、美好生活"为主题的河北文创精品展,890个系列(套)1236件文创展品精彩亮相,集中展示了河北文创产业近年来的突出成就,成为展现河北形象、宣传河北文化的重要载体。同时,河北省文旅厅开展了文化进景区专题活动,提高景区的文旅融合程度,进一步增加可持续发展潜力。根据《旅游购物商店等级划分与评定》《旅游休闲购物街区质量评定》开展全省旅游休闲购物街区和旅游购物商店评定，极大地推动了河北省文旅产品质量的提升。此外，全省各地的文创产业发展得如火如荼，廊坊景泰蓝、承德与张家口剪纸、沧州杂技道具、衡水内画、定州缂丝、邯郸黑陶等由文化衍生出的旅游商品备受国际游客青睐。

2. 加强对非物质文化遗产的挖掘与保护，发挥非遗的经济带动效应

2019年2月，由河北省非物质文化遗产保护中心全面系统梳理、记录河北省非遗保护进程的史志性资料——《河北省非物质文化遗产志（2004~2014年卷）》正式出版，这是对河北省非遗保护工作的全景式记录，对开展非遗保护工作具有重要的借鉴和参考意义。2019年4月，河北省委宣传部、省文化和旅游厅、省财政厅联合下发了《关于印发〈河北省非物质文化遗产传承发展工程实施方案〉的通知》《关于进一步加强非遗保护传承发展工作的实施意见（试行）》，整体部署了河北省非遗扶贫工作，出台了《河北省"非遗+扶贫"试点工作实施方案》。4月25日，河北省在全国率先举办"非遗+扶贫"国家试点交流对话活动，集中开展非遗扶贫就业工坊等非遗扶贫经验交流、贫困人口非遗技能培训，搭建非遗产品展销平台，极大地推动了河北省非遗活化模式创新发展。5月18日，以"非遗保护，河北实践"为主题的第十二届河北省民俗文化节开幕，展示了国家传统工艺振兴目录的18个"非遗+扶贫"手工技艺创业就业项目，在社会上引起了较大反响。

3. 积极推行"文化+旅游"，深入挖掘河北历史文化资源

2019年，"万里茶道"被列入《中国世界文化遗产预备名单》，河北省张家口堡、大境门、鸡鸣驿城、宣化古城和察哈尔都统署旧址5处文化遗产点被纳入申遗规划。河北省对老字号、古代贡品进行文化挖掘、保护、传承与弘扬，深州蜜桃、曲阳定瓷、清河绒毯、内丘邢白瓷等10项古代贡品被列入保护名录，石家庄稻香村糕点、井陉实打石酒、永年目友砂锅酥鱼、唐山刘美烧鸡等191项民间文化遗产被列入燕赵老字号保护目录。2019年，河北省积极引导和鼓励传统村落、世界文化遗产、文物遗迹及博物馆、纪念馆、美术馆等场所开展文化遗产旅游，积极推进"中国民间文化艺术之乡"建设，深入开发历史文化旅游资源，推进文旅融合发展。2019年，河北省

继续加快旅游文化演艺推进计划的实施,加大中国吴桥国际杂技艺术节、张北草原音乐节等文旅节庆品牌打造力度,将旅游与文化演艺、剧场游乐、动漫卡通等文化产业深度融合,打造文旅融合新业态,增强游客文化旅游体验,鼓励4A级以上景区策划推出高质量、常态化的文娱演艺项目,提高体验性、艺术性、观赏性和震撼力。

(二)旅游业态发展"全"

2019年,河北省继续实施"旅游+"战略,加强三产融合,推进旅游多要素聚集、多产业融合,引领传统产业提档升级,提高旅游综合效益。科技旅游、乡村旅游、节庆旅游、休闲旅游、农业旅游、红色旅游、会展旅游、商务旅游、文化旅游、工业旅游、非遗旅游、生态旅游、康养旅游、体育旅游、研学旅游、购物旅游等特色旅游业态方兴未艾、蓬勃发展,旅游产品供给质量不断提高,旅游消费结构加速升级。如张家口依托现有的历史文化名城、名镇、名村、街区、传统村落资源优势,创新乡村旅游发展和旅游扶贫思路,开创了"农村资源+文化创意+旅游开发+农村政策"四合一的乡村旅游发展新模式;秦皇岛西港花园依托百年工业港口遗产文化,将港口、车站、火车等历史遗存,根据旅游者需要改造为花园、驿站和景观,开发古建筑旅游和工业遗址旅游,实现了历史与现代的交融、文化与旅游的共鸣;涿鹿桑干河生态文化旅游区开创了特色文学主题精品园的旅游发展模式,将旅游与优美生态环境、悠久历史文化、优秀文学作品有机结合,再现了丁玲《太阳照在桑干河上》小说中描绘的新中国成立前北方村庄的典型面貌;廊坊水岸潮白田园综合体再现了北方乡村的传统风貌,并将景泰蓝制作工艺和文化旅游、生态农业、民间风情以及文化创意等融合发展,打造了田园综合体文旅融合新范式。

(三)红色旅游质量"高"

2019年正值新中国成立70周年,红色旅游持续发力,备受关注。河北充分利用这一契机,深化红色旅游与乡村旅游、生态旅游、休闲度假等融合发展，重点培育、提升了西柏坡等30个红色旅游精品景区、10个红色旅游特色小镇、10条红色旅游主题线路，进一步完善了河北红色旅游产品体系。河北省第四届旅发大会以"传承红色基因、创新绿色发展"为主题，推出一条融合开国之旅、赶考之旅、圆梦之旅的滹沱河生态走廊。石家庄市举办了第三届中国旅游目的地暨红色旅游投资联盟发展大会、红色旅游发展高峰论坛，深入探讨了红色旅游资源整合与文旅融合发展。2019年，河北省策划推出了一批红色研学专项产品，积极支持各地创建研学旅游目的地，重点建设了八路军129师司令部旧址、狼牙山等20个红色研学实践教育基地；同时，河北省各地结合建党、建军、建国和抗日战争胜利纪念日等重大纪念活动，广泛开展红色旅游宣传推广活动，深入推进红色旅游进机关、进企业、进校园、进社区"四进"活动。此外，进一步加强红色旅游国际交流合作，发布一批红色旅游国际线路，展示中国文化，弘扬中国精神。

（四）旅游富民成效"显"

随着乡村振兴战略的实施和文旅融合的深入，当地本土文化对景区可持续发展的重要性日益凸显。河北各地旅游景区在很大程度上改变了传统经营模式，把解决当地人口就业作为景区规划和经营的重要原则。鼓励和支持有条件的乡村旅游地和民宿积极申报国家各类示范区和参与评星升级，以评促建，推动景区提档升级，进而增强景区（点）辐射带动周边村镇脱贫的能力。

河北省文化和旅游厅针对脱贫形势最严峻的"二路三区"（张承坝上草原天路/一号风景道和太行山高速两条风景道，以及"坝上地区、太行燕山区和黑龙港地区"三大片区）所涉及的793个乡村旅游扶贫重点村，精心设计了4条经典旅游扶贫线和4条主题旅游线。如张北县打造的草原天路风景区建成了26条乡村连接线，沿线贫困村实现了"带状游"向"网状游"的转变，全县旅游扶贫工作成效不断增强。2019年9月，河北省下发了《关于深化实施"景区带村"旅游扶贫工作的通知》，强调景区与帮扶贫困村结对帮扶，因地制宜深化推广"政府+景区+贫困村""景区+合作

社+农户""景区+农户"等多种景区带村旅游扶贫模式。2019年，河北省将旅游扶贫富民作为对旅发大会进行评价的重要指标，优先选择贫困地区作为旅发大会举办地，打造了近百个旅游扶贫项目。2019年，河北省乡村旅游接待人数达到1.85亿人次，实现乡村旅游收入387亿元，乡村旅游从业人员220万人，助力115个旅游扶贫重点村脱贫，3万贫困人口实现增收。

（五）旅游行业治理"严"

2019年，河北省深入推进旅游和文化、自然、生态、市场、安全、公安、工商、环保、法院、保险等相关部门协同联动，构建旅游综合管理体制。以旅游服务标准化引领服务品牌化，推进建立健全省、市旅游标准化试点和示范单位创建工作机制，有效推动了旅游行业治理规范化，旅游质量标准体系和评估体系更加健全。2019年8月河北省出台了《河北省乡村旅游重点村评定实施办法》，并组织专家对乡村旅游重点村进行现场调研和督察。除了完善乡村旅游示范村建设标准外，河北省对研学旅行教育实践基地评定标准、智慧旅游基础设施建设标准等也都加大了管理力度，并严格实行景区（点）、宾馆饭店、导游员评星申报以及动态管理制度，推进全程精细化管理。

此外，根据《国家全域旅游示范区验收、认定和管理实施办法（试行）》、《国家全域旅游示范区验收标准（试行）》和《河北省文化和旅游厅关于开展国家全域旅游示范区初审验收和省级全域旅游示范区验收评定工作的通知》等相关要求，全省健全了全域旅游综合管理体系和多部门联合的旅游市场综合治理机制，使全域旅游治理更加规范化、科学化、精细化和人性化。

（六）旅游品牌价值"升"

2019年，全省开展"乐享河北迎春惠""乐享河北随手拍""世界网红打卡河北"等文化旅游惠民活动，推出193条惠民措施，策划举办133项文化和旅游节庆活动，"京畿福地·乐享河北"旅游品牌的美誉度、影响力和竞争力不断提升。河北省着力打造了蓝色海滨、绿色山水、红色经典、金色文化、银色冰雪、彩色民俗等多个精品旅游线路品牌，持续推出一批河北"不得不游的风景名胜、不得不购的旅游商品、不得不品的特色美食、不得不访的美丽乡村、不得不享的康养体验、不得不去的特色小镇、不得不住的特色酒店、不得不到的研学基地、不得不玩的休闲运动、不得不赏的旅游节庆"等知名旅游品牌。9月18日，河北省文化和旅游厅发布的"燕山人家""草原牧歌""太行山乡""运河风情""塞北雪原""红色故里""古镇慢村""冀情田园"8条旅游扶贫线路，覆盖范围涉及张承坝上草原天路、太行山高速两条风景道和坝上地区、太行燕山区、黑龙港地区三大片区，使更多的旅游精品资源走出深闺，彰显了旅游价值，极大地提升了河北省旅游品牌建设水平。

（七）旅游创新能力"强"

2019年，河北省着力构建全业态、全链条、全要素的文旅产业生态圈，进一步促进跨行业、跨区域的资源整合与共享，在管理体制机制、旅游产品体系、旅游服务提升、旅游统计监测、旅游宣传营销、成果转化孵化、国际交流合作等方面不断创新实践，为河北省文旅产业发展注入了新动能。①创新旅游管理体制，推动旅游业由景区内部管理向全面依法治理转变，建立全域旅游综合管理机制；②创新旅游产品体系，坚持资源创新、文化创新、模式创新、业态创新，唤醒、整合、盘活优质旅游资源，打造旅游新业态、新产品，着力推动旅游产业升级，实现从门票经济向全产业链转变，由粗放低效方式向精细高效方式转变，从旅游静态开发向"旅游+"转变；③创新升级旅游服务，健全旅游服务质量评价标准体系，持续开展旅游从业人员技能培训，定期开展旅游行业自律检查等专项行动，以高品质、精细化服务换取更多的增值效益；④创新旅游统计监测和评价机制，改革完善全域旅游统计指标体系，根据国家旅游统计调查制度，扩展基础指标，增加产业类指标和社会发展类指标，组织开展年度旅游业综合贡献度研究分析，建立、完善以游客满意度为核心，以环境、设施、产品和服务质量为主要指标的旅游质量评价体系；⑤创新宣传营销方式，立足文旅资源和产品特色，加强游客互动

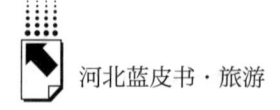

与体验，建立起报、台、网、微、端等合作媒体和自有平台横向互通的河北文旅融媒体机制。组织了省、市、县纵向联动的全省文旅系统宣传信息员队伍，全省文旅形象宣传以及全系统重点工作、重点活动的传播时效性以及广度和深度大幅提升。

三 2020年河北省旅游业发展面临的形势分析与预测

（一）发展机遇

2020年，因为新型冠状病毒的肆虐，旅游业将会面临前所未有的冲击，但各级政府同时也迅速出台了扶持旅游相关企业发展的补贴政策和支持措施，因此河北省旅游业仍有相应的发展机遇和空间。河北应积极研判发展形势与环境，把握优势，充分利用相关政策红利，奋发作为，扎实推进旅游产业高质量发展，加快由旅游大省向旅游强省迈进。

1. 国家出台相关扶持政策

为缓解新冠肺炎疫情对旅游业的影响，国家出台了一系列支持旅游业发展的相关政策。2020年1月31日，中国人民银行等部门发出通知，要求对受疫情影响较大的批发零售、住宿餐饮、物流运输、文化旅游等行业，特别是小微企业，不得盲目抽贷、断贷、压贷。2月6日，财政部、国家税务总局发布公告指出，受疫情影响较大的困难行业企业2020年度发生的亏损，最长结转年限由5年延长至8年。困难行业企业，包括交通运输、餐饮、住宿、旅游（指旅行社及相关服务、游览景区管理两类）四大类。同日，财政部、国家发改委发布公告指出，从2020年1月1日起，免征航空公司应缴纳的民航发展基金。同日，文化和旅游部办公厅发出通知，对全国所有已依法交纳保证金、领取旅行社业务经营许可证的旅行社，暂退标准为现有交纳数额的80%，期限为两年。

2. 文旅业发展迎来新契机

2020年，乡村振兴战略将会深入推进，国土空间规划审查报批制度以及多规合一等改革将加快实现。2019年12月5日，中共中央办公厅和国务院办公厅联合印发了《长城、大运河、长征国家文化公园建设方案》，提出长城、大运河、长征沿线要围绕文化资源建设包括文旅融合在内的主体功能区。河北作为长城和大运河沿线的重要区域和试点区域，2020年，将获得更大的发展机遇。2020年，国家林业和草原局将正式设立国家公园体制，并且将建立以国家公园为主体的自然保护地体系，国家全域旅游示范区建设将进入提质增效的新阶段。同时随着"一带一路"建设的推进，作为重要支点的河北省，其旅游发展对外开放的通道将进一步拓展。另外，科学技术蓬勃发展也为河北旅游带来了机遇，5G技术、大数据、人脸识别、区块链等先进技术将会在旅游景区和企业得到更为广泛的应用。

3. 京津冀协同发展不断推进

作为我国三大都市圈之一，京津冀区域在国家经济和社会发展中的战略地位日益提高，三地协同发展为河北旅游业带来巨大外部机遇。2020年，雄安新区建设将全面加快，明年也是冬奥会筹备的关键一年，必将极大提高和优化河北旅游公共服务，进一步改善旅游基础设施，这为扩大河北对国际和国内旅游的影响提供了重要机遇。2020年，大运河文化带和长城文化带建设进入开发建设新阶段，将系统推进研究发掘、文旅融合、保护传承、环境配套、数字再现等重点基础工程建设，这也将为河北文旅融合注入新的发展活力，进而加快京津冀协同发展进程。此外，2019年大兴机场已正式运营，京雄高铁2020年即将通车，京津冀也将再添京滨城际高铁、京唐城际铁路等9条城际铁路线，这些都为河北旅游发展提供了难得的外部机遇。

4. 河北旅游发展环境不断改善

2019年，《中国（河北）自由贸易试验区总体方案》获得国务院批复，河北省成为全国6个自由贸易试验区省份之一。2020年，雄安片区、正定片区、曹妃甸片区和大兴机场片区将进入实质性加速建设和发展阶段，这将极大改善河北的营商环境，从而吸引更多的旅游投资。根据《河北省国家全域旅游示范省创建规划》，2020年是河北省初步建成全国全域旅游示范省的收官之年，届时将培育一批知名度高的核心旅游吸引物或标志性旅游景

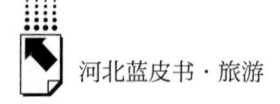

区，旅游公共服务体系将日趋完善，"厕所革命"、非遗旅游扶贫等工作成为全国的样本，这些将为推动河北由旅游大省向旅游强省的跨越发展奠定坚实的基础。

（二）面临的挑战

1. 国际层面挑战

世界经济整体趋紧，经济增长放缓，美国贸易保护主义和单边主义抬头并日益严重。中美、美日、日韩贸易摩擦将会持续存在，俄罗斯经济增长乏力且通货膨胀率较高，而日本、韩国、俄罗斯、美国这些国家都是我国重要的入境旅游客源地。同时，由于美国的肆意妄行，世界政治格局正在重新洗牌，国际社会无序程度加深，局域不稳定因素逐渐上升，地缘政治紧张局势不断升级，社会矛盾激化程度日益加剧。在这种情况下，以经济发展和社会稳定为发展必要条件的旅游业必然会受到一定冲击。

2. 国内层面挑战

2019年4月，中共中央政治局会议强调当前我国经济运行存在不少困难和问题，外部经济环境总体趋紧，国内经济存在下行压力。相对长三角和珠三角，京津冀三地产业协调性和区域联动性较低，整合力度较弱，在旅游发展中缺乏深度的互动和协同。2019年，河北经济增速整体呈现下降趋势，这在一定程度上说明河北产业结构和发展模式相对滞后，需要通过供给侧改革实现产业转型和内涵提升。

另外，周边省份旅游业快速发展给河北旅游带来了一定挑战。河北周边省区普遍重视旅游产业发展，将其作为战略性支柱产业优先发展。山东近年来先后出台了《山东省精品旅游发展专项规划（2018~2020）》《山东省全域旅游发展总体规划（2018~2025）》等多部加快旅游发展的意见和规划。山西旅游发展增速明显提高，超过了国内平均增速一倍以上。这也要求河北旅游业应抢抓机遇，不断创新旅游发展理念，深入推进京津冀旅游协同发展，加快业态创新和体制机制改革。

3. 新冠肺炎疫情的影响

2020年初，为防控疫情，文化和旅游部要求相关旅游企业暂停经营活动，关闭A级景区及博物馆、图书馆、美术馆、剧场等场所，全部取消旅游团队和各类演艺、文化活动，一些国家对中国公民出入境进行管制，暂停中国航线，旅游业所有要素和所有领域基本处于"停摆"状态。更为严重的是，即使疫情得到有效控制，人们对疫情的心理阴影在较长时间内也将难以消除，进而影响旅游出行意愿，这都会对旅游业产生重大影响。

（三）主要问题

1. 旅游业态创新能力较弱

创新是旅游持久保持生命力的关键。河北省旅游资源类型全、数量大、等级高，这既是优势，又在一定程度上造成了部分旅游经营、管理者"坐、等、靠"的惰性，具体来看，主要体现在三个方面。①创新意识不强。相对于旅游发达省份，河北省旅游企业管理人员思维方式较为传统，对旅游新生事物敏感度低，市场创新观念较为薄弱。同时，河北省以旅游景区为代表的旅游企业从业者绝大多数为当地居民，受教育程度较低，这造成经营和服务理念陈旧，视野较窄。②旅游项目缺乏新意。河北省旅游目前仍以较为传统的观光休闲类项目为主，全产业链开发重视程度不足，产业附加值较低，与目前游客日益增加的内在追求情感共鸣和外在向往深度体验的旅游需求存在差距，造成河北省游客人次虽然较多但普遍人均消费水平不高的困境。③管理体制相对老化。目前，河北省包括景区和企业在内的整个旅游行业都不同程度地存在体制机制不顺、权责关系不清等情况，某些国有旅游企业还存在政企不分、资企不离、资债不清等问题。

2. 全时旅游产品开发欠缺

2018年3月，河北省颁布了《河北省国家全域旅游示范省创建规划》，但迄今为止河北省在全时旅游产品开发方面仍然较为滞后，这主要体现在旅游夜经济、四季旅游产品和淡旺季旅游三个方面。2018年11月，河北省人民政府印发了《河北省旅游高质量发展规划（2018~2025年）》，其中明确提到有序推进"夜间娱乐"休闲业态提升,但2019年河北省大部分旅游企业夜间旅游产品仍然较为缺乏,难以满足广大群众的需要,同时已有的夜经济产品缺乏创新,吸引力较弱,这与旺盛的市场需求形成了鲜明反差。2019年8月23日和27日,国务院办公厅先后颁布了《关于进一步激发文化和旅游消费潜力的意见》和《关于加快发展流通促进商业消费的意见》,所提出的具体措施均涉及夜间经济和假日旅游消费市场等内容,然而目前河北省还未出台加快发展旅游夜间经济、淡季旅游项目以及四季旅游项目等有针对性的措施或方案。

3. 旅游公共服务发展滞后

目前,河北省旅游基础公共服务设施仍存在短板,公共服务明显滞后,重点轻面,重建设轻管理,重硬件轻软件,区域公共服务体系尚未有效构建,具体来看,主要体现在三个方面。①在硬件方面,公共服务设施的建设层次和管理水平不高,在选址、体量、风格、功能等方面与实际需求还有差距,甚至出现空置现象,标准化、信息化、智能化发展滞后于旅游业的整体发展需要;铁路、海运、航空等旅游服务能级偏低,互联互通不够,旅游专线等公共交通不完善,旅游集散接驳和"最后一公里"交通衔接瓶颈较为突出。②在软件方面,河北省旅游服务水平整体不高,主要体现为旅游服务意识不高、服务技能不强、服务氛围营造不充分,同时河北省旅游综合管理水平相对不高,与快速发展的旅游者的需要存在明显差距。③在技术方面,河北省整体旅游技术含量较低,这主要体现为智慧景区投入不足、科技旅游发展不充分、技术研发能力较低、企业智能化程度较低、与实力雄厚的旅游科技企业缺乏合作等。

4. 文旅深度融合主体乏力

河北省具有丰富的文化资源,具有文旅融合的得天独厚的优势。但整体看,目前文化和旅游产业还缺乏较为深度的融合,主体乏力且动力不足,这主要受到以下因素制约。①文旅产品供需脱节。旅游企业开发产品缺少较为系统的市场偏好和消费能力的调查,造成旅游产品特色不鲜明和定价不理性等具体问题。②文旅企业非专业化运行造成目前文旅项目质量普遍低劣,难以形成良好的品牌形象和产生较高的经济效益，进而形成恶性循环。③文旅创意和管理的专业人才缺失，包括主管部门和文旅企业负责人在内的旅游从业者普遍缺乏开发文旅项目的专业技能和知识。目前，河北省从事文旅行业的人员在数量、结构和层次上不能满足文旅行业蓬勃发展的实际需要，同时也没有形成系统的针对文旅专业人才的培训机制。另外，河北省在人才引进政策方面相对于京津及周边省份，并不具有太大优势，难以吸引外部优秀文旅人才。

（四）发展预测

2020年是全面建成小康社会和"十三五"规划的收官之年，也是我国全面打赢脱贫攻坚战的关键年。综合研判河北省旅游发展的机遇和挑战，2020年河北省旅游业会面临新冠肺炎疫情以及国内外经济风险叠加挑战，旅游总收入和人次将会出现明显下降。对比有关课题组对全国旅游收入和旅游人数的预测①，如果疫情能够在2020年第二季度内得到有效控制的话，乐观估计河北省2020年接待国内游客6.248亿人次，实现国内旅游收入7861.39亿元，同比分别下降20%和15%；接待入境游客131.53万人次，实现国际旅游收入7.02亿美元，同比分别下降30%和25%。旅游业的严冬只是暂时的，等待暖阳出现后必然会迎来复苏与繁荣。2020年，河北省旅游业仍将在产品质量、区域协同、品牌影响、公共服务、文旅融合等多方面获得较大发展。具体来说，主要体现在以下8个方面。

1. 旅游区域协同将会不断增强

2020年，围绕大运河、长城国家文化公园试点，京张冬奥会筹办，雄安新区旅游创新发展示范区建设等重大战略，旅游区域协同发展必将深入推

---

① 巅峰智业课题组预测：2020年国内旅游人数同比增长率为 -20% ~ -25%，国内旅游收入增长率为 -15% ~ -18%，入境旅游人数增长率为 -30% ~ -35%，入境旅游收入增长率为 -25% ~ -30%，旅游总收入增长率为 -14% ~ -18%。参见刘锋《疫情之下中国旅游业何去何从？》，巅峰智业官网，https://www.davost.com/news/detail/6002 - 83bf6253f0.html，2020年2月4日。

进,环首都休闲旅游圈将会显现更强的发展活力。

2. 全域旅游示范区创建备受关注

2019年,河北省3个区县被文化和旅游部正式认定为首批国家全域旅游示范区,5个市县被确定为省级全域旅游示范区。2020年,全域旅游示范区的创建工作将成为各地推进旅游高质量发展的重要抓手,也将成为考量各地旅游发展效果的重要指标。

3. 旅游新业态将蓬勃发展

大批传统旅游景区将改造升级,景区经营和管理规范化水平明显提高,同时以民宿、共享交通为代表的特色旅游将会增加;科技旅游、研学旅游、旅居养老、遗产旅游、旅游小镇等旅游新业态将蓬勃发展,旅游项目运营模式将不断创新;夜经济休闲产品增长迅速,四季旅游产品开发将成为景区的开发热点。

4. 公共服务效能将较大提升

2020年初,以疫情防范为重心,旅游景区和酒店公共卫生设施将会日益健全和完善,旅游公共卫生安全服务体系将逐渐形成;以大运河为代表的重大旅游工程的公共服务设施将会逐渐完善;"快进慢游"的立体旅游交通网络体系将会不断健全;乡村旅游基础设施将不断完善,尤其是乡村卫生医疗条件会得到极大改善。

5. 旅游产业融合将会深入推进

"旅游+"深入发展,以旅游为引擎的三产融合日益增强,旅游与文化、健康、医疗、科技、教育、农业、工业、林业、地产、金融等融合度不断提高。

6. 旅游品牌影响力持续增强

2020年,随着雄安新区建设,冬奥会筹办以及大运河、长城国家文化公园等文旅项目的开展,京津冀区域联合旅游营销和整体旅游营销将会加强,营销模式也将不断创新,"京畿福地·乐享河北"的旅游知名度在国内外将会日益扩大,必将推动河北旅游品牌价值持续提升。

7. 文旅融合主体动力增强

随着文旅融合深入推进,全省各大中专院校逐渐将文旅融合作为科研和人才培养的重要内容,系统学习文旅专业知识的大中专学生明年即将毕业。同时,河北省文旅厅及旅游协会将会加大对旅游从业者的培训力度,切实提高文旅行业的服务技能和业务水平。因此,2020年,河北省文旅专业人才短缺情况将得到适度改善。

8. 乡村旅游品质明显提升

2020年,旅游扶贫工作将取得显著成绩,乡村旅游公共服务设施以及旅游从业者素质将得到极大改善、提升,随着乡村旅游重点村评定工作的规范化和常态化,河北省乡村旅游品质将会提高,游客体验性和满意度将会提升。

四 2020年河北省旅游业高质量发展的对策与建议

2019年10月15日,王东峰书记在全省旅游工作会议上强调,河北应大力推进旅游产业高质量发展,坚持新发展理念,守好政治底线、生态底线和安全底线,加快实现由旅游大省向旅游强省的迈进。2020年初,新冠肺炎疫情给河北省旅游业发展带来较大冲击,旅游相关各行各业应在政府统一领导下,增强担当,将疫情防控作为重要工作并贯穿在各项工作中,变挑战为提炼内功的契机,变危机为高质量发展的机遇。具体来看,2020年河北旅游应做好以下11个方面工作。

(一)强化旅游安全新形象,完善危机管理

河北省、市各级文化和旅游主管部门应尽快制订旅游业振兴计划,并针对旅游企事业单位受疫情影响而产生的普遍困难,出台相应的金融、技术、人才等支持政策和措施,加强公共卫生软硬件建设,做好各类旅游风险和危机预案,进行危机公关,通过各种途径树立和强化河北省"旅游安全目的地"形象。旅游企业要综合研判疫情的具体影响,积极响应主管部门号召,制定应对各类突发情况的预案,为疫情防控出力献策,加强与国内外合作伙伴和

旅游相关机构的联系，积极宣传疫情防控情况，减少旅游市场的恐慌，借助疫情防控，树立为游客负责的良好形象，扩大社会影响，增加市场"存在感"。

（二）抓好高站位顶层设计，推进文旅融合

首先，建立健全由政府牵头、社会参与的高效协调的文旅融合顶层设计，通过政府主导、企业和民众参与的方式，形成统一、协调的文旅融合管理机制，加强对文旅产品创意、研发、设计、营销等各个环节的指导。其次，高标准编制旅游规划，主要包括《河北省文化和旅游"十四五"发展规划》《"十四五"河北省公共文化发展规划》《"十四五"河北省旅游公共服务建设规划》《河北省全域旅游交通发展规划》等规划。再次，文旅融合要以文旅产业或文旅产品的开发和经营为主要途径。文旅产品开发，文化是基础，应对河北省具有文旅开发潜力的旅游资源进行广泛普查、整理归档，并实行动态管理，调查和了解旅游者以及潜在旅游者对文创产品的消费偏好和心理预期。最后，开展具体设计和开发工作，要注重主体性、形象性、故事性、引爆性和延展性。如石家庄推出的众多地方特色浓郁的旅游文创商品，大多是在重点景区及新业态项目创意中植入了丰富多彩的非遗技艺、民俗文化、地方特色等元素，既丰富了游客的文化体验，又使文化与旅游在深度融合中迸发出新的活力。

加快推进《长城国家文化公园（河北段）建设保护规划》及《河北省长城国家文化公园建设方案》编制工作，积极打造全国长城保护、利用、传承的示范样板。坚持保护好、传承好、利用好大运河的原则，组织做好《河北省大运河文化和旅游融合发展专项规划》编制工作，努力推动大运河文化和旅游的深度融合、高质量发展。加强与京津、鲁豫等地衔接，指导编制太行山、坝上草原、沿海地区等一批重大区域旅游规划，加强区域优势资源整合，构建区域旅游发展新格局。

（三）构建全域旅游新格局，加强联动发展

根据《全域旅游公共服务体系建设指南》等文件，切实抓好全域旅游示范省、示范市、示范县旅游公共服务体系建设规划编制工作。在推进全域旅游发展过程中，应立足河北旅游发展新方位，以点带线、以线成面、以面促片，通过联动发展、错位发展和优势互补，深入推进国家全域旅游示范省建设，构建"一圈带动、两翼齐飞、五区支撑"全域旅游新格局。立足京津冀协同发展的时代背景，加快打造环首都休闲旅游度假圈、雄安新区旅游创新发展示范区、国际冰雪运动休闲胜地、运河风情文化旅游区等全域旅游产品。同时，以提升旅游综合竞争力为目的，加快河北旅游全产业链发展，培育、壮大一批旅游骨干企业，培育一批"小而特、小而精、小而优"的特色旅游企业，创新和拓展旅游产品和服务，建设旅游创客示范基地，鼓励各类市场主体创新运营模式，围绕游客需求实现旅游供给的无缝对接。此外，加强全时段旅游产品开发，设计开发旅游夜间活动，制定淡季低折扣票价和开发淡季旅游项目，加快满足游客的全时旅游需求。积极探索全域旅游发展新模式，通过对国内外全域旅游发展模式的梳理总结，探索具有河北省特色的全域旅游发展新理念与新模式。

（四）培育旅游经济新动能，激发投资热度

河北应立足自身资源基础和条件，根据市场需求变化持续创新旅游业态，围绕大运河、长城、雄安新区以及冬奥会等，拓宽视野，整合资源，创新营销，打造精品，培育旅游新业态，促进河北省旅游业转型升级，培育经济增长新动能，激发市场旅游投资热度。具体来看，主要包括以下8个方面。

1. 鼓励发展新型休闲农业

打造共享农庄、高端民俗、休闲酒庄、田园综合体、农业嘉年华、智慧农业、艺术农业、亲子农业、定制农业、家庭农场、乡村舞台等农业旅游新业态，以推动旅游与农业深度融合发展。

2. 鼓励发展工业遗产旅游

一方面，整理和挖掘河北省近现代工业遗存，培育一批能够满足游客观

光、休闲、教育、展示、参与等不同旅游需要的工业遗产旅游示范点或特色村镇；另一方面，完善提升开滦国家矿山公园、南湖工业遗产主题公园、京张铁路工业文化主题公园、君乐宝优致牧场、德龙钢铁文化园等，鼓励坝上地区、燕山太行山地区建设新能源主题的风电公园、光能公园，推进中国长城葡萄酒、衡水老白干、刘伶醉、华北石油等企业深入开发参与性、互动性强的工业遗产旅游体验项目，打造一批全国知名的工业遗产旅游品牌。

3. 大力发展医养结合的康养旅游

重点打造秦皇岛集中医保健、康复疗养、休闲养生、旅居养老于一体的国际康体疗养旅游目的地；重点推动以岭健康城、安国、内丘等地创建国家中医药健康旅游示范区（基地），鼓励平山温塘、赤城温泉度假村、白洋淀温泉城等创建康养旅游示范基地。

4. 鼓励发展游购一体的商贸旅游

提档升级一批传统特色购物基地，如辛集皮革、白沟箱包、肃宁裘皮；深入探索自贸区旅游新业态，推动雄安、正定、曹妃甸和大兴机场4个自贸区建设，建设国际旅游自由购物区、跨境旅游和边民互市贸易区，以拓展河北省旅游创新发展路径。

5. 结合冬奥会鼓励发展高端体育旅游

加快崇礼高原训练基地、怀安马术运动基地等户外运动项目建设，鼓励发展登山、越野、攀岩、徒步、漂流、溯溪、马术、滑翔、赛车等休闲健身活动。

6. 开发满足旅游夜经济消费需求的产业和项目

在体验性消费较强的城市商业综合体和人流密集的区域，整体规划设计夜经济休闲产品，满足市民和游客日益增长的夜生活需求。

7. 大力推进红色旅游

打造以西柏坡为龙头，以邢台太行、塞罕坝为两翼，以邯郸太行红河谷、冀东大钊故里、保定抗战英雄、张家口国防文化旅游区为支撑的"1+2+4"红色旅游目的地体系。

8.深化推进文化和旅游产业扶贫

深化推广"景区带村"旅游扶贫模式，探索推广产业融合型、文化驱动型、生态导向型、交通服务型、城郊休闲型等旅游扶贫新模式。深入开展"百企帮百村"文化和旅游产业扶贫社会帮扶活动，进一步深化文化和旅游企业结对帮扶工作机制。2020年，加快旅游产品规模化、产业化、市场化、品牌化的步伐，增强旅游产业持续发展的动力，激发旅游市场主体的投资活力，构建良性的旅游投融资机制，切实提升旅游投资质量和效益。

（五）深化旅游供给侧改革，激活消费潜能

旅游供给侧改革一定要坚持政府领导，将旅游业供给侧结构性改革置于地方国民经济发展与提升的全局之中，自上而下与自下而上相结合全方位地深入推行。构建以政府为主导的包括各类旅游主体的旅游供给体系，围绕旅游市场需求，瞄准旅游各领域和各环节的突出问题和制约瓶颈，深入改革旅游供给，提供更具吸引力的旅游产品，积极培育新型文化和旅游消费模式，重点推进动漫、创意设计、品牌授权、互联网旅游（在线旅游）等产业创新发展，推动建立、扩大引导文化和旅游消费的长效机制。同时，优化旅游创新体系，改变旅游业对旅游资源和要素投入的过度依赖，依靠理念创新、模式创新、产品创新、营销创新、制度创新、人才创新、技术创新，实现由资源依赖向创新驱动的跨越，激活和满足旅游市场需求。此外，抓好国家级文化和旅游消费试点示范城市、文化和旅游产业融合发展示范区、夜间文旅消费集聚区的申报创建和评审工作，启动开展省级文化和旅游消费示范工程。

（六）实现乡村振兴新突破，稳固脱贫成果

2020年是脱贫攻坚的收官之年，要深入贯彻和扎实推进乡村振兴战略，以实施乡村旅游富民工程为重点，持续推进旅游扶贫与就业，稳固脱贫成果。加快实现全民化旅游参与，尤其在环首都、太行山、张承坝上、燕山、大运河、冀中南等区域加大乡村旅游扶贫力度，调整传统产业结构，增强旅

游直接带动和间接带动就业和经济发展的成效，切实降低返贫风险。同时，不断创新和逐步完善"景区带村、能人带户""景区+贫困村""公司+农户""景区+合作社+农户""协会+农户""景区+农户"等旅游扶贫模式，实施一批旅游扶贫示范工程。目前，旅游脱贫模式不断创新，旅居养老、研学旅游、特色小镇等乡村旅游新业态深入发展，将有效推进乡村旅游富民工程。燕山—太行山地区的脱贫形势依然严峻，应将旅游业作为其主导性产业，依托其资源禀赋和开发条件，重点推动红色旅游、长城旅游、中华先祖文化、古北岳历史文化、太行世界地质奇观和太行长寿养生旅游发展，健全旅游精准扶贫长效机制，打造国家旅游精准扶贫示范区。

（七）打造优质旅游新环境，补齐公服短板

河北应按照"补齐短板、完善功能、提升品质"的要求，深化旅游基础设施和公共服务体系建设，加快构建立体的旅游交通网、便捷的旅游服务网、智慧的旅游管理网和完善的旅游监管网，为旅游高质量发展提供良好的环境支撑，按照省政府要求，立足河北省实际，并征求相关单位意见，研究制定《河北省旅游业高质量发展公共服务体系建设工作实施方案》。

一方面，加快构建"海陆空铁"立体旅游交通网，推进交通设施旅游化改造与提升。在公路方面，在持续构建立体化旅游交通网络的基础上，加快推进旅游公路建设，从"以交通为主"向"交通+旅游"转化，完善乡村驿站、骑行绿道、观景平台、休闲步道等硬件设施；道路按照规划进行新建和改扩建，特别对于以太行山高速为代表的生态走廊沿线公共服务设施及文化景观进行统一设计、统一标识，打造文化鲜明、功能突出的文化景观与公服设施。配合河北省交通运输厅编制完成《河北省坝上区旅游交通规划》，配合省发改委编制完成《河北省"三沿"地区公路与产业协同发展指导意见》。在风景道方面，应重点打造、升级国家"一号风景大道"、草原天路及太行山水、山海花田、锦绣长城、运河雄风等风景道，推动环首都、环白洋淀、环衡水湖等绿道网络建设。在铁路方面，加快京张铁路、高易铁路、秦皇岛山海旅游铁路、张承坝上旅游观光铁路等主题观光列车专线建设。在航空方面，拓展石家庄国际机场功能，加大空港经济发展和区域航空枢纽中心建设力度。推进唐山、张家口、邯郸等地机场改扩建，新建邢台机场，加快通用机场建设，发展低成本航空、国内旅游包机和通勤航空业务，进一步完善空铁联运和中转联程服务，同时推动栾城、张北等航空小镇建设，积极开发通航工业旅游产品业态，培育航空旅游综合体。在码头方面，促进秦皇岛国际邮轮码头和唐山湾国际游艇基地建设，加快唐山、黄骅港旅游客运码头建设和多功能游艇码头、游艇俱乐部建设。

另一方面，持续改善旅游公共服务设施。继续推进旅游"厕所革命"，推进建设科技环保的"生态厕所"、人文关怀的"智能厕所"和文艺情怀的"主题厕所"。推动构建"中心城区—旅游城镇—旅游景区（点）—服务驿站"旅游集散咨询服务体系，推进旅游集散中心和高速公路服务区的景区化与产品化改造，加强智能信息服务、餐饮购物品牌植入、服务板块重置和品质升级，塑造一批"网红服务区"。完善生态停车场、车辆租赁、交通接驳、自驾车旅居车营地、标识系统等配套设施，整体提升河北旅游公共服务品质。

（八）研创智慧旅游新科技，引领生活时尚

2018年，中国数字经济发展迅速，对中国GDP的贡献率达到67.9%，党的十九届四中全会将"数据"首次列为生产要素。未来新一代信息技术的发展必将为旅游业带来一场全新变革，5G技术、移动互联网、区块链等技术的蓬勃发展将推动文旅产品形态、消费模式、营销模式、管理模式等全方位革新。2020年，河北省旅游景区和旅游企业应将智慧科技融入景区管理、公服建设、企业运营全过程，以"河北旅游云"为依托，整合全省文旅系统数据信息，加强纵向数据互动，建立全省统一的文化旅游基础资源数据库。河北文旅产业应逐渐采用AI机器人、大数据、无人驾驶、VR全景设备、北斗智游星、"5G+智慧文旅+新媒体"直播等方式，通过手机软件、App以及微信公众号，加强游客与景区和企业的互动，为游客提供个性化、便利化、智能化的优质旅游服务。鼓励支持国家A级旅游景区、旅游

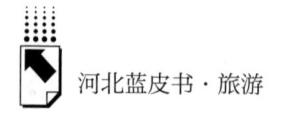

度假区、旅游集散中心和文博展馆等率先发展基于5G、超高清、增强现实、虚拟现实、人工智能等技术的新一代沉浸式体验型文化和旅游消费内容，加快开发动漫、网络视听、虚拟现实等互联网新兴体验式旅游产品，促进旅游由浅层观光向深度体验转变。

加快建设文化和旅游产业大数据平台和分析系统，建设集企业主体、重点项目、园区（基地）、动漫游戏等内容于一体的综合性电子数据集成平台，形成"1平台+N板块"的数据整理应用系统，全面提高产业数据管理的信息化、规范化、制度化水平，为广大来冀旅客提供最大方便，提高游客体验度。

（九）引爆立体营销新亮点，打造多元品牌

河北旅游应充分依托丰富的红色资源、悠久的文化资源和优美的自然资源，充分整合电视、广播、报刊等传统媒介和微信、微博、头条、抖音等新媒体以及网络营销、公众营销等营销方式，主动与携程、途牛等知名旅游网站开展合作，建立完善的利益链接机制，构筑多元、立体、互补的旅游营销网络体系，扩大河北旅游的社会影响，打造独具河北特色的旅游形象和旅游品牌。同时，在旅游营销中应注重打破市、县行政区划限制，推动长城、运河、山地、滨海、草原等优势资源实现跨区域整合和突破性发展，强化京津冀项目合作，加强线路连接，促进产品互补、组合营销推广。借助京津冀协同发展、雄安新区建设、2022年冬奥会筹办等国家战略平台，积极谋划举办崇礼国际冰雪论坛、雄安新区国际旅游城市高端峰会等国际化、高端化的大型活动，持续提升河北旅游品牌的知名度与美誉度，打造多元旅游品牌形象。依托机场、高铁站、12306订票平台等关注度高、流量大的门户型平台，加强河北文旅品牌形象宣传，同时充分发挥京港澳高铁联盟以及省内区域旅游联盟的作用，加大在长三角、珠三角等中远途重点客源市场的营销力度。

（十）拓展国际交流新平台，讲好河北故事

作为"一带一路"建设的重要节点，河北省应抢抓机遇，加强与"一

带一路"共建国家的旅游交流与合作,积极搭建和拓展国际旅游交流的高端平台。政府组织重要旅游企业与国外相关机构进行合作洽谈,定期举行高品质旅游项目海外发布会,借助于国内外重要媒体,通过多种方式加强宣传和促销,用高质量的产品和高水平的服务铸就河北旅游的市场品牌。同时与海外旅游中间商和旅游协会等组织建立良好关系并加强联系,探索和创新符合双方利益且切实可行的旅游合作模式和运营机制,充分利用旅游产业发展大会的平台,整合全省旅游资源和各方力量,立足河北、面向世界,积极拓展河北旅游国际交流平台,依托我国驻外使领馆和中国文化中心等平台,开展丰富多彩的河北文化旅游宣传推广活动,持续扩大"京畿福地·乐享河北"品牌的境外影响力,用产品实力、运营经验、精心服务讲好新时代的"河北故事",促进入境旅游市场发展,切实推进河北省旅游发展再上新台阶。

(十一)探索旅游治理新机制,强化制度支撑

首先,全面深化体制机制改革,建立以政府为主导、多元社会主体参与的全域旅游综合管理体系和治理机制,推动建立京津冀旅游行业一体化的信用监管联动机制、预警机制和信用等级动态评价机制,提高河北省文化和旅游治理的有效性和科学性;其次,构建旅游高质量发展涉及资金、人才等各方面的政策保障体系;再次,强化省、市旅游协会的行业服务职能和行业自律功能,鼓励和支持各类行业协会的旅游项目,发挥行业协会在旅游市场管理中的重要作用;最后,完善旅游安全保障体系,建立和完善旅游场所卫生医疗管理制度并使之常态化,严格审批玻璃栈道等可能存在安全隐患的旅游项目,出台各类旅游安全技术标准和行为规范,建立旅游安全危机预警系统、旅游安全管理控制系统、旅游安全应急救援系统,创新建立政府指导、企业经营、市场化运作的第三方旅游安全保障组织,建立政府救助与商业救援相结合的旅游救援体系,完善安全环境、救援救助、保险理赔、医护救治、纠纷赔偿、法律援助等联动保障服务体系。

市场发展篇

Reports of Market Development

B.2
2019~2020年河北省国内
旅游市场分析与展望

姚丽芬*

摘　要： 本文对2019年河北省国内旅游市场进行调查分析，并对2020年国内旅游做出预测。调研发现：河北省国内旅游快速发展，过夜游客是主体，冬季冰雪游是消费新热点，文化休闲需求日渐凸显，"80后""90后"成为消费主力；河北省存在客源以本地和周边为主、产品供给以观光为主、游客停留时间短、服务配套短板明显、旅游品牌识别度不高、旅游竞争力弱等问题。根据这些问题，文章提出产业融合增加附加值，全域发展打造高品质目的地，创新驱动

---

* 姚丽芬，河北经贸大学副教授，博士，主要研究方向为旅游经济、旅游可持续发展、旅游心理。

构建优质供给，提质扩容建设高品质乡村旅游，丰富商品提升旅游消费水平，完善公服提升旅游消费体验，规范标准为高质量发展提供技术支撑，加强监管提高游客满意度等针对性对策措施，以期为河北省国内旅游的高质量发展提供依据。

关键词： 国内旅游　旅游消费　旅游市场　河北

改革开放以来，我国经济取得巨大成就。随着人们生活水平的提高，思想观念也发生了翻天覆地的变化，旅游日渐成为人们生活的日常，国内旅游市场已成为世界上增速最快、数量最多、潜力最大的旅游市场，并在政治、经济、社会、文化、生态等领域显现出巨大活力。近年来，河北省将旅游业作为转型升级的新动能和新引擎，出台了一系列文件来促进旅游业发展，国内旅游得到了长足发展，对国民经济的贡献率不断扩大。

一　2019年河北省国内旅游市场形势分析

（一）旅游业保持快速发展，过夜游客仍是市场主体

2019年，河北省共接待国内游客7.81亿人次，实现国内旅游收入9248.69亿元，同比分别增长15.48%和22.01%，继续保持快速增长态势，增速较2018年略有下降。从接待游客人次来看，共有7市超过7000万人次。其中保定和石家庄最多，均超1亿人次，分别为1.273亿人次和1.228亿人次；张家口、邯郸、承德、唐山、秦皇岛均超7000万人次；唐山接待游客人数增速最快，为18.05%；张家口、沧州、秦皇岛、邢台、定州、廊坊的增速均超过15%（见图1和图3）。从旅游收入来看，石家庄、保定、张家口、承德均超过1000亿元；增长速度除了辛集

为18.59%外,其他各市增速均超过20%,并且邢台、定州、唐山和秦皇岛的增速最快,超过23%(见图2和图4)。

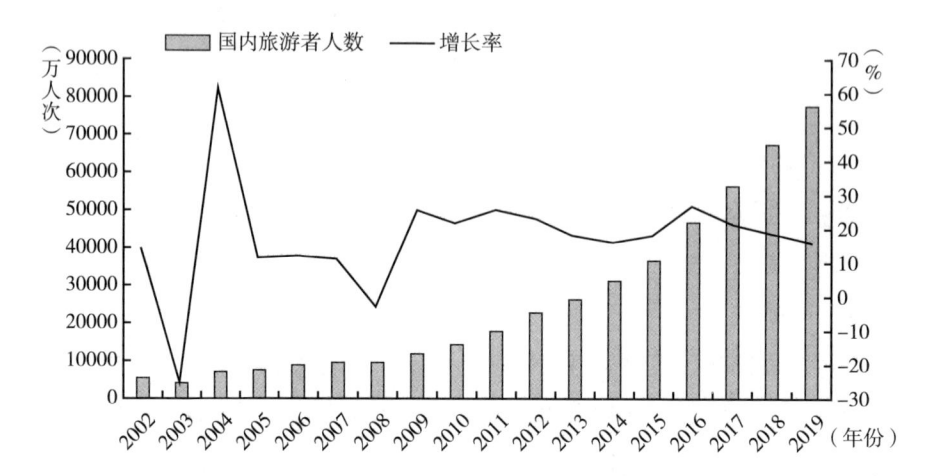

图1 2002~2019年河北省国内旅游接待游客数量及其增长率

资料来源:河北省文化和旅游厅。

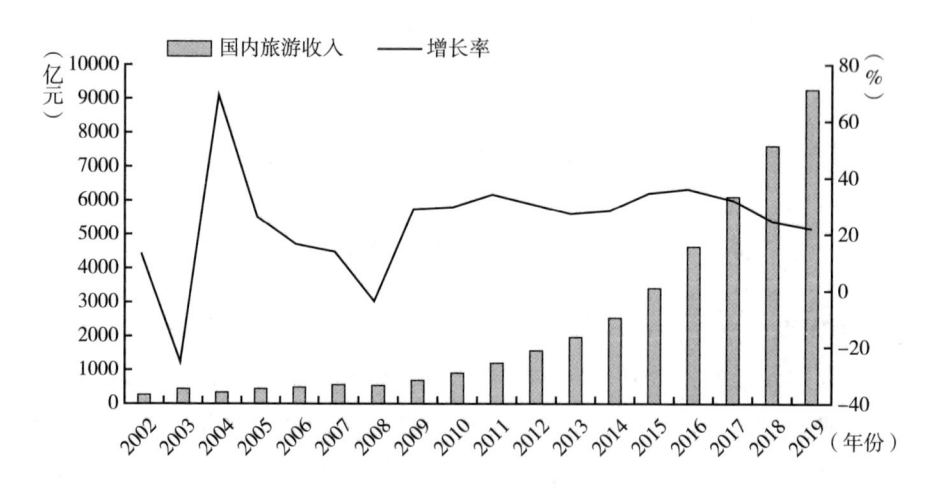

图2 2002~2019年河北省国内旅游收入及其增长率

资料来源:河北省文化和旅游厅。

随着全域旅游示范省建设的持续推进,河北省旅游基础设施和公共文化基础设施水平不断提高,河北省旅游目的地对各地游客的吸引力不断增强。

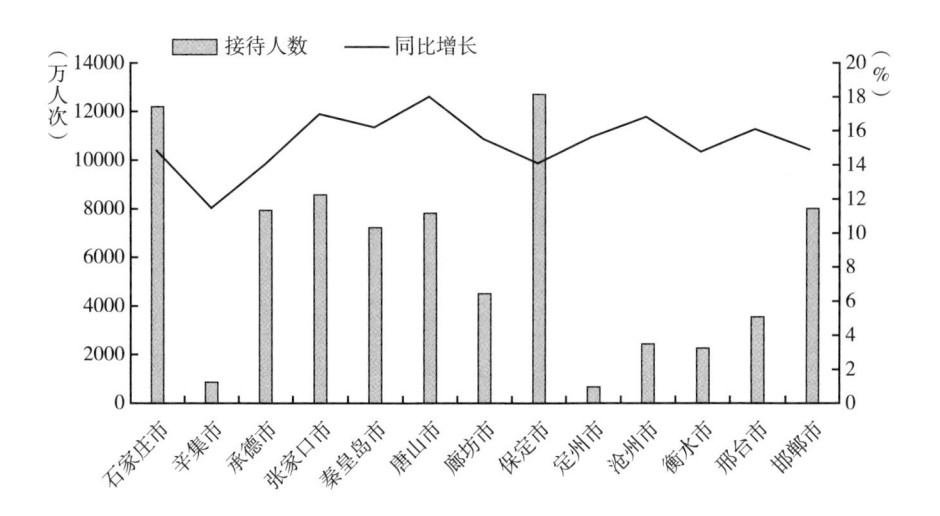

2019~2020年河北省国内旅游市场分析与展望

图3　2019年河北省各地市接待国内游客数量及其增长率

资料来源：河北省文化和旅游厅。

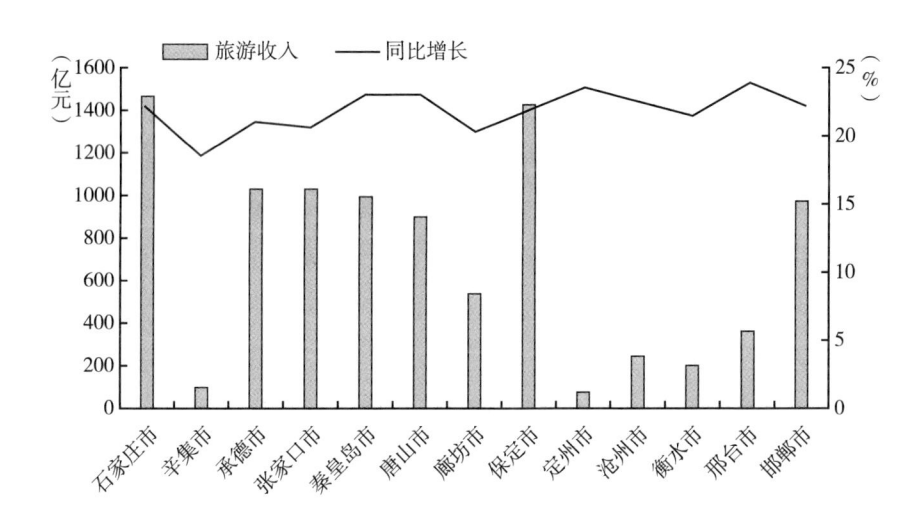

图4　2019年河北省各地市国内旅游收入及其增长率

资料来源：河北省文化和旅游厅。

从游客构成上看，2019年全省接待过夜游客4.2亿人次、一日游国内游客3.6亿人次，分别占全省游客总量的54%和46%。从全省及各地市都能看出来，过夜游游客仍是河北省旅游的市场主体（见图5）。

035

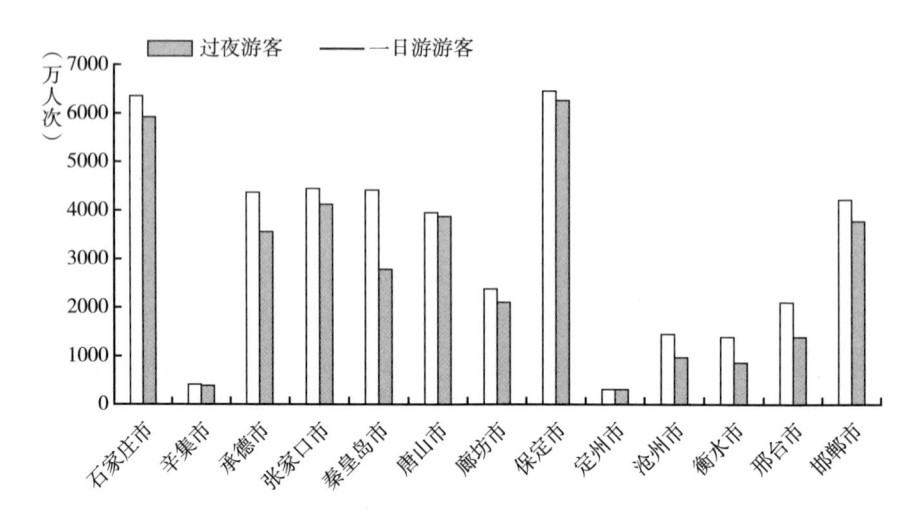

图 5　2019 年河北省各地市游客分类

资料来源：河北省文化和旅游厅。

（二）旅游淡旺季趋于平衡，冬季冰雪游成旅游消费新热点

2019年第四季度，河北省国内旅游接待人数突破1.6亿人次，占到全年总接待人数的20.49%，呈现出淡季不淡的态势。冬季游客人数及消费增量主要体现在冰雪游、乡村游、新业态游、新商业综合体游等业态上，尤其是冰雪旅游，正在成为老百姓一种时尚的生活方式，冰雪旅游消费成为老百姓常态化的消费选项。中国旅游研究院市场调查显示，我国参与冰雪旅游的人数逐年上涨，61.5%的人表示有参与冰雪旅游的经历。根据《中国冰雪旅游发展报告2020》测算，2018～2019年冬季，我国冰雪旅游游客2.24亿人次，冰雪旅游收入3860亿元，分别比2017～2018年冰雪季增长13.7%、17.1%；冰雪旅游人均消费为1734元，是国内旅游人均消费（2018年为926元）的1.87倍，冰雪旅游的内需拉动能力突出。《中国冰雪旅游发展报告2020》预测，到2025年，我国冰雪旅游人数将超过5亿人次，冰雪旅游收入超过1.1万亿元，而河北省冰雪休闲旅游人数实现30%左右的高速增长，冰雪旅游将成为我国和河北省冬季旅游和冰雪经济的核心引擎。

（三）旅游消费不断升级，文化休闲需求日渐凸显

国内旅游消费不断升级，根据测算，河北省接待国内游客的旅游消费水平呈现不断上升态势，从2017年开始超过1000元，2019年国内游客人均消费达到1184.53元，增速为5.65%（见图6）。

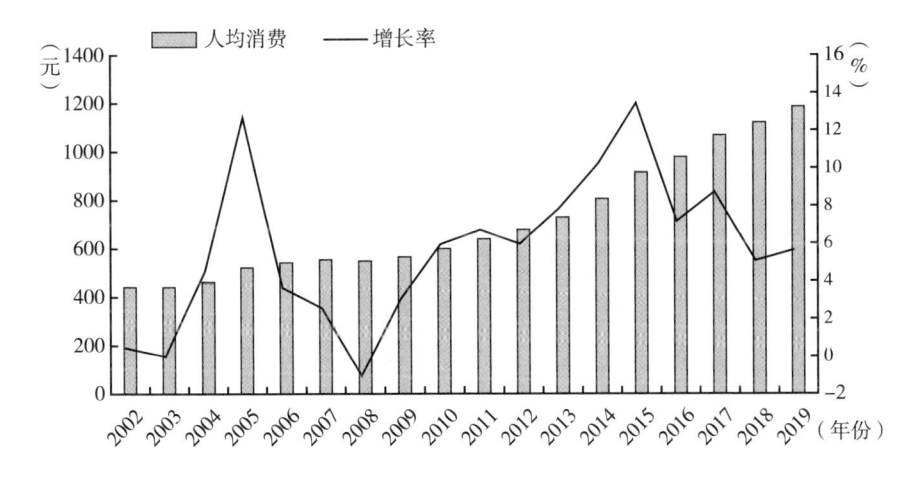

图6　2002~2019年河北省国内游客的人均消费及增长率

资料来源：河北省文化和旅游厅。

人们对文化体验的消费和需求日渐凸显。从消费对象来看，文化体验是国内旅游的重要组成部分。据中国旅游研究院（数据中心）调查，2019年上半年，超八成的受访者表示参加了文化体验活动，其中八成为异地旅游；四成以上游客体验过人文旅游景点、历史文化街区，近三成游客体验过博物馆、美术馆、文化馆、科技馆；游客对文化消费场馆、活动内容丰富性、服务质量等方面的满意度较高，分别为82.8分、86.6分、85.5分。从消费拉动来看，文化消费拉动作用显著，26%的游客文化消费占旅游总消费的30%以上，75%左右的免费文化场馆的人均购物、餐饮、交通消费集中在"50~200元"。从消费时间来看，假期是文化消费的重点。春节期间参观博物馆、美术馆、图书馆和科技馆、历史文化街区的游客比例分别达40.5%、44.2%、40.6%和18.4%；观看各类文化演出的游客达到34.8%。端午期

间,文化类景区增幅明显,整体同比增长40%;博物馆同比增长35%;文化遗产同比增长45%。十一国庆期间,九成以上游客参加了文化活动,四成以上游客参加了2项文化体验活动,四成以上游客参观了博物馆、美术馆、图书馆和科技馆,37.8%的游客文化体验的时间为2~5天。

(四)"80后""90后"成为消费主力,旅游消费选择更加自我

易观数据显示,我国在线旅游用户人群中,"80后"和"90后"的比例占据在线旅游的77.8%。综合来看,"80后""90后"已成为我国在线旅游市场的消费主力人群。根据携程《2019国民旅游消费报告》,在预订旅游产品的消费人群中,"90后"占比为36%,超越"80后"的35%,成为旅游消费的第一主力。从游览方式来看,自驾游、自由行主导市场,2019年选择"私家团""私人定制"等定制旅游服务的消费者大幅增加,小众化的深度游需求增长较快。2019年暑期,"6人游旅行网"定制出行的游客同比增长超100%,家庭用户出行占比80%。

二 2019年河北省国内旅游市场特点分析

(一)优化供给质量,加快构建旅游精品体系

河北省不断优化旅游产品的质量,加快构建旅游精品体系步伐。一是积极推进国家文化公园建设工作。紧抓长城、大运河国家文化公园建设机遇,开展针对山海关、金山岭、大境门、崇礼段等长城河北段重点点段的基础调研,启动长城国家文化公园(河北段)建设保护规划编制工作;深入推进大运河文化和旅游融合发展,对沧州、廊坊大运河重点地区进行了实地调研,加快推进《河北省大运河文化和旅游融合发展规划》编制工作。二是加快5A级景区创建步伐。按照"成功创建一批、重点提升一批、培育储备一批"的5A级景区创建计划,指导清西陵景区、金山岭长城景区持续整改提升;组织推荐唐山南湖景区参加了文化和旅游部的"5A级旅游景区景观

质量评审会",完成了响堂山景区、狼牙山景区5A级景区景观质量省级初评,夯实了5A级景区创建工作基础。三是加大4A级景区创建力度。进一步加强高等级景区梯队建设,组织召开了"全省4A级旅游景区景观质量评审会",将24家资源禀赋好、创建意愿强的景区纳入了4A级景区创建序列。四是全面开展A级景区复核工作。按照文化和旅游部的统一部署,委托第三方专业机构,聚焦重点景区和薄弱环节,以暗访的方式组织开展了全省A级旅游景区复核工作。共复核A级景区294家,占全省A级景区总数的70%。五是梯次推进度假区创建评定工作。为顺应大众休闲旅游市场需求,组织评定了5家省级旅游度假区,推荐唐山湾国际旅游岛参加国家级旅游度假区创建,加快休闲旅游度假产品打造进度,丰富和完善河北省休闲度假产品体系。

(二)把握时代主旋律,持续推进红色旅游高质量发展

准确把握新时代红色旅游发展新要求、新使命,发挥好意识形态主阵地功能,突出红色、坚守底色,抓住重点、融合发展,切实把红色资源利用好、红色传统发扬好、红色基因传承好。围绕"壮丽70年,奋进新时代"主题,开展庆祝新中国成立70周年系列红色旅游主题推广活动。平山西柏坡纪念馆、涉县129师纪念馆、邢台前南峪抗日军政大学纪念馆、唐山开滦矿山博物馆等红色经典景区,先后举办了主题鲜明、精彩纷呈的纪念活动,在全社会形成了强大的声势,营造出浓厚的红色旅游氛围。

(三)打好脱贫攻坚战,以乡村旅游助推旅游扶贫

强化乡村旅游政策支撑。制定出台了《2019年河北省文化和旅游产业扶贫工作行动方案》,发布实施《民宿服务质量要求与评价》《旅游小镇设施与服务规范》等省级地方标准,制定《河北省乡村旅游重点村评定办法》,编制了《河北省乡村旅游高质量发展工作实施方案》《河北省深化"景区带村"扶贫模式指导意见》,完善了乡村旅游政策体系,引领全省乡村旅游优质化发展。

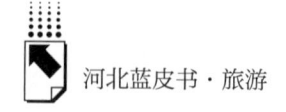

推广"景区带村"旅游扶贫模式。对全省具有发展旅游基础的乡村、4A级以上景区周边乡村的旅游发展情况进行摸底调查，初步梳理出"景区带村"扶贫模式、片区结构、名单等，提出以深度贫困县为重点，以国家A级旅游景区、新业态景区、知名旅游景点为抓手，以景区结对帮扶贫困村为路径，因地制宜深化推广"景区+贫困村""景区+合作社+农户""景区+农户"等多种景区带村旅游扶贫模式。

培育乡村旅游示范标杆。开展"百村示范，千村创建"活动，在全省筛选1000个乡村旅游村落，结合当地资源条件、地理区位和市场发展潜力，培育了一批乡村旅游示范村。创办2019年深度贫困地区乡村旅游和旅游扶贫专题系列培训班，不断提升乡村旅游从业人员素质和专业技能。

强化乡村旅游资源产品线路推广宣传。依托张承坝上草原天路/一号风景大道和太行山高速两条风景道，以及"坝上地区、太行燕山地区和黑龙港地区"三大片区良好的文化和旅游资源，精心策划发布了燕山人家等8条乡村旅游扶贫线路。举办乡村旅游扶贫推介活动，发布了51个旅游扶贫招商项目，通过媒体宣传、视频展现、专业人士推介、现场洽谈、观摩考察等多种形式，对扶贫产品和项目进行了宣传展示。

（四）做优做强文创产品，充分挖掘旅游消费潜力

进一步加大政策支撑和扶持力度，完善文创和旅游商品研发、生产、销售的扶持政策，规范生产流通体系，提升企业核心竞争力。联合工信厅起草制定了《关于促进全省文创商品、旅游消费品与旅游装备制造发展的实施意见》。加大《河北省旅游购物商店等级划分与评定》和《河北省旅游休闲购物街区质量评定》地方标准宣传力度。评定了一批"河北省旅游休闲购物街区"和金、银、铜牌旅游购物商店，促进全省旅游购物标准化、规范化、品牌化发展。

成功举办文创大赛、精品展。一是"2019河北文创和旅游商品大赛"，搭建了全省文创和旅游商品创新设计平台，促进了创意成果转化，实现了产业提质升级。二是"2019河北文创精品展"，分为城市综合展区、魅力河北

展区、创意生活展区、经典传承展区、匠心之作展区和产业之星展区六大展览区 16 个板块，推动河北文创产业化、品牌化、市场化迈上新水平。

创意开展冰箱贴设计制作。引导企业围绕设计创意、生产制造、质量管理和营销服务全过程来构建品牌管理体系，把冰箱贴的设计、研发和生产作为促进各地文创和旅游商品开发的切入点和突破口，作为旅游业供给侧改革的重要抓手，作为展现河北形象、体现河北风情、宣传河北文化的重要载体，以点带面、重点突破，以小商品撬动大产业，力求多方面满足市场需求。

（五）强化标准，大力推动全系统高质量提升

完成标准的发布和立项。根据文旅高质量发展要求，2019 年发布《旅游景区安全服务通则》《旅行社等级评定实施细则》等 9 项省地方标准。新立项 8 项省地方标准，其中《智慧旅游景区基础设施建设指南》《文化和旅游产学研基地服务规范》等旅游标准立项 3 项，《博物馆免费开放服务质量评价指南》《文物建筑遗址清理发掘规范》等文化（含文物）标准立项 5 项。积极构建河北省绿色旅游标准体系，完成《河北省绿色旅游标准体系》《示范区（产业带）标准体系建设指南》的编制工作。截至目前，河北省正式发布河北省文化和旅游地方标准 87 项，处于全国领先水平。河北省标准化工作，在 2019 年文旅标准装备培训班上得到了科技教育司司长的肯定。

（六）坚定政治站位，深入开展防范化解重大风险攻坚战

2019 年以来，坚决贯彻落实省委省政府关于打好防范化解重大风险攻坚战的决策部署，成立由厅主要领导为组长的防范化解重大风险工作领导机构，出台全省文化和旅游系统防范化解重大风险的实施意见，针对意识形态、社会稳定、安全生产、生态保护四个领域 21 类风险点，确定 67 项防控措施，落实领导包联责任，细化意识形态、旅游景区、人员密集文化场所、旅行社等重点行业领域专项防控方案。建立旅游景区、玻璃栈桥高风险项目、人员密集文化场所的常态化风险摸排机制，全年督查文化市场经营单位 1186 家、景区 314 家、旅行社 1104 家、星级饭店 99 家、旅发大会项目 48 个。

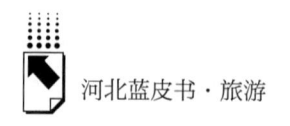

三 2020年河北省国内旅游市场预测

(一)2020年市场预测

旅游业是一个脆弱性强、替代性也很强的行业,极易受到各种突发事件的影响,重大疫情对旅游行业的打击更甚。由于新型冠状病毒疫情的影响,2020年春节假期不仅没有出现以往的小高潮,反而处于停摆状态,旅游景区和涉旅企业快速响应,全国景区闭园,在线OTA(境内外)退订,旅行社退团,交通受限,酒店、餐饮接待量急剧下滑;并且疫情尚在持续,对旅游业造成的损失还在继续增加。

结合2003年"非典"期间的历史经验,预计在新型冠状病毒疫情下,河北省2020年国内旅游总收入约7000亿元。如无疫情事件发生,参考2019年的增长率,2020年旅游总收入应为1.1万亿元左右,疫情造成的损失额度相当于疫情前预测总值的47%左右,损失额度超过4000亿元,导致全年预期从同比增长22%变为负增长25%左右。

(二)河北省国内旅游存在的问题

河北旅游业取得了长足进步,但与旅游发达省份对比、与高质量发展的要求对标、与人民群众日益增长的消费需求相比,仍存在以下短板和问题。

1. 核心吸引力不强,客源以本地和周边为主

从国内游客市场看,河北省客源结构仍以省内及周边地区为主。多年来,全省仍以省内游客为主,北京、天津、山西、山东、辽宁、河南等周边省份次之,中远程市场更少;对比北京的外省市游客占大多数的现状,河北还未成为全国性的旅游目的地。这一现象表明,河北省缺乏对中远程市场有较强吸引力和竞争力的高端优质产品,目前河北省还没有一家景区入围全国"十大名山、十大名湖、十大峡谷、十大水乡、十大瀑布、十大古城"等景点排行,在全省421家A级景区中,国家5A级景区仅有10家,国家级旅

游度假区尚为空白,而相邻的山东和河南分别有5A级景区11家和14家,国家级、省级旅游度假区45家和8家,河北旅游的核心吸引力较弱。

2. 产品供给以观光为主,游客停留时间短

河北省旅游资源丰富,但旅游产品结构较单一,仍以传统观光旅游为主,在全省800多家A级景区和非A级景区中,休闲度假类景区仅占15.88%。在2017年全省景区游客满意度调查的233家景区中,休闲度假类景区只有37家,而从当前游客消费倾向来看,有88.5%的游客出游目的是休闲度假。这就使来河北省的游客人均停留时间短、过夜率低,游客在冀停留1~3天的比例高达83.8%,过夜率仅为51.3%,而旅游发达的省份如山东、浙江,游客人均停留时间都超过了3天。游客留不下来严重制约旅游消费,因此,顺应市场需求,优化旅游产品结构,创新多元产品业态,成为当前旅游业实现高质量发展的当务之急。

3. 服务配套短板明显,游客满意度较低

根据笔者对2019年河北省景区游客满意度调查,全省景区游客满意度总体得分为75.8分,达到"比较满意"水平,但在交通、住宿、餐饮、服务质量等方面,游客满意度比较低。可见,目前河北省旅游服务配套整体水平不高、档次不够,传统旅游公共服务有效供给不足,出行难、停车难等问题在部分地区特别是山区长期存在,现代旅游服务设施难以满足品质化的消费需求,吃、住、行、游、购、娱发展不协调,旅游标准化、智慧化发展滞后,与游客的多样化需求还有差距。

4. 旅游品牌识别度不高,旅游竞争力弱

虽然"京畿福地·乐享河北"作为河北省旅游品牌口号已经在业内和游客中间有一定的知名度,但品牌体系建设还未完善,知名度、美誉度、忠诚度的品牌积累还不够。调查显示,游客对河北省旅游形象口号的知晓度为79.32%,对河北省LOGO的知晓度为61.2%;其中对旅游目的地整体品牌识别度为72.69%,子品牌识别度为67.72%,品牌宣传效果为73.44%,品牌特色定位为74.3%。

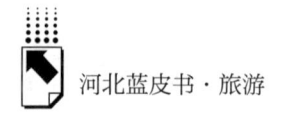

四 促进国内旅游高质量发展的对策建议

（一）产业融合，增加旅游产业附加值

旅游带来消费，带来市场，带来服务能力提升，对传统产业转型升级和新型产业发展都有着较强的带动作用，既可以提升新动能，也可以融合新业态，增加休闲度假份额，提高旅游综合消费水平。一是文旅融合提升品质。通过深入挖掘历史文化、民俗文化、革命文化、先进文化，赋予旅游景区、旅游饭店、地方餐饮、旅游商品等以特色的文化主题，丰富旅游的内涵；科学利用历史街区、传统村落、文物遗迹及博物馆、纪念馆、美术馆、艺术馆、展览馆等文化场所开展文化旅游。二是农旅融合提高效益。以"片区化开发、产业链带动"为方向，推动传统农业向共享农庄、乡土游乐、农耕体验、研学科普、景观农业、田园度假等休闲业态和功能农业升级，创建一批休闲农业乡村旅游示范县（点）、田园综合体、现代农业园区、农业旅游景区等，延长产业链条，提高农产品的经济效益。三是工旅融合推动转型。开展工业遗产资源普查，打造一批工业文化遗产旅游区，促进传统工业区的复兴。加强旅游业与钢铁、石化、食品、化工、酿造、纺织服装、装备制造等河北省优势产业的融合，打造长城葡萄酒、衡水老白干、君乐宝、曲阳雕刻、唐山骨质瓷、邯郸钢铁等一批全国知名的工业旅游品牌，引导长城汽车、中航石飞、中车等装备制造企业加大对旅游房车、旅游小飞机、邮轮游艇、游乐设施的研发生产，实现生产、展示、销售、体验的统一，提升企业品牌，延长产业链条。四是康旅融合促进发展。旅游、健康、体育同为幸福产业，促进融合、共同发展有利于增强人民群众的幸福感。挖掘河北省中医药产业资源，大力发展中医药文化体验、特色医疗、疗养康复和食疗养生、中药材种植观赏等健康旅游产品。促进温泉养生旅游开发，推动平山温塘、赤城、白洋淀、清东陵、霸州等以医养结合为特色的旅游度假区的建设。抓住北京冬奥会这一机遇，积极培育冰雪、赛马、滑翔、赛车、游泳、

极限运动等竞技与休闲相结合的体育项目，发展登山、徒步、漂流、垂钓、露营、骑行等大众运动项目，扶持推广武术、太极拳、民俗舞蹈等民间传统运动项目，促进体育旅游全面发展。

（二）全域发展，打造高品质旅游目的地

为顺利实现全域旅游示范省的验收，打造高品质的旅游目的地，河北省要继续营造浓厚氛围，探索新的发展模式，积极开展省级和国家级全域旅游示范区的验收工作。营造全域旅游创建的浓厚氛围。坚持多措并举、多管齐下，为全域旅游创建营造浓厚的社会氛围和环境，组织开展全域旅游主题宣传活动，推广各地特色旅游产品及线路，展示全域旅游发展成果，营造良好的社会环境。探索全域旅游发展新模式。对全省全域旅游发展及全域旅游示范区创建工作进行专题研究，梳理总结各地实践中形成的龙头景区带动、制度创新突破、都市休闲度假、美丽乡村带动等全域旅游发展模式，探索全域旅游发展新理念与新模式。评定一批省级全域旅游示范区。开展第二批省级全域旅游示范区考核认定工作，采取自查推优、资料审核、现场检查相结合的方式，将全域旅游创建工作重视程度高、创新亮点多、实际效果好的创建单位认定为河北省全域旅游示范区，树立创建标杆、典型示范。力争创建一批国家全域旅游示范区。积极推荐2~3家条件成熟的创建单位申报国家全域旅游示范区，争取在国家验收中再创佳绩。

（三）创新驱动，构建优质产品供给体系

大力推进高等级景区创建。进一步推进高等级景区的对标建设与升级，建立景区"有进有出"动态监管机制，促进景区内外一体化、规模化、片区化发展。力争将清西陵、金山岭成功创建为国家5A级景区，推动将唐山南湖、响堂山、保定狼牙山等列入5A级景区创建计划，将衡水湖、邯郸129师司令部旧址等纳入5A级景区创建序列。同时，开展4A级景区评定验收工作，筛选一批优质景区并纳入4A级景区创建序列，形成梯次分明、合理布局、核心突出、多点支撑的精品景区架构。加大旅游度假区创建力度。

持续推进国家级、省级旅游区创建工作,培育旅游度假区发展梯队,建设一批包括海滨度假、草原、温泉、康体运动、医疗保健等多种类型的旅游度假项目,提供多样化、高质量的休闲度假旅游产品,满足游客快速增长的休闲度假需求。

(四)提质扩容,建设高品质乡村旅游

培育乡村旅游精品示范标杆。一是大力培育精品民宿、旅游小镇、房车营地、艺术公社、康养农业等乡村旅游新业态和新产品。利用闲置农宅开发高品质、多元化的乡村度假产品,打造乡村"第二居所"。二是继续开展"百村示范,千村创建"行动,到2020年底在全省筛选出一批业态产品新、综合效益好、带动能力强、基础设施优、服务水平高的乡村旅游重点村。三是推动金牌农家乐、星级农家乡村酒店转型升级,发展精品民宿、乡村度假酒店、艺家乐、洋家乐等多元化乡村旅居产品。

(五)丰富商品,提升旅游消费水平

旅游商品作为旅游购物的重要内容和拉动旅游消费的重要载体,对于做大做强文化旅游产业、拉长旅游消费产业链、提升旅游业的综合服务水平具有重要意义。利用各方面资源,加强创新开发,丰富旅游商品供给,满足国内外游客多层次的购物消费需求,提高旅游弹性消费。开展文创和旅游商品市场壮大工程。开展品牌培育计划,建立旅游商品骨干企业名录,开展产品品牌培树活动。开展旅游商品消费惠民工程。依托《河北文旅融合大数据平台》开展旅游商品消费惠民活动,推广旅游商品消费卡服务,结合国家文化消费试点城市创建工作,在石家庄和廊坊两个国家文化消费试点城市开展消费惠民试点工作。开展销售渠道完善工程。积极开展文创和旅游商品进景区、酒店、商城、网店、机场、车站、营地、服务区、演艺场、游乐园"十进活动",重点在繁华商业区、4A级以上旅游景区、3星级以上酒店、高速公路服务区、自驾车房车露营地等重点区域布点,建设文创和旅游商品销售网点,提高市场渗透力。对接知名网站,促进旅游购物线上线下一体化经营，拓展旅游商品营销渠道。在中心城区、商业中心和旅游区设立文创和旅游商品专卖店、特产专柜，展示河北名、特、优、新旅游商品。

（六）完善公服，提升旅游消费体验

整合资源，统筹推进公共文化服务和旅游公共服务、为居民服务和为游客服务，加快推进文旅融合发展。以《国家基本公共文化服务体系建设指导标准》《全域旅游公共服务体系建设指南》为指导，统筹推进秦皇岛、唐山、围场、迁安、冀州、武安、涉县等市县开展全域旅游公共服务体系和公共文化服务体系示范试点综合创建工作。在实践中分析、把握公共文化服务和旅游公共服务的特点、规律，探索融合发展路径，找准结合点，研究制定《促进文化和旅游公共服务融合发展的实施意见》。以文化和旅游试验区、示范区创建为依托，跟进服务、分类指导承德河北省生态旅游创新发展示范区、秦皇岛国家旅游综合改革试点城市、唐山国家公共文化服务体系示范区、长城文化公园、大运河文化公园以及雄安新区等重点区域，统筹规划、协同建设文化和旅游公共服务体系。推动旅游服务功能性文化设施建设，尝试建成一批具有旅游服务功能的公共文化设施示范点。推广北戴河新区孤独图书馆、河间市景和镇丰尔庄园文化站镇企共建成功经验，推动文化服务功能性旅游区域和公共服务设施建设，尝试建成一批具有文化服务功能的旅游景区、度假区、旅游集散中心、游客服务中心和旅居车营地等示范点。深入推进太行山高速公路旅游公共服务体系建设，科学拓展服务区的住宿、餐饮、票务、咨询、娱乐等旅游服务功能，将太行山高速打造成为省级示范性"旅游高速公路"。推进延崇高速公路旅游公共服务体系建设，以太行山高速公路旅游服务功能拓展、提升为样板，积极协调相关单位开展延崇高速公路旅游交通标识建设、服务区设置游客服务中心、服务区旅游功能拓展等工作。

（七）规范标准，为高质量发展提供技术支撑

大力推广旅游标准化，不断规范景区、旅行社、酒店、餐饮、运输、购

物、娱乐等的规划建设、经营管理和服务行为，形成"管理靠制度，工作靠程序，操作按标准，人人尽职、事事规范"的良好局面。一是构建旅游高质量发展标准体系。以国家标准和行业标准为基础，编制省级《旅游标准化发展规划》，建立旅游质量标准体系。二是加强与京津都市标准和国际标准的对接。尤其是河北省要在道路交通、集散咨询、标识标牌、乡村旅游、食宿服务、智慧服务等方面加强与京津的高标准对接，构筑区域一体化的自驾游、自助游服务体系。三是推进标准化的试点示范。建立健全省、市旅游标准化试点，争创一批示范城市和示范单位，打造一批精品示范项目，并且提高试点示范项目的质量和效益，发挥好试点项目的示范、辐射、带动作用，培育知名品牌，提高行业服务质量和整体竞争实力。

（八）加强监管，提高游客满意度

深化市场监管执法体制机制改革。构建以"双随机、一公开"为基本手段、以重点监管为补充、以信用监管为基础、以信息技术为路径的新型监管机制。加强重点行业领域监管执法，持续开展市场秩序整治专项行动。充分利用信息化技术，建立文化和旅游市场主体信用评价指标体系，加强市场监管大数据平台建设，促进监管执法信息资源共享共用。强化行业领域安全监管。健全安全责任机制和领导包联制。加强玻璃栈桥类旅游项目安全监管。加大对人员密集文化场所、旅游景区、旅行社等重点行业领域安全的监督检查力度。扎实推进风险管控和隐患治理双重预防机制建设，建立健全突发事件应急管理机制，推进行业领域应急体系建设，加强安全舆情动态监测，督促企业建立安全应急相关机制，开展突发事件应急演练，提高突发事件的防控能力。

参考文献

[1] 河北省人民政府：《河北省人民政府关于印发〈河北省旅游高质量发展规划

(2018~2025年）〉的通知》，《河北省人民政府公报》2018年第11期。
[2]《河北23地将建省级全域旅游示范区》，《农村科学实验》2017年第10期。
[3] 创意村：《康养福地葫芦峪》，《商业文化》2018年第35期。
[4] 刘艳芳、黎明：《打造旅游品牌　开启全域旅游新时代》，《对接京津——战略实施　协同融合》，中国河北廊坊会议，2019年6月。
[5] 汪黎明：《以标准化提升旅游产业发展整体素质》，《中国标准导报》2012年第9期。
[6] 王小东：《凝聚共识　遵循规律　真抓实干　奋力推动北海旅游产业跨域发展》，《北海日报》2013年9月27日。

B.3 2019~2020年河北省入境旅游市场分析与展望

王丽平 魏如翔*

摘 要： 随着"一带一路"倡议推行、文旅融合逐渐深入、政策利好不断释放、设施服务持续提升，2019年河北入境旅游市场规模总量保持稳步增长态势，但对比京津等发达市场，整体发展水平仍存在明显差距。本文在梳理入境旅游市场的特征、发展趋势的基础上，透视河北入境旅游市场发展中的各种短板，并提出推动河北入境旅游市场优化发展的对策建议。在旅游业不断呈现新特征的时代背景下，河北省应以旅游业供给侧结构性改革为主线，围绕入境市场需求以优化产品供给结构，提高全省旅游产业的专业化、规范化、国际化水平，并从发挥资源特色、加大拓展力度、优化营销策略等多个方面积极行动，切实扩大河北旅游的国际影响力、吸引力，积极采取措施消除新冠肺炎疫情的不利影响，推动河北入境旅游市场高质量发展。

关键词： 河北 入境旅游市场 营销策略

---

* 王丽平，《河北旅游》杂志社总编辑，主要研究方向为旅游资源与旅游市场；魏如翔，《河北旅游》杂志社编辑部主任，主要研究方向为旅游资源与旅游市场。

一 2019年河北省入境旅游市场基本状况及特征分析

受旅游产业综合发展、144小时过境免签政策实施、国际航班和旅游包机加密、境外旅游推广活动开展等积极因素带动，2019年河北省国际游客接待人数和收入均实现显著增长，"京畿福地·乐享河北"品牌国际影响力持续提升，旅游目的地、旅游产品对国际游客的吸引力显著增强，在中国入境旅游市场整体趋缓的形势下，整体呈现稳步提升的良好态势。

（一）入境旅游市场持续增长，过夜率保持较高水平

2019年，河北省共接待入境游客187.9万人次，创汇9.36亿美元，同比分别增长6.9%和10.18%，基本保持平稳增长态势，但较2018年增速略有放缓（见图1）。其中，承德、秦皇岛、廊坊、石家庄、保定、张家口、唐山七市接待入境游客人数超10万人次。按市域划分，邢台（20.89%）、廊坊（14.37%）、唐山（10.27%）、衡水（10.1%）、沧州（9.51%）五市的入境旅游接待人数增速最快。邢台（28.27%）、沧州（20.66%）、衡水（16.85%）、定州（15.76%）、唐山（12.89%）五市的入境旅游接待收入增长幅度最大。可见，河北非传统旅游城市对国际游客的吸引力正在显著提升。

在国际游客停留时间方面，过去三年河北国际游客过夜率均保持在51%以上，明显高出全国平均水平。但约六成的国际游客停留时间在3天以内，低于全国平均水平；停留10天以上的游客主要是出于商务原因而非旅游因素。这表明，河北在吸引国际游客过夜方面具备一定优势，但整体停留时间不长，需要在延长国际游客停留时间方面继续发力。

（二）以外国旅游者为主，客源市场结构趋向多元化

就客源地分布格局来看，外国旅游者是河北入境旅游客源的主力军。2019

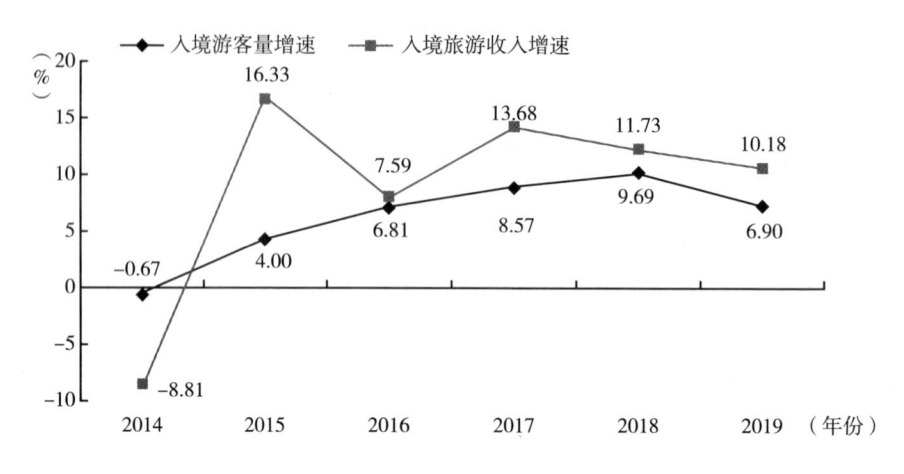

图1 2014~2019年河北入境旅游市场增速

资料来源：河北省文化和旅游厅。

年，河北省共接待外国游客140.75万人次，占入境游客总量的74.9%；接待中国港澳台游客47.15万人次，占总量的25.09%，与2018年比例相同（见图2）。这与全国情况形成鲜明对比：参考2018年数据，全国入境旅游人数14120万人次，其中港澳台游客11066万人次，占比达78.37%。这表明，港澳台市场仍有巨大的开发潜力。

外国客源市场中，河北省2019年接待亚洲游客70.79万人次，占比为五成以上；接待欧洲游客40.21万人次，占比三成。接待日本、韩国、俄罗斯、美国等主要客源国游客分别为16.57万人次、15.72万人次、11.12万人次和6.78万人次。游客量排名前十的旅冀客源国为日本、韩国、俄罗斯、美国、马来西亚、新加坡、英国、法国、德国、泰国，除美国外均为亚洲、欧洲国家。由此可见，河北入境旅游客源市场以亚洲为主、欧美为辅。近程主要客源国集中在远东和东南亚，距离衰减特征比较明显（见图3）。

2019年，河北万人客源国和地区达到27个，整体客源结构趋向多元化。在日本、韩国、俄罗斯三大传统客源国中，俄罗斯游客量大幅增长（13.84%），扭转了2018年的停滞状况（0.27%）；韩国游客量继续

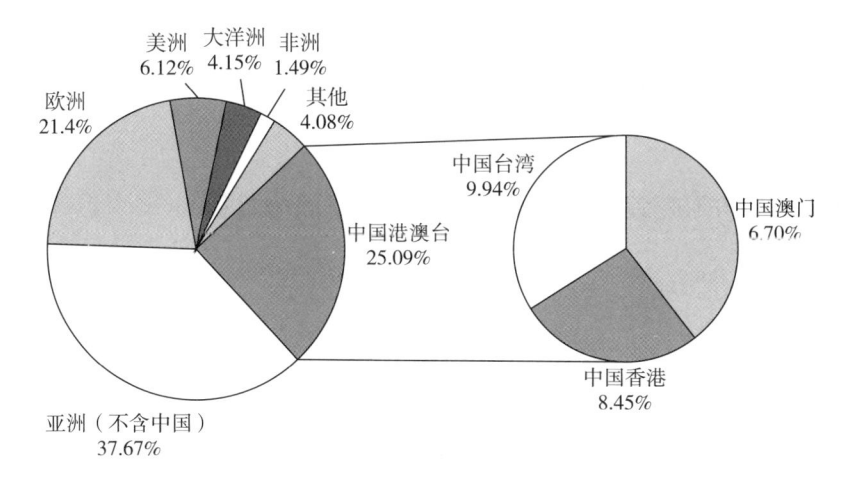

图 2　河北入境旅游市场主要客源地结构情况

资料来源：河北省文化和旅游厅。

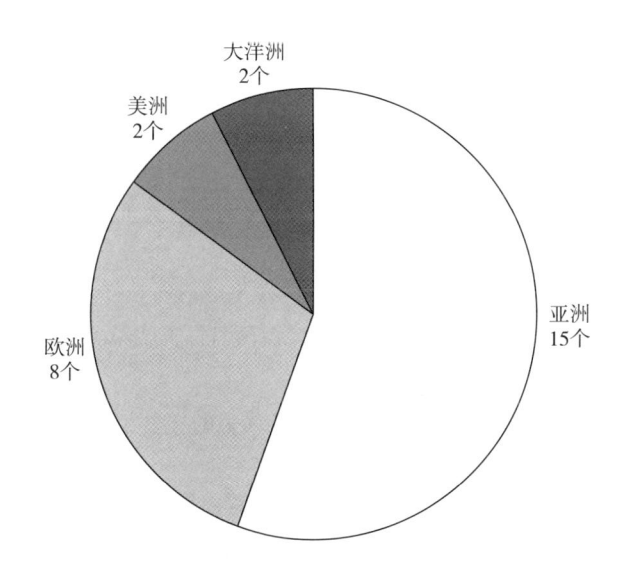

图 3　2019 年河北万人客源国和地区洲际分布情况

资料来源：河北省文化和旅游厅。

保持大幅增长（16.97%）；日本游客量则在连续多年平稳增长后遭遇小幅下滑（-1.69%）。巴基斯坦、朝鲜、马来西亚、泰国、印度尼西亚等亚洲国家及中国台湾、澳门地区的游客量增速较快，反映出亚洲市场的火热。英国、法国、德国、意大利、俄罗斯、美国、加拿大、澳大利亚、新西兰等国家的入境游客增长率超过10%，表明中远程欧美市场的活跃度正在提升。

（三）休闲度假成为重要动机，出游时间相对集中

中国旅游研究院发布的报告显示，早在2018年，休闲度假就已成为国际游客来华旅游的一大主要目的，其所占比重与游览观光几乎持平，二者在整体市场中的占比超过五成（见图4）。

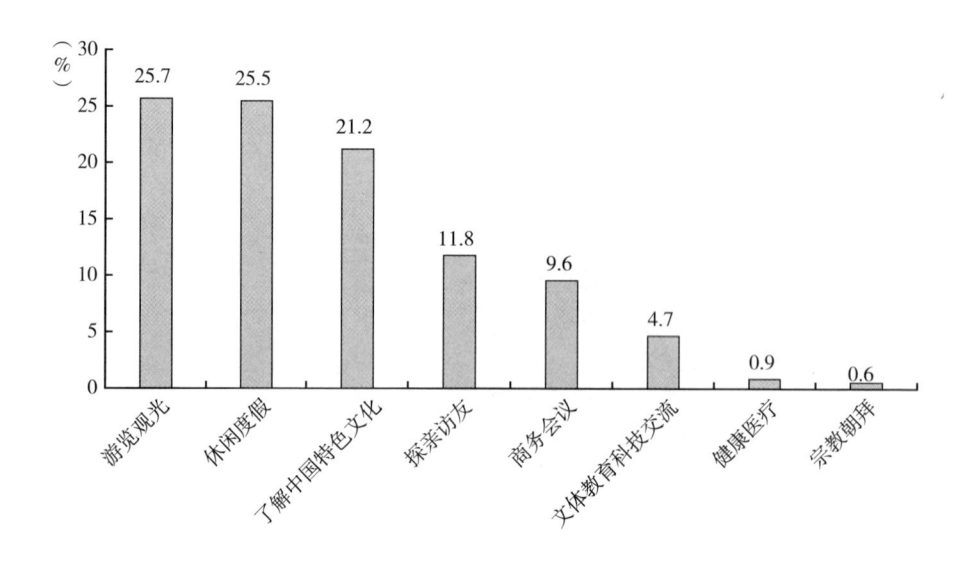

图4　国际游客出游目的

资料来源：中国旅游研究院。

来河北旅游的国际游客也明显呈现出这一特征。据调查，73.3%的国际游客，尤其是非首次来冀游客不满足于走马观花式的观光旅游，更倾向于寻求以消遣娱乐、放松身心、疗养休憩为特点的休闲度假旅游。可见，休闲度假已经成为河北入境旅游市场的一个重要发力点。此外，调查显示，"了解中国特色文化"为入境旅游市场的另一个突出需求，表明具有中国风情的地方特色文化具有较大的旅游开发潜力。

出游时间方面，2019年世界旅游联盟发布的《中国入境旅游数据分析报告》显示，国际游客偏好在每年3～4月、10～12月出游。一是因为春、秋两季，中国的气候环境相对舒适；二是因为12月正值圣诞节，很多国家设有较长的圣诞假期，便于长时间出游。而每年2月的春节期间，受制于春运、旅游场所休假、气候寒冷等因素，形成入境旅游的低谷时段。根据国际游客出游时间特征开发制定相应的旅游产品、营销策略，值得河北旅游业界关注。

（四）目的地选择相对集中，文物古迹类景区最受欢迎

河北省国际游客旅游目的地城市的选择相对集中。2019年，承德、秦皇岛、廊坊、石家庄、保定五市接待入境游客总量占全省的74.64%。可见，尽管各市入境旅游市场均有所扩大，但总体上，河北国际游客的目的地选择仍呈现较为明显的核心极化状况，最优吸引半径主要围绕核心目的地城市与景区展开。

作为旅游国际化起步较早的城市，秦皇岛、承德是河北最具国际知名度的旅游目的地，《河北省旅游业"十三五"发展规划》将两市定位为"入境旅游城市"，核心吸引物分别为山海关、北戴河及避暑山庄。近年来，秦、承两市接待的国际游客量约占全省整体的四成，市场增速保持相对平稳。

省会石家庄作为河北省政治、经济、文化中心，拥有明显的区位交通优势和丰富的旅游资源，核心旅游吸引物为正定古城和西柏坡。过去三年，石家庄入境旅游市场增长较快，但国际游客接待量排名（省内第4）逊于国内游客接待量排名（省内第2），这表明石家庄的入境旅游吸引力仍有提升空间。

廊坊处于京、津两大城市之间，在接受大城市辐射方面拥有独特优势。该市围绕运河风情体验区、永定河田园观光区、洼淀生活休闲区三大特色主题旅游区打造知名入境旅游目的地，形成了鲜明的城市旅游特色，是入境旅游市场规模增速最快的河北城市之一。

保定毗邻北京，自然、人文旅游资源丰富，拥有清西陵、野三坡、白石山3处国家5A级景区，其中清西陵为世界文化遗产。2016年，首届河北省旅游产业发展大会在该市举行，有效提升了保定旅游的国际知名度。近年来，该市积极构建"京津保+雄安"旅游大格局，对国际市场的吸引力不断提升。

景区类型选择方面，调查显示，避暑山庄及周围寺庙、山海关、金山岭长城、清东陵、清西陵（世界文化遗产、国家历史文化名城、5A级景区）等文物古迹类景区最受国际游客欢迎，之后为山水风光、民俗风情、文化艺术。综合国际游客偏好及文旅融合背景来分析，河北的人文类景区在国际市场的突破空间较大。

（五）旅游消费类型趋向多元化，文创类商品潜力巨大

根据中国旅游研究院2018年的报告，国际游客在中国的整体消费水平依然偏低，超过70%的入境游客消费不足3000美元。抽样调查显示，2019年来河北旅游的国际游客中，近八成游客消费不足3000美元，约两成游客消费不足1000美元，这说明国际市场的消费潜力在河北省尚未得到充分激活。

消费结构方面，国际游客的基本消费（吃、住、行）和非基本消费（游、购、娱）所占比重分别为42.2%和57.8%。随着河北全域旅游国际化步伐的加快和体验性旅游内容的不断丰富，国际游客在河北的非基本消费比重正在逐渐提升，消费结构日趋优化。

在河北国际游客的非基本消费中，旅游购物类型消费明显高于其他类型消费。其中，由河北代表性文化衍生出的旅游商品尤其受到国际游客青睐，例如，欧美游客偏爱廊坊的景泰蓝、承德、张家口的剪纸以及沧州的杂技道具；俄罗斯游客偏爱辛集皮革、清河羊绒；日本游客偏爱衡水内画、定州缂丝、邯郸黑陶；韩国游客青睐唐山陶瓷、邯郸太极文化制品，整体呈现出种类多样、区域性各有差异的特点。可见，河北旅游商品中的文创产品拥有巨大的开发潜力。

（六）旅游组织形式和需求趋于散客化、碎片化

据统计，约90%的国际游客、75%的过夜国际游客采用自由行方式出游。随着国际游客旅游经验的逐渐丰富、目的地旅游配套设施的日益完善及服务的国际化水平的提升，以自由行和半自助游方式来河北旅游的国际游客已经成为主流。与传统的团体包价旅游相比，自由行以自由程度高、内容个性化、时间灵活化等为主要特点，与以度假休闲为主的入境旅游市场需求变化正相契合，游客在旅行产品的选择方面更加多样化和零散化。受此影响，河北的入境旅游消费市场变得越来越细分化，游客需求不再覆盖全要素，而可能仅限于吃、住、行、游、购、娱中某一项的个性化深度体验，这对河北旅游产品和服务的供给提出了新要求。

二 河北省入境旅游市场的问题透视

近年来，河北省高度重视入境旅游市场发展，优化旅游产品结构，推动旅游品质升级，加强对外旅游宣介，促进了入境旅游市场规模和影响力持续稳定增长。但面对市场需求和特征的变化，与国内旅游发达省市对标，河北在入境旅游市场发展过程中仍存在一些短板和不足。此外，受2020年初新冠肺炎疫情影响，河北入境旅游市场将面临突发公共卫生事件的巨大冲击。

（一）客源地以近程为主，中远程市场相对乏力

2019年，河北省万人客源国和地区达到27个，其中十万人客源国和地区6个、五万人客源国和地区4个、万人（1万~5万）客源国和地区17个，但主要客源相对集中于近程周边国家。

在10个五万人以上的客源国和地区中，除美国、英国外，其余均位于远东和东南亚地区。2014~2019年，亚洲国家及中国港澳台地区占入境旅

游市场的比例分别为58.2%、60.41%、61.8%、60.44%、63%、62.8%，整体呈上升态势，表明河北旅游的辐射范围仍比较有限，尤其是对"一带一路"共建国家及中远程入境旅游市场的吸引力相对不足。

河北省的17个万人（1万~5万）客源国中，包括法国、德国、意大利、瑞士、瑞典、西班牙、加拿大、澳大利亚、新西兰等发达国家，以及巴基斯坦、蒙古国、印度尼西亚、泰国、菲律宾、越南等"一带一路"共建国家，说明这些国家的游客对河北已有一定的认知基础和出游欲望，但其市场仍有进一步激活的空间。

（二）旅游产品品质不高，对国际市场吸引力不足

研究表明，国际游客具有"景点择高"的倾向，世界文化遗产、国家5A级景区、国家级旅游度假区等高级别景区更受青睐。河北的高等级旅游产品相对匮乏，目前只有10处国家5A级景区，尚无一处国家级旅游度假区。4项世界文化遗产中，长城、京杭大运河的旅游开发程度比较有限，对国际市场的核心吸引力不足。

景点方面，避暑山庄、金山岭长城、山海关等传统观光型景区依然占据主导地位。特别是在休闲度假成为入境旅游市场重要需求的背景下，除北戴河外，河北缺乏在入境旅游市场中叫得响的新生代景区景点，而且皇家宫苑、长城、海滨类景区的可替代性较强，游客易被其他省市分流。

线路方面，设计思路明显滞后于市场需求变化，仍以传统热门景区为核心，路线相对固定，体验较为单一，缺乏定制化、个性化选择，尤其是难以吸引境外年轻游客的关注。此外，缺少与京、津及周边省份联动的区域性精品线路，资源整合意识不强。

入境游客过夜方面，河北在2019年共接待入境过夜游客97.08万人次，较2018年有所下滑。参考2018年数据，河北共接待入境过夜游客98.86万人次，在全国省市中名列下游。对比邻近省市，与北京的400.4万人次、山东的422万人次、河南的167.3万人次存在较大差距，这从侧面说明河北仍缺乏具有国际吸引力的高品质旅游产品，特别是能让国际游客长期停留的休闲度假类产品。因此，针对入境旅游市场需求，提升产品品质、优化产品结构、叫响产品品牌，是提升河北入境旅游吸引力的当务之急。

（三）旅游基础设施、综合配套服务的国际化水平有待提升

中国社科院发布的报告指出，全球化背景下，对国际客源的争夺已从单纯依靠市场推广逐步扩展到目的地基础设施、公共服务和商业环境的配套完善。特别是在全域旅游时代，国际游客对跨境出行便利化、目的地发展与管理、公共服务配套等总体接待环境给予了更高关注。

近年来，通过举办省市旅发大会、旅游"厕所革命"等有力举措，河北旅游基础设施和公共服务水平得到显著改善和提升。但对标京津等入境旅游发达地区，河北在配套设施、旅游服务、商业环境、旅游安全保障、环境可持续性等国际市场关注的方面尚有较大提升空间。尤其是基础薄弱的非传统入境旅游城市，在旅游基础设施和公共服务的国际化水平方面存在明显的短板，这制约着入境旅游市场的进一步扩大。

调查显示，国际游客对河北旅游环境及服务的总体评价较好，92%的游客评价为"比较满意"或"非常满意"，但仍有若干问题给旅游体验带来负面影响，主要集中于外语环境、智慧导览设施、旅游商品品质、旅游投诉处理机制等方面。

（四）资源开发水平不高，本地化特色内容不够凸显

河北的旅游资源丰富程度位居全国前列，但资源开发与国际市场需求尚不协调，存在旅游资源观落后、开发类型单一、文化特色不够突出等不足。一是传统的文物古迹、自然山水类资源的开发提升方向仍以观光游览为主，缺乏能够吸引国际游客参与的创新型体验项目，并且项目的文化内涵不够突出，排他性和识别度不足。二是对源于当代生活方式、具有河北本地特色的新业态旅游产品开发不足，体验式、生活性、创新型、主题类旅游产品的策

划与深度不够，特别是缺少具备重复消费潜力的国际性休闲度假类产品。三是对独具本地特色的文化民俗类旅游资源开发程度不足，国际游客对文化艺术、民俗风情类项目的需求十分强烈，但囿于开发水平较低、宣传推介不足等因素，河北的民俗文化资源尚未能充分转化为入境旅游市场所需的产品与服务。

（五）针对国际市场的宣传推广模式有待进一步创新

2019年，河北省以品牌旅游活动为引领，通过增设旅游推广中心、借力旅游推广联盟、成立河北文旅融媒体中心等方式开展河北文旅资源的对外宣传推广，取得良好效果。但从宣传机制、推广形式上看，仍需进一步创新提升。

目前，河北旅游针对国际市场的宣传推广仍以行政部门为主导，以旅游交易会、专题推广活动和媒体广告等传统模式为主，联动旅行社、景区等市场主体开展的对外宣传活动较少，存在实施主体单一、缺乏市场互动、宣传效率偏低等问题。宣传内容方面，侧重于对景区景点的观光信息介绍，缺乏涉及吃、住、行、游、购、娱等全要素的深度宣传，对目的地旅游的有效服务性信息释放不足。尽管采用了以融媒体推广为代表的诸多创新宣传形式，但主要针对的是国内市场，对国际市场的辐射力度较为有限。

（六）新冠肺炎疫情带来严重冲击

2020年初，新冠肺炎席卷全国，世界卫生组织（WHO）将其列为"国际关注的突发公共卫生事件"，多家外国航空暂停了往来中国的航班。从1月24日起，全省426家A级旅游景区，除华北军区烈士陵园和石家庄勒泰中心外全部关停，旅行社境内外组团出游也全部暂停，造成全省有组织的入境旅游几乎停摆。

参考2003年"非典"期间情况，当年4~6月为疫情暴发期。其中，疫情最严重的4月、5月，入境旅游人数同比分别下降30%、31%。7月疫情基本消灭，但入境旅游直到8月中旬才逐渐恢复。受此影响，2003年中国入境旅游人数和入境旅游收入分别下降6.4%和14.6%。可见，疫情将对入境旅游市场造成巨大冲击，并且在疫情结束后，游客需要一段恢复期才会重拾出游信心。

三 河北省入境旅游市场发展的优化对策

全省旅游行业应以旅游业供给侧结构性改革为主线，围绕国际市场需求来优化产品供给结构，提高全省旅游产业的专业化、规范化、国际化水平，切实扩大河北旅游的国际影响力、吸引力，推动河北旅游国际市场高质量发展。同时，针对新冠肺炎疫情对旅游业的冲击，河北应科学研判、积极应对、主动作为，以使入境旅游市场在疫情过后尽早复苏。

（一）发挥资源特色，做强世界级旅游产品

一是发挥核心效应，坚持世界眼光、国际标准、河北特色、高点定位，塑造一批具有国际影响力的高品质旅游产品。深入挖掘长城、承德避暑山庄及周围寺庙、清代皇家陵寝和大运河四大世界文化遗产，依托世界遗产核心资源与品牌优势，打造全景长城、风情运河、品质皇家世界级旅游品牌；高质量打造崇礼、雄安新区两大世界级旅游目的地；充分利用秦皇岛港国际邮轮母港和北京大兴国际机场的区域带动、集散作用，打造河北入境旅游门户和京津冀入境旅游新通道。

二是丰富旅游内容，优化入境旅游产品结构。充实休闲度假产品，推动唐山入境旅游岛、崇礼—赤城滑雪温泉旅游度假区、秦皇山海康养旅游度假区、坝上草原国家生态旅游度假区、京西百渡休闲度假区、雄安新区湿地温泉旅游度假区等国家级旅游度假区创建工作，引进国际知名酒店、高端医疗、康体保健、旅游小镇等休闲度假业态，打造具有河北特色的个性化、定制化、智慧化国际度假品牌；重视文旅融合，借助多元手段，开展以在地文化为灵魂的旅游产品创新，为国际游客提供深度体验河北文化、了解河北故事的更多选择；发展旅游商贸，借势中国（河北）自由贸易试验区建设契

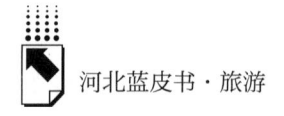

机，深入挖掘雄安、正定、曹妃甸、大兴机场四大片区旅游资源，丰富文旅业态、旅游产品，依托自贸区的商业生态优势，打造具有国际影响力的旅游购物中心。

三是打造入境旅游精品线路，在全域旅游思路下，依托河北地域文化与特色资源开发个性化、定制化精品旅游线路，打造跨地域、跨国旅游精品线路，促进入境旅游线路创新升级。例如，加速提升"锦绣长城""壮美太行""浪漫海滨""冬奥冰雪""坝上草原""红色经典""多彩京畿""燕赵古迹""京西百渡""古韵运河"河北十大品牌旅游线路，积极申报将全省重点品牌线路纳入"中国十大入境旅游精品线路"，与相关省市联合打造长城、运河、高铁主题旅游线路等，提升河北精品旅游线路的国际知名度、影响力。

四是抢抓重大国家战略和国家大事实施的历史机遇，围绕雄安新区建设、2022年冬奥会等，打造定位明确、目标精准的入境旅游目的地，并开发符合国际市场需求的旅游产品。例如，结合雄安新区规划建设，以保定、廊坊中南部、沧州西北部、石家庄北部、衡水北部等区域为支撑，构建全域旅游创新发展示范区和入境旅游集散中心，打造绿色智慧的"国家客厅"，建设世界著名旅游城市；利用北京携手张家口举办2022年冬奥会这一契机，打造以崇礼为核心，以张家口和承德为支撑，辐射带动京西桑洋河谷、张家口草原天路、京承皇家御道等区域的世界冰雪运动休闲大区。

（二）加大拓展力度，进一步开发入境旅游市场

持续稳定远东市场。位于远东地区的日本、韩国、俄罗斯是河北三大传统客源国。其中，韩国市场近两年保持快速增长。日本市场在连续多年稳定增长之后首次下滑。此外，俄罗斯面临较大的经济下行压力，同时海南、山东等滨海省份对俄罗斯客源的吸引力日渐增强，河北面临较大的市场竞争压力。2020年，河北应继续加强对日、韩、俄三国的宣传营销力度，通过增加包机航线、增大优惠力度、增加广告投放等形式重点强化对日本、俄罗斯的营销力度，力争使原有市场份额和游客数量保持平稳。

加强开拓欧美市场。欧洲和北美洲是适用 144 小时免签政策的国家或地区的集中区域，也是河北 1 万~5 万客源国的集中区域。调查显示，欧美国际游客的主要需求为商务会议、观光度假，河北可据此重点开发、推介相应类型的特色旅游产品。同时，进一步增加在欧美国家的主题旅游推介活动，推动建立更多旅游推广中心和营销机构，提升对中远程客源国的旅游影响力。

重点突破"一带一路"共建国家市场。文旅部相关负责人预估，"十三五"期间，中国将吸引"一带一路"共建国家 8500 万人次国际游客来华旅游，拉动旅游消费约 1100 亿美元。截至 2019 年，中国已与 45 个"一带一路"共建国家实现直航，为旅游发展提供了便利条件。地处"一带一路"交会点的河北应抢抓有利契机，加强与相关国家和地区的文化旅游交流和推介，不断扩大相关国家和地区的旅游市场。

积极拓展港澳台市场。与全国整体情况相比，河北国际游客中的港澳台游客占比很低，尚有较大拓展空间。可依托河北旅游香港推广中心，针对港澳台游客"寻根""寻祖"等特定需求，以寻根祭祖、历史文化、宗教文化等主题，重点推介泥河湾遗址、黄帝城、娲皇宫、正定古城、柏林禅寺等相关旅游资源，开展精准化推介。

（三）优化营销策略，创新对外宣传推介模式

一是优化营销策略，实施品牌营销。坚持以国际市场需求为导向，树立系统营销、全面营销、有效营销理念。推动河北旅游品牌国际化，以"京畿福地·乐享河北"为统领品牌，培育城市、产品、服务、交通、节庆等子品牌，构建具有国际影响力的品牌体系，形成旅游品牌推广合力。制定面向国际市场的中长期品牌推广规划，针对不同客源地的特定偏好制定不同的推广策略。同时，邀请海外战略合作伙伴，开展海外市场调研，启动全面的品牌认知推广活动，确保营销策略具有实效。

二是创新营销形式，加强网络营销。调查显示，网络是当下国际游客获取旅游信息的首要渠道，以社交媒体、短视频为代表的新媒体是最广泛的信

息获取形式。内容方面，最受国际游客关注的旅游信息为"当地交通状况"、"旅游景点信息"和"当地美食"。因此，河北在积极利用境外旅游推广中心、孔子学院、"河北旅游文化周"等平台和活动开展线下推广的同时，应特别重视对线上渠道，特别是社交媒体及短视频的利用。例如，在Facebook、Twitter等国际社交平台上开设官方账号，发布与河北旅游相关的创意短视频、精美图片；搭设国际版的"一站式"旅游服务信息平台或网站，在宣传类内容之外，加强对交通服务、景点攻略、旅游产品、体验报告等服务性信息的发布；增加与客源地OTA平台、旅游分销渠道的在线营销合作，针对潜在用户展示河北旅游资源，进行定向推广。

三是完善营销机制，强化立体营销。整合各类对外旅游宣传资源和渠道，建立统一的入境旅游形象标识系统，构建覆盖全媒体、多渠道的旅游推广营销网络，打造政府主导、企业参与、全媒体联动、游客互动的对外旅游宣介体系；完善京津冀旅游圈与"一带一路"共建国家和重点客源国（地区）的互动机制，搭建入境旅游交流平台，举办国际性旅游论坛，促进开展双边与多边的入境旅游交流合作；探索与相关国家和地区建立出入境客源市场互换机制，形成出境旅游与入境旅游的良性互动。与世界各大主要客源地大旅行商积极对接合作。

（四）优化旅游环境，完善国际化旅游服务体系

一是改善基础设施及公共服务。开通便捷高效的入境旅游通道，开辟更多国际航班、包机航线，完善综合旅游交通网，提升景区景点的通达性和交通舒适性；完善外文标识系统、解说系统，提高交通标识、旅游标识、旅游信息平台的双语化、多语化水平，开发、完善外文导航地图；争取在石家庄、秦皇岛等地的国际机场开展外国人口岸签证业务，进一步促进入境旅游便利化；积极争取过境免签、落地签、延长多次往返签证等便利政策；推动开通国际游客移动支付功能、国际银行卡消费功能。

二是提升对外旅游接待能力。提高重点景区、四星级以上酒店、特色餐馆、大型商场、游客服务中心等重点旅游场所的外语服务水平；加强旅游从

业人员技能培训，大力培养、引进小语种导游和综合型入境旅游人才；建立国际化志愿者队伍，与高等院校、旅游院校共建国际志愿者服务队；设置入境旅游服务名录，推出优质旅游服务品牌，打造以国际游客评价为主的目的地评价机制。

三是加强智慧旅游建设。实现重点涉旅场所、重要交通设施的免费Wi-Fi全覆盖；在重点景区、旅游消费场所建立面向国际游客的在线预订、智能导游、实时信息推送、分享评价系统；针对国际游客开发河北旅游智慧导览系统，打造完善的自由行入境旅游服务体系，实现国际游客"一部手机游河北"。

四是加强旅游目的地保护与建设。保护著名风景名胜，尤其是长城、大运河、避暑山庄及周围寺庙等世界文化遗产的独特性和完整性，保持其对入境旅游市场的核心吸引力；在旅游目的地建设过程中坚持适度原则，避免过度开发，确保原有生态系统和人文环境的完整性和延续性；提高旅游开发主体及当地居民的旅游资源保护意识，创造生态和谐、文脉延续、开放共享的旅游环境。

（五）延长产业链条，增强特色消费体验

一是立足基本需求，增强特色消费体验。通过开发特色饮食、特色住宿、体验式交通等方式，在满足基础消费需求的同时，强化体验的独特性。例如，以"不得不品的河北十大特色美食"、"冀字号"小吃、河北优质农产品及土特产品为基础，开发包装"Hebei Cuisine"等国际化河北美食品牌；依托"冀忆里"旅游住宿品牌，提升具有河北地方特色的主题酒店、精品民宿、乡村客栈的国际化水平；以"乐享河北"号旅游专列为参照，开发更多适应国际游客需求的特色旅游班列、旅游专线等。

二是延长产业链条，增加旅游弹性消费。秉持"旅游+"理念，围绕国际游客偏好，推动旅游项目开发与文化民俗、传统节庆、体育活动等资源融合发展。例如，结合国际游客对中国传统文化、地方特色民俗的浓厚兴趣，开发、完善一批具有河北特色的文艺演出、文创商品、文化体验项目；

结合欧美流行的赛马运动、滑雪运动、极限运动等,打造一批适合运动康养、观赛娱乐的"旅游+体育"新业态产品;借力中国春节"大IP"效应,挖掘蔚县、井陉等地的特色民俗资源,包装"Authentic Chinese Year"(地道中国年)系列旅游产品等。

三是提升旅游商品品质,打造国际化商品品牌。在河北国际游客的消费结构中,购物是吃、住、行之外占比最高的消费内容。因此,河北应在旅游商品开发、品牌国际化等方面重点发力,以高品质的旅游商品供给拉动国际游客的旅游消费。例如,依托"冀念品""河北游礼"等既有品牌及河北省文创和旅游商品创意设计大赛等平台,结合不同客源市场消费偏好,开发一批以文创工艺品和非遗文化制品为主的旅游商品,打造高品质、体系化的"Hebei Gifts"(河北礼物)国际化旅游商品品牌。同时,在国际机场、大型高铁站、邮轮码头等国际交通枢纽设置旅游商品购物点,采用统一品牌标识,强化河北旅游商品整体品牌形象。

(六)强化区域合作,打造区域性入境旅游品牌

一是加强京津冀旅游协同发展。北京、天津是河北的国际游客最重要的客源地、来源地,未来河北应继续大力推动京津冀三地旅游组织一体化、旅游管理一体化、旅游市场一体化、旅游协调一体化,进一步促进旅游资源"融会贯通"、旅游公共服务和基础设施"互联互通"、旅游标准"互用互认"、旅游市场秩序"共治共管",谋划针对入境旅游市场的协同发展规划,打造覆盖京津冀三地的整体性区域旅游品牌,联合推出精品线路,共同打造世界级旅游目的地。

二是加强跨省域旅游区域协作。深化"9+10"等区域旅游协作,推动建立实质性的旅游合作机制,整合各地特色旅游资源,强化旅游项目合作,积极开发长城、大运河等跨区域旅游资源,共同推出世界级旅游线路,联合提升旅游国际化水平,实现"资源共享、品牌共建、客源互送",形成规模更大、结构更优、知名度更高的入境旅游市场运作体系。

三是借力各类旅游营销、推广联盟。发挥入境旅游合作联盟、主题旅游

推广联盟、旅游媒体合作联盟的优势,结合河北资源特点,与其共同策划开展旅游营销活动,同时加强与联盟成员的区域合作、互动,促进区域旅游产业联动发展。例如,可借助中国长城旅游市场推广联盟、京广高铁旅游推广联盟的资源优势,以长城和高铁为主脉,联合沿线省市共同打造国际知名的精品旅游线路。

(七)推动市场规范化,营造良好的入境旅游消费环境

一是建立入境旅游市场标准体系。接轨国际通行标准,从政策法规、行业管理、同业自律等多个层面制定规范化的市场管理与服务标准,构建适应入境旅游市场的现代旅游综合管理体系。

二是建立国际市场旅游质量评价体系。以产品质量、交通状况、服务水平、旅游环境等为主要指标建立入境旅游质量评价体系,持续开展对国际游客满意度的数据调查分析,及时把握国际市场动态及客户需求变化,提升旅游创新能力与服务质量。

三是打造入境旅游安全保障体系。强化旅游安全管控,形成针对国际市场的旅游安全预警和风险提示制度,设立旅游警察和旅游巡回法庭,建立健全入境旅游市场纠纷调解机制,完善针对国际游客的紧急救援机制,全面保障入境旅游安全。

四是优化离境购物退税政策。扩大离境退税政策实施范围,争取增加离境退税口岸数量,尽快增设更多批次的离境退税商店,提高入境旅游消费便利化水平,塑造河北扩大对外开放的良好形象。

(八)新冠肺炎疫情过后尽快消除不利影响,促进入境旅游市场复苏

一是出台有力扶持政策,帮助涉外旅游企业渡过难关。如针对包括涉外旅企在内的旅游企业,设立专项扶持资金,实施税收减免和缓交,提供就业补助、职业技能提升资金支持,提供无息或贴息贷款等相关金融政策支持等。同时,在疫情期间,鼓励涉外旅企针对入境旅游市场特征变化,对设

施、服务进行改造升级。

二是科学制订"复兴计划",刺激入境旅游市场复苏。根据本次疫情走势,可提前制订有针对性的"市场复兴计划"。例如,以夏秋两季为重点,面向不同客源地制订应时应季的旅游营销活动方案,为国际游客提供门票、住宿、饮食、商品的相关优惠政策,鼓励国际游客积极参与亲近自然的户外旅游活动等。

三是提升旅游环境卫生水平,强化旅游公共卫生保障。推动文旅部门与卫生部门联动,坚持不懈地做好涉旅场所的新冠病毒防控工作,制定相应的卫生应急预案,提升旅游环境卫生水平。同时,将旅游公共卫生安全纳入全域旅游体系建设中,进一步完善针对国际市场的旅游危机管理机制,切实强化旅游公共卫生安全保障。

四是积极组织对外宣传,重塑安全旅游目的地形象。增加宣传经费,通过媒体广告、Facebook、Twitter、境外旅游推广中心等国际传播渠道,以"健康""安全"为主题,积极组织对外宣传;邀请河北主要入境旅游客源地的媒体、旅行商、航空公司等来冀考察旅游线路、重点景区;疫情过后,办好第五届省旅发大会等大型国际性文旅活动,积极利用各类入境旅游博览会平台,多形式、多渠道、全方位地重塑河北安全旅游目的地形象,恢复国际游客信心。

四 2020年河北省入境旅游市场预测与展望

2019年以来,尽管受全球经济下行风险加剧、国际贸易形势波动等因素影响,河北国际游客量和入境旅游收入增速略有放缓;但展望2020年,随着中国国际形象的大幅提升、宏观政策环境的不断优化和旅游业高质量发展步伐的加快,支撑河北入境旅游市场发展的战略机遇和有利条件仍将在较长时间内存在:中国国际形象大幅提升,将有效激发国际游客旅华、旅冀热情;"一带一路"倡议影响力持续增强,将为开拓国际客源地打开新空间;京津冀协同发展更加深入,将为三地合力突破入境旅游市场、联合打造世界级旅游目的地提供更多动能;雄安新区建设加快、2022年冬奥会日益临近,将促进河北旅游国际知名度、影响力持续提升;大兴新机场、秦皇岛国际邮轮母港相继启用,将为国际游客到访河北提供更多进入通道。

与此同时,2020年初暴发的新冠肺炎疫情被世界卫生组织(WHO)列为"国际关注的突发公共卫生事件",对国际游客特别是外国游客的信心造成严重影响,上半年取消来冀旅游的人数将大幅增长,对河北入境旅游市场产生冲击。

2020年,河北针对入境旅游市场的优化进程仍将持续:

旅游产品方面,文物古迹、民风民俗、文艺类旅游项目的开发潜力将得到更深层次的挖掘;高品质休闲度假项目将成为吸引入境旅游市场的新热点;一批围绕长城、京杭大运河、高铁线打造的精品入境旅游线路将涌现;文创商品、休闲娱乐类产品的消费占比将继续提升。

旅游环境方面,在省、市旅发大会平台的有效带动下,旅游基础设施和公共服务建设将进一步与国际接轨,朝精细化、人性化、标准化方向提升;新一批离境退税商店将覆盖更多地区,移动支付功能将更普遍地应用于国际游客的旅游消费当中,形成更加良好的入境旅游消费生态。

旅游服务方面,以OTA平台为代表的"互联网+入境旅游服务"将崭露头角,针对自助或半自助国际游客提供碎片化旅游服务将成为新的聚焦点;智慧旅游系统的国际化程度,将成为国际游客评价旅游服务满意度的重要指标。

旅游营销方面,以社交媒体、短视频为代表的新媒体将成为国际游客接受旅游宣传信息的最主要渠道;覆盖吃、住、行、游、购、娱全要素的体验性内容将成为影响国际游客决策的重要因素。

综合当前河北省入境旅游市场的一系列影响因素来判断,2020年河北省入境旅游市场将不可避免地遭遇下挫。但也应看到,决定河北入境旅游市场中长期走势的是内在基本面而非外部因素,突发疫情并不会改变河北入境旅游市场发展的长期向好趋势。预计2020年暑期,河北入境旅游市场将开始复苏,包括港澳台在内的周边近程市场最先迎来反弹,而对世界卫生组织意见最为敏感的欧美市场,可能要到2021年才能明显恢复。但由于港澳台游客在河北国际游客总体中占比相对较低,因此,河北入境旅游市场的复苏进程可能将滞后于全国平均水平。

参考文献

[1] 中国旅游研究院:《中国入境旅游发展年度报告》,旅游教育出版社,2018。
[2] 中国社会科学院:《2018~2019年中国旅游发展分析与预测》,社会科学文献出版社,2019。
[3] 浩华管理顾问公司:《国内入境旅游市场上半年景气调查报告:总体呈逐年下探趋势》,《空运商务》2019年第7期。
[4] 张秋娈、朱绍华、高艳红:《河北入境旅游市场的特点分析与对策探讨》,《商场现代化》2006年第10期。
[5] 罗淑梅:《四向发力 提升入境游发展水平》,《中国旅游报》2019年第8期。
[6] 陈怡宁、唐元、范梦余:《京津冀文化旅游协同发展探索》,《前线》2018年第9期。

行业发展篇

Reports of Industrial Development

B.4 2019~2020年河北省旅游景区发展报告

梁军 李晨静 商哲 郑红娟[*]

摘 要： 回顾近年来，特别是2019年河北省旅游景区的发展与运行情况，对河北省A级景区投资、客源市场需求、景区服务质量、景区运营等进行分析，归纳河北省旅游景区发展中存在的核心问题，按照高质量旅游发展及全域旅游创建的要求，提出景区高质量发展引领旅游消费升级，新业态开发为全域旅游注入新动力，文旅融合为景区高质量发展添加新动能，科技创新驱动景区高质量发展，加强监管推进A级景区动态化和制度化，提升旅游景区应急管理能力，抢抓灾后市场机遇等发展对策。

---

[*] 梁军，石家庄学院教授，研究方向为旅游规划与设计；李晨静，石家庄学院讲师，研究方向为城乡空间规划；商哲，石家庄学院讲师，研究方向为城乡规划；郑红娟，石家庄学院讲师，研究方向为景观设计。

关键词： 旅游业　旅游景区　客源市场　服务质量　河北

一　旅游景区概述

当前，河北省旅游业正处在十分关键的历史性窗口期和战略性机遇期。面对充满重大战略机遇和诸多严峻挑战的转型时代，必须突出问题导向和目标导向，实现旅游业从单一景点景区建设向综合目的地服务转变，从门票经济向产业经济转变，从粗放低效发展方式向精细高效集约发展方式转变，全面推进旅游业迈向高质量发展新时代。

旅游景区是游客旅游的重要载体，是旅游活动的刚性需求，是旅游消费的吸引中心。旅游景区是旅游产品的主体成分，是旅游业的核心要素及辐射中心，随着居民消费水平的提升以及消费观念的改变，游客对旅游的体验要求也在不断提高，这就要求景区不断提升运营管理水平，为游客提供舒适的旅游环境。游客对景区的满意度越高，其对景区的口碑营销效果就越好，这将直接提高旅游景区的经营效益。回顾近年来，特别是 2019 年河北旅游景区发展现状，归纳河北旅游景区发展过程中存在的核心问题，对河北旅游景区发展趋势做出合理预测，按照高质量旅游及全域旅游创建要求对景区提升提出相关对策，对河北省旅游业的长期可持续发展具有重要意义。

二　河北省旅游景区发展现状

（一）5A 及 4A 级旅游景区空间分布

5A 及 4A 级景区是社会公认的优质旅游景区品牌，也是旅游产业发展的重要支撑。截至 2020 年 1 月，河北省共有 A 级景区 401 个，其中 5A 级景区 10 个，4A 级景区 119 个。

河北省10个5A级景区中，保定市有3个，邯郸市有2个，秦皇岛市、唐山市、雄安新区、石家庄市和承德市各有1个（见表1）。

表1　河北省各市5A级景区数量统计

数量排名	市/地区	景区	数量(个)
1	保定市	野三坡、白石山、清西陵	3
2	邯郸市	娲皇宫、广府古城	2
3	秦皇岛市	山海关	1
4	唐山市	清东陵	1
5	雄安新区	白洋淀	1
6	石家庄市	西柏坡	1
7	承德市	避暑山庄及周围寺庙	1

资料来源：河北省文旅厅。

河北省4A级旅游景区有119个，其中，数量最多的是石家庄市，拥有25个，占比超过全省的1/5；秦皇岛市有17个，位列全省第二，数量占全省的14%；唐山市和邯郸市各有13个，位列全省第三；保定市有12个，位列全省第四；张家口市、邢台市、承德市、廊坊市、沧州市、衡水市4A级景区的数量位列全省的第五到九位（见表2）。

表2　河北省各市4A级景区数量统计

数量排名	市/地区	数量(个)
1	石家庄市	25
2	秦皇岛市	17
3	唐山市	13
3	邯郸市	13
4	保定市	12
5	张家口市	11
6	邢台市	10
7	承德市	8
8	廊坊市	6
9	沧州市	2
9	衡水市	2

资料来源：河北省文旅厅。

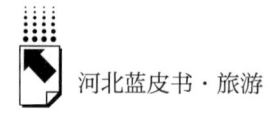

1. 河北省自然类5A、4A级旅游景区分布

河北省自然类的5A、4A级景区共41个，其中，地文类32个，水域类6个，生物类3个（见图1、表3）。

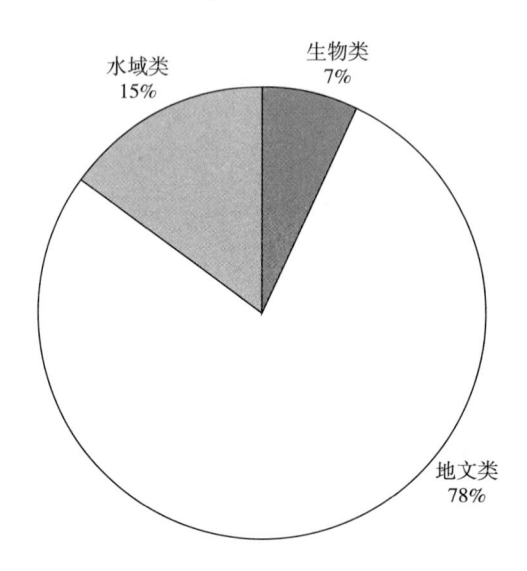

图1　河北省自然类5A、4A级景区分类

资料来源：笔者自绘。

表3　河北省自然类5A、4A级景区分类

类别	景区名称
地文类(32)	野三坡景区(5A)
	白石山景区(5A)
	五岳寨风景旅游区
	秋山景区
	嶂石岩景区
	棋盘山景区
	天桂山风景名胜区
	驼梁景区
	藤龙山自然风景区
	黑山大峡谷景区
	佛光山景区
	紫云山景区

续表

类别	景区名称
地文类(32)	抱犊寨景区
	兴隆溶洞
	安家沟生态旅游区
	祖山景区
	青龙山景区
	山叶口景区
	狼牙山景区
	天河山景区
	太行奇峡群景区
	临城天台山景区
	崆山白云洞旅游区
	紫金山景区
	太行五指山旅游区
	虎山风景区
	鱼谷洞景区
	阜平天生桥景区
	云梦山景区
	九龙峡景区
	七步沟
	冰糖峪大峡谷景区
水域类(6)	白洋淀景区(5A)
	水泉溪景区
	曹妃甸湿地景区
	易水湖景区
	衡水湖景区
	京娘湖风景区
生物类(3)	塞罕坝国家森林公园
	御道口草原森林风景区
	京北第一草原景区

资料来源：河北文旅厅。

河北省41个自然类5A、4A级景区在石家庄市、保定市和邢台市三地的分布较为集中，三市的自然类5A、4A级景区数量占全省的近三分之二，承德市、邯郸市和唐山市三地的分布数量占全省的近四分之一（见图2、表4）。

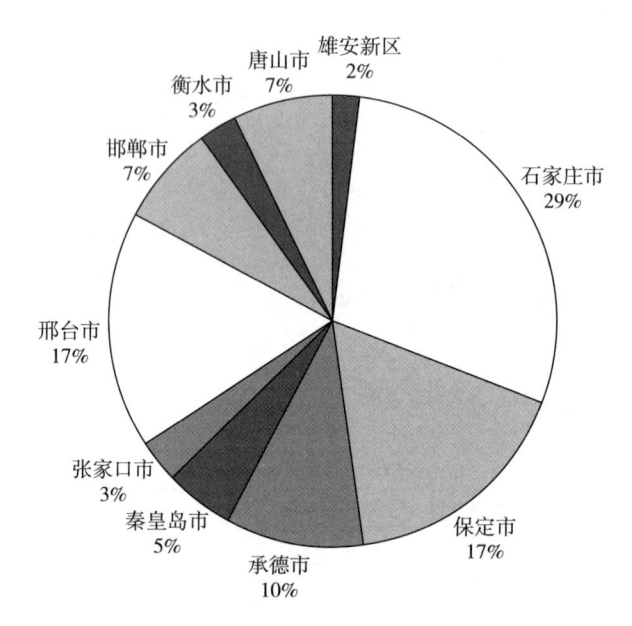

图2 河北省自然类5A、4A级景区各市数量分布

资料来源：笔者自绘。

表4 河北省自然类5A、4A级景区各市数量分布

序号	市	数量(个)
1	石家庄市	12
2	保定市	7
3	邢台市	7
4	承德市	4
5	邯郸市	3
6	唐山市	3
7	秦皇岛市	2
8	张家口市	1
9	衡水市	1
10	雄安新区	1

资料来源：河北省文旅厅。

2. 河北省人文类5A、4A级旅游景区分布

河北省人文类5A、4A级景区共57个，其中，人文类5A级景区有7个，人文类4A级景区有50个（见图3、表5）。

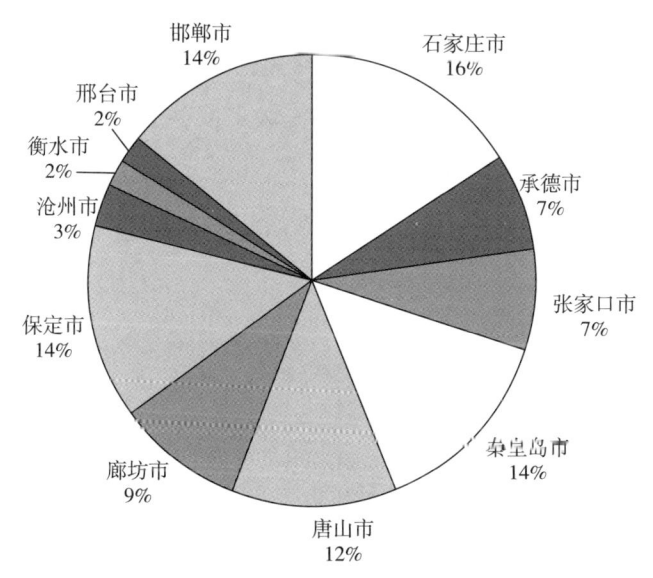

图3 河北省人文类5A、4A级景区各市数量分布

资料来源：笔者自绘。

表5 河北省人文类5A、4A级景区各市数量分布

序号	市	数量(个)
1	石家庄市	9
2	秦皇岛市	8
3	保定市	8
4	邯郸市	8
5	唐山市	7
6	廊坊市	5
7	张家口市	4
8	承德市	4
9	沧州市	2
10	衡水市	1
11	邢台市	1

资料来源：河北省文旅厅。

在河北省 57 个人文类 5A、4A 级景区中，石家庄市以 9 个位列全省第一名；邯郸市、保定市和秦皇岛市三地的分布较为一致，三市的人文类 5A、4A 级景区数量均为 8 个。唐山市、廊坊市、张家口市和承德市四市人文类 5A、4A 级景区数量占全省的三分之一以上。

3. 河北省自然、人文复合类5A、4A 级景区分布

河北省自然、人文复合类的 5A、4A 级景区共 31 个，其中秦皇岛市 8 个，占据全省第一名。唐山市 6 个，居第二位。石家庄市 5 个，居第三位。邯郸市、张家口市、邢台市、保定市、承德市位列第四至八位（见图 4、表 6）。

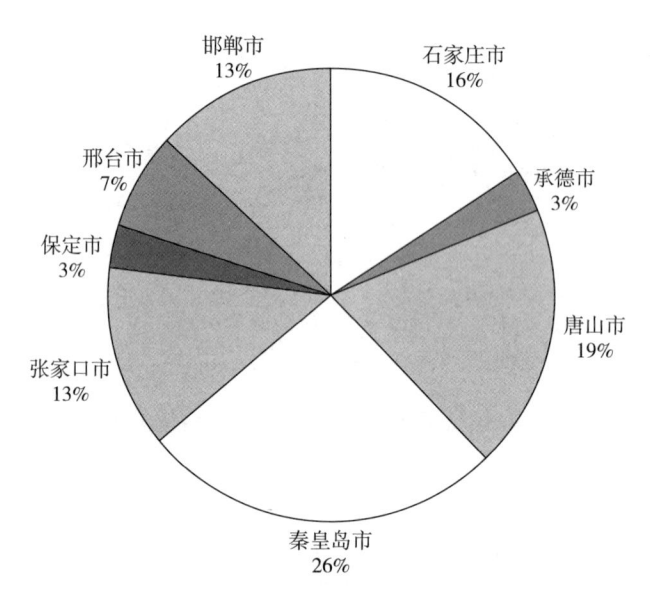

图 4 河北省自然、人文复合类 5A、4A 级景区各市分布

资料来源：笔者自绘。

表 6 河北自然、人文复合类 5A、4A 级景区各市数量分布

序号	市	数量（个）
1	秦皇岛市	8
2	唐山市	6
3	石家庄市	5

续表

序号	市	数量(个)
4	邯郸市	4
5	张家口市	4
6	邢台市	2
7	保定市	1
8	承德市	1

资料来源：河北省文旅厅。

4. 河北省5A、4A级景区空间分布

（1）5A、4A级景区在石家庄和秦皇岛分布较为集中。

（2）自然类景区分布受地区自然资源禀赋影响大。

（3）人文类和复合类景区多分布在省内经济条件较好地区。

（二）河北省旅游景区投资趋势分析

1. 河北省5A、4A级旅游景区投资概况

旅游业是全球增长最快速的行业经济体，旅游景区的投资受到金融市场的广泛关注。相关统计数据显示，2018年河北省5A、4A级旅游景区共投资63.8亿元。2018年5A、4A级景区投资额中，人文类景区投资占比39.1%，自然类景区投资占比50.06%，复合类景区投资占比10.83%；观光类景区投资占比63.59%，休闲度假类景区投资占比29.36%，复合类景区投资占比7.05%。

2018年投资额前十名的12个景区地区分布情况：保定市有3个景区，张家口市、秦皇岛市和唐山市各有2个，石家庄市、邯郸市和廊坊市各有1个（见表7）。

表7 2018年河北省5A、4A级旅游景区投资前十名一览

景区名称	所在地	2018年建设投资排名	2018年建设投资（万元）	等级	自然类/人文类	观光类/休闲度假类
野三坡景区	保定涞水县	1	222661	5A	自然类	观光类
滦州古城景区	唐山滦县	2	70550	4A	人文类	复合类

续表

景区名称	所在地	2018年建设投资排名	2018年建设投资（万元）	等级	自然类/人文类	观光类/休闲度假类
广府古城旅游景区	邯郸永年区	3	45000	5A	人文类	复合类
唐山南湖景区	唐山路南区	4	19653.4	4A	人文类	观光类
第一城	廊坊香河县	5	19290.9	4A	人文类	休闲度假类
集发农业观光园	秦皇岛北戴河区	6	17000	4A	人文类	复合类
国御温泉度假小镇	石家庄藁城区	7	15300	4A	人文类	休闲度假类
和道国际箱包城旅游景区	保定高碑店市	8	12884.9	4A	人文类	休闲度假类
大境门风景区	张家口桥西区	9	12000	4A	人文类	观光类
天鹅湖旅游度假村	张家口沽源县	9	12000	4A	复合类	休闲度假类
渔岛海洋温泉景区	秦皇岛北戴河新区	9	12000	4A	复合类	休闲度假类
易水湖景区	保定易县	10	11124	4A	自然类	复合类

资料来源：河北省文旅厅。

2018年投资额前十名的12个5A、4A级景区中，人文类及复合类景区有10个，明显超过自然类景区数量；休闲度假类及复合类景区有9个，在投资排位前十名的景区中占据绝大多数。

2．河北省旅游景区投资趋势

总体来看，在促进旅游业发展的大政策环境下，河北省旅游景区投资市场表现活跃。一方面，在文旅融合的新发展理念指导下，人文类及复合类景区投资受到广泛关注，成为资本青睐的重头；另一方面，在推动观光游和休闲度假游并重的新格局下，休闲度假类及复合类景区投资额占比具有绝对优势。

（三）河北省旅游景区游客需求分析

1．游客需求调查设计

随着旅游人数的逐年递增和旅游消费市场的不断扩大，游客群体的旅游倾向和需求有了一定的变化，由原来单纯观光游逐渐变为参与度更高、互动性更强的体验游和深度游。因此，旅游景区的产品结构也应随着游客需求的改变进行相应的调整。

游客需求调查问卷设计从游客的消费需求、时间需求、选择需求三个方面展开，包括游客的出游目的、出游形式、出游时长、花费情况、消费项目等方面，共计19题。结合被调查人群的年龄阶段特征获得游客旅游过程中的整体需求，直接有效地了解游客对河北景区建设的具体要求。从游客需求角度去分析景区发展状况，为景区管理者提供决策依据，使河北省旅游景区提升发展更具有针对性。

2. 游客需求调查结果分析

河北景区游客需求问卷调查以网络发放为主，调查时间为2019年11月24日至12月22日。发放对象包括学生、在职人员以及退休人员等，共发放问卷411份，回收411份，问卷回收率100%。剔除无效问卷，实际有效问卷403份，有效问卷率为98%。通过对问卷结果进行分析，得出以下主要结论。

（1）新业态旅游不断发展，"80后""90后"成为旅游新业态需求的主力军

调查结果显示，超过半数的游客对新兴旅游感兴趣。相较"60后""70后"偏重观光的旅游特征，"80后""90后"更加追求旅行体验感和参与感，从单一的观光、休闲过渡到对文化的探求，自然、人文复合类景区更多地受到年轻游客的青睐。单一休闲度假不再是游客出游的最主要目的，游客更多地出现新的需求。专项旅游、新业态旅游形式不断出现，红色游、工业游、冰雪游、文化主题公园、乡村游等成为游客追捧的热点。

（2）散客出游已经成为主流，游客对景区的文化需求不断增多

伴随私家车的普及和游客旅游经验的不断积累，散客游已经取代团队游成为游客出行的主流。调查显示，到河北旅游的京津游客，自助游比例达75.18%，绝大多数景区接待散客数量大大超过团队游客（见图5）。与旅行社、导游主导的团队游相比，散客一次出游的人均消费更高，出游目的多为休闲度假，同时在行程中更加注重旅游的体验感。

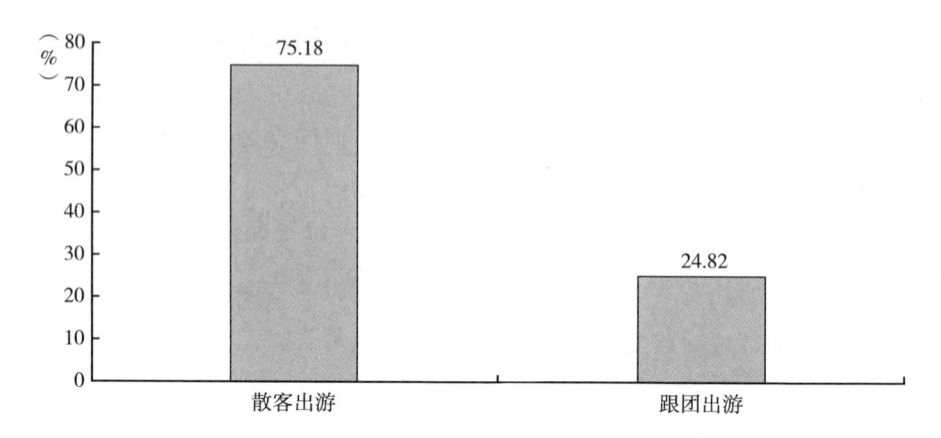

图5　游客到河北景区出游方式分析

资料来源：笔者自绘。

散客游还表现出游客更愿意去了解景区文化的特征。散客对参加景区的文化演绎、节庆活动表现出更浓厚的兴趣，同时在文化商品消费方面更加活跃。从以上调查结果可以看出，游客对景区文化层面的要求不断提升。

（3）网络成为获得景区信息的主要渠道，目的地线上服务信息重要性凸显

在互联网和大数据飞速发展的背景下，智慧景区建设成为热点。一方面，线上旅游产品日益丰富，除了常规的景点门票、机票、火车票及酒店预订，还推出了"景点+讲解""景点+机票+住宿"等各种形式的打包产品；另一方面，智能电子设备的应用大大提升了旅游的便捷性，并带来旅游新体验，尤其是随着大数据、云计算技术的不断推广，出现了协助游客获取景区实时信息的景区热力图、交通信息图等新数据，为景区的发展提供了新契机。

调查结果显示，京津居民出游前获取旅游信息的主要渠道，第一重要的是网络，选择比例为37.71%；其次是朋友推荐，占到28.95%。而在网络渠道中，选择比例最高的是百度等搜索引擎，其他依次为微信、微博等社交媒体，携程、美团等电商网站和旅游局、景区官方网站。由此可见，网络信息对于游客出行选择有很大的影响。

游客出游前最关注信息的前三位分别是交通信息、价格信息和景区信息

(见图6)，与此同时，景区的民俗文化成为游客关注的热点。可见，游客对于景区线上信息的需求较为广泛，目的地线上服务信息重要性日渐显示出来。

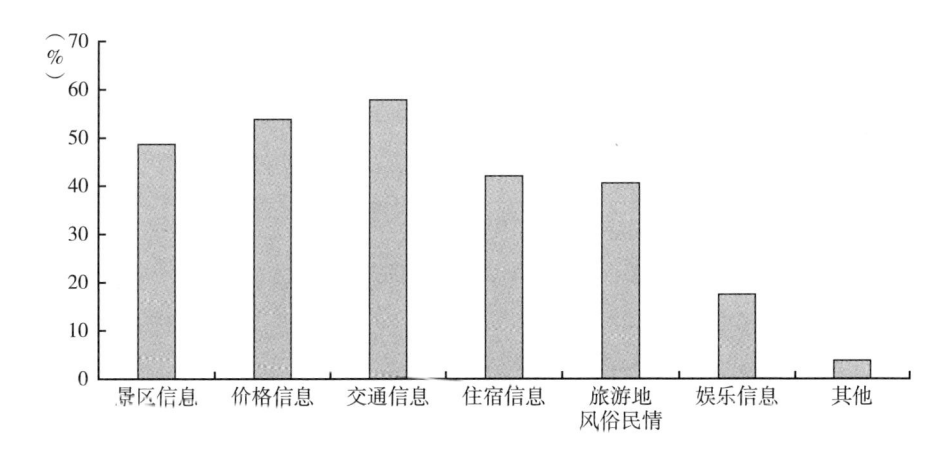

图6 游客最关注的河北景区信息分析

资料来源：笔者自绘。

（4）旅游多为中短时长，消费潜力有待挖掘

游客的出游动机、可支配时间和收入决定了河北省游客的旅游时长和消费水平，问卷显示，出游时长在两周以下的游客数量占比75.33%，游客到河北旅游景区的出行时长多为中短时长。

相关数据显示，2017年以来，京、津、冀三地居民收入平稳增长，GDP增速较快，尤其是北京、天津居民人均消费支出水平分别位列第二位和第三位，信息、旅游、娱乐等满足精神生活需求的服务性消费成为新的消费增长点。调查显示，京、津居民的出游预算普遍为500~1500元（占比52.64%）和1500元以上（占比47.36%）。调查反映出游客在河北省旅游景区消费的主要项目为门票（28.95%）、餐饮（20.44%）、住宿（16.79%）、交通（12.41%）、购物（8.52%）。游客的消费数据反映出门票仍是主要支出项目，餐饮、住宿、交通、购物等消费占比还有提升空间，尤其是文化活动消费潜力有待挖掘（见图7）。

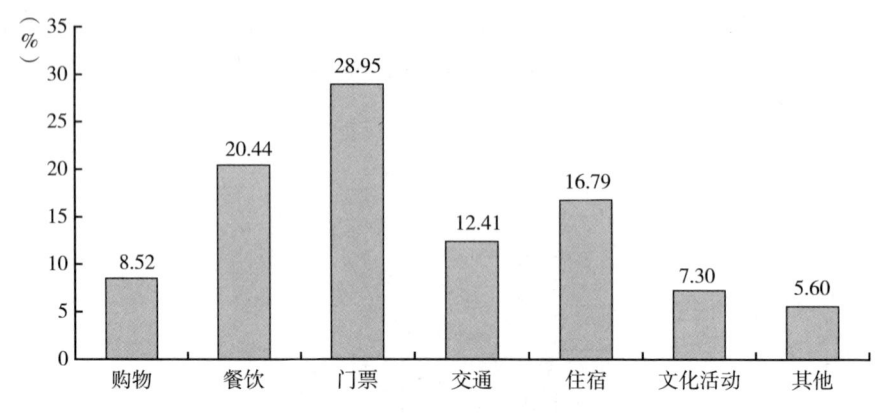

图7　游客在河北景区主要消费支出情况分析

资料来源：笔者自绘。

（5）智慧景区建设成为游客关注的重点之一

随着全域旅游和大数据时代的到来，智慧景区的建设成为满足游客需求和提升景区服务水平的重要方面。问卷数据显示，超过四分之三的游客认为智慧景区建设重要（见图8）。游客对智慧景区的关注热点主要集中在景区线上虚拟体验、景区内游客分布及情况、景区信息查询及推送和景区智能导游服务等方面，这些数据表明，游客对直观、实时地了解景区信息提出了更高要求，同时更加追求优质便捷的景区服务。

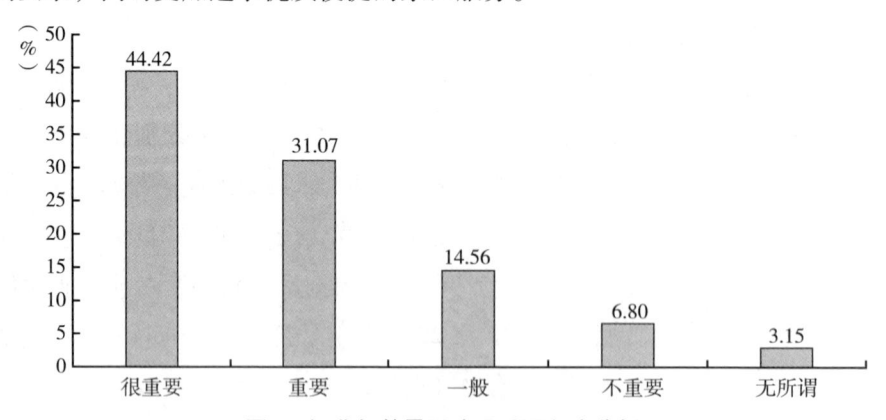

图8　河北智慧景区建设重要程度分析

资料来源：笔者自绘。

（四）河北省旅游景区服务质量分析

1. 旅游景区服务质量评价体系

结合服务质量评价相关理论，从移情性、经济性、有形性、可达性、舒适性、体验性、可靠性和实时性这八个层面来评价景区旅游服务质量，分别对应景区的服务水平、价格情况、配套设施、交通情况、景观环境、文化主题、安全情况和信息化建设情况八个服务质量评价方面，从而建立景区服务质量评价体系（见图9）。根据旅游景区评价指标体系的理论核心，从游客的实际感知角度，同时对比心理期望，对服务水平进行评价，为提升景区旅游服务质量提供参考依据。

景区服务质量调查问卷设计以建立的评价体系为依据，针对景区服务质量的八个方面设计33题，每个服务评价问题设"1~5"五个分值，很不满意为1分，不满意为2分，一般为3分，满意为4分，很满意为5分。从各个服务层面的得分情况反映游客对景区的满意度，直观反映出河北旅游景区需要提升和改进的方面（见图10）。

2. 景区服务质量调查结果分析

河北旅游景区服务质量的问卷调查以网络发放为主，调查时间为2019年11月24日至12月22日。发放对象包括学生、在职人员以及退休人员等，共发放问卷478份，收回478份，回收率100%。剔除无效问卷，实际有效问卷452份，有效问卷率为94.56%。

通过对问卷结果进行分析（见图11），得到以下主要结论。

（1）游客对景区服务水平评价较高

在八项服务质量评价内容方面，景区服务水平的评价分值最高（3.57分），表明游客对景区服务水平的认可。特别是河北景区的讲解服务，不论是导游还是自助服务均获得了游客的较高评价，景区工作人员的管理服务水平也获得了游客的好评，景区在处理投诉方面的表现得到了游客认可。

（2）景区景观环境的整体评价优于景区文化主题

景区的环境质量和文化内涵作为景区形象展示的两个重要方面，在本次

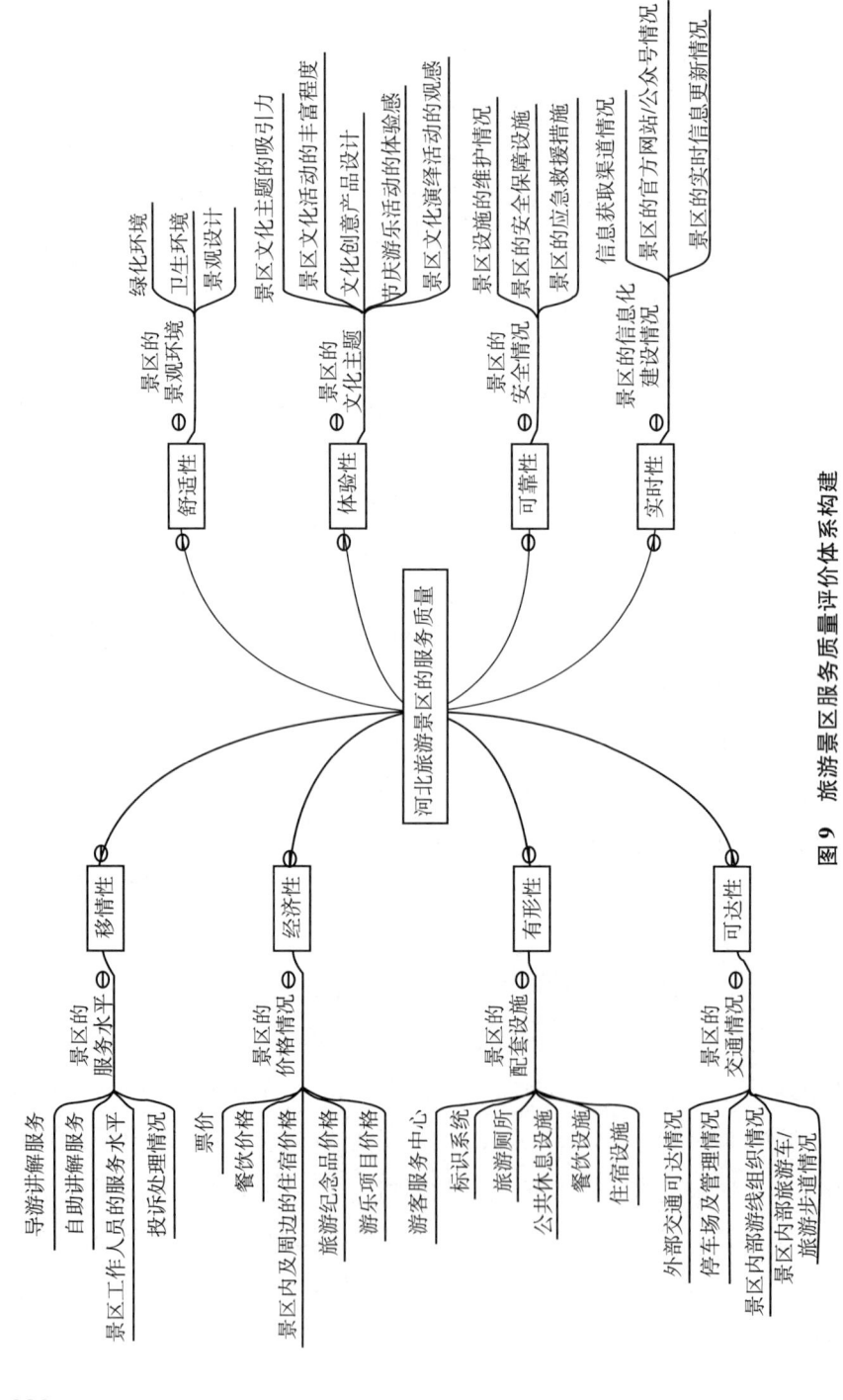

图9 旅游景区服务质量评价体系构建

资料来源：笔者自绘。

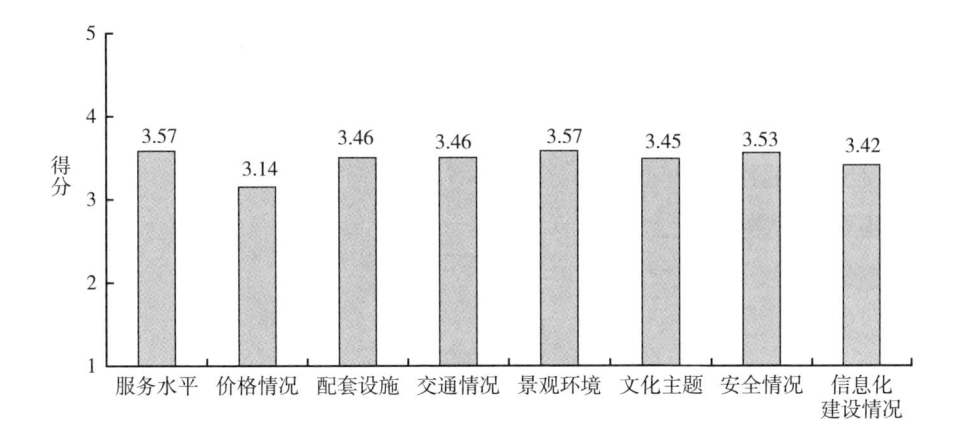

图10 景区服务质量8大类综合分值

资料来源：笔者自绘。

调查中，景观环境获得了最高评分（3.57分），文化主题评分（3.45分）排在倒数第三位。由此可见，景区景观环境的营造取得了良好效果，对文化内涵的挖掘则略显不足。

景观环境是游客对景区最直观的印象，也是展现景区整体形象的重要内容。本次调研显示，游客对于景区的绿化环境最为满意，明显超过对景观设计的评分。可见，景区在注重绿化率的同时，还要注重对景观节点和小品的设计，以全面提升和优化景观质量。

（3）景区安全水平得到认可，相关设施服务水平仍有提升空间

河北景区的安全状况获得3.53分，排位第三，表明游客对景区的安全设施及应急措施较为满意。配套设施和交通情况评价位于八项中的中游，部分建设环节有待进一步提升。

从调查中了解到，河北省景区的外部交通通达度较好，然而在停车场的数量、布局和价格上还存在较多问题。游客对于景区配套设施的标识系统较为满意，对于游客服务中心、旅游厕所和休息设施的服务水平也较为认可。然而，景区的餐饮设施和住宿设施的得分较低，就餐、住宿环境、菜品质量和服务态度成为拉低相关设施服务质量的突出方面。

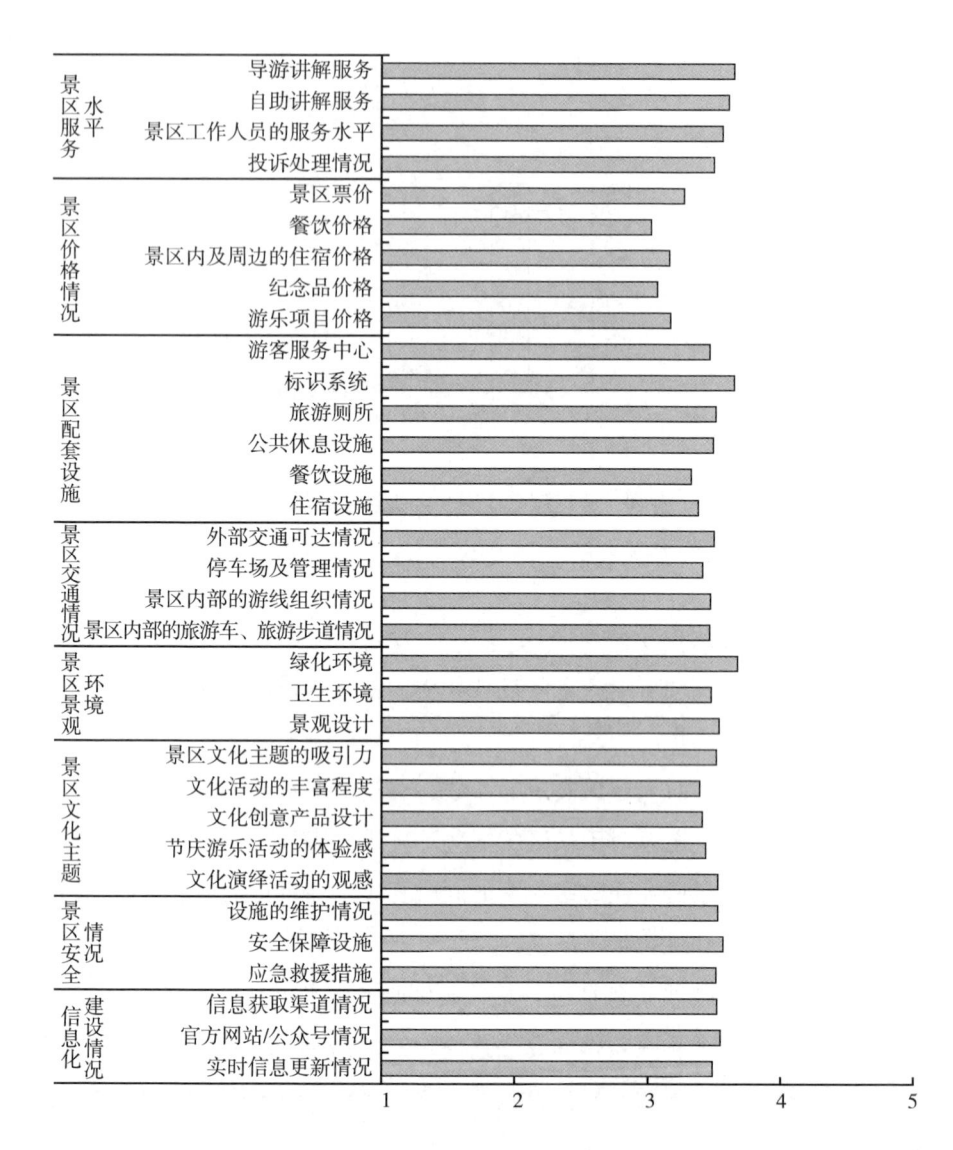

图 11 景区 33 个服务质量准则评价平均分值

资料来源：笔者自绘。

（4）景区的信息化建设情况和价格水平不尽如人意

调查问卷显示，景区的信息化建设情况和价格情况评分位于最后两位，尤其是对价格水平的评价相较其他服务评价项目来看，评分差距较大，仅获得3.14分。调查表明，游客认为当前景区存在消费价格偏高的问题。进一步分析该项内容的具体情况可以发现，大部分游客对于景区门票价格表示认可，对景区餐饮价格和纪念品价格表示不满意。由此可见，在规范景区门票和游乐项目定价的同时，对于不好管控的餐饮、纪念品价格等，相关管理部门应当加强管理，引导景区对各项服务进行合理定价，同时提升服务质量。

值得注意的是，在信息化高速发展的背景下，河北景区的信息服务情况略显不尽如人意。进一步分析，游客对景区的官方网站和公众号建设方面较为认可，但对景区信息更新情况不满意。可见，河北旅游景区在对外信息窗口建设方面表现较好，而在大数据、云计算等技术应用方面有待改进。在数字化和信息化高速发展的潮流下，河北景区在信息服务方面也要紧跟时代发展，结合相关技术加速智慧景区建设。

（五）河北旅游景区监管走向制度化和常态化

继2016年下半年的全省4A级以上景区专项整治行动之后，2019年9月29日，河北省文化和旅游厅在全省A级旅游景区质量提升电视电话会议上，通报了2019年全省A级旅游景区复核和处理情况及2019年4A级旅游景区景观质量评审结果。其中，共复核景区294家，占全省A级景区总数的70%。经审议，给予23家景区取消A级景区质量等级的处理，包括1家4A级景区、8家3A级景区、14家2A级景区；给予84家A级景区通报批评、责令限期整改的处理，包括18家4A级以上旅游景区、66家3A级以下景区。此次受处分景区多达107家，占复核景区总数的36%；被摘牌景区23家，占复核景区总数的8%，处理景区数量之多、力度之大、范围之广均为有史以来之最。

为建立优胜劣汰、有进有出、动态管理的A级景区动态管理制度，河北省在处理一批景区的同时，组织全省4A级旅游景区景观质量评审会，将24家资源禀赋好、创建意愿强的景区纳入4A级景区创建序列。河北旅游景区监管走向制度化和常态化。

对旅游景区高压监管的发展态势仍是2019年的主旋律。高压之下求生

存,会让景区市场竞争进一步多元化和激烈化。监管压力和市场压力,是对旅游景区最大的考验。

三 河北省旅游景区发展中存在的核心问题

(一)旅游景区品质不高,竞争力不强

5A、4A级景区是社会公认的优质旅游景区品牌。截至2020年1月,河北省共有5A级景区10个、4A级景区119个,适应游客高端需求的中高端旅游景区还不够多,旅游景区供给与客源市场需求不适应。调查显示,河北旅游景区收入过多地依靠门票、纪念品,旅游购物同质化,娱乐项目不够丰富,旅游景区衍生品开发不够,旅游的便利度、舒适性、体验感有待提升等是游客对河北旅游景区负面评价的关键词。这些评价在反映了广大游客参与感、获得感和体验感不足的同时,也寄托了游客对旅游景区创新、创意和创造的期盼。河北旅游景区的核心吸引力较弱,竞争力不强。要想解决这些问题,推动旅游景区实现高质量发展是必由之路。

(二)旅游景区个性化需求供给不足

随着河北旅游景区条件的完善和旅游者的逐步成熟,散客旅游趋势十分明显,与之相对应的是个性化旅游需求的增加。调查显示,游客主体构成趋向年轻化,"80后""90后"逐步成为游客的重要构成,不同年龄段游客的指向性需求不同。"60后""70后"更倾向于选择观光类景区作为旅游目的地,年青一代的游客对景区的需求更加多元化,青年人追求以亲身体会、感受景区带来精神层面的体验感。旅游者数量的增长和结构的变化促使市场需求发生了根本性变化,散客规模越来越大,个性化需求日益突出,充满创造力、个性化的景区定制产品和服务会对游客有更大的吸引力。旅游景区在产品设计过程中要抓住不同年龄段游客的特点,针对不同游客需求提供"量身定制"的个性化服务内容。综合来看,个性化、定制化服务与体验模式

是河北省旅游景区发展的大方向。但是，从河北旅游景区产品供给来看，个性化、多样化、内容丰富、新颖独特的旅游产品供给明显不足。

（三）旅游景区文旅融合的发展力度、广度、深度不够

文化可以丰富旅游景区的内涵，也可以延展旅游景区的边界。景区的文化内涵是景区"软实力"的重要体现，在体验游和文化游成为热点的背景下，河北旅游景区的文化主题获得了游客的认可，特别是在文化产品设计、演艺活动方面表现尤为突出；然而，游客对景区文化创意产品、节庆活动设计、文化活动种类等方面的评价得分不理想，这反映出游客对于沉浸式的文化产品表现出较高兴趣，而旅游景区文旅融合的发展力度、广度、深度还不够。景区在如何增强文化产品的体验感和互动感的探索上需进一步深入。

（四）旅游景区的配套设施不完善

调查显示，相比其他几项服务质量，河北旅游景区的配套设施服务水平排名较为落后，仍有较大的提升空间。调查中了解到，河北旅游景区的外部交通通达性较好，而在停车场的数量、布局和价格上还存在较多问题。游客对旅游景区的标识系统较为满意，对于游客中心、旅游厕所和休息设施的服务水平也较为认可。而对旅游景区的餐饮设施和住宿设施满意度较低，就餐与住宿环境、菜品质量和服务态度成为拉低配套设施服务水平的突出问题。

（五）智慧景区建设任重而道远

大数据、云计算、人工智能等技术将更多的旅游资源转化成游客喜爱的景区旅游产品。未来，信息化将成为旅游景区营销手段的主体，电子商务仍然是旅游景区延伸服务、扩展空间的新领域，在这个领域将出现更多创新型景区企业。先进技术的采用和创新对旅游景区企业开发新的旅游产品和长期占据客源市场产生重要的影响。VR 旅游新体验在景区更加受到广泛关注，VR 投入在今后仍将引领河北旅游景区发展新潮流。

目前，河北省大多数景区仍处于建网站和数据库的初始化阶段，智慧景

区建设进展比较缓慢。伴随着互联网和智能化成长起来的"80后""90后""00后"新生代游客的出游习惯、接收信息的方式日新月异，他们对互联网的应用和依赖更是达到了前所未有的高度，这是传统景区必须面对的挑战。调查显示，超过75%以上的游客认为智慧景区建设非常重要，对于智慧景区的建设内容有更为具体的要求。由此可见，在大数据时代背景下，河北的智慧景区建设任重而道远。

四 河北省旅游景区质量提升对策

（一）景区高质量发展引领旅游消费升级

一是按照《河北省国家全域旅游示范省创建规划》要求，到2020年，实现5A级景区达到12家、4A级景区达到150家的目标。根据游客消费需求，建设一批高质量的旅游景区，开发新的景区旅游产品，指导唐山南湖进行5A级景区改造提升，推荐正定古城、狼牙山、金山岭长城、八路军129师司令部旧址、响堂山、衡水湖等景区参评5A级景区，进一步提升河北旅游景区的核心竞争力。二是紧密围绕降低景区运营成本、扩大景区二次消费、提升景区重游率、开发景区衍生产品和服务等方面创新发展。三是在旅游行政主管部门和景区分等定级，特别是高等级旅游景区创建的大力推动下，保持河北省旅游景区内涵不断丰富、外延持续扩展。

（二）景区新业态开发为全域旅游注入新动力

旅游景区的发展已经进入多元化时代，旅游新业态不断涌现是适应游客需求的必然结果。全域旅游打破了传统旅游景区的封闭、单一模式，开创了开放、综合新格局，不仅对旅游景区影响深远，更实现了不同业态优势互补，促进区域共同发展。加强景区内旅游与文化、农业、工业、大健康和未来产业等特色产业的融合发展，优化升级"旅游+"和"+旅游"产业质量，助推河北省旅游景区产业转型升级，培育经济增长新动能。加速发展以研学旅游、冰雪旅游、自驾车房车营地、低空旅游、邮轮游艇旅游为代表的"海陆空"三栖旅游新业态，为河北旅游景区注入新动力。加速河北研学旅行工作试点城市建设，成熟后尽快在全省推广。对于研学旅行中引起争议的有关学生安全保障、食宿、旅行费用等困扰学校的难题，期望河北省教育厅联合多部门积极推进研学旅行工作，积极探索如何在保证安全的前提下形成一个优良的协同推进机制，加速推进河北省的研学旅行工作。对于河北三件大事之一的冬奥会的筹办，应积极鼓励并引导省内各旅游景区丰富冬季冰雪旅游业态，促进一季游向四季游转变，在冬季旅游成为热点的背景下更好地满足广大游客的冰雪游需求，推动多景区联动，"唤醒"河北省冬季旅游市场，通过资源整合、景区联动、发挥特色、创新业态等各种举措，推动冰雪运动与旅游产业融合发展。

（三）文旅融合为景区高质量发展添加新动能

传统优秀文化与旅游景区的深度融合，为河北旅游景区供给侧改革转型提供了一个新的发展方向。一是把旅游景区作为文旅融合的突破口和切入点，进一步坚持"宜融则融、能融尽融"的原则，开展文化进景区系列活动，以景区为抓手，深入推进文创产品、非遗项目、文化演艺等"八进"景区工作。创作特色演出剧目，深入景区进行展演，提升景区的文化内涵。推动河北省景区高质量发展和文化活化传承。二是提升重点旅游景区的文化含金量，深入挖掘景区的文化资源，以文化养分充分滋养旅游景区，丰富旅游景区内涵，提升旅游景区实力，推动旅游景区的品质化、个性化、效益化发展。三是在景区文化和旅游有效融合的过程中，既需要突出市场主体的主动担当和积极作为，更需要加强科学技术的推动和催化作用。四是推进重点景区新业态的规划与开发，提升旅游景区的文化创意水平，打造旅游景区特色文创品牌，实现旅游景区产品的全面转型升级。五是依托产业化和市场化手段以丰富文化产品，创新河北省文化产品的供给方式和类型，进一步扩大、增强河北文化的影响力和竞争力。

（四）科技创新驱动旅游景区高质量发展

大数据成功地将旅游需求转换为旅游供给，人工智能给游客带来了便捷的服务和全新体验。一是要面向"80后""90后""00后"重要消费市场，把"创意+科技"作为传统景区在旅游主题、旅游功能、旅游产品、旅游设施、旅游景观、旅游线路等方面提升的强有力手段。对于自然类景区，"创意+科技"是演绎、延伸旅游产品的有效途径。对于人文类景区，"科技+创意"是旅游产品体验化提升的关键。二是鼓励景区利用计算机仿真技术，增强旅游者在景区的体验感和沉浸感。推动虚拟现实（VR）和增强现实（AR）等仿真智能技术在旅游景区导览和导游方面的推广应用，满足游客在游玩过程中沉浸式体验的需求。积极鼓励景区将VR和AR技术应用在无法复原遗址的景观再现方面，提升、丰富景区旅游产品的质量和内涵。三是谋划创新景区旅游项目，让游客体验未来科技，融合新技术、新业态，通过旅游景区空间形态和环境设计，构建旅游新场景，制造旅游吸引物，让景区成为具有强大吸引力的旅游目的地。

（五）加强监管推进A级景区动态化和制度化

A级景区承载着旅游业兴盛的重要责任，任何旅游乱象都会对河北旅游业发展造成不利的影响，获得了A级景区招牌也不能一劳永逸，只有不断优化服务才能赢得景区的长期可持续发展。一是完善制度，强化旅游景区发展的政策保障，推进旅游景区管理体制改革和治理机制创新。二是创新开展A级景区复核。按照4A级以上景区不低于30%、3A级以下景区不低于20%的比例，对景区进行抽查复核，建立起常态化、全天候、体检式的景区复核检查新机制。不断推动A级景区的对标升级与建设工作，提升旅游景区的服务质量和环境水平，逐步建立A级景区优胜劣汰的动态监管机制，在处理一批不合格景区的同时，积极组织A级旅游景区进行等级质量评审，将资源禀赋好、创建意愿强的旅游景区纳入A级景区创建序列。三是坚持问题导向的工作方法，扎实落实暗访评估工作。四是坚持依法办案、有案必查，持续以高压态势进行市场整治，持续抓好A级景区动态管理。五是坚持以队伍建设为基础，着力提高旅游景区市场治理能力。六是坚持全过程管理，严把A级旅游景区入口关。

（六）提升旅游景区应急管理能力，抢抓灾后市场机遇

鉴于2020年春节假期突如其来的新冠肺炎疫情对旅游景区带来的沉重影响，为有效预防、及时控制和妥善处理景区突发事件的发生，切实保障游客的身体健康及人身安全，维护社会和谐稳定，有效防范和遏制旅游重特大事故的发生，树立河北旅游安全目的地的良好形象，各旅游景区要提升旅游景区应急管理能力，抢抓灾后市场机遇。一是各景区应当制定突发事件应急预案。预案应以"以人为本，预防为主，快速反应，联动处置"为指导方针，把保障游客健康及生命财产安全作为首要任务，做到层层落实、指挥统一、反应灵敏、协调有序、运转高效，对各种突发事件能够"早发现、早报告、早处置"。二是建立健全应对景区突发事件的防控应急体系和运行机制，规范和指导景区突发事件防控应急处理工作，明确职责，落实责任，提高快速反应和应急处理能力。三是加强对景区突发事件应急处理工作的指导和督导，积极邀请相关部门加强对景区突发事件应急工作的技术指导和检查督导，采取有效措施，确保景区突发事件应急处理工作落到实处。四是各旅游景区不仅要苦练内功，优化景区状态，还需要及时了解游客市场需求，及时调整景区发展策略，提升灾后市场机遇抢抓能力，把灾害对景区的负面影响降到最小。

参考文献

［1］《中华人民共和国旅游法》，2013年10月1日。
［2］《旅游景区质量等级的划分与评定》（GB/T 17775-2003）。
［3］《旅游景区质量等级管理办法》，2012年4月16日。
［4］《河北省国家全域旅游示范省创建规划》，2018年8月29日。

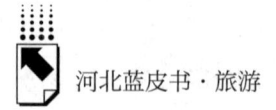

［5］《河北省旅游高质量发展规划》（2018~2025年）。
［6］《河北省旅游质量提升行动计划》（2018~2020年）。
［7］文化和旅游部：《关于实施旅游服务质量提升计划的指导意见》，2019。
［8］河北省文化和旅游厅：《2018年河北省旅游业发展报告与2019年发展展望》。
［9］戴斌：《传统景区要跟着市场走》，中国未来景区发展论坛，2019。
［10］孙震：《中国旅游景区将何去何从》，搜狐网，2019年12月16日。

B.5
2019~2020年河北省旅行社业发展报告

孙中伟 梁军 贺军亮*

摘 要： 旅行社业作为旅游业三大支柱性产业之一，是旅游业中的桥梁和纽带。目前，随着社会经济发展和游客自身的变化，旅行社的存在形态、组织架构、营销方式、产品类型、服务模式和竞争对手等都发生了根本性改变，相应的，传统旅行社发展也步入瓶颈期。报告揭示全国旅行社业发展在规模持续增长、发展根本逻辑重构、自由行占据出游主体、在线旅行社冲击传统旅行社、线上旅行社与线下旅行社不断融合、发布多个文件规范市场六个方面的环境变化；分析河北省旅行社业在整体规模、空间分布和全国排序方面的发展状况；指出了其正面临的游客数量增长与传统旅行社经营困难、游客出游方式发生根本改变、非旅行社组织分散旅行社客流、入行门槛低且监管不到位、旅行社经营模式转型不及时、对疫情等突发事件准备不足六个方面的问题；提出政府与旅游协会加强监管、旅行社重新梳理游客需求变化、改变传统商业模式、向多元化经营转变、以专业化服务取胜、向电子商务与智慧旅游转型、正确处理疫情等突发事件7条应对策略。

关键词： 旅游业 旅行社 线上旅行社 出游方式 智慧旅游

---

* 孙中伟，石家庄学院资源与环境科学学院教授，系副主任，主要研究方向为旅游开发与规划、信息与通信地理学、中学地理教学；梁军，石家庄学院教授，研究方向为旅游规划与设计；贺军亮，石家庄学院资源与环境科学学院地理科学系副主任，副教授。

一 全国旅行社业发展大环境

（一）全国旅行社规模持续增长，增长率先降低后增加

1999～2019年上半年全国旅行社的数量，一直呈现增长趋势（见图1），总数由1999年的7326家增长到了2017年的29717家，2019年上半年则达到了37794家。其中，2001年超过1万家，达到10532家；2008年超过2万家，达到20110家；2018年则超过了3万家。从旅行社数量的增长率来看（见图2），虽然有波动，但整体呈现逐渐降低后又增加的趋势。2000年的增长率是22.75%，2001年为17.11%。除2010年外，2007～2017年其他年份的增长率都在10%以下。其中，2016年低至1.72%；2017年开始上升，达到了5.77%。2018年和2019年增长率又恢复到了10%以上。虽然我国旅行社数量多，但多数旅行社体量小、利润低。2015年，国内旅行社平均旅游业务收入仅为1357万元，平均旅游业务利润

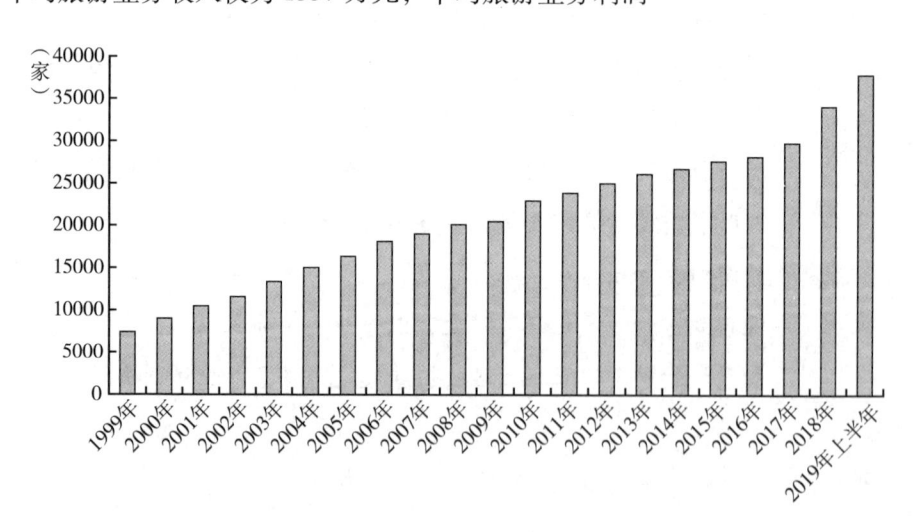

图1 1999年至2019年上半年全国旅行社数量变化

资料来源：2000～2019年中国统计年鉴、文化和旅游部关于2019年上半年全国旅行社统计调查报告。

仅为72万元。到2016年，A股上市旅行社只有5家，并且凯撒旅游、众信旅游等上市旅行社业务毛利率只有10%左右，净利率约为3%。

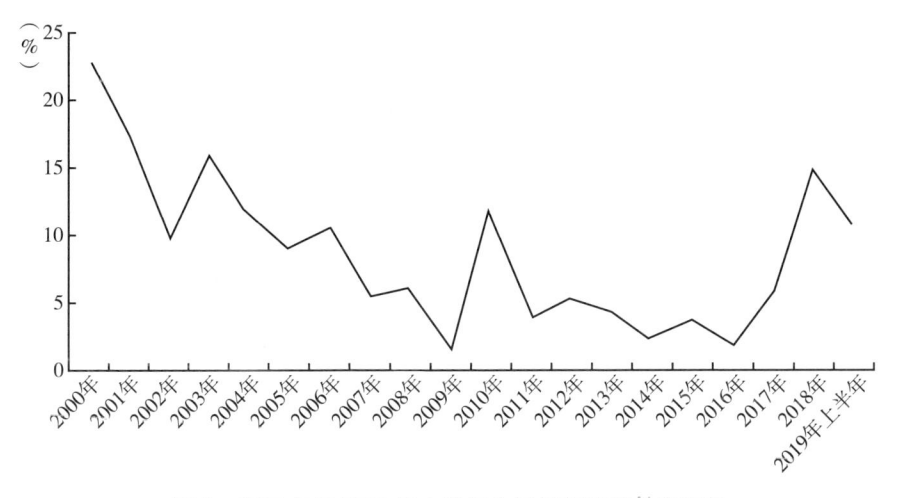

图2　2000年至2019年上半年全国旅行社增长率变化

资料来源：2000～2019年中国统计年鉴、文化和旅游部关于2019年上半年全国旅行社统计调查报告。

（二）旅行社业发展根本逻辑改变，旅行社发展呈现新趋势

2019年9月23日，全球历史最悠久的旅游公司——英国托马斯库克集团宣布破产清算。这意味着全球第一家旅行社、曾经全球最大的传统旅行社企业宣告破产，而拖累它的就是旅行社业务和航空业务。托马斯库克集团的倒下，意味着旅行社辉煌时代的彻底终结。

国外旅行社巨头直接以破产出局结束，这给整个旅行社业蒙上了阴影，让人不禁发问：发展至今，旅行社要消亡了吗？要回答这个问题，就必须回到旅行社业的产业根本逻辑上来，然后看这个逻辑未来是否还能支撑下去。旅行社业持续发展壮大的根本逻辑在于三个方面：一是信息不对称带来的信任、需求及价差；二是规模效应带来的成本优化和议价能力提升；三是社会发展过程中的各类成本优化。

信息不对称、规模化、外部性社会发展给旅行社业的发展带来了市场需

求与成本降低，这是旅行社业持续发展壮大的原因，但在新的时代下，这些为旅行社带来持续发展的因素却都发生了变化：①从信息不对称到信息日益透明，传统旅行社业务市场需求在萎缩；②旅行社的规模化议价能力不及在线旅游的议价能力，市场被蚕食得厉害；③社会发展带来的成本增加问题；④同业竞争及替代者竞争带来的行业红海。旅行社发展面临多重困境，由信息不对称而产生的团队游的需求基础丧失，由规模化而获得的议价能力被在线旅游企业碾压，日益增加的人力成本及其他成本让旅行社的经营日益艰难，成规模的旅行社纷纷解体或陷入亏损。

由于四个方面原因的存在，传统旅行社不会消亡。首先，信息不对称不会完全消失；其次，游客对未知行程的担心总是存在，旅游服务业务难以替代；再次，小众化、主题化市场需要更加专业化的服务；最后，深度游的线下体验不可替代。按照产业发展逻辑变化以及社会发展的影响，旅行社发展将呈现以下五种变化趋势。①大型的传统旅行社集团业务将会进一步萎缩，小而精的旅行社将会兴起；②专业化、主题化、深度游、私人定制旅游将成为未来旅行社的选择；③新媒体新手段促进旅行社分化，个人品牌型旅行社将会兴起；④旅行社将分化为旅游批发商、旅游零售商、旅行服务商；⑤部分优秀的旅行社将会渠道化、平台化，向旅游产业链拓展。

（三）交通与通信发展使出游越发便捷，以自驾游为主的自由行占据主体

交通网络的日趋完善与飞机和高铁的大发展，大大缩短了游客的交通时间，而私家车的普及，则几乎颠覆了传统的出行方式，特别是近距离的旅行方式。互联网的大发展，一方面提升了信息的数量和流动性，降低了旅行社和游客间的信息不对称，各种旅游价格越发透明；另一方面使游客可以足不出户就能在互联网上买到和旅行社一样价格的车票、机票、景区门票以及酒店住宿；此外还可以在互联网上检索到各种旅游信息及攻略，再加上地图导航的发展，游客不通过旅行社出行越发方便。有鉴于以上交通和通信的大发展，以及自由行相对于跟团游，在景点选择和时间安排上具有自由、灵活且能

更真切地感受当地风土人情的优点,以自驾游为主的自由行已逐渐占据主体。《2019年自由行用户旅行偏好数据报告》显示,2018年国内游客达到55亿人次,其中自由行的比例超过95%;出境游客1.6亿人次,自由行比例接近50%。

(四)在线旅行社冲击传统旅行社,在线旅游市场占领传统旅游市场

在线旅行社(Online Travel Agency,OTA)的兴起对传统旅行社发展产生了巨大冲击。OTA的出现将原来传统的旅行社销售模式放到网络平台上,更广泛地传递了线路信息,互动式的交流更方便了客人的咨询和订购。同时,在线旅游市场也在不断占领传统旅游市场。比达咨询发布的《2018年中国在线旅游市场研究报告》指出,国内经济及消费水平的提升促进了用户将更多消费花在旅游上,线上搜索、支付等技术的发展,则提升了在线旅游服务质量。同时,国内政策、技术、资本等大环境对在线旅游市场的关注与支持,以及旅游产品自身不断创新服务,使在线旅游市场用户规模不断壮大(见图3)。2018年,在线旅游市场用户规模超4亿人,增长17.1%。2012~2018年,国内在线旅游市场规模保持持续稳定增长,不过随着人口、流量红利的慢慢消退,从2015年起,在线旅游市场交易规模增速也逐渐放缓(见图4)。

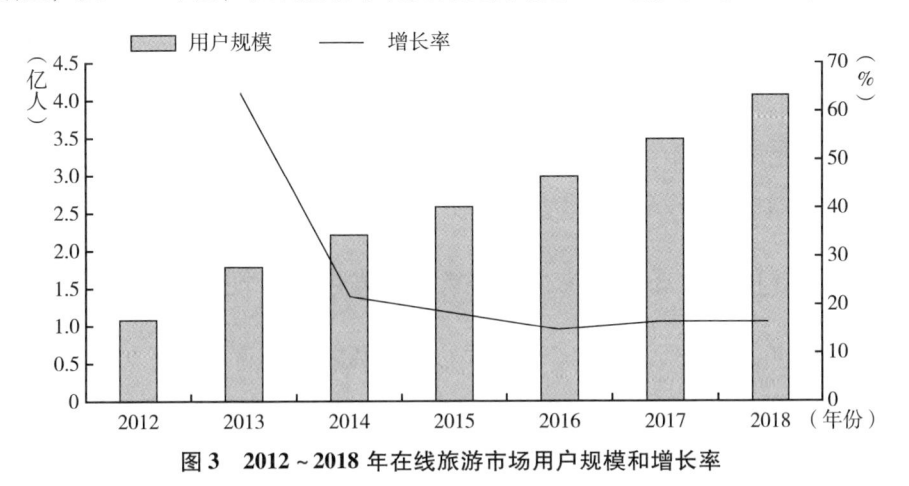

图3 2012~2018年在线旅游市场用户规模和增长率

资料来源:笔者根据比达咨询《2018年中国在线旅游市场研究报告》重新绘制。

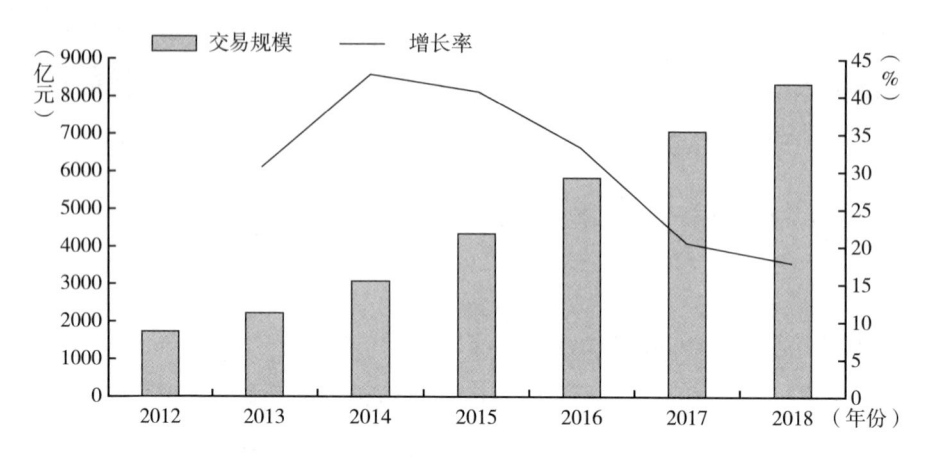

图4 2012～2018年在线旅游市场交易规模和增长率

资料来源：笔者根据比达咨询《2018年中国在线旅游市场研究报告》重新绘制。

（五）线上旅行社和线下旅行社融合趋势不断加强

一方面，传统旅行社增加线上内容与服务是必然选择。在信息时代，传统旅行社不同程度地借助互联网渠道来推出更加快捷、灵活和多样化的线上产品，开展营销和市场推广，获得客户资源，已成为不被市场淘汰的必然举措之一。另一方面，在线旅行社拓展线下资源成为趋势。在线旅行社通过开设线下门店，将掌握的上游资源更多地转化为效益，有助于它们完善产业链，提高企业竞争能力。如携程与旅游目的地就"门店+小交通+X"开展了线上线下全面合作，截至2018年底在全国开设了8000家门店。途牛到2018年5月也开设了220家线下自营门市。

（六）国家发布多个文件，旅行社业发展逐步规范

2019年，国家发布了多个文件，以规范旅行社业市场。①2019年1月16日，文化和旅游部发布《文化和旅游部关于实施旅游服务质量提升计划的指导意见》（文旅市场发〔2019〕12号）。其涉及旅行社方面的内容包括提升旅行社服务水平、规范在线旅游经营服务、提高导游和领队业务能力。

②2019年2月26日，中国旅行社协会发布《研学旅行指导师（中小学）专业标准》（T/CATS001-2019）和《研学旅行基地（营地）设施与服务规范》（T/CATS002-2019）。其填补了两项研学旅行领域标准空白，对提升研学旅行基地（营地）品质，引导景区向研学旅行科学转型，培养研学旅行指导师专业队伍，推动研学旅行事业规范健康发展都具有重要意义。③中国旅行社协会发布并实施了《中国公民出国旅游接待企业设施与服务要求》（T/CATS003-2019）。其对加强国际旅行社企业间的业务合作与交流，促进中国游客出境旅游目的地国家和地区提升接待水平，推动中国出境旅游企业服务品质的提升具有重要作用。④2019年10月8日，为保障旅游者合法权益，规范在线旅游市场秩序，促进在线旅游产业可持续发展，文化和旅游部研究起草了《在线旅游经营服务管理暂行规定（征求意见稿）》。

二 河北省旅行社业发展现状

（一）河北省发布实施《旅行社等级评定实施细则》

河北省市场监督管理局于2019年7月4日发布《旅行社等级评定实施细则》（DB 13/T 1776-2019），以代替《旅行社等级划分与评定》（DB13/T 1776-2013）。该标准规定了旅行社等级评定的等级划分及标识、等级划分条件、等级评定程序等，适用于旅行社的等级划分、评定、复核和管理。与《旅行社等级划分与评定》相比，主要技术内容变化如下：增加了"引言"，对原标准修订的背景进行了说明；将术语"国内旅游"改为"境内旅游业务"并更改了定义内容；将术语"入境旅游"改为"入境旅游业务"并更改了定义内容；将术语"出境旅游"改为"出境旅游业务"并更改了定义内容；将术语"旅行社服务网点"改为"服务网点"并更改了定义内容；修改了"旅游产品"的定义内容；删除了术语"导游员"和"出境旅游领队"；删除了"总体要求"；修改了"必备条件"；修改了附录B"旅行社服务等级评分表"的不适用的评分项。

（二）河北省旅行社数量增长较慢，并且在全国位置不断降低

河北省旅行社数量由2009年的1116家增长到了2019年上半年的1493家（见图5），10年时间仅增加了377家，在全国排位不断下降。其旅行社数量在2010年为1148家，2011年为1156家，2012年为1252家，2013年为1271家，2014年为1343家，2015年为1360家，2016年为1388家。2009年，河北省旅行社数量高居全国第4位，2012年为第5位，2015年为第6位，2019年上半年则跌至第8位。

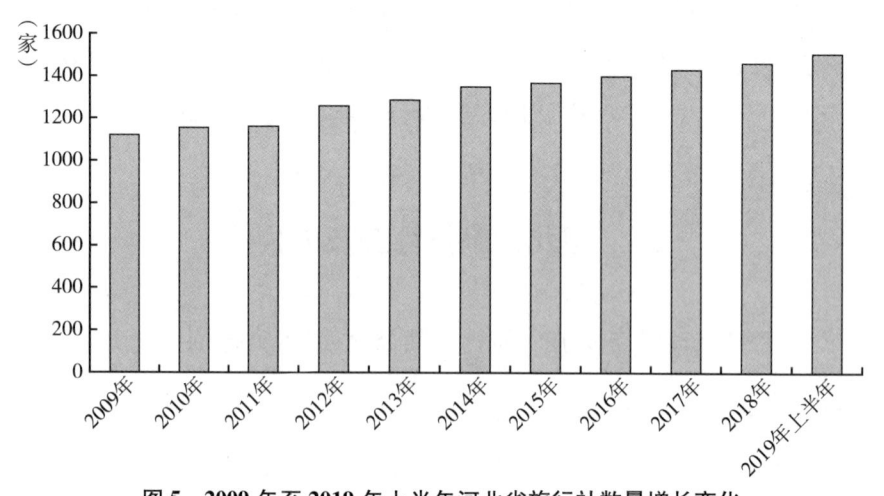

图5 2009年至2019年上半年河北省旅行社数量增长变化

资料来源：文化和旅游部不同年份的全国旅行社统计调查公报。

《文化和旅游部关于2019年上半年全国旅行社统计调查报告》显示（见图6），截至2019年6月30日，全国旅行社总数为37794家。从全国旅行社分布来看，东部地区占全国旅行社总量的51%，西部地区占23%，中部地区占18%，东北地区占8%。旅行社数量在2500家以上的有5个地区，分别为广东（3108家）、北京（2918家）、江苏（2873家）、浙江（2712家）、山东（2528家）。天津（483家）、新疆（471家）、海南（451家）、西藏（310家）、宁夏（161家）等5个省区市旅行社数量少于500家。旅行社数量在500～1000家的有10个地区，1000～1500家的有9个地区，

1500～2000家的有2个地区。河北位于1000～1500家区间,并且在东部地区10个省、市中排在第7位,仅高于福建、天津和海南。

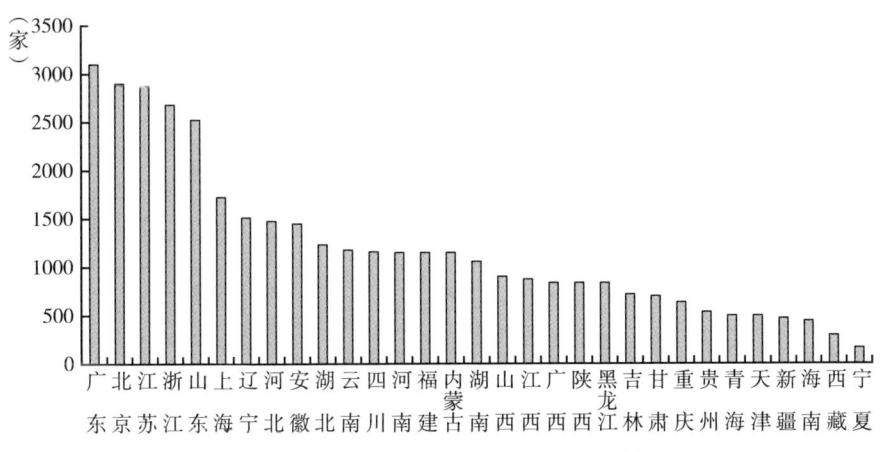

图6 2019年上半年全国旅行社数量分布

资料来源:文化和旅游部关于2019年上半年全国旅行社统计调查报告。

(三)河北省旅行社、出境社、分社和网点地区分布差异大

1. 河北省旅行社地区分布差别显著

截至2019年底,河北省共有旅行社1508家。其地区分布差异显著(见图7)。其中,石家庄市299家,秦皇岛市218家,唐山市175家,保定市163家,承德市143家,沧州市105家,张家口市98家,廊坊市90家,邯郸市75家,衡水市52家,邢台市48家,雄安新区34家,定州市6家,辛集市2家。

2. 河北省出境社比重偏低,并且地区分布差别较大

河北省共有经营出境旅游资质的旅行社137家,占旅行社总量的9.08%,所占比重偏低。从各地分布来看(见图8),区域差别较大。其中,石家庄市拥有出境旅行社43家,占旅行社总数的14.38%;唐山市拥有出境旅行社21家,占旅行社总数的12.00%;秦皇岛市拥有出境旅行社15家,占旅行社总数的6.88%;保定市拥有出境旅行社14家,占旅行社总数的8.59%;承德市拥有出境旅行社9家,占旅行社总数的6.29%;张家口市拥有出境旅行社9

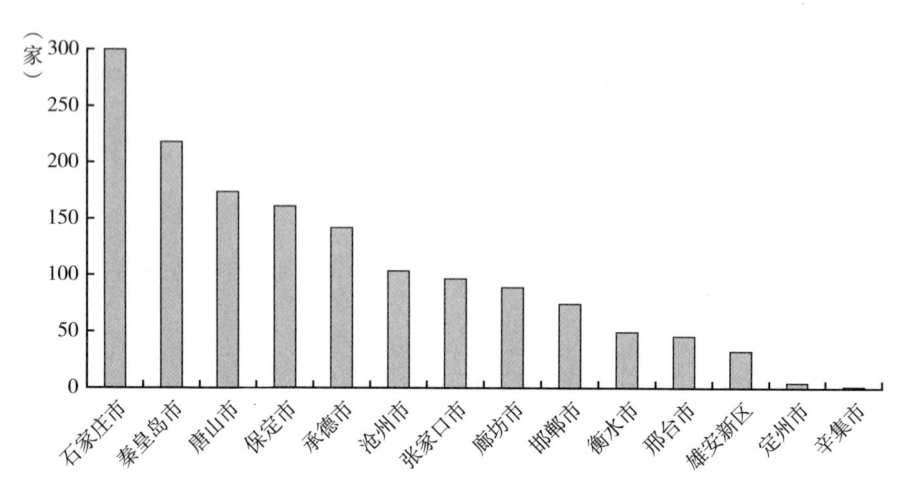

图7 河北省各地区旅行社数量分布

资料来源：河北省文化和旅游厅统计数据。

家，占旅行社总数的9.18%；邯郸市拥有出境旅行社9家，占旅行社总数的12.00%；沧州市拥有出境旅行社7家，占旅行社总数的6.67%；廊坊市拥有出境旅行社6家，占旅行社总数的6.67%；邢台市拥有出境旅行社3家，占旅行社总数的6.25%；衡水市拥有出境旅行社1家，占旅行社总数的1.92%；雄安新区、定州市和辛集市则没有出境旅行社。

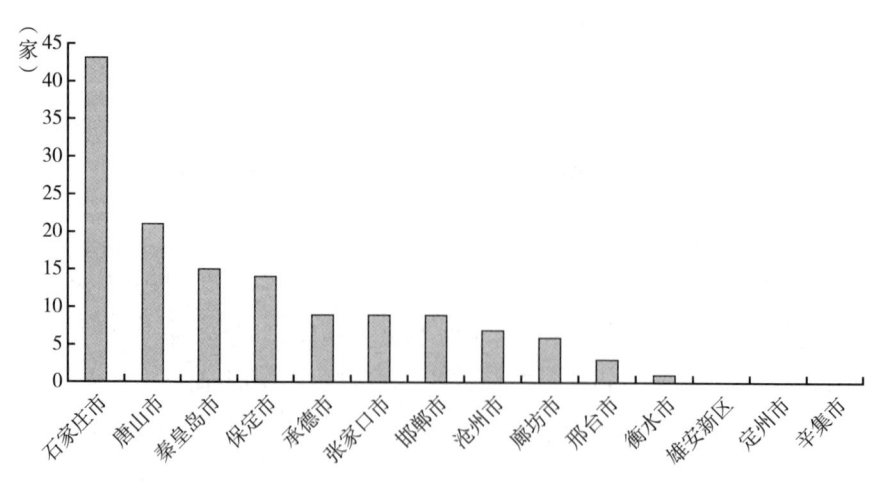

图8 河北省各地区的出境旅行社分布

资料来源：河北省文化和旅游厅统计数据。

3. 河北省旅行社分社地区分布不均衡

河北省共有旅行社分社572家，地区分布不均衡（见图9）。其中，保定市117家，沧州市94家，廊坊市84家，石家庄市49家，唐山市和邯郸市均有45家，秦皇岛市36家，承德市32家，张家口市22家，邢台市17家，定州市11家，雄安新区10家，衡水市8家，辛集市2家。

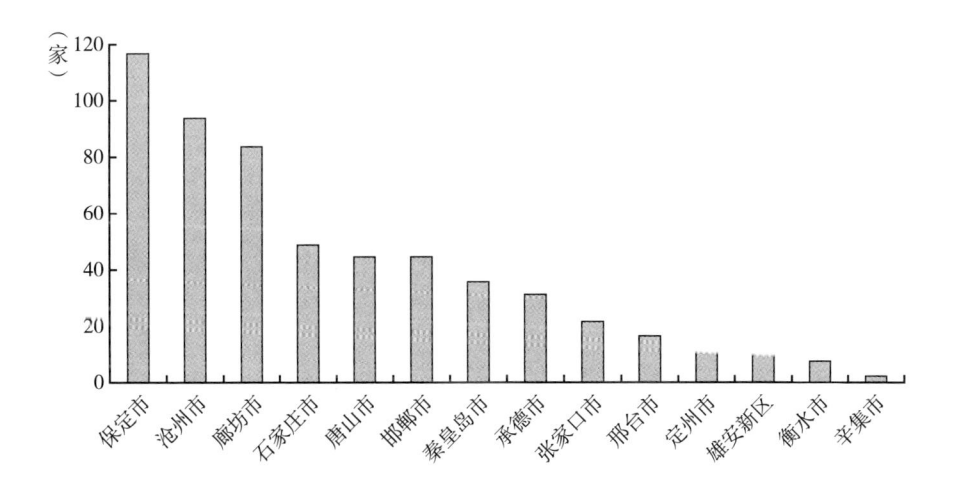

图9 河北省各地区旅行社分社分布

资料来源：河北省文化和旅游厅统计数据。

4. 河北省旅行社网点地区分布极不均衡

河北省共有旅行社服务网点3900家，并且空间分布极不均衡（见图10）。其中，唐山市894家，石家庄市502家，保定市474家，廊坊市340家，沧州市285家，张家口市281家，邯郸市269家，邢台市247家，秦皇岛市224家，承德市219家，衡水市111家，雄安新区20家，辛集市19家，定州市15家。

5. 河北省各地区旅行社、出境社、分社和网点分布不具有一致性规律

从河北省不同地区旅行社、出境社、分社和网点的分布对比来看（见图11），四者之间并没有旅行社数量多则出境社、分社、网点数量也相应多的一致性变化规律。相比较而言，出境旅行社数量与旅行社数量分布曲线较为接近，变化最大的就是唐山市和秦皇岛市排位互换。分社数量和网点数量

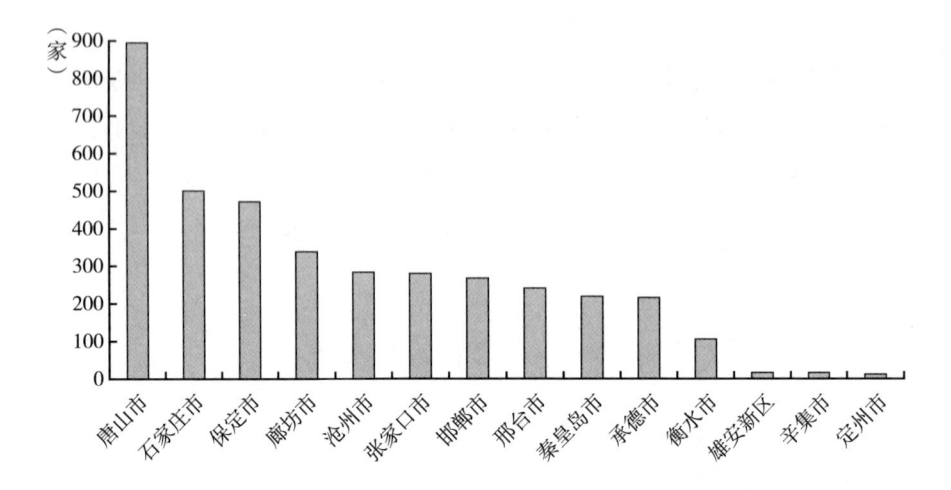

图10 河北省各地区旅行社服务网点分布

资料来源：河北省文化和旅游厅统计数据。

二者与旅行社数量变化大，完全呈现不同的变化趋势，并且分社和网点之间也没有相似性。在分社数量中，保定市、沧州市和廊坊市呈现3个高点。在网点数量中，除了石家庄市位居第2位之外，唐山市、廊坊市和邢台市出

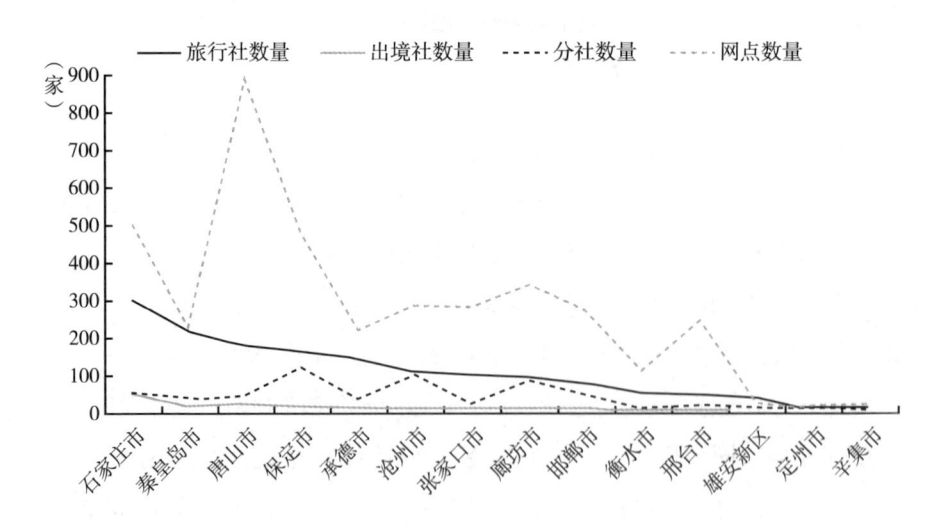

图11 河北省各地区旅行社、出境社、分社和网点的分布对比

资料来源：河北省文化和旅游厅统计数据。

现3个高点,秦皇岛市则排位很低。综合四者变化趋势来看,石家庄市,四者数量都比较大;唐山市,网点数量特别大,其余三项都比较大;秦皇岛市,旅行社和出境社数量比较多,分社和网点数量少;保定市、沧州市和廊坊市的分社数量很突出;承德市的旅行社和出境社数量排位居中,分社和网点数量则偏低;邢台市和衡水市,四项数量排位都低。

三 河北省旅行社业发展面临的挑战与问题

（一）全省游客数量与总收入快速增长,传统旅行社经营却越发艰难

近10年来,河北省接待海内外游客数量与旅游总收入都呈快速增长趋势（见图12）。2009年,全省共接待海内外游客1.22亿人次,实现旅游总收入710亿元。其中,接待国内游客12164.1万人次,实现国内旅游收入688.7亿元。到2018年,全省旅游业共接待海内外游客6.8亿人次,实现旅游总收入7636.4亿元。按照正常思维,游客数量持续快速增长,旅行社本应是一派欣欣向荣的景象,但调查发现传统旅行社一致反映经营越发困难,呈现出团队游客减少、散客想抓又很难抓住的窘境。

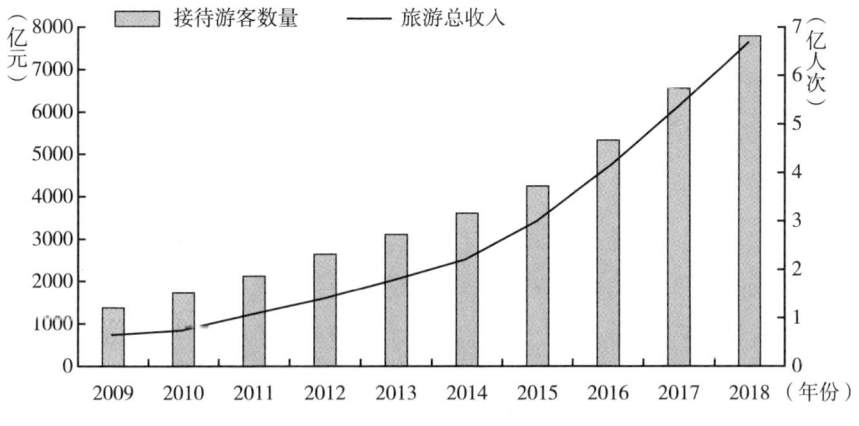

图12 2009~2018年河北省接待游客数量和旅游总收入

资料来源：河北省文化和旅游厅2009~2018年全省旅游经济运行情况统计简报。

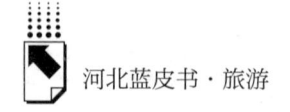

（二）河北省游客出游方式发生根本改变，自由行主导市场

与世界和我国整体情况一致，河北省游客出游和旅游接待已经发生了根本改变，自驾游自由行主导市场。以2018年国庆假日为例，河北省行程自由、时间随性的自驾自助游成为游客假日出行新常态。石家庄平山县接待的自驾游、家庭游占到游客总量的90%以上，其中主要是省内短途游和山西、北京、天津、河南等省市的自驾游。秦皇岛市以自驾游为主体的自由行占总体出游方式的70%以上。邯郸市自驾游比例约占80%，并且主要集中在涉县、永年、武安、峰峰等地。此外，保定市自驾车游客也明显增加。

（三）户外俱乐部等非旅行社组织涌现，分散了旅行社客流

目前，河北省游客出行除了自驾游和完全的自由行之外，其他或多或少借助外部组织的大致可以分为四种。第一种是完全通过本地旅行社组织出行；第二种是通过户外运动俱乐部等非旅行社组织出行；第三种是通过携程旅行网等OTA购买机票、预订住宿、购买门票等协助出行；第四种是通过12306网站等购买火车票等票务自行到达旅游目的地，到达之前通过互联网联系当地的旅行社或到达后联系旅行社报名参加旅游。后三种方式都在一定程度上分散了本地旅行社的客流。第二种方式主要针对中短途旅游，组织人数很多。近年来，户外旅游运动俱乐部如雨后春笋般迅速发展起来。随着微信、QQ、支付宝等网络工具的普遍运用，各家俱乐部都拥有一大批网络客户群。只需一张自助游召集帖，再配上一些有吸引力的出游照，就可以吸引不少陌生人询问，并加入结伴出游的队伍中去。这些户外运动俱乐部基本上没有办公场所与费用，并且在文化和旅游局、工商局的管理之外，抢走了很多传统旅行社的业务和客源。第三种方式的影响也很大。携程2018年第三季度财报显示，仅携程和去哪儿两个品牌就在中国拥有1.3亿年度交易用户，这些用户每年平均在平台上消费超过5000元。第四种方式适合长途游游客，特别是一次游览不同地方的游客，其可以到一个地方选择一家旅行

社,也可以在某地不选择旅行社。一般而言,如果主要景区在公共交通(如地铁、公交车)便利的城市内部或周边,则可以不选择旅行社,如到北京、南京等地旅游;如果景区距离市区远,公共交通不便捷且吃、住也不方便,则需要选择旅游目的地的旅行社来提供服务。

(四)入行门槛低,后期监管不到位

针对河北省的旅行社调查发现,正规旅行社纷纷反映入行门槛低,审批轻松,后期监管不到位,市场比较混乱。按照《旅行社条例》和《旅行社条例实施细则》规定,只要具有业务经营需要产权房或租期不少于1年的经营用房,以及2部以上的直线固定电话、传真机、复印机、联网计算机等营业设施,并且拥有注册资本30万元与质量保证金20万元,即可申请设立经营国内旅游业务和入境旅游业务的旅行社。从国家规定的设立条件来看,旅行社入行门槛确实不高,审批也很松。此外,有意从事旅行社业的人员还可以通过加盟方式进入旅行社行业。这就导致河北省旅行社行业经营者水平不一,服务质量参差不齐。同时,政府和协会后期监管不到位,也是导致旅行社行业市场混乱的重要原因。

(五)旅行社经营模式转型不及时,并且同行恶性竞争严重

随着观光游转变为休闲度假游、散客时代的来临、OTA的兴起、户外俱乐部等非旅行社组织介入等诸多因素造就的旅游新时代的来临,河北省多数旅行社未能紧跟市场变化,及时调整企业架构、经营模式并推出新产品,导致出现了出游人数激增但又抓不住的矛盾窘境。在传统旅行社的经营模式和思维定式下,同行间未能展开产品和服务层面的良性竞争,反而进入了竞相降价的恶性竞争模式。一个行业怪圈就是现在旅行社服务的竞争法宝似乎就只剩一个"价格",陷入没有最低、只有更低,要不找死、要不等死的价格战;甚至出现了通过降低产品、服务质量来弥补利润,最终仍是消费者买单。河北省消费者权益保护委员会发布的《2019年第三季度河北省消费者组织受理投诉情况分析》显示,旅游服务类投诉增多,旅游被宰情况依然存在。反

映的问题：取消出行的退费争议；因旅行社原因，证件丢失；意外受伤的赔偿争议；旅游过程中强迫消费，设置的购物点销售假冒伪劣商品；返程时拒载回程等。存在原因：一是境外和散团旅游中，由于旅行社监管不力，时常会有强制推销、更改行程的情况出现；二是旅行社以低价团策略吸引消费者，实际团费不含收费景点、返程等，大部分消费者无奈选择当场付费进景点。

（六）对疫情等突发事件准备不足，处理措施不够合理

旅行社涉及的突发事件主要包括三类，即一般性旅游突发事件、旅游始发地或目的地突发事件、大范围突发疫情事件。

一般性旅游突发事件包括在旅游过程中出现漏、空、错接事故，旅游者人数变更，旅游日程计划变更，旅游团误机误车，旅游者证件物品遗失，旅游者走失、伤病、死亡等旅游意外事件；在旅游过程中突发交通事故、治安事故、火灾、溺水、违规违法行为等旅游安全事故；旅游活动遭遇地震、海啸、泥石流、飓风等突发自然灾害。旅游始发地或目的地突发事件指在旅游行程开始前发生，如自然灾害、政治事件等，导致原计划的行程不能正常展开，但可以通过另行安排时间或目的地予以补救。大范围突发疫情事件如2002~2003年的非典（SARS）和2019~2020年的新型冠状病毒（nCoV）等，导致旅行社所有业务几乎完全停滞，一段时间没有收入。第一类事件，旅行社常见，强调旅游过程中发生，并且制定了相应的应急处理预案，处置相对合理。第二类事件在出境游和夏季的国内游中也时有发生，旅行社处置也比较合理。只有第三类事件到目前国内只发生了两次，处置经验缺乏。新型冠状病毒疫情期间，由于先前没有制定相关的应急预案，河北省的旅行社基本上进入了不知所措的"歇业"状态。

四 河北省旅行社业发展应对策略

（一）各级政府旅游管理部门和河北省旅游协会加强监管

如果国家法规《旅行社条例》和《旅行社条例实施细则》不变的话，

旅行社的入行门槛低就没有办法解决，只能通过加强监管予以规范。不良旅行社不但扰乱正常市场秩序，而且游客深受其害。为加强对旅行社行业的管理，保障正常旅行社和游客的合法利益，维护良好的市场秩序，提高旅游品质，促进旅行社业健康、持续发展，需要从两方面开展工作。①各级旅游管理部门要从根本上整治旅行社行业的违法违规行为，逐步健全旅行社市场监管机制。首先，政府部门应高度重视和严肃查处，旅游管理部门作为旅行社的监管部门，负有主要责任，必须依法严惩旅行社的违法违规行为；其次，拓宽监管渠道，把群众的意见纳入监管的范围，对于群众提出来的违法违规情况和问题，监管部门要认真对待，严肃查处；最后，加大处罚力度，对于违法违规行为，在罚款的基础上坚决进行停业整改，严重者吊销营业执照，对于与旅行社有不正当关系的政府工作人员要严肃处理，坚决杜绝权钱交易。②河北可以学习国外的先进经验，充分发挥河北省旅游协会特别是旅行社分会的作用，加强对旅行社行业的管理。此外，2012年7月1日颁布的《河北省旅行社管理若干办法》已经失效，看是否有必要制定新的《河北省旅行社管理办法》。

（二）旅行社重新梳理现代游客特点及旅游需求变化

"散客时代"来临是大势所趋，如欧美发达国家已完成了50年前游客90%以上参加跟团游到现在70%以上选择自由行的转变。目前，河北省旅游市场也迈入"散客时代"。这就要求传统旅行社以积极态度面对、迎接和应对"散客时代"，转变经营模式与理念，特别是尽快重新梳理现代游客特点及旅游需求变化，这样才能在竞争中占得先机，否则只能被市场淘汰。事实上，"散客时代"对传统旅行社而言是挑战与机遇并存。①崇尚自由、懂互联网的18～34岁年轻人不选择旅行社组团出行的将越来越多，相对而言，中老年人更为信任旅行社。②政府部门和事业单位的组团公务旅游急剧减少，并且不可能再有回升，企业的组团旅游将是攻关重点。③大规模团队已经越来越少，以家庭为单位的散客将逐渐成为市场的主体。④本地周边的自驾游居多，旅行社安排团队游的机会将变得很少。⑤出境游基本还是要选择旅行社，出境社比非出境社受到的冲击相对要小很多。⑥在梳理游客的基础上还要区分景区，看哪些景区适合旅行社组织出游，比如远距离的、公共交通不方便的景区通过旅行社出行较多，城市建成区内及周边郊区的景区则自由行更多。面对上述变化，旅行社应主动把握游客变化，在迎合与预测市场需求上下功夫，推出满足游客需求的非大众化的专业线路。

（三）旅行社需要改变传统商业模式

对于传统旅行社来说，散客化时代需要解决的首要问题是客源。作为专业化的旅游服务商，旅行社应该更多地提供专业化、多元化、个性化的服务，转变过去以量取胜、低价竞争的商业模式，向专业化、定制化、信息化转型。旅行社可选择以下三种策略。①向专项服务旅行社转型。提供更专业、更高质量的咨询、策划、预订和增值服务。②向旅游批发商转型。发挥自身的采购、渠道优势，向线路、门票、酒店批发业务转型，走携程、驴妈妈等"类旅行社"之路。③向多元化方向发展。目前，中青旅、国旅等大型旅行社采取的都是这种策略，以旅行社为龙头实现跨领域、多元化的资源整合。

不同类型、规模的旅行社，应对策略会有不同。如对出境社而言，改革重点之一可以放在旅游产业链的海外延伸上，如设立海外地接社。此举一方面可以将旅游链条的源头与末端完全打通，旅游服务实现无缝对接；另一方面，既要把本土游客带出去，也要将国外游客引进来。通过在海外设立地接平台，能更好地宣传河北，引导海外游客参与"河北游"。对中小旅行社而言，必须及时调整产品结构，寻找新的出路。一是成为大型旅行社或OTA的下线，零售它们的产品或接待其游客；二是通过联盟方式增强联盟谈判能力，扩大影响力，提高采购能力，降低产品采购价格，实现优势资源整合，获得与大型旅行社抗衡的能力。

（四）实现由单一标准化观光旅游产品经营向多元化的转变

在这个旅游发生巨变的时代，随着游客需求的转变，消费市场结构在发生明显变化。旅行社的服务内容也应随之转型升级，应从原来的主导消费转变为服务消费，更加重视质量和品牌，进一步扩大服务范围，特别是要实现由单一标准化观光旅游产品经营向多元化的转变，不断推出满足游客需求的新产品。①标准化产品先前是传统旅行社的优势，现在是OTA优势。河北省不少旅行社缺乏旅游产品创新能力，普遍存在线路同质化、旅游方式单一等问题，大部分仍集中于观光旅游，对休闲、商务、会展等潜力巨大的旅游产品开发不够。在会展、商务、奖励、定制等非标准化领域，需要个性化、专业化的服务，旅行社仍然有其用武之地。②旅行社在自助游市场也有施展空间，其可提供部分预订服务。预订服务除传统的订票和预订酒店外，还可包括旅游目的地地接及增值服务。例如，从优惠门票、接送用车、代办保险到旅行签证、代订酒店等。如南昌市不少旅行社积极应对散客市场，纷纷推出自驾游、自助游预订服务；漳州市中旅开通了市区到南靖土楼的直通车。有的公司为散客提供的独立的机票、酒店、旅游线路等服务很受欢迎，旅游业界人士称这样的模式为"机票+酒店"。此模式在国外及北京、上海等地已经很成熟，但在河北省还有待进一步推广。

（五）以专业化、个性化的产品和服务取胜

今后，不选择旅行社出行的游客只会越来越多，唯有提供专业化、个性化的产品与服务才是取胜之道。从产品的角度来看，其包括一般性的个性化小包团产品、普通定制、高端私人定制三个层面。

在一般性的个性化小包团产品层面，旅行社需要设计并推出对游客具有强烈吸引力的产品，可以选择大旅游团或小包团。如贵州国旅推出了"厦门+台湾金门岛"独家线路，市民可通过"小三通"方式进入中国台湾，并且4人即可成团。该旅行社还推出了不限最低成团人数、以"黔美贵州"为主题的高品质散客拼团产品。贵州春秋国际旅行社则在推出"美食团"特色线路的基础上，推出了"贵阳—荔波—西江—黄果树"的小包团，市场反应良好。

在普通定制层面，目前河北省内有一部分旅行社开始从事定制旅游，并

取得了良好的市场反响，如康辉旅行社目前就提供定制旅游服务。它们的定制服务说明：非常规跟团游，与亲朋好友独立成团，定制您的专属旅程；旅游专家将为您提供一对一的行程定制服务；国内旅游定制至少提前3个工作日提交需求，出境旅游定制至少提前7个工作日提交需求；若您只需要办理目的地签证或咨询散客拼团，请拨打官网客服热线。中国旅游研究院联合携程、凯撒、鸿鹄逸游等多家定制旅游公司和平台发布的《中国定制旅行发展报告2019》指出，定制旅行在我国越来越大众化。携程发布的定制旅游报告指出，2018年最爱定制游的前10个城市为上海、北京、广州、成都、深圳、杭州、南京、武汉、西安、重庆；定制游市场已经从一线城市深入到二、三线城市；2018年国内定制游人均价格为3300多元，出境游为7000元左右，定制需求单同比增长180%。

在高端私人定制层面，河北省目前几乎没有。《中国定制旅行发展报告2019》显示，北、上、广、深一线城市的高端定制游需求开始向纵深发展，其人均消费为23800元。2019年被认为是高端定制游真正的"元年"，曾经为极少数人服务的高端定制游正式走下"神坛"，成为中国大批高净值人群乃至一些寻常家庭的出游选择。如广州6人24天的非洲深度游，总花费43万元；深圳11人花费91万元，预订了美国东西海岸12日深度游；北京一个13人大家庭预订了春节去马尔代夫度假的9日行程，总花费82万元；上海一名父亲为年仅16岁的儿子预订了12天的单身澳洲之旅，花费11万元……随着出境游越来越普遍，"质量"和"价值"取代了"数量"和"低价"，成为人们关注的重点。对于"豪玩"，有钱人开始有了更多想法，能提供独家旅行解决方案的高端定制游，开始受到前所未有的青睐。

对旅行社而言，提供专业化、个性化的产品一定要保证服务的优质化。人性化、周到优质的服务是私人定制旅游的最大特点，也可以说是定制旅游的第一生产力，这也是其受众队伍不断扩大的根本原因。

（六）充分利用互联网向电子商务、智慧旅游转型

旅行社要充分利用互联网，构建"旅游产品营销—游客信息检索—游

客咨询—下单—旅行过程—售后服务"一体化的多渠道的信息服务，同时可以考虑与旅游电商开展一定程度的合作。①旅行社应该建立自己的网站、微信公众号等，并在相关的综合旅游平台发布产品信息，从而让游客可以搜索到旅行社、旅游产品、网站和联系方式。②游客可以很方便地登录旅行社网站和微信公众号等浏览旅行社本身及旅游产品信息，从而了解并选择旅行社为其提供服务。③旅行社提供固定电话、手机、微信、QQ等多种联系方式，方便游客进行旅游咨询。④对于定制旅游等产品，旅行社需要在其网站提供游客输入出游时间、地点和景区等信息的功能甚至在线交易的功能，方便游客下单。⑤在旅行过程中，旅行社也可以借助互联网如微信群等方式联系游客，给游客发一些旅游产品信息，供游客发微博、朋友圈等用，从而加大旅行社及产品的宣传力度。⑥利用互联网联系游客、开展售后服务也很重要。目前，河北省有部分中小旅行社依托自己建立的微信、网站等线上平台，线下打造主题游、定制旅游产品，提供人性化及个性化的服务，获得了可观的利润。有些旅行社已经在电子商务、智慧旅游方面进行了一定的尝试。如有些旅行社成立了电商部或者类似职能部门，增设电子商务销售渠道，包括开通官方微信平台，进入淘宝、天猫开店，加大与携程、驴妈妈、八爪鱼、途牛、去哪儿等平台的合作。外地一个成功案例就是贵州海峡阳光旅行社于2013年底上线"爽游在线"旅游服务平台，将全省旅游要素和落地服务资源整合到线上，为散客群体提供咨询服务。

（七）坚持预防与应急并重，正确处理疫情突发事件

无论对于哪类突发事件，旅行社都应该坚持预防与应急并重、常态与非常态相结合的原则，加强应急宣传教育，健全应急预案体系，建设精干的应急队伍，提高游客参与、自救能力，尽量消除突发事件风险隐患，最大限度减轻突发事件的影响。新型冠状病毒对旅行社的影响具有突发性、作用时间长、业务停滞彻底的特点。旅行社正确的处理措施应包括五个方面。

第一，提前制定应急预案。非典和新型冠状病毒虽然发生概率很低，但它们对旅行社的影响过大，需要未雨绸缪，制定相关应急预案，并对员工开展培训与教育。第二，对旅行社工作人员特别是管理者而言，不要心存侥幸和产生不安情绪，要以一种平静、正常的心态去面对和处理。第三，要有大局观，时刻关注并严格执行国家，特别是各级旅游管理部门发布的相关通知和规定。如文化和旅游部办公厅发布《关于全力做好新型冠状病毒感染的肺炎疫情防控工作暂停旅游企业经营活动的紧急通知》，要求即日起全国旅行社及在线旅游企业暂停经营团队旅游及"机票+酒店"旅游产品；已出行的旅游团队，可按合同约定继续完成行程，行程中密切关注游客身体状况，做好健康防护；妥善处理好游客行程调整和退团退费等合理诉求。第四，向游客做好解释和善后工作，并合理处理旅游合同纠纷。中国旅行社协会官网发布了《关于贯彻文化和旅游部2020年29号文的法律指引》及《旅行社处理与供应商合同篇》，明确因"文旅部通知"导致旅游合同无法履行的，可构成不可抗力，同时依据《旅游法》第六十七条的规定，对变更合同、解除合同的处理方式做了权威性解读。旅行社要充分利用微信公众号、微信群、QQ、E-mail等媒介与游客进行沟通，赢得游客的谅解与好感，为疫情后旅行社业务的正常开展奠定良好基础。第五，虽然旅行社不能正常开展团队业务，但可以调整年度工作安排，如可以利用这段时间对员工进行在线培训和指导，设计、规划新的旅游产品与线路，从而将旅行社的经济损失降到最低。

参考文献

[1] 刘杰武：《旅行社，要消亡了吗?》，https://mp.weixin.qq.com/s/0wcdmCLKeKQPmSAk3kYi3g，2019-09-26。

[2] 文化和旅游部：《文化和旅游部关于2019年上半年全国旅行社统计调查告》，http://zwgk.mct.gov.cn/auto255/201910/t20191021_848372.html? keywords=，2019-10-21。

[3] 马蜂窝、邑策：《2019年自由行用户旅行偏好数据报告》，http://www.

199it. com/archives/954685. html，2019－11－04。

［4］比达咨询：《2018年中国在线旅游市场研究报告》，http：//www. 100ec. cn/detail－－6501725. html，2019－03－27。

［5］河北省通信管理局：《2018年度河北省互联网发展报告》，http：//www. hebei. gov. cn/hebei/11937442/11029436/14630890/index. html，2019－05－27。

B.6
2019~2020年度河北省旅游饭店行业发展报告

马育倩　左晓丽　马飒　陆相林　田玉龙　周德胜　李昌强*

摘　要： 研究首先界定了旅游饭店的概念，旅游饭店是指由国家旅游主管部门授权挂牌的星级饭店。通过对2019年上半年全国星级饭店统计管理系统中的相关数据进行收集和整理，分地市、分星级对各项指标数据进行对比分析，并结合在线平台数据以及通过问卷调查和电话访谈获取的信息，对2019年河北省旅游饭店行业规模、经营指标、集团化与品牌建设、人力资源状况、顾客满意度等进行了阐述。总结出目前河北省旅游饭店行业存在盈利水平不高、缺乏活力、发展相对滞后等问题。从推进集团化进程、扩大饭店集团规模、创建自主文化元素品牌、做好收益管理以及创新经营理念和产品等方面对未来河北旅游饭店行业的发展提出了相应对策和建议。同时，针对突发的新冠肺炎疫情对全省旅游饭店行业的影响进行了调研，并对疫情后行业的复苏和发展提出了应对建议。

关键词： 星级饭店　品牌化　集团化　收益管理

---

* 马育倩，石家庄学院经济管理学院教授，主要研究方向为旅游目的地管理；左晓丽，石家庄学院经济管理学院讲师；马飒，石家庄学院经济管理学院讲师；陆相林，石家庄学院经济管理学院副教授；田玉龙，石家庄学院经济管理学院副教授；周德胜，石家庄学院经济管理学院讲师；李昌强，河北省旅游协会秘书长。

在我国的饭店业统计中，一般将由国家旅游主管部门授权挂牌的星级饭店统称为旅游饭店。近年来，河北省旅游饭店业态呈现多元化，产品品质亦不断升级。随着客源消费需求和市场环境的变化、高新技术的出现、2022年冬奥会的筹备、全域旅游示范省建设以及旅游产业发展大会的带动，全省旅游饭店行业发展也面临着新的机遇和挑战。为尽可能全面、客观、科学地呈现河北旅游饭店业的发展现状和特点，通过深入调研和分析，形成本报告，以期为旅游饭店企业、旅游主管部门及相关机构了解和把握旅游饭店业市场动态提供参考。

一 2019年上半年河北省旅游饭店行业规模

（一）总体情况

截至2019年上半年，河北省共有424家星级饭店。其中，一星级2家、二星级80家、三星级193家、四星级128家、五星级21家（见图1）。

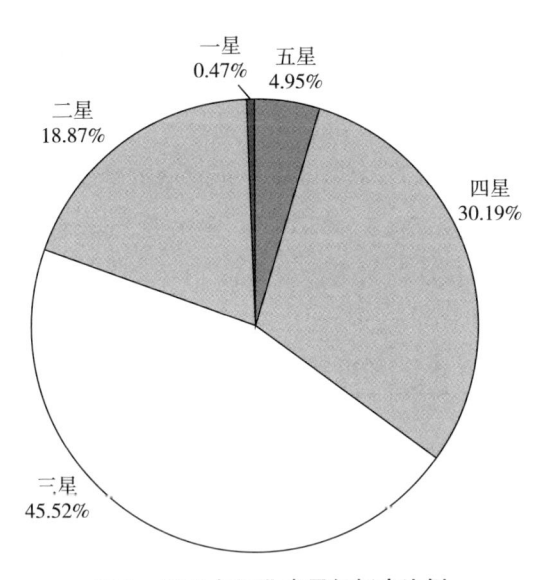

图1 2019年河北省星级饭店比例

资料来源：2019年全国星级饭店统计管理系统。

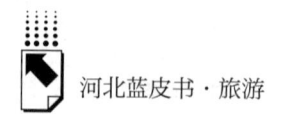

（二）全国占比情况

2019年上半年，全国共有星级饭店10284家，河北省占比4.12%。河北省各星级饭店数量全国占比：一星级占比2.74%，二星级占比4.30%，三星级占比3.89%，四星级占比5.04%，五星级占比2.48%（见表1）。相较而言，四星级占比最高。

表1 河北省各星级饭店数量全国占比情况

地区 \ 数量及占比	河北数量	全国数量	占比（%）
合计	424	10284	4.12
一星级	2	73	2.74
二星级	80	1862	4.30
三星级	193	4961	3.89
四星级	128	2542	5.04
五星级	21	846	2.48

资料来源：2019年全国星级饭店统计管理系统。

（三）地区规模分析

2019年上半年，全省11个市区中，张家口市星级饭店数量最多，为70家，占全省星级饭店数量的16.51%。其次是石家庄，有63家，占比14.86%。廊坊市星级饭店数量最少，共有20家，占比4.72%（见表2）。

表2 2019年星级饭店各地区结构

地区	总数 数量	总数 占比（%）	五星	四星	三星	二星	一星
全省	424	100	21	128	193	80	2
石家庄市	63	14.86	5	26	26	6	0
秦皇岛市	46	10.85	1	13	25	7	0
唐山市	47	11.08	2	12	23	10	0

续表

地区	总数 数量	总数 占比(%)	五星	四星	三星	二星	一星
张家口市	70	16.51	0	14	29	27	0
沧州市	26	6.13	3	9	12	2	0
廊坊市	20	4.72	3	6	8	3	0
衡水市	21	4.96	0	1	16	4	0
保定市	47	11.08	4	12	20	11	0
承德市	32	7.55	1	16	15	0	0
邯郸市	28	6.60	1	10	9	8	0
邢台市	24	5.66	1	9	10	2	2

资料来源：2019年全国星级饭店统计管理系统。

二 2019年上半年河北省旅游饭店主要营业指标分析

2019年上半年，星级饭店统计管理系统中，河北省共有245家饭店上传填报了经营数据。245家星级饭店中，包括一星级2家、二星级22家、三星级114家、四星级90家、五星级17家。根据系统中填报的数据，分析如下。

（一）营业收入

1. 总体分析

2019年上半年填报数据的245家星级饭店，营业收入共计24.79亿元，其中客房收入为10.22亿元，占营业收入的41.23%；餐饮收入为11.01亿元，占营业收入的44.41%；其他收入为3.56亿元，占营业收入的14.36%（见图2）。

2. 按星级分析

（1）高星级饭店是营业收入的主体力量

河北省星级饭店上半年营业收入中，四星级饭店营业收入为9.64亿元，

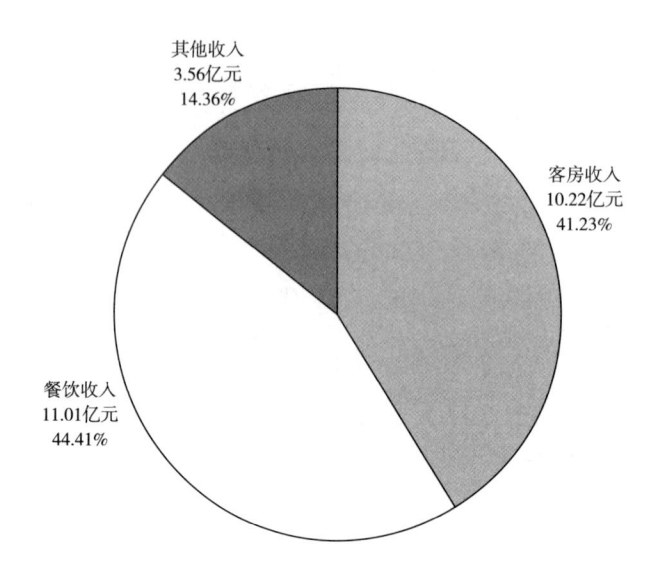

图2 2019年上半年河北省旅游饭店营业收入结构

资料来源：2019年全国星级饭店统计管理系统。

占全省营业总收入的38.88%，占比最高；其次是五星级饭店，营业收入8.48亿元，占比34.20%；一、二星级饭店营业收入合计0.82亿元，占比仅为3.33%。四、五星级饭店收入共占比73.08%，是创造营业收入的主体力量（见表3、图3）。

表3 2019年上半年河北省旅游饭店营业收入总体情况（按星级分类）

星级	饭店数量	营业收入 亿元	营业收入 占比（%）	客房收入 亿元	客房收入 占比（%）	餐饮收入 亿元	餐饮收入 占比（%）
全省	245	24.79	100	10.22	41.23	11.01	44.41
一星	2	0.05	0.21	0.02	0.20	0.04	0.33
二星	22	0.77	3.12	0.22	2.18	0.48	4.34
三星	114	5.85	23.59	2.69	26.33	2.83	25.69
四星	90	9.64	38.88	3.48	34.05	4.29	39.00
五星	17	8.48	34.20	3.81	37.24	3.37	30.64

资料来源：2019年全国星级饭店统计管理系统。

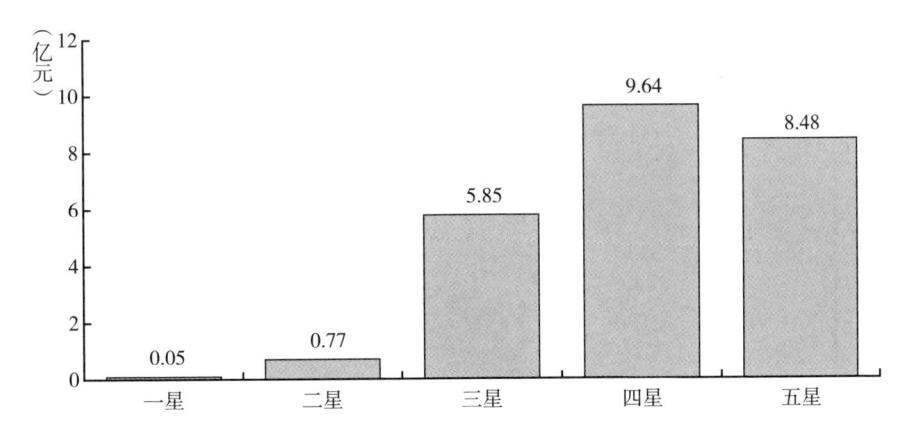

图3 2019年上半年河北省旅游饭店营业收入按星级统计

资料来源：2019年全国星级饭店统计管理系统。

（2）五星级饭店客房收入占比最高

客房收入方面，五星级饭店全省占比最高，为3.81亿元，占比37.24%；其次是四星级饭店，其客房收入为3.48亿元，占比34.05%。三星级及以上酒店客房收入总计占比97.62%（见图4）。

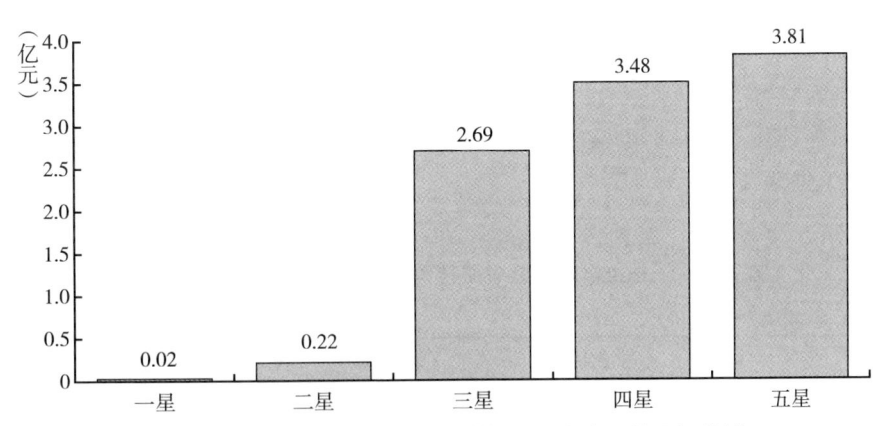

图4 2019年上半年河北省旅游饭店客房收入按星级统计

资料来源：2019年全国星级饭店统计管理系统。

（3）四星级饭店餐饮收入占比最高

餐饮收入方面，四星级酒店为4.29亿元，占比39.00%，占比最高；

其次是五星级酒店，餐饮收入为3.37亿元。三星级及以上酒店餐饮收入总计占比为95.33%（见图5）。

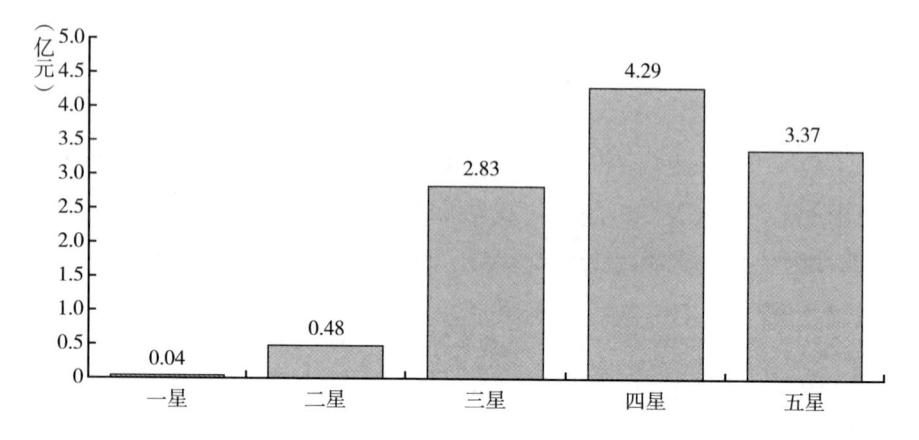

图5　2019年上半年河北省旅游饭店餐饮收入按星级统计

资料来源：2019年全国星级饭店统计管理系统。

3. 按地区分析

（1）石家庄市营业收入占全省三分之一

从2019年上半年河北省星级饭店各地区经营情况来看，石家庄市的营业总收入共计8.35亿元，全省占比34.25%。其次是保定市（2.70亿元）、廊坊市（2.24亿元）。地级市中，衡水市营业收入最低，为0.68亿元（见表4）。

表4　2019年上半年河北省旅游饭店营业收入构成（按地区）

单位：亿元

地区	营业收入	客房收入	餐饮收入
保定市	2.70	1.00	1.20
沧州市	1.88	0.82	0.78
承德市	1.35	0.52	0.77
邯郸市	1.54	0.74	0.59
衡水市	0.68	0.35	0.29

续表

地区	营业收入	客房收入	餐饮收入
廊坊市	2.24	1.01	0.72
秦皇岛市	1.50	0.69	0.63
石家庄市	8.35	3.11	3.78
唐山市	1.92	0.88	0.87
邢台市	1.02	0.41	0.58
张家口市	1.23	0.49	0.65
定州市	0.08	0.04	0.04
辛集市	0.15	0.08	0.07
雄安新区	0.14	0.09	0.05

资料来源：2019年全国星级饭店统计管理系统。

（2）邯郸和廊坊等八市（区）的客房收入高于餐饮收入

从营业收入区域构成来看，邯郸、廊坊、沧州、衡水、秦皇岛、唐山、辛集和雄安新区八市（区）的客房收入高于餐饮收入，其他地市或者持平，或者略低于餐饮收入。

4. 与全国同期平均指标对比分析

（1）客房收入占比低于全国平均水平

2019年上半年，全省客房收入占比41.23%；同期全国星级饭店总收入中，客房收入占比45.48%，河北省客房收入占比低于全国平均水平。从各星级来看，除一星级、三星级饭店外，其余星级饭店的客房收入占比均低于全国平均水平。

（2）餐饮收入占比高于全国平均水平

2019年上半年，全省餐饮收入占比44.41%；同期全国星级饭店总收入中，餐饮收入占比40.74%。河北省餐饮收入占比高于全国平均水平。河北省各星级饭店餐饮收入占比对照全国平均水平来看，除一星级饭店餐饮收入占比低于全国平均水平外，其余星级饭店餐饮收入占比均高于全国平均水平（见表5）。

表5 2019年上半年河北省旅游饭店营业收入各项指标与全国同期指标对比

单位：%

指标 星级	客房收入 河北指标	客房收入 全国指标	餐饮收入 河北指标	餐饮收入 全国指标	其他收入 河北指标	其他收入 全国指标
总体	41.23	45.48	44.41	40.74	14.36	13.78
一星级	40	35.71	60	64.29	0	0
二星级	28.57	48.83	62.34	39.06	9.09	12.11
三星级	45.98	44.40	48.38	42.95	5.64	12.65
四星级	36.10	43.69	44.50	41.37	19.4	14.94
五星级	44.93	47.25	39.74	39.18	15.33	13.57

资料来源：2019年全国星级饭店统计管理系统。

（二）平均经营指标

1. 按星级分析

根据全国星级饭店统计管理系统的数据，对河北省星级饭店的平均房价、平均出租率、每间可供出租客房收入和每间客房平摊营业收入等经营指标分星级进行统计（见表6），并将这些指标与全国平均水平进行对比分析。

表6 2019年上半年河北省旅游饭店经营情况平均值（按星级统计）

项目 星级	平均房价 （元/间夜）	平均出租率 （%）	每间可供出租客房 收入（元/间夜）	每间客房平摊营业 收入（元/间夜）
合计	267.45	45.88	133.12	26739.63
一星级	96.74	50.82	49.13	16096.44
二星级	139.01	38.92	55.94	17061.59
三星级	230.46	40.11	94.59	17619.59
四星级	271.31	42.73	116.23	27394.28
五星级	599.73	56.82	349.70	55526.25

资料来源：2019年全国星级饭店统计管理系统。

（1）平均房价远低于全国平均水平

2019年上半年，河北省星级饭店平均房价为267.45元/间夜。其中，五星级饭店平均房价为599.731元/间夜，四星级饭店为271.31元/间夜，三星级饭店为230.46元/间夜，二星级饭店为139.01元/间夜，一星级饭店为96.74元/间夜（见图6）。

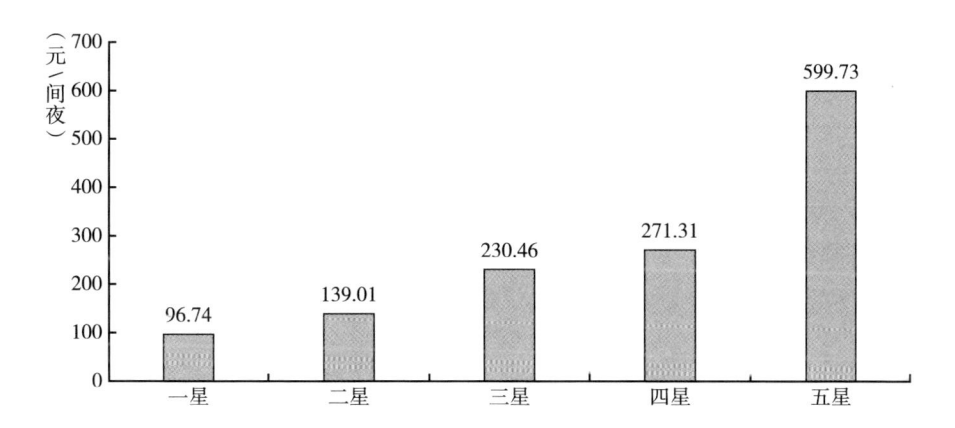

图6　2019年上半年河北省旅游饭店平均房价按星级统计

资料来源：2019年全国星级饭店统计管理系统。

2019年上半年，河北省星级饭店平均房价为267.45元/间夜，与全国同期354.59元/间夜的平均房价相比低24.57%。从各星级饭店平均房价对比情况来看，除一星级、三星级饭店外，河北省其余各星级饭店平均房价均低于全国平均水平。其中，五星级饭店平均房价低于全国平均水平6.17%，四星级饭店平均房价低于全国平均房价17.24%，二星级饭店平均房价低于全国平均水平14.29%（见图7）。

（2）客房平均出租率低于同期全国平均出租率

2019年上半年，河北省星级饭店平均出租率为45.88%，比同期全国53.05%的水平低7.17个百分点。其中，一星级饭店平均出租率为50.82%，二星级饭店为38.92%，三星级饭店为40.11%，四星级饭店为42.73%，五星级饭店为56.82%（见图8）。

从2019年上半年河北省各星级饭店平均出租率与全国同期平均水平对

□ 河北省平均房价　■ 全国平均房价

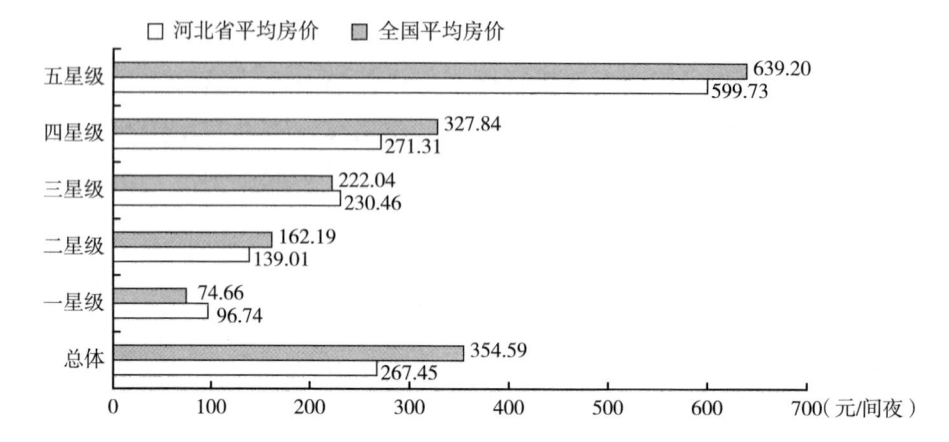

图7　2019年上半年河北省旅游饭店平均房价与全国同期水平对比

资料来源：2019年全国星级饭店统计管理系统。

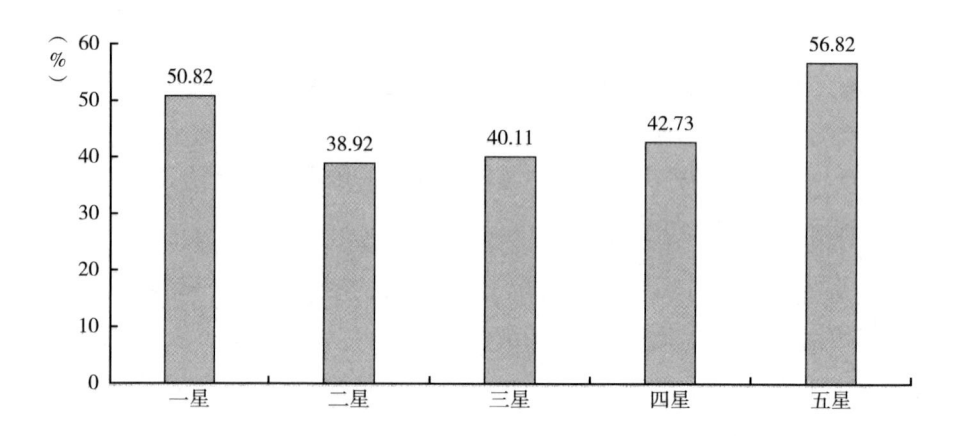

五星级：639.20 / 599.73
四星级：327.84 / 271.31
三星级：222.04 / 230.46
二星级：162.19 / 139.01
一星级：74.66 / 96.74
总体：354.59 / 267.45

图8　2019年上半年河北省旅游饭店客房平均出租率

一星：50.82　二星：38.92　三星：40.11　四星：42.73　五星：56.82

资料来源：2019年全国星级饭店统计管理系统。

比来看，除一星级饭店平均出租率高于全国同期平均水平外，其余各星级饭店平均出租率均低于全国同期平均水平。其中，差距最大的为二星级饭店，低于全国平均水平24.84%；其次为三星级饭店，低于全国平均水平20.99%（见图9）。

（3）每间可供出租客房收入远低于全国平均水平

2019年上半年，河北省星级饭店每间可供出租客房收入平均为133.12

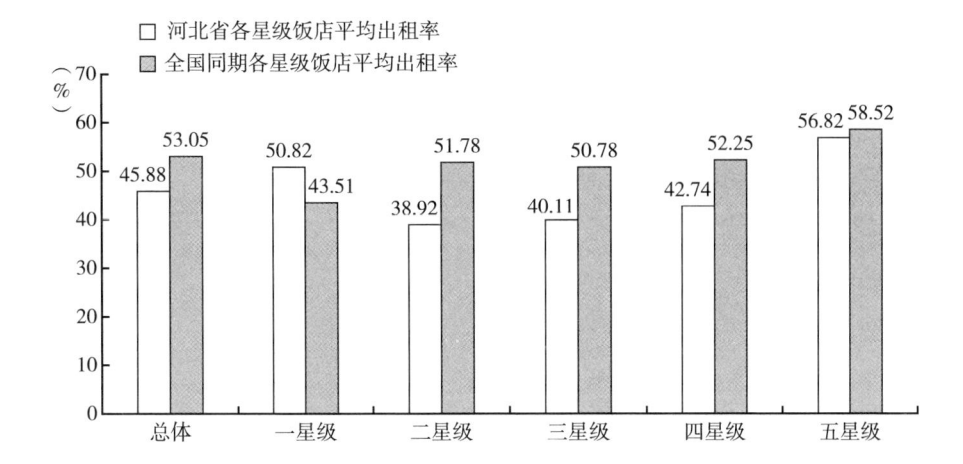

图 9 2019 年上半年河北省星级饭店平均出租率与同期全国平均水平对比

资料来源：2019 年全国星级饭店统计管理系统。

元，比全国同期 188.11 元/间夜的水平低 29.23%。其中五星级最高，为 349.70 元；一星级和二星级此项指标差别不大（见图 10）。

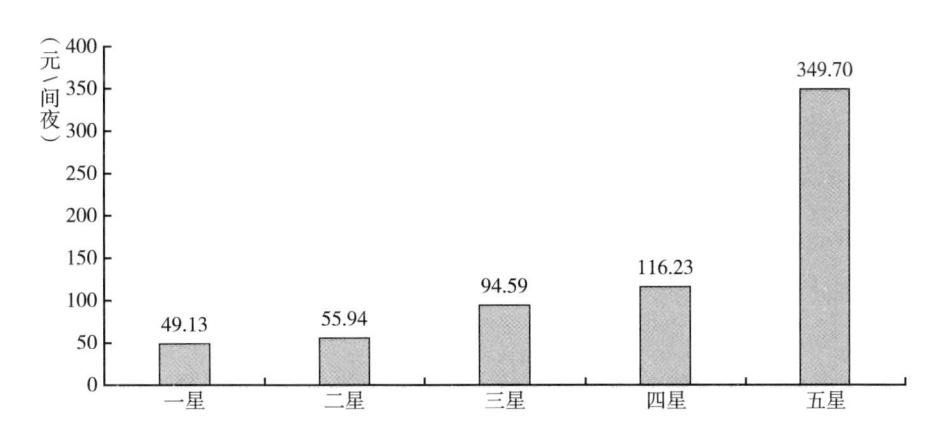

图 10 2019 年上半年河北省旅游饭店每间可供出租客房收入按星级统计

资料来源：2019 年全国星级饭店统计管理系统。

2019 年上半年，河北省各星级饭店每间可供出租客房收入与全国同期平均水平相比，除一星级饭店外，其余各星级饭店每间可供出租客房收入均低于全国平均水平。其中，与全国同期水平差距最大的为二星级饭店，低于全国平均水平33.38%；其次为四星级饭店，低于全国平均水平32.14%（见图11）。

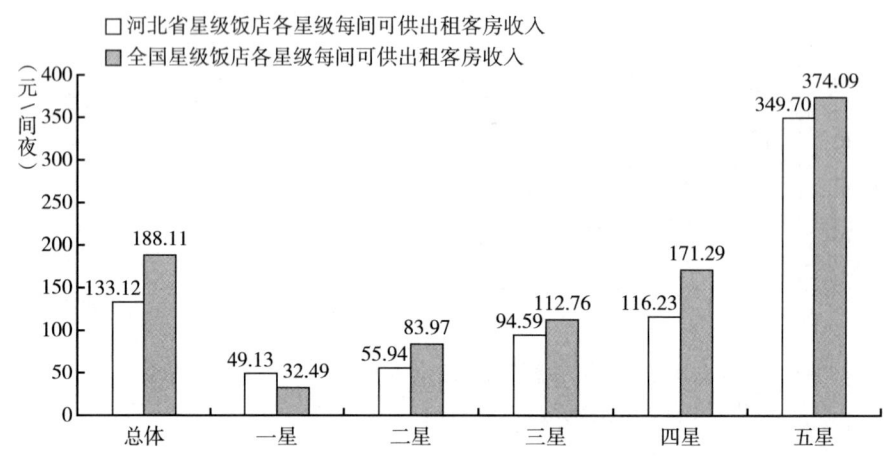

图11 2019年上半年河北省星级饭店每间可供出租客房收入与全国对比

资料来源：2019年全国星级饭店统计管理系统。

（4）每间客房平摊营业收入远低于全国总体水平

2019年上半年，河北省星级饭店每间客房平摊营业收入为57038.87元/间，比全国同期每间客房平摊营业收入67751.97元/间的总体水平低15.81%（见图12）。

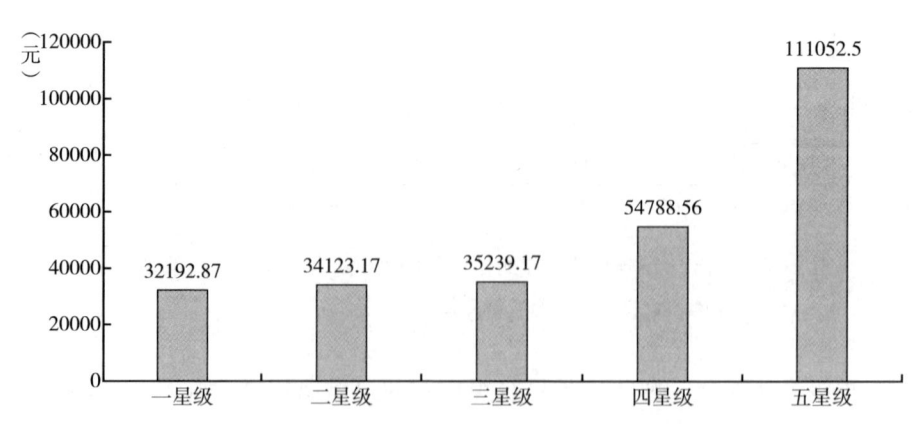

图12 2019年上半年河北省旅游饭店每间客房平摊营业收入按星级统计

资料来源：2019年全国星级饭店统计管理系统。

2019年上半年，河北省各星级饭店每间客房平摊营业收入与全国同期水平对比情况看，一二星级饭店高于全国同期水平，其余星级饭店每间客房平摊营业收入均低于全国同期水平（见图13）。

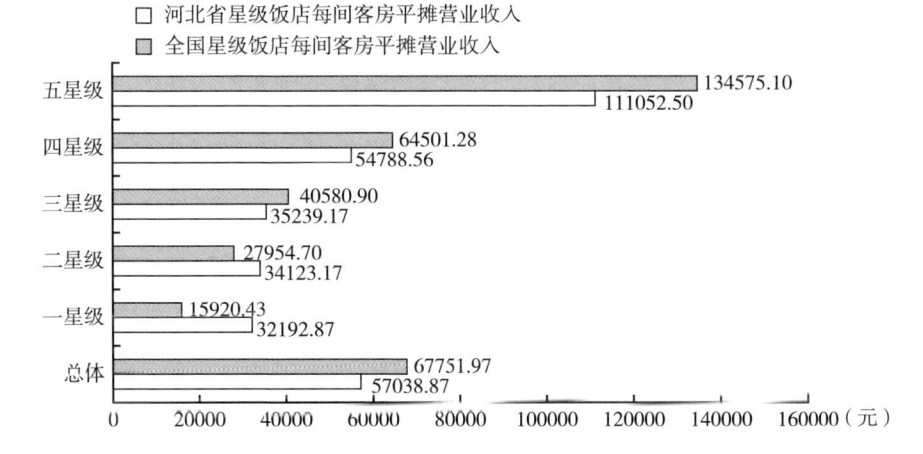

图 13 2019年上半年河北省旅游饭店每间客房平摊营业收入与全国同期对比

资料来源：2019年全国星级饭店统计管理系统。

2. 按地区分析

根据全国星级饭店统计管理系统的数据，对河北省星级饭店的平均房价、平均出租率、每间可供出租客房收入和每间客房平摊营业收入等经营指标分地区进行统计（见表7），并将这些指标与全国平均水平进行对比分析。

表 7 2019年上半年河北省各地区星级饭店经营情况平均指标统计

地区	平均房价（元/间夜）	平均出租率（%）	每间可供出租客房收入（元/间天）	每间客房平摊营业收入（元/年）
合计	267.45	45.88	133.12	57038.87
定州	224.56	51.68	114.56	37121.36
辛集	186.47	49.68	105.02	33425.63
雄安新区	190.79	56.57	113.58	32979.91
石家庄	332.09	52.91	193.46	62227.91

133

续表

地区 \ 项目	平均房价（元/间夜）	平均出租率（%）	每间客房可供出租客房收入（元/间天）	每间客房平摊营业收入（元/年）
唐山	324.77	41.85	146.40	59955.98
秦皇岛	298.25	21.75	75.17	30321.92
邯郸	342.31	59.64	219.38	80380.52
邢台	200.70	47.20	98.14	44211.39
保定	287.53	46.81	152.54	70318.03
张家口	211.85	46.37	98.83	58762.17
承德	317.45	32.29	105.42	45608.17
沧州	230.67	48.65	127.06	48176.65
廊坊	438.42	45.65	207.54	87262.57
衡水	280.35	59.19	165.03	36542.57

资料来源：2019年全国星级饭店统计管理系统。

（1）廊坊市星级饭店客房平均价格高于全国平均水平

2019年上半年，从各地区情况来看，除邢台、张家口、沧州等地星级饭店客房平均价格低于全省平均水平之外，其余地区的客房平均价格均高于全省平均水平。廊坊的平均房价高于全国平均水平，其平均房价为438.42元/间夜。平均房价最低的地市是辛集，为186.47元/间夜（见图14）。

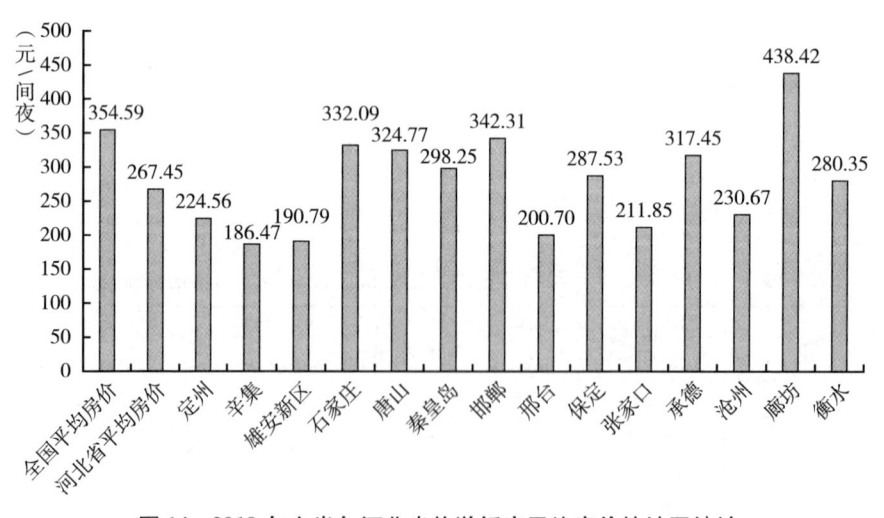

图14　2019年上半年河北省旅游饭店平均房价按地区统计

资料来源：2019年全国星级饭店统计管理系统。

（2）邯郸、衡水和雄安新区客房平均出租率高于全国平均水平

2019年上半年，除唐山、秦皇岛、承德、廊坊外，其余地区客房平均出租率均高于全省平均值。其中，邯郸、衡水和雄安新区的客房平均出租率高于全国平均水平。邯郸市的客房平均出租率最高，为59.64%。最低的地区是秦皇岛，为21.75%（见图15）。

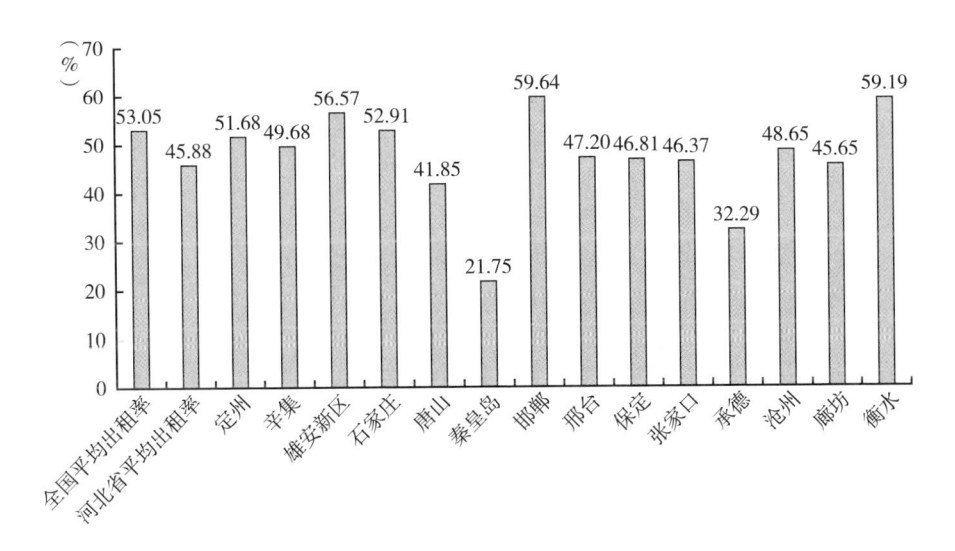

图15 2019年上半年河北省旅游饭店客房平均出租率按地区统计

资料来源：2019年全国星级饭店统计管理系统。

（3）邯郸、廊坊和石家庄每间可供出租客房收入高于全国平均水平

2019年上半年，唐山、保定、邯郸、廊坊、衡水和石家庄六市每间可供出租客房收入高于全省平均水平，邯郸、廊坊和石家庄市每间可供出租客房收入高于全国平均水平，廊坊和邯郸为200余元/间天，石家庄市为193.46元/间天。其余各市均低于全省平均水平，秦皇岛市最低，为75.17元/间天（见图16）。

（4）廊坊、保定和邯郸三市每间客房平摊营业收入高于全国总体水平

2019年上半年，石家庄、唐山、张家口、廊坊、保定和邯郸六市星级饭店每间客房平摊营业收入高于全省总体水平，其中廊坊、保定和邯郸三市

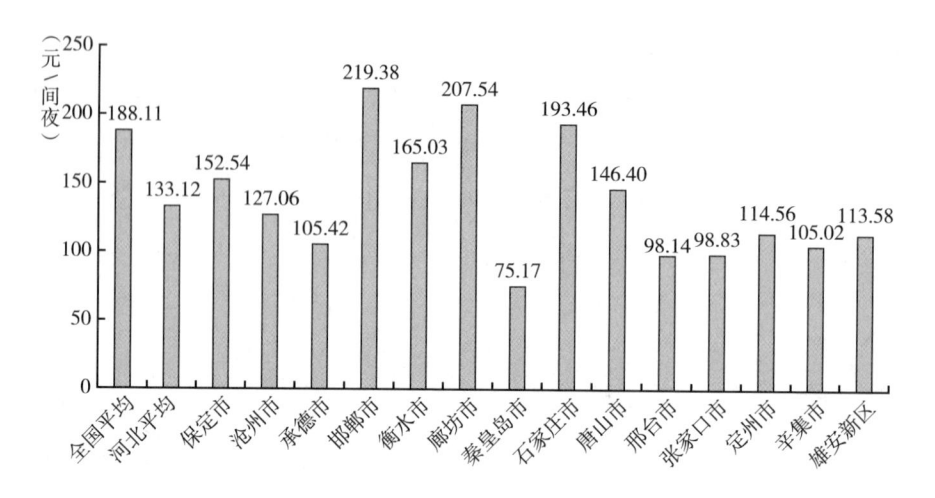

图16 2019年上半年河北省旅游饭店每间可供出租客房收入

资料来源：2019年全国星级饭店统计管理系统。

高于全国总体水平。廊坊市每间客房平摊营业收入最高，达到87262.57元/间天。其他地市均低于全省总体水平，秦皇岛市最低，为30321.92元/间天（见图17）。

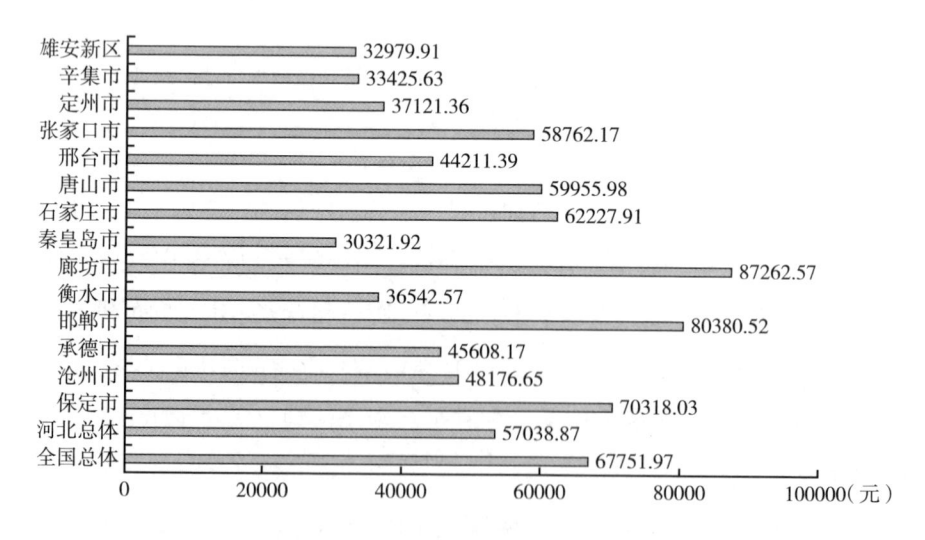

图17 2019年上半年河北省旅游饭店每间客房平摊营业收入

资料来源：2019年全国星级饭店统计管理系统。

三 河北省旅游饭店行业集团化和品牌化建设

（一）以本土旅游饭店集团为主

目前，河北省旅游饭店集团以本土旅游饭店集团为主，共有八家旅游饭店集团，分别是荣盛酒店经营管理公司、河北旅投国际酒店管理公司、中信国安第一城国际会议展览有限公司、蓝鲸控股集团有限公司、河北敬业酒店管理集团有限公司、北京秀兰康兴酒店管理有限公司、新绎七修酒店管理有限公司、保定华中酒店管理有限公司。从饭店集团旗下酒店数量上看，排名前三位的依次是荣盛、河北旅投和蓝鲸控股。

（二）以本土品牌为主

全省旅游饭店中，既有洲际、假日、雅高、喜来登等国际知名品牌，也培育了一批本土品牌，如"阿尔卡迪亚""云臻""云瑞""云璟""蓝鲸悦海""蓝鲸泛海""蓝鲸鸣海""四海暇旅""七修"等全服务品牌，以及"佐邻佑里""爱特家"等有限服务品牌。国际品牌酒店数量较少，以本土品牌酒店为主。

四 河北省旅游饭店行业服务质量评价

顾客满意度是评价服务质量的重要指标。研究从全省旅游饭店中选取了127家样本饭店，样本的选择覆盖全省各地市四个星级（因一星级饭店只有1家，代表性不足，因此未选取），以信息量和点评量较大的携程网为样本网站，收集了样本饭店2018年和2019年的顾客在线评论数据，并进行了分析。127家样本饭店包含五星级饭店21家、四星级饭店42家、三星级饭店42家、二星级饭店22家。

（一）在线评分分析

根据统计结果，21家五星级饭店中，有20家评分在4.5分及以上，仅1家为4.4分，平均分为4.7，具有较高的满意度。42家四星级饭店中，25家在4.5分及以上，3家在4.0分以下，平均分为4.44分，满意度良好。42家三星级饭店中，13家评分在4.5分及以上，7家在4.0分以下，平均分为4.27，顾客满意度亦达到良好水平。22家二星级饭店中，3家在4.5分及以上，7家在4.0分以下，平均分低于4分，满意度还有待提升。

由此得出如下结论：顾客满意度高低与星级高低成正比，五星级饭店的服务质量较高；二星级饭店的服务质量存在明显差距，满意度较低。总体来看，全省旅游饭店的好评率达84%，顾客满意度良好（见表8）。

表8 携程网河北星级饭店评论汇总

星级	样本数	评分≥4.5	4.0≤评分<4.5	3.5≤评分<4.0	3.0≤评分<3.5	2.5≤评分<3.0	最高分	最低分	平均分
二星	22	3	12	4	2	1	4.8	2.1	3.96
三星	42	13	22	5	0	2	4.8	2.9	4.27
四星	42	25	14	3	0	0	4.8	3.8	4.44
五星	21	20	1	0	0	0	4.9	4.4	4.7

资料来源：2018~2019年携程在线评论数据。

（二）在线评论分析

通过收集顾客评论，选出其中的高频词进行归纳分析，可知顾客投诉较多的问题依次为卫生、服务态度、环境和硬件设施等方面。设施设备方面的投诉，多集中于设施设备陈旧，如"卫生差""隔音差"等，导致饭店顾客进行投诉。服务质量方面的投诉，主要集中在餐饮部和客房部的服务态度、服务效率上。地理位置和周围配套设施的投诉，主要体现在停车场车位配备数量无法满足客人的需求上（见表9）。

表9 河北省星级饭店差评高频词汇总

序号	高频词	频数
1	卫生差	104
2	服务态度差	84
3	环境差	74
4	基础设施差	66
5	隔音差	43
6	用餐不便	37
7	房间有异味	34
8	房间面积小	29
9	价格不合理	17
10	热水供应差	13
11	床小或损坏	10
12	房间潮湿	9
13	房价贵	9
14	空调损坏或有噪声	8
15	有蚊虫	8
16	停车位少	7
17	网络信号差	5
18	无电梯	4
19	客房预订系统不完善	2

资料来源：2018~2019年携程在线评论数据。

五 河北省旅游饭店行业人力资源状况

选取省内28家旅游饭店，针对从业人员的专业背景、学历结构、薪资状况进行了问卷调查，对问卷结果进行了统计分析，得出如下结论。

（一）专业背景

从调查统计数据可以看出，三星级以上饭店从业人员的受教育水平有所

提高。其中，旅游管理专业背景的人员占比约为35%，非旅游专业背景的人员占比约为65%。

（二）学历结构

从学历结构上看，职业中专、高中及以下学历的从业人员占比在60%以上。大专以上学历人员占比情况呈现明显的区域差异。区位良好、社会经济发展整体水平较高的地市，相比其他地市具有吸引人才的优势。位于中心城区的饭店相对郊区的饭店也具有一定的优势，体制内的饭店相对于体制外的饭店也具有一定的吸引力。

星级档次越高的酒店对高层次学历人员的吸引力越大。五星级饭店大专及以上学历人员占比50%以上；四星级饭店大专及以上学历的占比46.8%；三星级饭店从业人员中，高中及以下学历的占绝对比重，占比64.5%。高学历人员占比与饭店职位相关。管理人员以专科学历为主体，随着职位层级的提高，本科和研究生学历占比增加。以五星级饭店从业人员为例，研究生及本科学历人员占比较高，并且研究生学历多分布在总监层级（见表10）。

表10 2019年河北省星级饭店员工学历结构统计

饭店星级	所占比例（%）			
	研究生及以上学历	本科学历	大专学历	高中及以下学历
五星级	0.32	11.96	36.03	49.1
四星级	0	16.7	30.1	53.2
三星级	0	15.1	20.4	64.5

（三）薪资状况

通过走访省内星级饭店可知，河北五星级饭店一线员工薪资为3000~5000元，主管级为5000~8000元，部门经理在8000元以上，总监在万元以上。三星、四星级一线员工在3000元左右，主管级在4000元左右，部门经理在 5000 元以上，总监则达到 8000 元。省内星级饭店实习生的实习薪资高于北京地区星级饭店（见表 11）。

表 11　2019 年河北星级饭店各层级员工月薪资水平

单位：元

员工职位	饭店星级		
	五星级	四星级	三星级
一线服务员工	3000～5000	3000～4000	2000～3000
主管级	5000～8000	4000～5000	3000～5000
部门经理	8000 以上	5000～8000	5000 以上
总监	10000～20000	8000 以上	5000～8000

六　河北旅游饭店行业发展存在的问题

综合分析，河北旅游饭店行业具有自身的特点，但整体缺乏活力，发展滞后，具体表现在以下七个方面。

（一）全省旅游饭店数量持续下滑

全省旅游饭店数量从 2017 年的 449 家减少到 2019 年的 424 家，越来越多的饭店不再追逐星级。主要原因有以下几个方面：部分传统星级饭店由于转型和创新能力不足，经营遇到困难而转让或直接停业；新兴非标住宿业态不符合星级评定标准要求，无法评定星级；当前旅游市场更注重饭店品牌和设施品质，并不关心是否为星级饭店，星级饭店的吸引力下降。这些均导致星级饭店数量持续下降。

（二）旅游饭店行业整体盈利水平下降

从 2017～2019 年上半年数据来看，全省三星级及以上饭店营业总收入、客房收入和餐饮收入同比上年均呈现负增长。二星级饭店餐饮收入同比上年基本持平，营业总收入和客房收入均下降。从 2019 年上半年的数据和下半

年的预判来看，由于市场环境和政策影响，仅少数高星级饭店、政府会议型饭店或休闲度假饭店能够与上年持平或实现微利外，高星级中的传统商务饭店和大部分三星级及以下饭店亏损情况严重。

（三）文化主题饭店发展缓慢

文化主题饭店是未来饭店业的发展趋势。从2018年单体旅游饭店经营数据来看，主题文化饭店表现抢眼。全省星级饭店中营业收入超亿元的有7家企业，其中排名第一的是传统文化主题饭店——廊坊新绎七修酒店，营业收入为1.98亿元。但是，目前全省旅游饭店依然以传统商务饭店为主体，文化主题饭店数量较少，仅有廊坊新绎七修酒店、保定金浪屿国际饭店、涞源华中假日酒店、高碑店圣林花园酒店和唐山南湖足球主题酒店等几家具有代表性的饭店。

（四）客房收益（RevPAR）水平较低

客房收益是利润的主要来源，往往要占到总利润的60%以上。目前，河北旅游饭店客房收益水平普遍较低。通过分析星级饭店统计系统数据可知，2019年全省星级饭店平均床位数为221.89张/家，中等规模的饭店居多。2018~2019年上半年，全省星级饭店的平均房价、平均出租率以及每间可供出租客房收入（RevPAR）均远低于全国平均水平。与全国客房收入占比高于餐饮收入占比的情况相反，河北省客房收入占比低于餐饮收入占比。客房的利润高于餐饮利润，客房收入应是营业收入的主要来源，客房盈利水平低，直接影响整个行业的盈利水平。

（五）本土饭店尚未形成有影响力的品牌

目前，河北省旅游饭店中仅有假日和洲际2家国际品牌饭店。本土品牌旅游饭店包括河北旅投国际酒店管理集团有限公司的"云臻"、"云瑞"、"云璟"、新绎旅游的"七修"、阿尔卡迪亚、国际大厦等在内的30余个品牌，但近90%的本土饭店尚未形成品牌影响力，全省旅游饭店散、小、弱、差的整体形象没有得到根本改变。本土旅游饭店正处于品牌成长期,品牌管理的意识和经验还有待于提高,尚未形成在国际、国内市场上有影响力的品牌,普遍存在市场号召力不强、自身积累不足、资金发展实力缺乏、品牌扩张力不从心等问题。

(六)人力资源短缺依然是突出问题

在调查中,多家饭店认为经营困难的主要影响因素之一是人力资源短缺。员工流动率高,相比较而言,本科以上学历人员流失率较高,专科层次人员相对稳定。星级饭店人力成本至少占到其总收入的20%,人工成本压力大是普遍存在的问题。随着更多新饭店加入市场,预计饭店对优质劳动力的竞争也会加剧,这将会导致整体人工成本继续轻微上升。

(七)集团化发展尚处于起步阶段

集团化是旅游饭店发展的趋势之一,河北省旅游饭店集团化发展相对滞后,数量规模不大且增长缓慢。旅游饭店集团八强中,荣盛集团旗下饭店数量最多,为26家;最少的旗下仅有两家饭店。目前尚无一家能够进入全国饭店集团60强榜单。整体来看,我省旅游饭店集团化发展尚处于起步阶段。

七 2020年河北旅游饭店行业发展预判及未来高质量发展的建议

2020年元旦前夕,突如其来的新型冠状病毒疫情暴发。为避免疫情在饭店传播,河北省80%的旅游饭店暂停营业,少量局部营业的,仅提供部分客房、早餐或外卖送餐等服务。同时,面对疫情,全省星级饭店从保护消费者权益出发,无条件为消费者全额退款、退订。此次疫情对全省旅游饭店行业产生了前所未有的影响。

（一）2020年全省旅游饭店行业发展预判与对策

疫情对全省旅游饭店行业造成了巨大损失，但旅游消费市场的刚需及非典后旅游市场报复性消费的经验，再加上政府和社会的支持，疫情后整个行业的振兴还是充满机会的。

1. 政府和主管部门积极出台扶持发展政策

疫情中受到重创的旅游饭店行业，迫切需要各级政府和主管部门的政策扶持。中央和地方政府、旅游行政主管部门可通过返还部分企业所得税、适当减免企业增值税、降低增值税率、减免印花税等降低企业的基本运营成本。在条件允许的情况下，金融机构能够降低贷款利率、放宽贷款用途及提供专项贷款。对于符合规定的企业，人社部门能够给予稳岗补贴。通过多种政策措施，给予旅游饭店企业更多的支持，帮助全省旅游饭店企业恢复营业和发展。疫情后，政府和主管部门应转向需求面和市场面，积极出台拉动消费的政策，适当增加或延长带薪假期，推动消费的恢复和增长。

2. 旅游饭店企业积极创新产品和服务流程

疫情对旅游消费者的消费心理和行为都会产生影响，消费者对就餐和住宿环境卫生的关注会放大。对饭店大堂等人流集中场所停留的时间，对客房和食品的卫生、餐具、电梯等设施的消毒、用餐环境以及服务人员的操作规范会更为关注。因此，旅游饭店企业应提前做好准备，重视微观调查，针对细分市场消费心理和消费行为的变化进行深入的分析了解，基于产品安全性、消费渠道场所安全的要求创新产品设计和规范服务流程；并通过在线培训等方式，提升酒店人员服务与管理水平。

3. 通过智能化手段创新经营管理模式

疫情后的消费方式更加倾向于智能化，因此，河北旅游饭店业应积极利用新技术，创新经营管理模式，不断优化产品，拓展或创新营销渠道，合理配置人力，提升服务体验。通过智能化手段，有效优化销售渠道，改善服务流程，丰富游客体验，降低营运成本。推行智能化无接触服务，尽快实现自助入住、机器人送物、零秒退房、远程办理入住等服务方式。

（二）未来河北旅游饭店行业高质量发展的建议

1. 扩大饭店集团规模，关注饭店集团价值

河北旅游饭店行业应积极推进集团化发展的进程，以特许经营权转让、委托经营和直接经营等形式，扩大饭店集团的规模。关注饭店集团价值、品牌价值、成员结构、成长性、盈利能力等显性成果和公司战略、治理结构、系统能力、核心人物等隐性因素，提升饭店集团价值支撑。同时，继续深化多品牌战略，尽可能增加市场份额，满足市场群体的差异化需求。建立跨部门管理协调体制，完善各项制度，加强对品牌的管理。建立强有力的培训体系，以提高服务质量、服务意识和管理人员的管理水平，确保有足够高质量的职业经理人才。

2. 创建自主文化元素品牌，提高品牌知名度

河北旅游饭店缺少有影响力的品牌，在地文化特色不足。在旅游消费市场日渐成熟的背景下，顾客在选择饭店时，更加注重个性化的差异体验和在地文化的真实感受。传统旅游饭店的服务模式已不能适应消费者个性化的需求，应积极培育具有在地文化底蕴的主题饭店，实现产品差异化，增强顾客体验感。同时，要精心打造自主文化品牌，提升品牌知名度。通过市场细分和定位，设计具有自主文化元素和品牌体系的产品。实施质量战略，通过提高服务水平来增加产品的附加值。优化供应链，提高整个供应链的服务水平，提高品牌的价值。

3. 做好收益管理，提高客房收益水平

收益管理对于酒店收入和利润的获取具有重要意义。目前，全省旅游饭店尚未形成对收益管理的概念和重要性的认识，加之收益管理相关专业人才的短缺，完善的收益管理体系难以建立。河北的旅游饭店行业迫切需要启动收益管理模式，建立起收益管理体系，可通过聘请专业团队、优化组织架构、岗位职能及工作流程，调整绩效考核方案，促使各部门之间形成相辅相成的收入最大化工作思路。同时，加强对客房产品的科学分类，配套制定相应的价格体系，并根据细分市场的消费习惯，

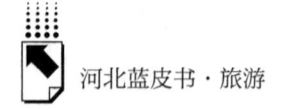

制定销售策略，提升散客市场占比。通过全面的系统化设计，提高全省饭店业的客房收益水平。

4. 创造与社区功能互补的消费体验和社交场所

旅游饭店已经成为集展示、娱乐、社交于一体，实现物联和共享的多功能空间。家庭群体代替商务会议人群，正在逐渐成长为很多旅游饭店的主要客群。社区客人是饭店最有潜力、忠诚度高的客源市场。饭店的服务人群从住店客人扩展为社区客人，饭店应着力打造成为消费者开展阅读、电竞、社交、运动、喝咖啡等日常活动的场所，为顾客创造丰富的跨界体验，使消费者能够享受新鲜多元的时尚生活，将饭店建设成美好生活的体验区，从而实现酒店经营从传统行业向体验式生活方式的平台演进。

5. 借鉴时尚消费品的理念，持续推出新产品

快速地更新产品可以让消费者不断有惊喜，增加消费者购买频次。旅游饭店应借鉴时尚消费品企业的理念和经验，如"酒店+""+酒店"，不断推出新产品、新设计和新服务。洞察细分市场的喜好，并形成与之对应的品牌价值诉求，围绕品牌价值建立产品结构。通过新品营销，增加品牌与消费者沟通的频次，提高品牌黏性和认同度，促使旗下品牌在推新的过程中不断保持新鲜活力和发展力。在体验升级的趋势之下，饭店将目光回归到消费者内心需求上，以满足消费者对某种美好生活的期待。

6. 提高顾客满意度是永恒主题

把握客户消费心理，提供满足客户个性化需求的服务，是提高顾客满意度和建立顾客忠诚度的重要法则。特别是单体饭店，更应重视将客户关系管理纳入常态化管理。重视顾客投诉和在线评论，根据反馈意见积极改进。关注饭店中的人，关注员工的成长，让服务更有温度，为客人提供足够便利、舒适的体验，这是饭店提升服务水平的无尽源泉和巨大动力。

7. 完善旅游饭店行业的数据统计

全面准确的统计数据是决策的必要条件。目前，全省旅游饭店行业的统计数据仅限于主要经营指标，而仅凭这些数据难以反映整个旅游饭店行业的全貌。因此，应尽快完善旅游饭店行业人力资源状况、顾客满意度、智慧化建设、饭店集团发展及品牌建设等相关指标数据，并形成行业发展年度系列报告，以期为整个饭店行业发展和企业决策提供指导。

参考文献

[1] 文化和旅游部：《2019年上半年全国星级饭店统计报告》，http：//www.gov.cn/shuju/2019-11/23/content_5454829.htm。

[2] 河北省旅游协会：《2018年河北省旅游饭店行业发展报告》。

[3] 王建喜、林晓意：《现代科技与酒店发展国内研究动态与展望》，《特区经济》2019年第6期。

[4] 香嘉豪、张河清、王蕾蕾：《我国智慧酒店建设研究——以杭州黄龙酒店为例》，《经济论坛》2017年第6期。

[5] 王兴厂：《饭店品牌价值分析与提升》，http：//blog.sina.com.cn/s/blog_51c7ed6f0100anzl.html。

[6] 魏小安：《文旅行业严冬过后是阳春！危机孕育转机》，http：//www.chinala.org.cn/。

B.7 2019～2020年河北省旅游新业态发展报告

王聚贤　徐晓红　栗惠英　杨朝晖[*]

摘　要： 2019年是河北省旅游新业态进入蓬勃发展和高质量发展的关键时期。本报告从市场需求和产品供给、"旅游+"和"+旅游"产业融合、旅发大会机制平台、文旅融合、全域旅游等角度总结2019年全省旅游新业态发展的现状及特点，分析2019年全省旅游新业态发展的问题与挑战。2020年是全省旅游业"十三五"规划的"收官之年"和规划"十四五"发展的"布局之年"，新年伊始又遭遇新冠肺炎疫情，本报告对2020年全省旅游新业态发展进行预测与展望，总结国家大事引领新发展、突发疫情倒逼新迭代、消费升级引领新需求、科技进步引领新业态、文旅融合引领新产品、创新驱动引领新供给六个方面的发展态势，从构建应对疫情等突发事件的治理体系、建立健全市场需求与旅游新业态供给耦合机制、推进新科技赋能旅游新业态创新发展、推进传统旅游业态的创新发展、推进旅游服务要素的业态创新、推进旅游和相关产业深度融合发展、强化旅游新业态健康发展的保障机制七个方面提出相关对策与建议。

---

[*] 王聚贤，河北旅投旅游规划咨询有限公司总经理兼河北旅投文化旅游发展有限公司副总经理、高级规划师，研究方向为文化旅游策划规划、旅游投融资、智慧旅游等；徐晓红，河北地质大学旅游管理专业教师，博士，研究方向为城市旅游、城市与区域发展；栗惠英，石家庄铁路职业技术学院酒店管理专业负责人、副教授，研究方向为旅游管理和人文地理；杨朝晖，河北工业职业技术学院旅游管理教研室主任、副教授，研究方向为国际旅游和航空旅游。

关键词： 河北省　旅游新业态　创新发展

2019年，围绕省委省政府"三六八九"战略部署，河北省以供给侧结构性改革推进旅游业改革创新，以"1+13+X"旅发大会平台机制推进创建国家全域旅游示范省，旅游高质量发展的宏图正徐徐展开。创新旅游管理模式，培育旅游新业态，扩展消费新空间，为2020年这一"十三五"收官年和新冠肺炎疫情后之振兴年的旅游新业态高质量发展奠定坚实基础。

一 2019年河北省旅游新业态发展的现状及特点

（一）市场需求催化新供给

2019年，全省共接待海内外游客7.83亿人次，实现旅游总收入9313.35亿元，同比分别增长15.46%和21.96%，其中旅游新业态是旅游总人次和总收入高效增长的重要引擎器，经初步估算，新业态旅游市场份额约占40%。从旅游产品消费情况看，旅游产业发展对相关产业带动作用明显。文化旅游、休闲旅游、生态旅游、乡村旅游、工业旅游、红色旅游等新业态旅游全面开花，旅游产品供给质量不断提高，旅游消费结构加速升级。2019年，京津冀人均GDP超过1万美元，处于文化和旅游消费崭新的释放期，消费升级倒逼供给侧结构性创新调整，必然催化旅游新业态蓬勃发展，以更好地满足人民群众日益增长和升级变化的美好旅游生活消费需求。根据河北省旅游市场需求调研情况，河北省国内旅游市场以京津冀为主，约占70%，其中京津游客约占三成。国内旅游市场对产品的需求特征如下：以观光游览为目的的游客比重将有所下降，但对高品质的观光旅游产品需求依然旺盛；以休闲度假为目的的游客比重将持续上升，并且呈现集群化、生活化、定制化、智慧化等趋势；以专项旅游为目的的游客比重将异军突起，冰雪旅游、体育旅游、康养旅游、乡村旅游、城市旅游、情感旅游、工业旅游、低空旅游等特色旅游市场走俏。据谷歌大数据分析，外国游客相对更喜欢京津冀的文化和历史。入境游客对京津冀的认知侧重点依次是"历史悠久""名胜古迹""东方风情""购物实惠""美食"。受京津冀地区实施对部分国家游客144小时过境免签政策的影响，河北省入境旅游市场已进入恢复增长的新通道和总体回升的新阶段。美好生活已成为优质旅游的新动力，文化旅游、休闲度假、康养运动等旅游专项市场发展空间巨大。

（二）"旅游+"激活新亮点

以旅游景区和旅游度假区为核心，拓展旅游产业链，促进"旅游+"产业融合，旅游新业态集聚特征明显。2019年，高等级景区度假区创建取得新突破。清西陵景区成功晋升为国家5A级景区，全省5A级景区数量突破10家。金山岭长城景区接受了国家现场检查验收。唐山南湖景区通过5A级旅游景区景观质量评审，进入5A级景区创建序列。新增4A级旅游景区9家，全省4A级景区数量达到119家。坚持"宜融则融、能融尽融"的原则，以景区为载体推动文化、旅游深度融合，深入推进文创产品、非遗项目、文化演艺等"八进"景区工作。180余家旅游景区在"旅游+"新业态方面亮点纷呈，正定古城、西柏坡、塞罕坝、金山岭、黄帝城、山海关、唐山湾国际旅游岛、野三坡、白石山、吴桥杂技大世界、广府古城等引爆了老景区"新玩法"和"新业态"，旅游景区总体上呈现观光旅游和休闲度假旅游并重、传统业态和新业态齐升、景区企业深耕细分市场的态势。2019年，河北省新增了崇礼冰雪旅游度假区、白石山温泉旅游度假区、易水湖旅游度假区、曹妃甸生态旅游度假区、北戴河滨海旅游度假区等一批省级旅游度假区，拓展了美好度假生活的新空间。以省级以上旅游度假区和高等级旅游景区为龙头，通过"旅游+乡村""旅游+农业""旅游+小镇""旅游+康养""旅游+风景道""旅游+文创""旅游+体育"等，打造旅游目的地集群。例如，精心策划发布了燕山人家、草原牧歌、太行山乡、运河风情、塞北雪原、红色故里、古村慢镇、冀情田园8条乡村旅游扶贫线路。又如，2018年第三届省旅发大会推出的承德国家"一号风景大道"旅游区，在2019年继续实施"旅游+"战略，推动旅游与文化、生态、农业、科技等诸多领域的深度融合，木兰秋狝组团、阿鲁布拉克围组团、茶盐古道组团、国家牧场组团、契丹部落组团、中国马镇组团6大组团20个重点项目深受市场欢迎，集行宫酒店、皇家驿站、国家牧场、特色小镇、汽车营地、飞行基地、国际马场、旅游村落等于一体的旅游新业态集合群在空间上打破独立景点"单打独斗"的局面，在产业上实现多维发展，高质量打造了以风景路网为载体的无边界线型新业态旅游目的地。

（三）"+旅游"拓展新空间

2019年，河北省产业结构持续调整优化，对经济发展的带动作用持续增强。鉴于旅游业关联性强、上下产业链多和产业边界模糊的特点，"+旅游"是其他产业与旅游业的主动融合、合力联动，"+旅游"产业融合在助力全省产业结构调整和转型升级方面起到了强有力的作用，促进了三次产业结构逐步调优，推动现代服务业成为主要带动力。尤其是"工业+旅游""科技+旅游""新能源+旅游""会展+旅游"等领域，都取得了显著的成效，显示了"+旅游"绝不是"产业+旅游"的简单叠加，而是以"可旅游、可体验、可休憩、可品鉴"为目标和内容，全方位、深层次地对产业进行重塑与再造。例如，2019年，石家庄、邯郸、唐山在"建设组团式工业旅游产品集群"，"创建形式多样、主题鲜明、趣味性强的各类博物馆、文化创意产业园"等方面取得重大进展。以岭健康城、华夏庄园、开滦国家矿山公园、君乐宝乳业工业旅游区、奥润顺达节能门窗工业旅游景区、山庄老酒文化产业园等一批工业旅游示范点通过融合新兴旅游业态，植入文化要素，借助新技术赋能，丰富内涵和游赏互动体验，打造了工业旅游"升级版"。结合新能源开发，张家口风电主题公园、保定电谷城市低碳公园成为旅游休闲新热点。保定长城汽车、中航通飞华北公司等企业在旅游房车、旅游小飞机等旅游装备制造、产品研发生产方面进展顺利。石家庄国际会展中心承办了2019中国国际数字经济博览会等30多场不同行业的专业展会，会展旅游蓬勃发展。"+旅游"成为产业润滑剂、融通剂和变压器，在全省产业结构调整和新旧动能转换过程中塑造着产业的新生态和新未来。

（四）旅发大会孵化新标杆

河北省在全国首创了省市县三级联动、统筹推进的"1+13+X"旅发大会新模式，成为贯彻落实新发展理念、加快打造优质新业态旅游产品和推进供给侧结构性调整的重要平台。截至2019年底，全省通过旅发大会，共建设重点观摩项目390个，打造各类新业态项目287个，旅游新业态呈现出规模和质量全面跃升的良好态势。各地借力旅发大会"孵化器"，持续创新推动旅游与文化、农业、工业、体育、康养、科技、教育等多个领域融合发展。2019年是旅发大会机制平台孵化新业态项目的"产品迭代年"和"质量提升年"，主要表现为2016年以来的旅发大会新业态观摩项目经过市场检验实现了迭代升级，2019年的省市县三级旅发大会新业态项目注重质量和"后旅发"的可持续发展。旅发大会机制平台培育了一批跨界新产品，探索出一系列发展新模式。易县恋乡太行水镇通过自主开发文化旅游IP，将太行民俗、乡村美食、农家风情汇于一体，传承乡村文化，驱动三产融合，打造了精致旅游体验；内丘邢白瓷文化旅游区全面展示千古白釉神韵，凸显千年邢窑文化，实现了保护遗址与文旅开发的有机统一；廊坊水岸潮白田园综合体立足于北方田园乡村，将传统景泰蓝制作工艺和文化旅游、有机农业、文创产业相互融合，打造了田园综合体乡旅新模式；涿鹿桑干河生态文化旅游区通过特色主题精品园的融合发展，将旅游与优美生态、历史文化完美结合，再现了"太阳照在桑干河上"的美景；秦皇岛西港花园传承百年工业港口文化，将港口变花园、车站变驿站、火车变景观，实现了历史与现代交融、文旅与生态共鸣。在旅发大会的推动下，康养旅游、生态旅游、农业旅游、乡村旅游、工业旅游、购物旅游等通过"旅游+""+旅游"的模式实现了创新发展，众多新业态、新项目为特色产业的转型升级注入了新动力，增添了新活力。以旅发大会为抓手，深入推进供给侧结构性改革，大力推动旅游项目建设，加快培育新型旅游业态，全面促进品牌产品升级。例如，2019年10月14~16日，石家庄市成功承办了第四届河北省旅游产业发展大会，重点打造了14个观摩项目，涵盖红色、生态、古文化、新业态四大系列，项目类型从"城市"到"乡村"，从"山水"到"田园"，从"工业"到"农业"，从"古城"到"古村"，从"运动"到"康养"，补齐了石家庄旅游短板，实现了石家庄从"一季游"到"四季游"，从"景点游"到"全域游"，从"观光游"到"休闲度假游"的转变。

（五）文旅融合深化新内涵

2019年，河北省印发了《关于促进全省文创商品、旅游消费品与旅游装备制造发展的实施意见》，高水平、全方位地推进了全省文化创意和旅游商品研发设计、产品转化工作，构建了符合市场需求、引领生活方式、激发创新动能、打造核心IP（知识产权）的文创和旅游商品体系。2019年，全省评定了一批"河北省旅游休闲购物街区"和金、银、铜牌旅游购物商店，培育了20多家旅游购物商店和20多个旅游休闲购物街区。以文促旅，以原创设计为基础，以创新创意为核心，促进文化创意、旅游创新与农业、康养、体育、工业等相关产业深度融合发展，发展工艺美术、节庆展览、演艺娱乐、网络音乐、动漫游戏、数字艺术、短视频营销、非遗传承活化等新型文化产品。例如，以"大美雄安，雄安游礼"为主题的2019河北雄安新区文创和旅游商品创意设计大赛精彩纷呈，推出了一批内涵挖掘透、作品质量优、实用性强、含金量高、普及面广的文创商品，凸显了雄安新区创新创意的示范意义。在2019河北文创和旅游商品创意设计大赛中，承德避暑山庄旅游集团主导研发的"乾隆茶""避暑山庄乾隆游"系列产品获得金奖，代表世界遗产文化创意产业新成果，在韩国首尔举办的"中国印象——中国世界遗产文创设计产品展"亮相，向世界传播了"河北故事"和"中国风采"。以旅彰文，拓宽文化产品供给新渠道，扩大文化产品和服务的受众群体、覆盖面和传播范围，增强河北省文化旅游软实力、影响力和创新力。蔚县剪纸、丰宁剪纸、唐山皮影戏等"联合国教科文组织人类非物质文化遗产代表作名录"项目，女娲祭典、太昊伏羲祭典等"中华民族文明发源文化发祥重点项目"，吴桥杂技、蔚县打树花、武强年画、井陉拉花、西河大鼓等国家级非遗项目通过旅游产品化开发和业态活化，成为文旅融合新亮点。河北段的大运河文化带和长城以文旅融合为主线，创建国家文化公园，成为迄今河北省最大的文旅融合工程。

（六）全域旅游开创新格局

2019年是河北全域旅游建设的关键年，保定市易县、秦皇岛市北戴河区、邯郸市涉县被文化和旅游部认定为首批国家全域旅游示范区。秦皇岛市北戴河区、邯郸市涉县、保定市易县、唐山市迁安市、石家庄市平山县、张家口市张北县、邢台市内丘县、承德市双桥区被确定为河北省首批省级全域旅游示范区。此外，河北省正积极创建国家全域旅游示范省，秦皇岛、张家口、承德3个设区市和众多县（市、区）等国家级、省级全域旅游示范区创建单位正积极通过全域化目的地建设、旅游供给品质提升、体制机制改革创新、全民参与共建共享等举措，推动全域旅游示范区创建和旅游新业态发展。国家级、省级全域示范区创建工作重要成果之一就是积极培育了一批旅游新业态，构建了新的发展载体，推进旅游特色村、特色民宿、乡村度假区、旅游园区、田园综合体、旅游小镇、旅游风景道、旅游度假区、特色旅游基地、旅游产业集聚区、研学旅游基地、养老旅游基地等新兴旅游业态和产品建设。此外，大力培育了"旅游+新生活方式"的新业态，包括"旅游+交通""旅游+研学教育""旅游+休闲度假""旅游+康养""旅游+运动体育""旅游+购物休闲"。例如，涉县打造了太行红河谷，突出了红绿融合，将"绿水青山"变成"金山银山"，实现了旅游景区量、质双提升，旅游业成为战略性支柱产业，实现了从门票经济到产业经济的跨越、从一日游到多日游的转变和从景点游到全域游的突破，全面带动了一二三产业融合发展和经济社会高质量发展；北戴河区秉承城市景区化的建设理念，全域建成大景区、大花园、大公园、大度假区，走出了一条"景城共建、主客共享、城旅共荣"的特色新路;易县狠抓旅游度假区、旅游景区建设,形成龙头产品,将旅游业打造成龙头产业,创新了"旅游立县活县、旅游扶贫富民"模式。

二 2019年河北省旅游新业态发展的问题与挑战

(一)旅游新业态市场适应性有待加强

对标全国旅游发达地区,对标人民群众日益增长的美好旅游生活需求,河北省旅游新业态产品的市场适应性还有待提升。全省旅游新业态的蓬勃发展反映了消费升级带来的消费需求变化,但是,人们对优质服务、产品的评判标准不仅没有变,反而更加挑剔,这要求旅游新业态在快速发展过程中时刻高标准、严要求,为消费者提供质量信得过的产品和服务。旅游新业态产品供给与消费升级的矛盾依然突出,客源以本地和周边为主,旅游新业态产品品质不高、竞争力不强,游客停留时间较短,休闲度假产品供给严重不足,人均消费水平不高,产业附加值有待提升,冬季旅游产品、夜游产品和假日高峰期高品质产品供给短缺,与大众旅游时代旅游消费规模持续扩大和旅游消费加快升级演变的趋势不相适应。

(二)旅游新业态产品质量有待提升

目前,全省还缺乏世界级的垄断性的旅游新业态产品,旅游资源整合开发利用效率不高,低层次开发、同质化发展严重,旅游新业态规模较小,难以产生组合起来遥相呼应的龙头效应。对历史文化资源的深层内涵开发与传承不够,缺乏鲜明的文化旅游脉络,历史文化潜在价值没有转化成优质旅游新业态产品,游客参与体验较少,旅游衍生品和旅游商品开发严重不足、品位较低,对游客缺乏吸引力,旅游新业态综合竞争力不强。总的来看,旅游新业态对全省国民经济的综合贡献度还不够高,旅游供给的结构性矛盾非常突出,同质化新业态产品过剩与高品质新产品供给不足同时存在,发展方式还是以资源驱动和低水平要素驱动为主，没有转向创新驱动的优质高效发展方式，不能充分满足提质增效与新信息科技、新消费升级的需求。全省旅游新业态在产品内涵、创新创意、营销渠道、市场细分、业态引爆等方面仍存在不足。旅游基础设施和公共服务等还不能与快速迭代、蓬勃发展的新业态体系有机配套，存在一定的滞后。

（三）产业融合深度、广度有待加强

总体来看，"旅游+"和"+旅游"产业融合发展不充分、不平衡，市场主体决定性作用发挥不足，多元化投融资渠道和旅游金融产品创新不足，产业链条偏短，对其他产业辐射力较弱，发展质量、效益有待提高。产业融合基础有待加强，融合程度不足。其他产业的发展水平直接影响与旅游产业之间的耦合协调度，导致在旅游与其他产业融合过程中产业支撑不足，融合层次浅，很难出现引爆点。产业属性和强弱差异导致旅游产业融合目标多样化，对产业融合本身重视程度不够。短期内新业态盈利较差产业的属性不同，在产业融合过程中的目标也不尽相同。文化产业兼具经济和社会属性，这决定了"文化+旅游"产业融合的部分产品具有很强的公益性，而盈利不足。产业发展强弱不同，也会影响产业融合过程中的目标。河北省工业发展水平高于旅游产业，工业发展旅游的目的在于市场品牌形象塑造和国家政策支持，提高工业产品的品牌价值是其产业融合的初衷，"工业+旅游"的直接盈利与否不是企业关注的重点。农业发展水平低于旅游业，相比"农业+旅游"产业融合本身的发展，众多投资商更看重"农业+旅游"优惠政策，更注重由此带来的土地、财政、金融等方面的政策红利。

（四）旅游新业态区域协同有待加强

河北区位优势独特，拥有京津冀1.2亿人口的核心旅游市场，旅游需求旺盛，消费潜力巨大。但在京津冀旅游协同发展方面，三地旅游相对"独立发展"，区域旅游市场一体化程度不高，错位发展不足。特别是与北京相比，河北文化遗产旅游资源在丰度、优度、聚集度上处于明显

劣势，旅游新业态特色不够鲜明，旅游者感知价值偏低，造成了旅游地形象屏蔽现象。河北环首都旅游区域旅游资源开发程度不高，基础设施建设有待完善，承接首都旅游接待辐射功能不足，亟须从旅游过境地向区域组合型旅游目的地转变。

（五）旅游新业态支撑保障有待强化

与周边省市区和旅游发达地区相比，旅游新业态的资本、人力、技术、数据、土地、信息等生产要素资源不足，制约了新业态的可持续发展。旅游新业态扶持政策措施还不够有力，尚未形成推动旅游新业态高质量发展的政策支撑体系。旅游资源开发惯性思维、路径依赖、传统办法的束缚严重，市场在资源配置中的决定性作用尚未充分发挥，对外开放总体水平不高，部分资源富集的重点旅游新业态项目管理体制尚未理顺。旅游新业态投融资机制缺乏活力，产业间接融资、直接融资发展不充分，多元化融资渠道和旅游金融产品创新不足。旅游新业态人力资源培育供给、引才引智机制还不健全，针对旅游新业态的职业教育和高等教育水平还不高，缺乏旅游新业态策划、创意、规划、设计、经营、管理等高层次人才和紧缺人才，全省旅游新业态高质量发展智力支撑不足。旅游基础设施和公共服务补短板任务艰巨。旅游业信息化发展滞后于旅游新业态的整体发展需要。

三 2020年河北省旅游新业态发展的预测与展望

（一）国家大事引领新发展

2020年，旅游新业态将伴随河北省"三件大事"的进程而取得长足的进步。第一，雄安新区旅游新业态将蓬勃发展。2020年将是贯彻落实《河北雄安新区旅游发展专项规划（2019~2035年）》的重要起点。伴随白洋淀的生态环境整治，以清洁化能源游船为代表的生态旅游新业态将精彩绽放；以雄安新区商务服务中心为标志的科技旅游、会展旅游等新业态将创新发展；森林旅游、乡村旅游、休闲农业、文化旅游等新业态将树立全国新标杆。第二，第五届河北省旅发大会将开启2022冬奥会旅游新业态的序曲。2020年，张家口市将承办第五届河北省旅发大会，充分发挥冰雪资源特色，倾力打造世界级冰雪旅游目的地和具有国际品质的冰雪运动休闲旅游度假区，必将助力张家口交出冬奥会筹办和本地发展两份优异答卷。第三，京津冀旅游协同发展进入深化阶段。2020年是京津冀协同发展进入纵深推进阶段的决胜关键年。河北省将以满足京津居民旅游休闲需求为主导，大力发展体育运动健身、养生养老置业、山水休闲避暑、商务会议会展、乡村居住度假等新兴旅游产品。针对京津自驾游、周末游的巨大市场需求，着力提升旅游小镇、运动休闲基地、旅游度假区、休闲农庄、精品新业态景区的品质。大力推动冰雪型、文化型、滨海型、温泉型、山地型、草原型、乡村型等旅游度假产品的开发。针对京津亚健康人群和大众健康养生需求，建设一批中医药、大健康、温泉、草原、森林氧吧、湿地度假养生区。针对京津冀巨大的"老龄化"养老刚需，优先在环首都地区发展一批旅居养老社区、大健康产业园和旅游养老基地。

（二）突发疫情倒逼新迭代

2020年伊始，新冠肺炎疫情暴发。参照2003年"非典"疫情，此次疫情对河北省旅游新业态发展将产生三方面影响。一是疫情期间，旅游新业态项目将深受重创和全面冲击。疫情造成景区、主题公园、酒店、民宿、演艺、综合度假区、亲子乐园、营地、演艺、博物馆、研学等目的地、场景消费类业态项目全部停业，直接经济损失巨大。诸多旅游企业和从业者把疫情防控与社会责任、社区共建、精准扶贫紧密结合，充分展现社会担当和从容理性。二是疫情过后，旅游新业态消费将迅速反弹和复苏。乐观预测，估计"五一"期间旅游市场初步迎来反弹，但不排除疫情持续时间较长，到七八月份旅游市场才开始恢复。旅游市场需求和消费将在疫后呈报复性反弹和恢复性增长态势，河北省将成为京津冀城市群的热点旅游区域，旅游新业态集聚型片区将形成热点旅游目的地，疫情会重塑旅游消费者的心理和认知，家庭旅游和生态旅游将持续走强。三是疫情过后，将倒逼旅游新业态创新、重塑和迭代，实现凤凰涅槃。疫情成为旅游新业态转型升级的导火索，一些质量不高、内涵不深、吸引力不足、支撑力不够、实力较弱的旅游新业态项目将面临被收购、整合、淘汰的严峻局面。旅游短视频、旅游直播、VR旅游等创新玩法也将吸引更多拥趸。研学、亲子、康养旅游，体育及户外运动旅游，线上旅游、在线教育、"科技+旅游"等领域都将有大发展。

（三）消费升级引领新需求

伴随《国务院办公厅关于进一步激发文化和旅游消费潜力的意见》（国办发〔2019〕41号）的深入实施，全省文化和旅游消费结构更加合理，消费环境更加优化，文化和旅游产品、服务供给更加丰富，消费设施更加完善，消费规模保持快速增长态势，对经济增长的带动作用将持续增强。占城镇居民40%的中高收入群体，是推动消费升级的需求主体，偏爱出境游、自由行、度假、休闲、体验类等新兴旅游项目，是目前乡村旅游、出境定制游、民宿、精品酒店、温泉滑雪、研学体育、自驾游、露营地、田园综合体、亲子农庄等旅游升级项目的主要客源。低收入群体收入增长有限，旅游方式仍以性价比较高的观光、跟团为主，这类群体客单价低但基数庞大，而且需求集中于热点景区或热点线路，规模效应突出，仍是不可忽视的市场。2020年，消费升级与消费分层的趋势将继续并存，旅游新业态的休闲、亲子、娱乐、度假、婚恋、研学、情感等功能将在美好生活品质提升方面得到极大扩展。

（四）科技进步引领新业态

2020年，旅游的智能化、信息化将伴随5G技术的大规模商业化应用而出现"井喷式"发展。大到目的地大数据监控与指挥平台、智慧景区、智慧酒店、VR、AR沉浸式娱乐项目，小到智能导览系统、生物识别电子门票、酒店机器人、AI客服、智能翻译机等，越来越多的黑科技正在使大众的旅行变得更便捷、更时尚。物联网、大数据、虚拟现实、人工智能……这些最火热、最炫酷的科技，正在争先恐后地进入旅游业，为旅游业赋能。旅游新业态拥有极其丰富的应用场景、极其旺盛的科技需求、极强的跨界能力以及庞大的产业规模，将为新科技、新手段、新应用、黑科技提供更多场景空间。2020年，科技将为游客带来更新颖、更智能的体验和更高效、更贴心的服务。

（五）文旅融合引领新产品

2020年，河北省文旅融合将进入新的产业发展期。文化与旅游融合模式主要有开发型融合、体验型融合、活化型融合、保护型融合、创意型融合、重组型融合、延伸型融合。2020年，全省将继续抓好长城国家文化公园试点建设工作，开展大运河国家文化公园（河北段）创建工作，贯彻落实《河北省大运河文化和旅游融合发展规划》。继续加强文化遗产保护利用和传承发展。推动雄安新区宋辽地下战道和国家考古遗址公园进入世界文化遗产申报工程的申报、现场调查和正式登记阶段。开展大运河文化带建设工作，助力冬奥文物保护，积极推动太子城遗址建设考古遗址公园，做好长城重要点段、正定古城、清西陵泰东陵以及清东陵、定东陵等重点文物保护维修工作，完成承德避暑山庄文化遗产保护工程结项，实施蔚县古堡拯救行动。全面实施革命文物保护利用工程，重点做好晋察冀、晋冀鲁豫革命旧址和129师司令部旧址等保护利用项目。从技术、资源、市场、产业等方面推动深度文旅融合。

（六）创新驱动引领新供给

2020年，河北省旅游业将进入创新引领的更高、更快、更好的新阶段，新产品、新业态、新玩法、新模式将层出不穷。张家口冬奥冰雪带动全省冰雪旅游热，燕太山脉、湖泊、海洋、草原的极限运动和低空飞行等业态将爆发新亮点，马拉松、铁人三项、皮划艇、电子竞技、水上运动、体育竞赛表演等赛事融合旅游新体验，秦皇岛、唐山邮轮游艇旅游等业态将取得较大进展，带上无人机去旅行等创新玩法也将吸引更多拥趸。越来越多的大资本、跨界人才、新玩家进入旅游新业态领域，带来新创意、新动力。"旅游+"和"+旅游"引发大范围、大规模、深程度的融合,"旅游+体育""旅游+健康""旅游+养老""旅游+医疗""旅游+地产""旅游+影视""旅游+下一代信息产业""旅游+农业""旅游+工业""旅游+购物""旅游+教育""旅游+文创""旅游+演艺""旅游+金融"将开辟新空间、新路径、新模式。2020年,旅游新业态将与乡村振兴、生态文明建设、新旧动能转化和产业转型升级、流域治理、基础设施和公共服务提升、新型城镇化、脱贫攻坚和全面小康社会收官等国家重大战略进一步深度融合,成为河北省践行新发展理念的重要抓手。

四 推动全省旅游新业态高质量发展的对策与建议

(一)构建应对疫情等突发事件的治理体系

1. 完善应对突发事件的综合机制

充分研究和吸取2020年新冠肺炎疫情的经验教训,提高旅游新业态的韧性和质量,构建应对突发事件的现代旅游治理体系。建立旅游预警及灵活应对机制,将把公共旅游安全纳入旅游新业态发展体系中。出台应急预案,整体提升旅游环境的卫生水平,提升行业应急处置水平。实现党政统筹、多方共建、文化旅游和卫生部门联动监控、文化旅游企业联防联控管理、居民和游客监督支持、智库及媒体科学研判。出台旅游新业态应对突发事件的支持政策,在加强金融支持、减轻税费负担、降低运营成本、稳定职工队伍等方面缓解受损企业,尤其是中小企业的压力。加强智慧防灾、智慧预测、智慧疏导,做强基于大数据的风险对冲工具。

2. 增强旅游新业态应对突发事件的能力

创新旅游业态IP,调整旅游新业态产品结构,创新商业模式和服务模式,丰富文化科技内涵,完善和优化企业管理制度,创新市场和营销手段,将成为旅游新业态高质量发展的必由之路。推广绿色旅游生产方式、生活方式、消费方式,实现文旅消费模式绿色升级,实现更有创新活力的旅游可持续发展，形成更健康安全的旅游公共环境。用科技手段降低人力成本、运营成本和运营风险。创新数字文旅玩法和模式，在内容创造、虚拟运营、智能服务、体验互动、新媒体营销等方面练好内功。促进旅游新业态与短视频、网红经济、慢直播、电子游戏、互联网医疗健康、线上教育、远程办公、电商配送到家等疫情期间逆势增长业态的融合发展。做优、做精、做细、做深旅游新业态服务，提升运营水平，内外兼修，软硬兼顾。

（二）建立健全市场需求与旅游新业态供给耦合机制

1. 建立旅游市场常态化调查工作机制

通过大数据分析、现场问卷调查、网络信息调查相结合的系统化调查方式，将河北省旅游市场产品需求调查推向常态化。系统化梳理新需求，统筹考虑发展新供给，定期发布河北"旅游新业态景气度指数""游客满意度指数"以及市场消费需求信息、趋势。

2. 建立旅游新业态市场适应性评价反馈机制

通过引入专业第三方机构，建立全省旅游市场需求和旅游新业态产品供给耦合性评价指标体系，按照年度发布旅游新业态产品市场适应性研究报告，不断优化旅游供需耦合驱动机制和促进政策。以市场需求驱动旅游新业态产品结构优化，瞄准既有和未来消费需求，不断提升旅游新业态供给质量，以优质产品促进消费升级。

（三）推进新科技赋能旅游新业态创新发展

1. 实施旅游新业态科技创新工程

围绕河北省文化和旅游发展重大战略及现实需求，以科技成果转化与应用推广为核心，运用现代科技手段推动技术集成创新，促进文化和旅游行业新业态、新技术和新模式的创新发展。强化智慧景区建设，发展基于人工智能、5G、增强现实、虚拟现实、超高清等技术的下一代沉浸式、互动式、体验型文化和旅游消费场景及内容。

2. 大力推进"科技+文化+旅游"融合发展

打造一批科技创意型文创和旅游产品，引进和培育一批具有震撼性、创新性、引领性的科技型旅游园区和项目。应用大数据技术做好文化和旅游市场精准分析，利用互联网技术加强旅游宣传营销推广。设立文化和旅游科研创新奖励与课题项目资金，建立河北省文旅装备发展产学研共促平台，培育一批装备制造骨干企业和品牌。推进河北文化和旅游云综合集成平台升级改造，构建文旅大数据中心，打造统一的平台体系和服务品牌，提升智慧服务水平。

（四）推进传统旅游业态的创新发展

1. 促进旅游景区拓展新业态新产品

突出质量和特色，提升存量，做优增量，实施"百家精品景区新业态创新行动"。全面提高5A级旅游景区在新业态方面的建设质量。积极推动清西陵、金山岭成功创建为国家5A级景区，推动唐山南湖、响堂山、保定狼牙山等列入5A级景区创建计划，将衡水湖、邯郸129师司令部旧址等纳入5A级景区创建序列。筛选一批优质景区并纳入4A级景区创建序列，形成梯次分明、合理布局、核心突出、多点支撑的精品景区架构。

2. 打造旅游度假区新业态集群

重点围绕环首都休闲度假旅游圈"一圈引领"，雄安新区旅游创新发展示范区和张承国际冰雪运动休闲区"两翼齐飞"，"太行山地旅游带、燕山长城旅游带、渤海滨海旅游带、大运河旅游带、坝上草原旅游带"五带串联的全省旅游发展新格局。加快推动唐山国际旅游岛、崇礼冰雪旅游度假区、北戴河滨海旅游度假区、曹妃甸生态旅游度假区、易水湖旅游度假区、白石山温泉旅游度假区等创建国家级旅游度假区，实现零的突破。建设一批包括海滨度假、草原、温泉、康体运动、医疗保健等多种类型的旅游度假项目，提供多样化、高质量的休闲度假旅游产品，满足游客快速增长的休闲度假需求，打造环京津度假休闲新高地、新业态、新基地。按照"评定一批，创建一批，培育一批"的工作思路，坚守生态红线，创新体制机制，系统化、梯次性推进旅游度假区创建，构建形成以旅游度假区为龙头的休闲度假产品体系。巩固提升省市旅发大会推动建设的大休闲度假片区，打造一批全国一流的度假型旅游目的地。

3. 打造红色旅游"红+绿+蓝"新业态

将红色旅游与河湖旅游、山地旅游、乡村旅游、旅游风景道等"蓝绿空间"融合发展，重点丰富西柏坡红色圣地旅游区、塞罕坝国家生态旅游创新示范区、邢台太行新愚公全国党性教育基地、雄安新区红色白洋淀、邯郸太行红河谷、保定抗战英雄红色经典景区群、张家口国防文化旅游区、唐山李大钊故里等红色旅游目的地的新内容、新内涵、新业态、新产品。加快红色经典景区提档升级，促进红色旅游与生态旅游、研学旅游、文化创意、运动休闲和乡村旅游等融合发展，培育一批红色旅游新业态样板。整合"新中国从这里走来"柏坡赶考行、"中国梦从这里起"航古今正定游、"太行山道路"乡村振兴游、"地球卫士"塞罕坝生态游、"英雄故乡"保定和雄安新区红色游等一批红色旅游精品线路。

4. 创新升级乡村旅游新业态

一是大力培育精品民宿、旅游小镇、房车营地、艺术公社、康养农业等乡村旅游新业态和新产品。利用闲置农宅开发高品质、多元化的乡村度假产品，打造乡村"第二居所"。二是继续实施"百村示范，千村创建"行动，到2020年底在全省筛选出一批业态产品新、综合效益好、带动能力强、基础设施优、服务水平高的乡村旅游重点村。三是提升一批"冀里乡居"休闲住宿产品，推动金牌农家乐、星级农家乡村酒店转型升级，发展精品民宿、乡村度假酒店、艺家乐、洋家乐等乡村旅居产品。四是策划"周末在冀"乡村旅游节庆活动，打造一批亮点鲜明的乡村休闲节庆活动。五是深入挖掘土特农产、民间工艺技术、特色乡村美食等资源，加强市场需求对接、文化创意设计，培育"河北游礼·冀忆乡礼"系列商品，打造乡村旅游商品统一品牌。

（五）推进旅游服务要素的业态创新

1. 食：创新河北美食新业态

通过打造主题特色，充分利用互联网的优势，为消费者提供更加个性化、更加便利的河北美食产品和服务。彰显个性化、多样化的美食产品，打造文化主题饭店，推动发展健康餐饮、老年餐饮、社区餐饮、休闲餐饮、外送外卖、半成品售卖、O2O等餐饮业新业态。融入互联网思维，打造民间传统小吃、金牌小吃、特色餐饮品牌、民间烹饪技术的"老味道、新表达、微创新、时尚感"，以休闲街区、民俗村为载体，打造一批美食家集聚街区。积极为将北京2022年冬奥会和冬残奥会张家口赛区打造成为"冀菜传承、新派冀菜、国民小吃"国际化交流创新的新平台做好系列准备。创新开发美食街、文化主题饭店、演艺型饭店、有机农牧业、休闲食品业、品牌餐饮业等项目，形成一批餐饮新业态服务集聚区。

2. 宿：创新美宿新业态

立足河北特色，重点打造一批燕赵文化、长城文化、运河文化、红色文化、温泉文化、中医药康养文化、冰雪文化、杂技武术文化等特色文化主题酒店。推动酒店服务创新化、高端酒店国际化、度假酒店主题化、民宿客栈个性化。发展分时度假酒店、服务公寓式酒店、产权酒店、集装箱酒店、青年旅馆、帐篷酒店、智慧无人服务酒店、亲子主题酒店、洞穴酒店、悬崖酒店、树屋酒店、电竞酒店等新型住宿接待设施。

3. 购：创新特色文创产品和旅游商品业态

大力培育、提升"河北游礼""冀念品"等文化创意产品和旅游商品的品牌内涵及创新力，大力提升河北特色文创产品和旅游商品研发生产营销体系的创意，创建一批具有"新零售、新生活、新体验"的旅游休闲购物街区、旅游购物商店、景区文创驿站、酒店旅游商品自助零售柜。开展品牌培育计划，建立旅游商品骨干企业名录，开展产品品牌培树活动。建设10家以上旅游商品、旅游装备研发制造基地。培育30个有较高市场知名度的产品品牌。培育10家以上文创和旅游商品研发、制造骨干企业，扶持一批旅游纪念品孵化基地、创意园区和旅游商品交易中心，培育20家以上旅游购物商店和20个以上旅游休闲购物街区。积极开展文创和旅游商品进景区、酒店、商城、网店、机场、车站、营地、服务区、演艺场、游乐园"十进"活动，重点在繁华商业区、4A级以上旅游景区、3星级以上酒店、高速公路服务区、自驾车房车露营地等重点区域布点，建设文创和旅游商品销售网点，提高市场渗透力。对接知名网站，促进旅游购物线上线下一体化经营，拓展旅游商品营销渠道。在中心城区、商业中心和旅游区设立文创和旅游商品专卖店、特产专柜，展示河北名、特、优、新旅游商品。

4. 娱：创新娱乐新业态

进一步提升全省各地旅游节庆活动、国际赛事的国际影响力和活动新颖感，加强特色旅游节庆产品业态创新。积极引进、培育大型国际国内知名体育赛事、IP节庆活动和精品会展品牌，做好雄安设计节、崇礼国际滑雪节、唐山陶瓷博览会、吴桥国际杂技艺术节、张北草原音乐节、衡水湖国际马拉松赛、秦皇岛马拉松赛、石家庄马拉松赛、正定徒步大会、北戴河国际轮滑节、蔚县国际剪纸艺术节、山海关长城文化节、太行山铁人三项挑战赛、邯郸国际太极拳运动大会、涉县女娲公祭大典、蟠龙湖水上竞技赛等一批热点IP节赛会。打造承德康熙大典、浪淘沙北戴河、滹沱河畔、唐山南湖那年花开、古北岳祭祀大典等旅游演艺产品。

5. 行：创新发展交通旅游产品

加快推进石家庄市区外滹沱河沿线公路、京杭大运河沿线公路、山海关至沧州沿海公路"三沿"旅游风景道建设。重点打造国家"一号风景大道"、长城文化带、运河文化带、赶考红色路、万里茶路、陶瓷出海路、太行古陉、皇家御路、太行红河谷、燕山绿廊、浪漫渤海湾、山海花田等旅游风景道。大力开发航空旅游产品，发展通用机场、低空飞行基地等业态。规划建设秦皇岛国际邮轮港，全力打造唐山湾国际游艇基地。大力发展特色铁路旅游，继续打造好秦皇岛山海铁路等特色旅游观光铁路，鼓励旅游目的地结合铁路遗存，打造火车旅游创意新产品。

（六）推进旅游和相关产业深度融合发展

1. 旅游+文化

深化挖掘世界文化遗产内涵，创新清东陵和清西陵皇家陵寝、承德避暑山庄等皇家文化旅游产品业态，以山海关、金山岭等为核心的长城文化旅游产品业态，以直隶总督署、莲池书院等为核心的京畿文化旅游产品业态，以白洋淀、西柏坡狼牙山等为核心的红色文化旅游产品业态，以沧州武术城、大运河旅游观光带等为核心的运河武术文化旅游产品业态，以战国赵都、正定古城、黄帝城等为重点的历史文化旅游产品业态。在秦皇岛、唐山、承德、张家口及相关市县创建长城国家文化公园建设试点区。推动21世纪避暑山庄文化旅游产业园区创建国家级文化产业示范园区。举办"河北省文化进景区专题活动"，引导4A级以上景区深度挖掘河北优秀历史文化，活化文化展示和体验。在文物遗迹及博物馆、演艺剧场、动漫馆、非物质文化遗产展示馆、美术馆、传统村落、艺术馆、纪念馆、图书馆、文化馆（站）等文化场所打造、活化、植入、创新文化旅游精品业态。

2. 旅游+康养

加快建设北戴河国家生命健康产业创新示范区等国家级大健康旅游产业集聚区，开发集高端医疗、医养结合、康复疗养、休闲养生、医美旅游等于一体的康养旅游新产品。深度挖掘河北省中医药资源，将中草药基地、养生保健、中药研发生产、民间验方、教育培训、中医医疗等资源产业化、旅游化，建设一批国家、省级中医药健康旅游示范区、基地和项目，创新养生保健、疗养康复、药膳食疗、针灸推拿、精神疗愈、特色疗法等中医药健康旅游产品，重点建设石家庄以岭健康城、安国中医药养生园等示范园区。促进新一代温泉养生旅游度假产品开发，推动白洋淀温泉、赤城温泉、平山温塘、霸州温泉、遵化汤泉等和众多地热旅游度假区迭代升级。

3. 旅游+农业

整合全省各类休闲农业园区和美丽田园，重点打造共享农庄、生态游憩、田园度假、市民农园、康体养生、农业嘉年华、乡土游乐、研学科普、农耕体验、休闲酒庄等休闲业态，将母婴农业、养老农业、碳汇农业、花卉农业、有机农业、遗产农业、智慧农业、亲子农业、艺术农业、富硒农业、固氮农业等功能农业与旅游园区相结合，全面升级休闲农业产品结构。做优做亮京津冀"休闲农业廊道"，打造知名乡村旅游精品线路。以环京津和城市周边为重点，打造"河北农礼"公用品牌和"自驾游后备箱工程"。

4. 旅游+工业

依托工业遗址遗迹、现代化工业企业、高新技术企业和研发机构、民族特色工业、手工业企业等，开发系列工业旅游产品，支持冰雪运动、旅游房车、旅游景观小品、游乐设施装备研发生产。建设一批文化创意型、产业园区型、城市休闲型、博物馆展览型、矿山公园型、主题公园型、文化酒店型、观光工厂型等工业旅游示范项目。做强做优君乐宝世界奶业小镇、曹妃甸循环经济区、中国国际门窗城等工匠旅游产品，唐山中国近代工业博物馆、唐山南湖和开滦国家矿山公园、启新1889水泥工业旅游区等近代工业旅游业态，衡水老白干、山庄老酒、刘伶醉、丛台酒、十里香、华夏葡萄酒、长城葡萄酒等酒业旅游业态，以岭健康城、华北制药基地等康养旅游业态，洛杉奇、承德露露等食品旅游业态，曲阳雕刻城、辛集国际皮革城、白沟和道国际箱包城、沧州华斯裘皮城、鹿泉食草堂等商品旅游业态。全面提升河北省精品工业旅游产品体系的新高度、新品牌、新载体。

5. 旅游+体育

2022冬奥会日益临近，推动张家口市办好2020年第五届省旅发大会，以京张文化体育旅游产业带为重点，全面提升崇礼冰雪度假区、赤城温泉冰雪度假区等一批滑雪度假小镇、冰雪运动基地、冰雪旅游综合体、温泉养生小镇、户外体验基地，辐射带动张承世界冰雪运动休闲集聚区。发挥河北省全要素、高禀赋的自然生态资源优势，大力发展马拉松、骑行、徒步、攀岩、登山、游泳、溯溪、漂流、垂钓、穿越、露营等大众体育休闲项目，积极培育赛车、体育竞赛表演、滑翔、定向、电竞、低空飞行、极限运动等竞技休闲项目，扶持推广武术、太极拳、非遗舞蹈、乡村运动等传统运动休闲项目，创建一批国家级体育旅游示范区、体育旅游示范基地、运动休闲特色小镇。

6. 旅游＋研学

依托全省丰富的旅游景区、文化遗产资源、自然生态资源、知名院校、大型公共设施、工矿企业、科研机构、现代农业园区、红色资源、高端高新科技园区等，开发一批历史文化、科技体验、红色教育、工业文明、生态自然、知识科普、体验考察、康体娱乐、励志拓展、自然教育等主题突出的优质研学旅游产品。重点支持唐山、秦皇岛、邯郸等市和塞罕坝、西柏坡、正定古城、雾灵山、山海关、清西陵、清东陵、广府古城、柳江盆地地质遗址、开滦国家矿山公园、嶂石岩、滹沱河生态旅游区等旅游区创建省级以上研学旅游目的地和研学旅游示范基地。针对海内外中华文化爱好者，推出"邯郸成语之旅""承德普通话之旅""燕赵文化考古之旅"等产品。

（七）强化旅游新业态健康发展的保障机制

1. 加强组织领导

各地、各部门要认真贯彻落实国家和省委省政府关于加快发展旅游业的决策部署，建立完善党政"一把手"负责的领导协调机制，组织制定、落实更加有利于旅游新业态发展的政策措施。各级旅游工作领导机构要进一步推动打造优质旅游新业态体系等各项重点任务的落实，加快把旅游业做大做强做优。

2. 创新体制机制

有效整合交通、自然资源、城乡建设、商业、生态环境、水利、气象、农业、健康、工业信息等多领域的行政资源，形成同频共振的旅游新业态保障体系。积极参与国家组织的试点示范、创建项目、品牌奖项、重大活动，力争走在全国前列。创新旅游新业态发展激励机制，对新评的国家级（含省级）全域旅游示范区、旅游度假区、生态旅游示范区、工业旅游示范点、文化生态保护区、文化和旅游消费试点、旅游休闲城市、康养旅游基地、运动休闲小镇、体育旅游示范区、休闲农业和乡村旅游示范点（县）、文化和旅游消费试点示范城市、文化和旅游消费示范工程、文化和旅游产业融合发展示范区、夜间文旅消费集聚区等项目给予奖励。

3.强化扶持力度

强化财政金融支持，整合农业农村、林草、科技、水利、交通、文化、体育、生态环境等各种涉旅专项资金。鼓励各类社会资本和旅游产业引导基金、私募股权基金、创业投资基金等投资优质旅游新业态。鼓励政府和社会资本合作（PPP）模式。落实税费优惠政策，严格落实在旅游行业中扶持小微型企业的各项优惠政策。鼓励金融机构加大对旅游新业态项目企业融资的支持。健全小微旅游企业和乡村旅游经营者的担保体系。支持旅游新业态企业上市，创新债务融资工具，开发项目资产证券化产品。强化旅游用地支持，年度土地利用计划向优质旅游新业态项目倾斜。在符合规划和维护生态红线的前提下，对生态旅游和休闲度假等项目探索试行点状配套设施建设用地政策。

4.强化人才支撑

整合全省院校旅游教育资源，加强旅游新业态精英人才培训和旅游从业人员技能培训，推进旅游行业技术等级和职称评定工作。广泛搭建校企合作平台，采取职工继续教育、订单式培养等方式，拓展旅游新业态人才培养渠道，全面提升高素质、高技能、应用型、创新型旅游新业态人才供给水平。把旅游新业态专业人才队伍建设优先纳入全省涉旅干部培训和人才队伍建设计划。实施"招才引智"工程，并为优秀人才开设"绿道服务、绿色通道"，推动以"新人才"创造"新业态"。加强创新型旅游智库建设。

注：旅游新业态的概念和内涵在学术和政策上还缺少统一的界定，本报告所研究的旅游新业态根植于河北省旅游业发展实际，是相对于"传统"和"老旧"而言的，主要有五大类型：一是基于旅游传统要素"食、住、行、游、购、娱"的业态创新；二是基于旅游新要素"商、养、学、闲、情、奇、文"等的产品创新；三是基于"旅游+"和"+旅游"催化的产业融合创新；四是基于生活方式创新带来的新业态，如艺术旅游、情感旅游、自驾车和旅居车旅游、生态旅游、研学旅游等；五是基于国家和河北省

相关政策文件和规划所指向的旅游新业态，如《国务院办公厅关于促进全域旅游发展的指导意见》（国办发〔2018〕15号）、《文化和旅游部关于提升假日及高峰期旅游供给品质的指导意见》（文旅资源发〔2018〕100号）、《国务院办公厅关于进一步激发文化和旅游消费潜力的意见》（国办发〔2019〕41号）和《河北省旅游高质量发展规划（2018~2025年）》等关于旅游新业态的界定。

参考文献

[1] 河北省人民政府：《河北省旅游高质量发展规划（2018~2025年）》，2018年11月22日。

[2] 河北省文化和旅游厅：《河北省优质旅游产品供给工作实施方案》，2019年8月。

[3] 河北省文化和旅游厅：《河北省文化和旅游厅2019年工作要点》，2019年2月。

[4] 河北省文化和旅游厅：《河北省旅游产业发展大会研究报告》，2019年10月。

[5] 雄安新区管委会：《全面提升雄安新区参访接待和旅游服务能力五年规划（2018~2022年）》，2018年11月。

[6] 国务院办公厅：《国务院办公厅关于促进全域旅游发展的指导意见（国办发〔2018〕15号）》，2018年3月22日。

[7] 国务院办公厅：《国务院办公厅关于进一步激发文化和旅游消费潜力的意见（国办发〔2019〕41号）》，2019年8月23日。

[8] 田里、李鹏、杨懿：《中国旅游新业态发展研究》，中国旅游出版社，2018。

[9] 中华人民共和国国家旅游局：《中国旅游标准化发展报告》，中国旅游出版社，2016。

[10] 宋瑞：《2018~2019年中国旅游发展分析与预测》，社会科学文献出版社，2018。

[11] 张凌云：《世界旅游市场分析与统计手册》，旅游教育出版社，2012。

[12] 李博洋：《旅游市场营销》，清华大学出版社，2019。

[13] 郑向敏：《旅游大数据的分析与应用》，上海交通大学出版社，2019。

[14] 李秋雨：《旅游业经济效应的时空分析与协调性研究》，科学出版社，2019。

[15] 龙雨萍：《旅游市场营销理论与实务》，华中科技大学出版社，2019。

[16] 蒋枝偶：《旅游统计分析教程》，中国社会科学出版社，2018。

B.8 2019~2020年河北省旅游公共服务体系发展报告

贺军亮　田建文　梁军*

摘　要： 为加快推进河北省旅游公共服务体系建设，本报告从旅游交通、自驾游服务、自助游服务、旅游厕所、文化和旅游公共服务融合等方面，回顾总结近年来，尤其是2019年河北旅游基础设施和公共服务体系建设情况，梳理影响和制约河北旅游公共服务发展的原因，提出加大旅游与交通融合力度、构建多层级旅游集散和游客服务网络体系、持续推进高标准智慧化旅游"厕所革命"、推进文化和旅游公共服务深度融合、强化旅游工作协调组织领导等发展对策，为河北省旅游公共服务高质量发展提供思路借鉴和理论引导。

关键词： 旅游公共服务体系　旅游交通　游客服务　智慧旅游

　　文化和旅游是人民美好生活需要的重要组成部分。对人们文化和旅游需求的满足，既需要有面向不同市场群体、遵循价值规律的多元化商业供给，也离不开惠及全民、保障公平、体现公益原则的公共服务体系。在文化和旅游融合发展的背景下，覆盖城乡的便捷高效的文化和旅游公共服务水平，是

---

* 贺军亮，石家庄学院资源与环境科学学院地理科学系副主任，副教授；田建文，石家庄学院资源与环境科学学院地理科学系主任，教授；梁军，石家庄学院资源与环境科学学院规划设计系主任，教授。

推动产业大提升、新发展的强力支撑。

近年来，河北省各级党委、政府认真贯彻落实习近平新时代中国特色社会主义思想，对加强旅游公共服务体系建设的重要意义有了越来越深刻的认识，对旅游公共服务的投入逐步增长，旅游公共服务功能逐渐完善，体系建设逐步推进。自2017年开始，河北省持续开展旅游基础设施和公共服务提升行动，在全国率先编制实施《河北省旅游公共服务体系规划》，规划明确了"十三五"和"十四五"两个阶段的发展目标。2018年11月印发《河北省旅游高质量发展规划（2018~2025年）》，明确了在全省构建"便捷河北"、"智慧河北"、"绿色河北"、"温馨河北"和"品质河北"的优质旅游公共服务体系。2019年4月，河北省文旅厅召开文化和旅游公共服务领域重点改革任务推进会，积极推进"厕所革命"等旅游公共服务建设工作。

一 2019年河北省旅游公共服务体系发展现状

2019年，河北旅游公共服务工作按照"抓机遇、深融合、补短板、提效能、惠民生"的思路，统筹推进文化和旅游公共服务规范发展、创新发展、融合发展、高质量发展。

（一）加强公共服务体系建设顶层设计

河北省文旅厅研究制定《河北省旅游业高质量发展公共服务体系建设工作实施方案》《加快推进旅游业高质量发展的若干措施（旅游公共服务措施）》，编制发布《全域旅游公共服务体系建设指南》《旅游交通引导标识设置规范》两项省级地方标准，配合河北省发改委编制《河北省"三沿"地区公路与产业协同发展指导意见》，配合河北省交通运输厅编制《关于贯彻落实〈交通强国建设纲要〉高质量谱写交通强国河北篇章的若干措施》《河北省坝上区域旅游交通规划》，逐步完善全域旅游公共服务体系建设顶层设计。

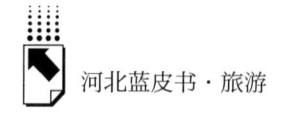

（二）旅游交通网络格局初具规模

河北以省、市、县三级旅发大会为抓手，加强交通与旅游的协调联动，完善旅游交通设施网络，创新交通旅游产品，提升旅游交通服务品质。重点打造了太行山旅游高速、承德市国家"一号风景大道"、张家口草原天路、滹沱河生态走廊、秦皇岛山海花田风景道、石家庄井陉太行天路、邯郸南洺河生态走廊、北洺河生态河谷等一批精品旅游风景大道。特别是落实河北省委、省政府关于把太行山高速公路建成"扶贫路、致富路、旅游路、发展路"的要求，河北省文旅厅与河北省交投集团合作，跨界融合创新打造了太行山高速旅游公共服务体系，2019年，河北省太行山高速公路被中国公路学会授予"太行山旅游高速"称号，成为全国首条高速公路旅游风景道。

邢台市抗大路、邯郸市旅游大道等一批旅游干线公路建成通车，结合县乡旅游道路建设与升级，提升了一批通景公路，景区内外交通条件得到有效改善，全省构筑了"高速连通域外、快速直达景区、环线串联景点"的高效便捷路网，极大地改善、提升了道路交通环境，初步形成了东西纵横、南北交错、快进慢游的旅游交通网络格局。

（三）创新旅游交通配套设施建设

2019年，河北省建设旅游集散中心（游客服务中心）37个、自驾车营地20座，开通旅游直通车线路19条，一批设施齐备、功能完善的旅游集散中心、游客服务中心、旅游驿站、房车营地建设落地，特别是以太行山高速"景区化开放式"沙河服务区、"产业化共享式"临城服务区为示范，在全国率先建成高速公路服务区游客中心，可提供信息查询、景点推荐、旅游发布、接驳服务、房车营地等功能，推进公路服务区和旅游景区深度融合、共建共享。依托太行山高速等旅游交通路网全新设置了一批特色突出、规范统一的旅游交通标识牌，为广大游客提供更加便捷的旅游公共服务，形成各景区、乡村旅游点与旅游交通网络"最后一公里"的网络链接标识系统，旅游交通配套设施逐步完善。

（四）智慧旅游平台建设稳步推进

河北省文旅厅出台《河北省智慧旅游建设工作实施方案》《关于推进文化和旅游信息化建设的工作实施意见》《智慧旅游景区基础设施建设指南》，全面推进文旅系统信息化、智慧化建设。省级旅游云大数据中心基本建成，横向实现与工商、气象、地理信息、环保等相关部门数据共享交换，纵向实现123家4A以上景区708路视频监控数据接入。省级产业监测与应急指挥平台基本实现了景区实时监控、游客数据分析、出境旅游团队监测、导游数据统计等功能。目前，"一部手机游河北"省级平台正在建设中，11个市已经相继开展了智慧旅游项目，承德、秦皇岛等6地市建设了市级旅游大数据平台，石家庄、张家口等7个地市已建设了手机智慧服务平台。

（五）旅游"厕所革命"成效显著

2019年，河北省文旅厅积极贯彻落实习近平总书记关于"厕所革命"的重要批示指示精神，扎实推进旅游厕所建设，全省共新建、改扩建旅游厕所1479座。在全国旅游厕所革命新三年行动中，全省连续两年旅游厕所完工率排名全国第一；2018~2019年，全省总共新建、改扩建旅游厕所3489座，用两年时间提前超额完成新三年厕所革命任务，超额近60%。

在旅游厕所数量大幅增加的同时，全省着力提升管理质量和服务水平。开展了为期三个月的旅游厕所建设管理质量提升行动，组织各地市文化和旅游部门对域内旅游厕所的开放、运营、卫生、设备维护、标准化建设等情况进行自检和整改，委托第三方对全省2031座旅游厕所进行专项检查，实施厕所质量等级评定和游客如厕满意度调查。开展了旅游厕所上线百度电子地图工作，全省上线百度地图旅游厕所5376座，电子地图标注完成率为98.70%，名列全国第五。

（六）积极探索文化和旅游公共服务融合发展

2019年，河北省文旅厅以《国家基本公共文化服务体系建设指导标准》

《全域旅游公共服务体系建设指南》为指导，以公共文化服务体系示范区、全域旅游示范区创建为依托，指导唐山市制定《乡村文化旅游服务中心建设与服务规范》，推动正定、围场、北戴河、迁安、丰南、武安、涉县等一批县（市、区）积极探索文化和旅游公共服务融合发展实践路径，开展试点示范工作，廊坊市和涉县旅游公共服务建设经验入选全国旅游公共服务建设经验选编。

二 河北省旅游公共服务体系建设中存在的问题

公共服务体系建设是衡量一个区域旅游业成熟程度的重要标志。从调研情况来看，虽然目前河北省旅游公共服务体系建设工作成效显著，但也存在一定问题，具体体现在以下四个方面。

（一）公共服务设施建设缺乏统筹谋划

河北旅游公共服务体系建设存在区域发展不平衡、冷热不均的情况。如目前河北不少县域旅游公共服务设施建设缺乏统筹谋划，尚处于起步或无序建设阶段；有些地市旅游交通行车难、停车难的问题长期存在；有些地区旅游交通导引标识设置存在少、乱、旧的现象，景区解说标识标牌配置有待进一步完善；部分景区旅游厕所管理不善，存在卫生不佳、气味难闻、设施不全、使用不便等问题。

（二）综合立体旅游交通网络有待完善

河北省陆路交通取得了较大成绩，但空运通航的城市和航班架次与发达省市相比还有一定差距，海运、邮轮经济仍是短板；高铁站开往景区和度假区的运游服务非常欠缺，部分通景公路设计标准难以满足大旅游的要求，一些景区通道人性化设计理念不足，缺少必要的风景步道和无障碍通道；旅游公交专线和旅游班线规划建设不足，有条件的城市尚未开通串联各主要旅游节点循环运行的旅游公交专线或观光巴士；旅游停车场和自驾车旅居车营地建设滞后，停车位不足，配套服务不完备。每逢节假日，主要旅游景点附近车辆堵塞严重，影响了河北省旅游整体形象。

（三）公共服务智慧化建设仍任重道远

在文化和旅游深度融合的背景下，建立覆盖河北全域文旅资源各要素的基础大数据库任重道远；目前，河北省新开发的系列智慧旅游小程序和微信公众号仅有信息发布功能，产品功能单一；智慧旅游配套设施建设仍不充分，有些景区、酒店和游客服务中心尚未实现免费 Wi-Fi 全覆盖。

（四）公共服务体系跨界融合尚需创新

公共服务体系建设有各自不同的领域，也有一定的重合地带，实现公共服务体系跨界融合发展是新形势下需要长期探索的一项重要工作。游客服务中心与博物馆、美术馆、剧院、图书馆、文化馆等公共文化设施，如何实现融合建设、联动发展、创新发展，尚需针对不同领域和问题明确推进办法，加强深入研究。

三 2020年河北省旅游公共服务体系建设思路和对策

2020 年是脱贫攻坚、全面建成小康社会的决胜之年，也是旅游公共服务多项重点任务收官的关键之年。当前旅游业已进入以散客为主的旅游新时代，对公共服务体系依赖性更高，需要更加完备的公共服务设施，营造更加友好的旅游服务环境。为解决河北省旅游公共服务体系建设存在的问题，结合河北省内调研成果，借鉴外省、市先进经验，提出如下建议。

（一）全面提升旅游交通服务水平

1. 构建综合性旅游交通网络

进一步完善"快进慢游"的交通体系，以现有高速公路、国道、省道为基础，重点突破与航空机场、港口、高铁站点等交通枢纽的衔接，尤其是与北京大兴国际机场、张家口机场、崇礼高铁站的联通，改造、新建部分区域间的快速旅游公路干线及连接线，提高对外通达性，加快构建"公铁水空"综合立体旅游大交通网络。加强与景区"小交通"的无缝衔接，解决中心城区、交通枢纽等游客集散节点到旅游目的地的公共交通瓶颈问题，打造旅游专线公交、风景步道、骑行绿道、自驾廊道等通景交通，串联核心旅游景区、旅游度假区、美丽乡村等旅游节点，实施生态走廊经济工程，构建各具特色、多样化的旅游交通体系。

2. 健全旅游交通配套服务设施

健全旅游交通沿线服务设施，建设新能源汽车分时租赁点，配备新能源汽车，并探索推动在有条件的4A级以上景区的停车场、公路服务区建设自驾车、旅居车营地，为自驾旅居车出行提供便利。在道路沿途配置观景台、休憩驿站、生态厕所、房车营地等服务设施，满足游客旅途多元化需求。发展"服务区+旅游"等交旅融合新业态，结合地方特色，因地制宜，在高速公路服务区增设休憩娱乐、物流、票务、旅游信息和特色产品售卖等服务功能，提供更多精细化、差异化的旅游交通产品和更加舒心、放心的旅游交通服务，满足旅行者的多样化需求，增加有效供给。

（二）构建多元化旅游信息服务网络体系

1. 加快推进智慧旅游体系建设

提升智慧管理能力，加强省、市、县智慧管理平台功能建设，推进各级管理平台与省旅游产业运行监测与应急指挥平台对接互通，实现河北省文旅应急指挥调度一张网。加快文旅数据中心建设，丰富数据资源，将A级景区、乡村旅游、民俗、特色小镇等涉文涉旅数据，以及A级以上景区视频监控全部接入河北旅游云平台，打破"信息孤岛"，实现互联互通。提高智慧服务水平，省、市同步推进构建一部手机游生态系统，各市搭建智慧旅游平台，依照标准与省平台做好技术对接，实现智慧应用联动和数据互通、共享，打造"吃、住、行、游、购、娱"智能化服务，全力推动"一部手机游河北"上线运行。推出智慧文旅产品，开展"互联网+旅游"产品研发，依托5G网络和全景、AR、VR、AI技术，推出云游景区、远程体验等在线服务项目。开展"互联网+文化"项目建设，实现数字博物馆、数字图书馆等数据公共服务项目上线运行。开展智慧景区示范点评定工作，提升全省景区信息化、智慧化水平，实现智能入园、手机导览、无感支付等服务功能。

2. 加快完善线下旅游咨询服务体系建设

根据游客实际流量建立多层级的旅游咨询服务网络。在各类交通枢纽建设旅游集散中心，开发运游服务产品；在重要旅游节点、核心商圈、游客集聚区域、旅游景区建立咨询服务中心，配套设置全域全景图或二维码导览服务；在商场、步行街、景点、高速公路服务区等游客活动节点设置咨询服务点，鼓励当地社区居民、经营户或志愿者积极参与游客服务点的设置，有效提供景区、线路、住宿、餐饮等信息与服务，实现旅游服务功能从景区景点向全域覆盖。

（三）持续高质量推进旅游厕所革命

1. 加强旅游厕所标准化建设

通过政策引导、部门联动、资金补助、监督考核等方式，采取"新建与改建结合、养护与提升并举"的方式，推动全省旅游景区、乡村旅游点（A级景区村庄）、旅游线路（高速公路服务区、加油站）、交通集散点（包括旅游集散中心、机场、火车站、码头等）、旅游餐馆、旅游娱乐购物场所等重点区域的旅游厕所逐步达到国家旅游厕所质量等级标准。重点增加和提升3A级以下景区和乡村旅游点厕所的数量和质量，继续倾斜支持贫困地区旅游厕所建设。倡导节约环保、就地取材，积极采用节水、节能、除臭等新技术、新材料，建设生态环保、实用美观的旅游厕所。

2. 提升旅游厕所管理服务智能化水平

利用移动互联网技术解决游客"找厕难"的问题，与百度地图合作持续推进旅游厕所上报标注工作，完善旅游厕所外观、厕位情况和是否有无障碍厕位、家庭卫生间等信息。利用旅游厕所在线评价和反馈功能，监督文旅系统公共服务效能，依托全国旅游厕所管理系统，全程动态管理全省旅游厕所建设情况，提升"厕所革命"管理水平。在游客集中的公厕，利用大数据系统自动统计人流数据，应用物联网、新风系统等技术设备监测、消除异味，推广人脸识别厕纸机、厕位有人无人LED显示、无线Wi-Fi、手机充电、生物降解等设备和技术，全方位提升游客如厕体验，提高公厕服务智能化水平。

（四）创新推进文化和旅游公共服务设施功能融合

以国家公共文化服务体系示范区、全域旅游示范区、中国民间文化艺术之乡建设为依托，统筹公共服务设施建设管理、公共服务机构功能设置和公共服务资源配置，有效整合文旅公共服务资源，创新推进文化和旅游公共服务融合发展。建立全省统一的文化旅游基础资源数据互联平台，对公共服务、非遗项目、博物馆、图书馆等多维度数据资源进行梳理。推动重点旅游区域基层综合性文化服务中心、重点旅游乡镇公共文化服务站与游客服务中心、旅游休闲设施的统筹建设与运营。推动公共文化场馆开展旅游咨询、旅游便民等服务，打造"公共文化场馆+旅游服务"新模式；鼓励旅游集散中心、游客服务中心等嵌入公共文化活动，形成参与度广、美誉度高、主客共享、社会共建的公共活动新空间，为社会力量参与公共服务产品供给搭建平台。

（五）加强公共服务体系建设统筹协调机制

1.进一步完善旅游公共服务体系顶层设计，推进相关规划、标准落地落实

与国家相关规划有效衔接，结合河北省发展实际，高标准编制《"十四五"河北省旅游公共服务建设规划》《河北省全域旅游交通发展规划》等，大力推进实施。高度重视旅游公共服务体系在全域旅游发展中的基础作用，推进实施《全域旅游公共服务体系建设指南》标准，切实抓好省、市、县旅游公共服务体系建设规划的编制工作，分类指导各级各地有重点、有计划、分步骤、成体系地推进旅游公共服务设施建设工作。结合全域旅游示范区创建和省、市旅发大会筹办，科学制定全省及各市年度旅游公共服务体系

建设任务目标，实施旅游公共服务质量提升工程。

2.进一步加强对旅游公共服务体系建设的统筹协调

发挥好河北省旅游工作领导小组统筹协调机制，紧紧围绕旅游公共服务体系建设目标，明确责任分工，加强协调配合，形成整体工作合力；文化和旅游部门认真履行统筹协调、行业管理、规划设计、督查考核的职责，充分发挥牵头抓总作用；将旅游公共服务体系建设纳入各级相关部门目标责任考核之中，夯实责任，跟踪督查，推动落实。

参考文献

[1]《浙江提升公共服务助力全域旅游》，http：//www.http：//news.sina.com.cn/o/2017-05-17/doc-ifyfkkmc9486017.shtml，2017-05-17。

[2]《浙江以"厕所革命"为突破口，推进景区环境整治》，http：//www.chinanews.com/sh/2015/04-30/7243869.shtml，2015-04-30。

[3]《陕西省人民政府办公厅关于促进旅游投资和消费的实施意见》，http：//www.jingbian.gov.cn/gk/zfwj/szfwj/41044.htm，2016-01-20。

[4] 陆爱婕、尹奎：《"全域旅游"背景下江苏旅游产业融合发展研究》，《知识经济》2019年第2期。

[5] 金武刚、赵娜、张雨晴等：《促进文旅融合发展的公共服务建设途径》，《图书与情报》2019年第4期。

[6] 刘治彦、季俊宇、商波等：《智慧旅游发展现状和趋势》，《企业经济》2019年第10期。

[7] 夏杰长：《促进旅游公共服务体系建设的政策着力点》，《社会科学家》2019年第5期。

[8] 郭正方、陈元方、王燕燕等：《鹤壁市旅游公共服务体系建设调查》，《人大建设》2017年第7期。

[9] 庞冬梅：《延安市旅游业发展中的政府职能优化研究》，硕士学位论文，延安大学，2017。

[10] 虞乐：《推进全域旅游公共服务建设的对策建议——基于常州市金坛区的调查研究》，《旅游纵览》（下半月）2018年第6期。

[11] 宋瑞：《公共服务体系如何满足文旅融合新需求》，《中国文化报》2019年1月12日。

区域发展篇

Reports of Regional Development

B.9
坝上地区旅游业发展报告

白美丽　张利娟　张冬霞　安树伟　王瑞娟[*]

摘　要： 本报告以坝上地区为研究对象，回顾2019年坝上地区旅游业的发展情况，分析坝上地区传统和新型旅游业态发展态势，并对当前旅游发展中存在的问题进行研判，提出以旅游为抓手促进经济发展、明确发展定位提升旅游质量和效益、通过区域协同发展实现共建共享共赢、更新人才培养模式不断提高管理水平、构建风景道体系促进旅游扶贫等对策，认为未来应继续围绕草原、乡村、风景道、生态四大主题，做好整

---

[*] 白美丽，河北北方学院法政学院副教授，理学硕士，研究方向为区域经济与旅游规划、文化旅游、文化产业；张利娟，河北北方学院法政学院讲师，博士，研究方向为旅游规划与景观设计；张冬霞，河北北方学院法政学院讲师，硕士，研究方向为旅游管理、区域发展；安树伟，首都经济贸易大学城市经济与公共管理学院教授，博士生导师，研究方向为城市与区域发展；王瑞娟，首都经济贸易大学城市经济与公共管理学院在读博士，研究方向为跨区域生态补偿、生态经济学。

合草原优势资源，延长草原旅游适游时间；培育系列乡土旅游品牌，助力乡村全面振兴；构建风景道旅游体系；重点发展以生态旅游为主导的高端创新业态等内容，促进旅游业健康快速发展。

关键词： 坝上地区　生态旅游　旅游扶贫

坝上地区位于河北省北部、内蒙古高原的东南边缘，为中国北方季风气候与大陆气候、干旱与半干旱地区、农区与牧区接壤的过渡地带，也是内陆流域与外流域的交接带，总面积约1.6万平方公里，占全省土地总面积的8.5%，包括张家口的张北、沽源、康保和尚义四县的全部以及承德的丰宁、围场两县各一部分。属于大陆性季风气候，寒冷、少雨、多风、干旱是坝上最明显的特征。该区域有着丰富的森林和草场，植被覆盖度达到50%。生物多样，珍奇动物呈现高原特征，白桦林、格桑花随处可见，既适合牧草与作物生长，又是旅游、度假、休闲的好去处。

一　坝上地区旅游业基本概况

2019年，在习近平新时代中国特色社会主义思想的指导下，坝上地区旅游业按照省委、省政府和国家旅游局的总体部署，认真落实"十三五"期间河北省旅游业发展目标和《河北省旅游高质量发展规划（2018～2025年）》，加快旅游业发展建设，狠抓各项工作，取得了显著成效。现有4A级景区8个，3A级景区9个，2A级景区10个，新业态旅游产品21个，知名景点11个。

2019年8月，以"助力精准扶贫、创新绿色发展"为主题的第三届张家口市旅游产业发展大会在张北县中都原始草原度假村开幕。大会分两季举办，第一季为8月2～4日，在坝上四县两区举办，重点推介展示了草原天路沿线文旅扶贫的成果，五色天路运动休闲小镇、草原天路东段（沽源段）、滦河神韵风景区、塞北草原公园、十三号村民宿等重点项目给游客带来耳目一新的感受。康保县秉持"旅游+扶贫"理念，举办了"恋人花"文化生态旅游嘉年华，"充分挖掘康保县独特的生态地理优势，以草原天际线为主线，以'恋人花'为主题，以助力扶贫为目的，把发展文化生态旅游业和精准扶贫有机结合起来，全力打造具有康保特色的生态旅游新业态，助力康保打赢脱贫攻坚战"。

二 2019年坝上地区传统旅游业态发展态势

（一）草原旅游

1. 坝上草原规模

坝上草原地处河北省西北部、内蒙古高原南缘，大部分属于温带半干旱干旱草原地带，仅坝东一小部分属森林草原、草甸草原地带，平均海拔1486米，草原面积广阔，"约1737.15万亩，其中天然草原1699.56万亩、人工草地37.59万亩，草原综合植被盖度71.6%"，以沽源闪电河为界大致分为两大区域：典型草原区和森林草原区。闪电河以西是典型草原区，根据植被的不同细分为：①张北克氏针茅、羊草典型草原区；②康保小叶锦鸡儿、针茅、冷蒿典型草原区；③坝头山地草甸草原区。闪电河以东是森林草原区，根据植被的不同细分为：①御道口羊草、兔毛蒿草甸草原区；②长林子白桦、羊草森林草原区。此外，坝上草原有丰富的野生花卉资源，种类繁多，花期交叠，花型独特，花色繁多，兼具药用、食用价值。

2. 坝上草原成为夏季消夏避暑地

草原旅游是指利用独特的草原自然风光、气候及此环境形成的历史人文景观和特有的民族风情为吸引物进行的旅游活动。依托草原资源发展旅游业，是坝上地区最早开展的旅游形式，也是目前坝上地区最为成熟的旅游形式之一。坝上地区依托草原，先后形成了多个草原旅游目的地，其中运营良好的有张北中都草原、安固里草原、沽源县滦河神韵、五花草甸、康保县康巴诺尔草原、尚义县察汗淖尔草原、围场县木兰围场、御道口草原、丰宁县京北第一草原等。

丰宁县京北第一草原又名大滩草原，位于燕山山脉北侧，是距首都最近的天然大草原，是坝上草原的重要组成部分；总面积350平方公里，平均海拔1487米，最高海拔约2400米，是滦河、潮河的发源地；动植物种类繁多，植物达73科315种，盛夏期间平均气温为17.4℃，是国家4A级旅游景区，理想的草原旅游胜地。丰宁县京北第一草原自开发以来，凭借自身独特的自然景观和凉爽的气候，形成以原始云杉林和高原草原风光为特色的夏季消夏避暑地，吸引了大批游客。

近年来，坝上地区张家口辖区利用草原自然起伏的天然优势，建成了"草原天路"，并不断扩建；2019年8月，"草原天路"全线贯通，起自张承界，经赤城县、张北县、崇礼区、沽源县、万全区、尚义县，止于冀蒙界，全长约323.9公里，成为自驾游最佳目的地之一。

（二）森林旅游

1. 坝上森林规模

坝上的森林资源主要由天然林、灌木林和人工林构成，其中，天然林主要分布在围场塞罕坝一带、沽源东南部、丰宁沿坝一带，多以白桦、山杨、杏林为主；灌木林有白榆、小红柳、沙杞柳、柠条等；人工林，坝上东部以松树为主，西部以杨树为主。坝上地区林地面积（含特灌）约567万亩，森林覆盖率23.4%，其中围场森林覆盖率为30%～70%，是国家森林公园所在地。坝上地区有生态类自然保护区国家级6个、省级7个，森林公园国家级12处、省级34处。坝上地区有湿地面积304.5万亩，湿地公园国家级12处、省级24处。坝上地区丰富的森林资源为开展森林生态旅游奠定了良好基础。

2. 坝上森林成为康养休闲生态旅游目的地

森林旅游（Forest Recreation）是指在林区内依托森林风景资源发生的以旅游为主要目的的多种形式的野游活动，这些活动不管是直接利用森林还

是间接以森林为背景都可称之为森林旅游（游憩）或森林生态旅游。坝上地区结合自身丰富的森林资源，积极开展森林生态游，先后形成了塞罕坝国家森林公园、丰宁国家森林公园、尚义县大青山国家级森林公园、沽源国家级森林公园等一系列以森林资源为主的国家级森林资源旅游目的地；此外，坝上地区还有众多省级森林资源旅游目的地。

塞罕坝国家森林公园是"中国北方最大的森林公园，公园总面积41万亩，其中森林景观106万亩，草原景观20万亩，森林覆盖率75.2%，属国家一级旅游资源，国家AAAAA级旅游景区"。

丰宁国家森林公园，"拥有林地面积88.2万亩，森林覆被率达86.8%，分布有1760余种野生植物和317种脊椎动物，是河北省不可多得的野生物种基因库"。凭借良好的森林资源条件，打造了丰宁森林草原休闲度假、消夏避暑旅游品牌。

千松坝国家森林公园，"是一座以天然次生林为特色的原始森林旅游景观"，是"京北第一草原"的重要组成部分，"因公园内分布着百年以上的稀有沙地云杉林133公顷，因此而得名'千松坝'，总面积约为6667公顷，核心区面积536公顷，是集山岳、森林、草原、湿地于一体的自然生态旅游景区"。

2018年，河北省制定了《河北省国家全域旅游示范省创建规划》，在"战略布局"部分提到要依托张家口、承德坝上地区独具优势的生态环境和优美的森林草原景观，打造坝上森林草原生态旅游区，并将其建成国家生态文明旅游示范区，成为全国生态文明旅游的范例。2019年，丰宁千松坝云杉林凭借清新的空气、大浓度的负氧离子、适宜康养的优质森林入选"中国最美森林"，成为都市居民向往的森林康养基地。

三 2019年坝上地区新型旅游业态建设与发展

（一）乡村旅游发展迅猛

坝上地区积极响应党的十六届五中全会"美丽乡村"的发展理念，旅游业在前期草原旅游和森林旅游的基础上，逐渐转向乡村，使乡村旅游成为继草原旅游、森林旅游之后的第三大旅游业，乡村旅游的开展进一步促进了草原、森林深度游。作为河北省重点打造的"六大乡村旅游片区"之一，坝上地区依托自身的文化、田园风光、风景道等资源，将特色乡村、民宿民俗、吃农家饭、住农家院作为乡村旅游发展的主要方向，大力发展乡村旅游、生态旅游、风景道旅游，拓展多种农业功能，陆续探索了"乡村旅游+民宿""乡村旅游+生态""乡村旅游+文化"等多种乡村旅游发展道路，既满足了人民过上美好生活的新期待，又提供了丰富的精神食粮。

（二）旅游扶贫成效显著

旅游扶贫是贫困地区扶贫攻坚的有效方式，是贫困群众脱贫致富的重要渠道。坝上地区将精准扶贫对准乡村旅游，乡村旅游扶贫具有带动力大、覆盖面广、持续性强、返贫率低的特点。2018年，承德坝上借助第三届河北省旅游产业发展大会承办的机会，在大会的核心旅游线路——国家"一号风景大道"沿线，重点打造了55个精品乡村旅游示范村，形成沿线多元化大型旅游经济带。当年，承德坝上凭借"一号风景大道"，有效带动坝上区域16个乡镇、5个分场、112个行政村走上乡村旅游脱贫致富道路，助推坝上2.1万人脱贫致富，实现小康，并辐射带动沿线乡村振兴，催化旅游扶贫开花结果。

张家口尚义县的南壕堑镇十三号村曾是全县出名的贫困村和空心村，村里大部分青壮劳力外出打工。近年来，十三号村依托有利的生态资源，充分发挥邻近尚义县最大的国家级森林公园——大青山生态旅游景点的区位优势，创新发展模式，开发民宿旅游，带领村民脱贫致富。现在的十三号村是河北省乃至全国有名的特色旅游村，被评选为国家旅游扶贫示范村，入选全国"2018民生示范工程"。

2019年，按照"一村一策"原则，河北省启动了涉旅企业结对帮扶贫困村的社会帮扶活动。在帮扶活动中，坝上地区各县积极探索"旅游+扶贫"发展路径，催生了景区带村、能人带户、"企业+农户"、"合作社+农户"等一系列旅游扶贫典型模式。沽源县、尚义县积极动员民营旅游企业参与旅游扶贫，引导重点景区与周边贫困村结对帮扶。张北县将强化景区扶贫责任作为重点，草原天路、中都草原、野狐岭等重点景区和旅游企业通过对贫困户在就业岗位、经营摊位上给予优先照顾和特殊的利益分配；通过优先吸纳贫困劳动力就业、收购贫困户的农副产品；通过制定经营摊位优惠政策等方式，进一步拓宽群众参与渠道。截至2019年8月15日，张北县已有14个乡镇、70个行政村参与到旅游产业当中，涉及贫困村28个，旅游产业直接受益11000多人，其中，建档立卡贫困户1814户、3266人受益。

（三）全域旅游形成新格局

推进全域旅游已成为新阶段旅游发展方式和发展战略的一场变革。《河北省国家全域旅游示范省创建规划》提出"把张家口、承德坝上地区建成国家生态文明旅游示范区"。坝上地区按照规划精神，积极探索全域旅游发展新模式，开发的"一号风景大道"将坝上景区连片打造，实现了由"单一公路交通功能"向"旅游资源整合功能、旅游服务消费功能"的转变。《张家口市全域旅游发展规划（2018~2035）》谋划将坝上地区的重点区域——张北、沽源、尚义和康保分别定位为京西大草原旅游休闲度假区、神韵湿地休闲旅游目的地、京津冀地区著名生态度假旅游目的地和草原户外特色旅游目的地。2018年，坝上地区通过第三届省旅发大会打造了国家"一号风景大道"等高质量旅游片区；2019年，丰宁满族自治县为了全面推动全域旅游加快发展，编制了《全域旅游总体规划》；2019年8月，河北省文化和旅游厅对首批省级全域旅游示范区认定名单进行了公示，坝上地区的张北县被评为首批省级全域旅游示范区。

（四）风景道旅游惊艳亮世

2017年2月，交通运输部、国家旅游局等六部门联合印发的《关于促进交通运输与旅游融合发展的若干意见》提出"研究构建旅游风景道体系，积极推动旅游风景道建设，打造一批特色突出的旅游风景道示范工程"。党的十九大报告也提出了建设"美丽中国"和"交通强国"的理念。风景道旅游是以公路及附属设施、公路沿线空间为载体，对公路、附属设施及其周边区域的旅游化利用，实现道路由单一交通功能向交通、生态、游憩和保护等复合功能的转变。在2018年召开的河北省旅发大会上，承德重磅推出国家"一号风景大道"，风景大道全长180公里，是国内第一条国家注册风景道，被誉为中国最美的"生态天路、休闲天路"；2019年，张家口草原天路完成了东扩西延，东接承德一号风景道，西连内蒙古草原，由132.7公里拓展到323.9公里，将坝上地区的张北、沽源、尚义、康保4个县连点成片。沽源县积极探索"公路+特色产业""公路+乡村旅游"发展模式，结合景区景点建设了多条旅游公路，通过"草原天路"带动沿线贫困村发展起农家乐、渔家乐、种植园、采摘园等多种生态旅游产业，让农民富起来，让农村活起来。

（五）特色小镇健康发展

近年来，特色小镇建设在全国范围内快速展开并迅速升温。2018年8月30日，国家发展改革委发布了《关于建立特色小镇和特色小城镇高质量发展机制的通知》，对特色小镇高质量发展提出了总体要求，引导特色小镇健康发展。坝上地区积极响应，大力发展特色小镇。丰宁满族自治县开发的马镇，通过将传统马术杂技与现代科幻舞台相结合，并融入满族人文情怀、特色美食等多元化元素，深入、立体地展示丰宁当地独有的"马文化"和乡土魅力，是一个以高端、生态、可持续发展理念为主题，以弘扬草原文化、创建生态友好型旅游度假区为目的而打造的草原特色旅游小镇。

根据河北省人民政府印发的《河北省旅游高质量发展规划（2018~2025年）》，未来，坝上地区将继续加大特色小镇建设力度，打造丰宁满族自治县汤河温泉生态特色小镇、围场满族蒙古族自治县皇家猎苑小镇、围场满族蒙古族自治县御道口草原生态小镇等多个具有地方特色的小镇。

（六）生态旅游日渐繁荣

生态旅游是以有特色的生态环境为主要景观的旅游，是以保护自然环境和维护当地人民生活为双重责任的旅游活动。坝上地区的生态旅游资源极其丰富，不仅有原始草原、原始森林、天然次生林、人工林、湿地、多种植物和野生动物，还有元中都遗址、六代长城等历史人文景观，是发展生态旅游的理想之地。

近年来，坝上地区逐步形成了以草原生态旅游为特色，集自然风光与历史文化于一体的旅游格局，完善了"草原天路"、中都原始草原度假村等生态旅游区，并积极扶持提升了"农家乐"和农业生态观光游。尚义县秉承"绿水青山、金山银山"理念，充分发挥生态资源优势，整合旅游要素，探索发展路径，呈现出生态旅游产业日渐繁荣态势。

坝上地区是极为特殊的生态区域，是北京的生态屏障，如今又是首都水源涵养功能区和生态环境支撑区的重要区域，保护好生态系统非常重要。未来，坝上地区可通过整合坝上山地、河流、湖泊、森林、草原和田地等自然资源，坚持"绿色"发展理念，开发"绿色出行""绿色建筑""绿色产品""绿色消费""绿色产业""绿色管理"等系列生态旅游产品，做好"生态旅游"文章。

四 坝上地区旅游业发展存在的问题与发展对策

（一）存在问题

1. 地区经济发展落后，旅游发展资金不足

坝上地区工业发展相对落后，对外经济联系也远不如其他地区便捷和密切，经济发展水平较低，是河北省经济发展的"滞后区"，其中，张家口坝上是全省经济发展最落后的地区，是环京津贫困带中的特困洼地。坝上地区经济发展不景气，旅游发展资金不足，导致早期开发的大多数景点规模小、基础设施建设不足，旅游项目、旅游商品、旅游纪念品开发和建设力度均显不足，低端旅游产业居多，亟须完善。

2. 缺乏区域整体规划，旅游发展定位不清

坝上地区的旅游发展至今仍处于一种自然发展状态，缺乏统一规划和整体发展思路。当前，某些旨在聚集人气的低端旅游产业只能带来暂时的效益，长此以往，旅游积聚的人气和效益将下降，"草原天路"的无序旅游开发已经呈现出对环境的压迫，因此，坝上旅游产业发展尚须科学规划论证。

3. 同质化现象严重，引发系列不良效应

坝上地区在开发旅游产品与项目时，区域合作意识淡薄，统筹考虑不足，导致旅游项目、旅游产品、旅游景区同质化现象严重，区域内部竞争较为激烈，部分旅游业靠价格战畸形发展等问题出现。

4. 人力资源极度短缺，经营管理水平较低

受经济发展所限，坝上地区本地人才外流严重，外来人才少，导致该地区旅游业从业者数量少，而且从业者大多数是当地居民，旅游从业人员队伍素质参差不齐，职业化能力、客户服务能力较低，旅游管理水平低，旅游规划、经营和管理的中高端人才极度缺乏。

（二）发展对策

1. 以旅游为抓手，促进坝上经济发展

坝上草原资源、森林资源极其丰富，生态环境良好，要兼顾首都水源涵养功能区和生态环境支撑区的重要定位，从建设京津冀生态屏障和保持绿色原生态自然系统出发，以旅游为抓手，大力发展草原旅游、森林旅游，加大生态旅游发展力度，依托"草原天路"和国家"一号风景大道"大力发展风景道旅游和乡村旅游，促进坝上经济社会快速发展。

2. 明确发展定位，提升旅游质量和效益

立足自身实际，瞄准游客需求，明确发展定位，围绕定位，制定统一发展规划和整体发展思路，开发各种内容丰富、新颖独特的旅游方式和旅游项目，发展高端旅游业，注重旅游可持续发展，打造坝上特色旅游品牌，提升

坝上旅游发展质量；利用旅游的强综合性和高关联度，提升坝上旅游发展效益，实现坝上旅游高质量发展。

3. 围绕区域协同发展，实现共建共享共赢

树立全局意识，统筹规划，妥善处理好地区与地区之间的发展关系，应由张家口坝上、承德坝上双方进行协商讨论，由省文化和旅游厅统筹规划，建设内容互补、方式互补的旅游项目，打造具有坝上特色的旅游品牌，走双方携手共建之路。张家口坝上、承德坝上可突破区域限制，围绕旅游产品、基础设施、旅游客源、旅游经济等方面加强合作，实现共建共享共赢发展。

4. 落实人才保障，不断提高管理水平

通过"本地培养+周边引进+民众培训"的人才培养模式，逐步解决坝上地区旅游管理人员短缺、管理水平低下等问题。第一层面，依托张、承两市高校的相关专业，培养旅游规划、管理人才，主要缓解坝上地区旅游业中低层次管理人员短缺现状。第二层面，与京津冀周边地区的名校名企合作，建立旅游培训学院和景区培训基地，引进旅游规划和管理的中高端人才。第三层面，聘请专家进校、进旅游区、进村开展培训，培训当地参与旅游经营管理的民众，树立科学管理意识，形成管理能力。同时，制订坝上地区人才留用、京津冀人才引进计划，落实人才保障措施，确保人才能留下来、留得住。

5. 构建旅游风景道体系，促进旅游扶贫

以"草原天路"和国家"一号风景大道"为抓手，整合坝上草原、森林、湿地、民俗、文化等资源，围绕从尚义县到围场县全长约600公里的大型旅游经济带，鼓励风景道"沿线"和"延线"乡村立足本土文化和民俗风情，结合民宿、农家乐、休闲观光、采摘等特色旅游扶贫产业，构建以国家"一号风景大道"和"草原天路"为核心，张承观光铁路、张承通用机场等多种绿色出行方式为拓展的多级旅游立体交通体系，激发游客对风景道及周边区域的旅游需求，提升游客的旅游体验，发挥风景道对周边区域的经济带动作用，实现风景道的交通、生态、游憩和保护等复合功能，是坝上地区旅游发展的一个重点。

五 坝上地区旅游业发展前景展望

2020年，坝上地区的旅游业应在原有基础上，继续围绕草原、乡村、风景道、生态四大主题开展，让旅游发展更上一层楼。

一是整合草原优势资源，引入国内外优质旅游资本和品牌，推动发展野奢、艺术、国际赛事等旅游融合产品，打造集草原度假、体育旅游、研学旅游、民俗旅游、康养旅游、低空旅游等于一体的综合性产品，开展徒步、露营、狩猎、自行车越野等野外拓展活动，延长草原旅游适游时间。

二是立足坝上地区广阔的农村和浓郁的乡土风情，迎合大城市居民返璞归真、亲近自然的需求，开发一批乡村度假和旅居产品，突出坝上地区的乡土特色和乡愁体验，培育一系列坝上地区的乡土旅游品牌，助力坝上地区乡村全面振兴。

三是整合张承地区的草原、森林、湿地、民俗、文化等资源，以"草原天路""一号风景大道"为品牌引领，连接张家口和承德坝上风景道，构建坝上地区风景道旅游体系，将"草原天路""一号风景大道"建设成为一条生态路、旅游路、富民路。

四是要重点发展以生态旅游为主导的森林康养、生态研学、亲子度假等高端创新业态，精心打造坝上地区世界级的高品质森林康养基地和森林体验基地，形成以"极致的绿色"为品牌价值的发展方式，实现生态保护与经济发展双赢。

参考文献

[1]《助力精准扶贫，创新绿色发展，第三届张家口市旅游产业发展大会开幕》，http：//www.sohu.com/a/331228301_99970582/2019－08－02/2019－12－16。

[2] 河北共产党员网：《张家口：康保"恋人花"文化生态旅游嘉年华开幕》，http：//dy.163.com/v2/article/detail/ELNSRSM705149GTA.html/2018－12－

27/2019-12-16。

［3］河北省人民政府：《关于加快坝上地区生态环境治理修复实施方案的通知》，http：//info.hebei.gov.cn/hbszfxxgk/6806024/6807473/6806589/6844205/index.html/2019-08-02/2019-12-18。

［4］赵庆钢：《河北坝上野生花卉》，河北美术出版社，2008。

［5］刘敏：《我国草原旅游研究发展》，《人文地理》2007年第1期。

［6］溪水一：《醉人蓝天丰宁草原——"京北第一草原"采风纪行》，《走向世界》2014年第28期。

［7］360百科：《坝上草原》，https：//baike.so.com/doc/5384743-5621159.html/2019-12-19。

［8］360百科：《森林旅游》，https：//baike.so.com/doc/4186978-4387511.html/2019-12-19。

［9］360百科：《塞罕坝国家森林公园》，https：//baike.so.com/doc/1005015-1062513.html/2019-12-19。

［10］张丽云、李建峰、范雪朋：《河北丰宁国家森林公园旅游开发战略研究》，《科技信息》2010年第8期。

［11］赵成敏、孙厚吉：《承德：丰宁千松坝云杉林入选"中国最美森林"》，载廊坊市应用经济学会编《对接京津——低碳环保持续发展论文集》，廊坊市应用经济学会，2019。

［12］河北省人民政府：《河北省国家全域旅游示范省创建规划》，http：//www.hebei.gov.cn/hebei/11937442/10761139/14384146/index.html/2018-08-29/2019-12-01。

［13］汪洋：《大力发展乡村旅游扶贫，促进贫困群众脱贫致富》，http：//finance.ifeng.com/a/20150519/13717367_0.shtml/2015-05-19/2019-12-02。

［14］王海燕：《旅游扶贫大有可为》，《中国经济时报》2016年1月27日。

［15］人民网：《第三届河北省旅发大会将助推6.2万人脱贫》，http：//www.cnr.cn/hebei/jrhb/20180704/t20180704_524290643.shtml/2018-07-04/2019-12-06。

［16］刘雅静：《张家口市尚义县因地制宜推进特色产业扶贫》，http：//www.he.xinhuanet.com/xinwen/2019-09/11/c_1124985735.htm/2019-09-11/2019-12-12。

［17］中华人民共和国中央人民政府网：《河北全面推进旅游业高质量发展》，http：//www.gov.cn/xinwen/2019-10/09/content_5437287.htm/2019-10-09/2019-12-06。

［18］张家口新闻网：《走在充满希望的大路上——草原天路沿线县区探索脱贫新模式综述》，http：//www.zjknews.com/news/shehui/zjkshehui/201908/19/253046.html/

2019－08－19/2019－12－15。

[19] 中国新闻网:《从"正定模式"到全域旅游,河北紧握经济转型"金钥匙"》,http://www.chinanews.com/m/gn/2019/09－29/8968829.shtml/2019－09－29/2019－12－01。

[20] 中国新闻网:《河北承德:探索全域旅游发展新模式》,http://www.chinanews.com/cj/2018/07－25/8578827.shtml/2018－07－25/2019－11－06。

[21] 央视网:《六部门关于促进交通运输与旅游融合发展的若干意见》,http://kejiao.cctv.com/2017/03/02/ARTIsZQlRToDo679cadKb7Wq170302.shtml 2017－03－02/2019－12－05。

[22] 人民网:《第三届河北省旅发大会将助推6.2万人脱贫》,http://www.cnr.cn/hebei/jrhb/20180704/t20180704_524290643.shtml/2018－07－04/2019－12－6。

[23] 张家口市文旅局:《张家口市文化广电和旅游局2019年工作总结2020年工作谋划》,2019年11月19日。

[24] 搜狐网:《国家发展改革委办公室关于建立特色小镇和特色小城镇高质量发展机制的通知》,https://www.sohu.com/a/255910245_802624/2018－09－25/2019－12－01。

[25] 河北新闻网:《中国马镇:做好"马"文章叫响"马"品牌》,http://cd.hebnews.cn/2018－05/25/content_6895097.htm/2018－05－25/2019－11－30。

[26] 360百科:《中国马镇》,https://baike.so.com/doc/28371600－29797901.html/2019－12－01。

[27] 河北省人民政府:《河北省旅游高质量发展规划(2018~2025年)》,http://info.hebei.gov.cn/hbszfxxgk/6806024/6807473/6806589/6839465/index.html/2018－11－22/2019－12－01。

[28] 360百科:《生态旅游》,https://baike.so.com/doc/5410086－5648151.html/2019－12－01。

[29] 薄锡年:《河北县域经济特色化发展的思考》,《商业时代》2006年第13期。

[30] 百度文库:《坝上地区经济发展的现状与思考》,https://wenku.baidu.com/view/11f9142c4b73f242336c5f8d.html/2011－11－17/2019－12－21。

[31] 百度:《河北:发展乡村旅游 助力乡村振兴》,https://baijiahao.baidu.com/s?id=16195610831845120 74/2018－12－11/2019－12－15。

[32] 河北新闻网:《厉害了,正定将成为河北省八大标杆示范区之一!》,http://sjz.hebnews.cn/2018－12/05/content_7129737.htm/2018－12－05/2019－12－21。

B.10 大运河文化带（河北段）旅游业发展报告

李志勇*

摘　要： 大运河作为流动的文化，在河北的历史发展中扮演了重要角色，形成了宝贵的文化记忆。大运河河北段沿岸各地市以文化休闲为核心，通过开发古码头、古城镇、文旅融合等重点内容和措施，已初步形成"点、线、面"的空间特征，但也存在一些问题，如大运河遗产廊道系统尚未建立、缺乏龙头产品和主题品牌形象等，针对这些问题，结合运河文化，本报告提出"大运河旅游遗产廊道"为主线，构建"一核、四区、十四片、多项目"的旅游空间布局，为大运河河北段的发展提供一定的借鉴意义。

关键词： 大运河　旅游业　河北

党中央高度重视大运河文化带建设。2017年，习近平总书记站在历史意义和文化自信的角度，对大运河文化保护传承利用作出了重要批示："要古为今用，深入挖掘以大运河为核心的历史文化资源。保护大运河是沿线所有地区的共同责任。""大运河是祖先留给我们的宝贵遗产，是流动的文化，要统筹保护好、传承好、利用好。"2018年3月，习近平总书记将大运河与

---

* 李志勇，河北师范大学副教授，主要研究方向为旅游地理、旅游规划。

万里长城等伟大工程并提。2019年7月，习近平提出建设长城、大运河、长征国家文化公园，强调其体现了中国人民的伟大创造精神，对于我们坚定文化自信、增强民族精神、彰显传统文化、坚持中国传统、感受文化熏陶都具有重大意义。随后，中办、国办印发了《大运河文化保护传承利用规划纲要》，从国家战略层面对大运河文化带进行了顶层设计，明确了重点任务，描绘了美好蓝图。

作为京杭大运河的重要节点，大运河河北段上连京津、下接鲁豫，独具北方特色。近年来，河北各地各部门坚持保护、传承、利用相结合，不断加强生态环境保护修复，努力抓好遗产保护传承，深入挖掘文化内涵，扎实推进大运河文化带河北段建设。2017年，京津冀联合编制了《京津冀大运河旅游观光带规划》，提出深入挖掘大运河历史文化资源，整合旅游观光资源，实施大运河文化带保护，推进大运河沿线节点开发和特色产业发展，打造运河旅游"黄金走廊"。2018年12月，河北省人民政府印发了《河北省旅游高质量发展规划（2018~2025年）》，提出"以大运河主河道流经的廊坊、沧州、衡水、邢台、邯郸五市和雄安新区等为主，以国家大运河文化带建设为契机，保护好、传承好、利用好大运河历史文化生态资源。坚持分类推进、重点突破，按照遗产类、挖掘类、环境类、水系类、文创类等不同类别，分轻重缓急，有序推进。统筹推进文化遗产保护传承、河道水系治理管护、生态环境保护修复、文旅融合发展、体制机制创新等工作部署，打造人文特色鲜明的燕赵文化展示带、古朴自然的生态景观带、活力创新的多彩休闲旅游带和合作共赢的联动发展协同带"。2019年，河北省发改委编制完成了《河北省大运河文化保护传承利用实施规划》，随后与省交通厅联合印发了《河北省"三沿"地区公路与产业协同发展指导意见》，将打造特色鲜明的"三沿"绿色经济发展带，即培育滹沱河高端服务产业带、大运河文化旅游产业带、秦唐沧滨海产业带。

一 基本概况及资源特点

大运河河北段始凿于东汉末年，经过不同时期的疏浚、治理，整体保存得比较完好，遗址类型齐全，人工弯道密集，运河文化也得到了较好的传承，原生态的景观风貌突出，在融合京津、燕赵、齐鲁、中原等多元文化的基础上具有了北方大运河的磅礴气势，构成了中国大运河独具北方特色的文化瑰宝。大运河河北段由北运河、南运河、卫运河、卫河及永济渠遗址，以及与雄安新区白洋淀连通的大清河—白洋淀水系主河道组成，总长530余公里（含部分永济渠遗址河道，不含大清河水系），是连接雄安新区、承载京津冀协同发展的核心区域。这也为河北与北京、天津的大运河文化旅游形成一脉相承的关系奠定了基础，成为"京津冀协同发展"和"雄安新区"相衔接的重要节点。

大运河作为流动的文化，在河北的历史发展中扮演了重要角色，形成了宝贵的文化记忆。其中，南运河沧州—衡水段世界文化遗产是利用河流走向的弯度来减缓水流速度，沧州东光县连镇谢家坝的坝体为灰土加糯米浆逐层夯筑，景县华家口夯土险工保存了最好的人工夯土坝。大运河河北段沿河的历代文人学者、政治家及其相关著述也构成了河北历史文化中的重要记忆。如刘德与"实事求是"，毛亨、毛苌与《毛诗》，董仲舒与《春秋繁露》；郦道元的《水经注》、张华的《博物志》、孔颖达的《五经正义》、纪晓岚的《阅微草堂笔记》等所记载的运河沿途人物风情、历史故事，都是河北独有的文化资源。

漕运是大运河河北段文化中重要的一环。除了大运河河北段已经列入世界文化遗产名录的大运河的河道、闸口、堤坝外，还有码头、仓储、桥梁、渡口、村镇、庙祠等物质文化遗产，它不仅保证了古代国家的正常运转，还促进了古代运河沿岸城市的经济发展，同时也促进了因运河而产生的商贸移民及运河流经地市的民俗风情、沿河物产、相关战争等多元文化遗存和非物质文化遗产的相互交融。

大运河在保证南北漕运的军事政务通道外，还充当了中国丝绸之路、瓷器之路、茶叶之路、海盐之路的商贸物流重要通道。在历史的发展中，廊坊的白河、北京的通惠河，都是古代中俄、中欧茶叶之路的重要通道。通过历史的考证，河北黄骅的海丰镇在天津港崛起之前，就已成为北方瓷器的出海口和南方瓷器的汇聚地。

在大运河全程流经的20个地级市中，沧州段的流程最长，达253公里，这也使沧州的商贸、农业、盐业、酿酒经济在漕运的促进下稳定发展，促使在运河边谋生的行业——沧州武术、吴桥杂技驰名中外；甘甜运河水酿出的沧州美酒，声名远播，同时留下了丰富的诗文。所以说，大运河成就了沧州，成就了沧州的武术文化灵魂和人文精神，形成了责任担当、崇尚武道的古代镖师文化。

邯郸的运河始于三国曹魏时期，在中国大运河文化体系中占有重要的一席之地。境内现存大运河主要流经邯郸东南部的魏县、大名、馆陶县等地，今称卫运河或漳卫运河。经调查统计，大运河邯郸段遗存丰富，全长141.8公里，流域面积达701.5平方公里，所以在邯郸境内保存了大量与运河有关的物质和非物质文化遗产，因运河而形成了邯郸在中国大运河文化体系中独有的燕赵文化符号——冶铁之都、成语之乡的特定文化内涵。

二 旅游业发展现状

大运河沿岸各地市以文化休闲为核心，通过开发古码头、古城镇、文旅融合等重点内容和措施，已初步形成"点、线、面"的空间特征，以大运河为主线的旅游业也得到了快速发展，具体如下。

（一）旅游项目开发快速推进

1. 点状开发已具规模

沧州开发古码头、渡口遗址、水月寺、文庙等景区（点）近40个，邯郸开发建设明清大名府城、大名县博物馆、明城墙修复、兴化寺修复、大街镇邓台村"丽君小镇"、营镇乡东营村"回乡小镇"、粮画小镇、黄瓜小镇、教育小镇、铜雀三台遗址公园、邺城博物馆、邺城公园、佛造像博物馆等30余处，衡水故城建设了大运河主题文化公园等，在空间上都形成了多点布局、互为补充的分布特征。

2. 带状区域已成亮点

廊坊中信国安第一城运河生态文化项目，已实施了北运河主河道清淤疏

浚和防洪工程、两岸生态及湿地系统建设、区域物联网建设。

沧州和衡水以整个行政区为范围进行建设。沧州的"大运河人文体验带"以运河风景廊道贯通国家健身步道、骑行道、水运航线及重要视觉景观，植入盘古文化、杂技文化、武术文化、农耕文化等沧州原生态文化元素。衡水在大运河文化主题公园建设中，以运河沿岸的郑口镇、建国镇、故城镇、夏庄镇为重要节点，形成了运河西畔的百里文化长廊。

邢台以县域为范围进行大运河开发。临西县和清河县以大运河六个码头为核心，以杨柳绿化为基础，恢复油坊古镇，修建码头雕像、漕运船、游船。重点打造瓜果蔬菜采摘区、运河森林公园、水上游乐区等，并整合隋唐古运河文化、金瓶梅文化、武松故事、羊绒小镇等文化资源，开发大运河旅游集聚区，推动文化旅游带建设。

邯郸以点带面实施大运河带状开发。大名县建设形成大运河"一河、两城、四镇"的文化旅游布局，即一河：开展运河环境综合治理，两城：大名府故城考古调查勘探发掘、明清大名府城保护建设，四镇：艾家口古镇、金滩镇、龙王庙镇、营镇，形成长达近百里的"卫运河生态文化长廊"。馆陶县实施建设大运河"一廊一带两镇多点"的文化休闲布局，即"一廊"：40.5公里的卫运河西岸生态文化走廊；"一带"：37.5公里的永济河旅游观光带；"两镇"：一是运河古镇陶山老街，二是永济水镇；"多点"：众多的美丽乡村特色小镇。

3. 集聚发展已成趋势

大运河河北段历史文化遗存丰富，具有较高的历史、艺术和科学价值，包括大运河水运及相关的古城、古镇、码头、仓储、茶庄、会馆、寺庙等各类历史文化遗存。各地市在建设过程中实施联动发展，以历史文化遗存为基础，带动了一批产业的发展，形成了集聚的发展态势，如邯郸正在建设的20个特色文化小镇等已初步形成了集群效应。

（二）旅游与相关产业融合发展

各地市在建设过程中将其特色的地域文化贯穿于旅游业的发展中，建设了一批大运河文化景区，如沧州青县的盘古寺复建和马厂炮台修复；

沧县的御碑苑、纪晓岚文化园、沧州铁狮与旧城遗址公园、铁钱库展馆和神然生态园等；泊头的三井·大运河酒文化产业园；东光县的铁佛寺（内有二郎岗、泰山行宫、霍元甲武馆、马致远纪念馆、荀慧生纪念馆）；吴桥县的吴桥杂技大世界；衡水故城县的大运河文化主题公园（融合运河船工号子、龙凤贡面、甘陵春酒等元素），极大地丰富了大运河文化内涵，初步实现了"水运+生态""水运+文化""水运+旅游"等多元化的融合发展。

（三）综合治理助推基础设施建设

在建设过程中，各地市根据实际情况，以环境综合治理为基础，积极推进相关基础设施建设。沧州于2016年2月29日正式开工实施沧州运河景观带（一期）河道整治工程，为发展大运河文化旅游奠定了坚实基础，并坚持保护与利用并重的原则，进行大运河的规划与开发。

衡水做好基础设施的管理维护工作，对华家口夯土险工、故城段郑口镇挑水坝中的三座进行修旧如旧的加固，并新建起防护标志牌两处，同时在运河底部险工险段相应位置修建起石结构挑水坝，对防范运河水流冲击堤岸起到了良好效果。景县加强环境整治，拆除了华家口夯土险工保护范围内的扬水站，进行了运河风情主题公园的景观建设。

邢台清河县结合大运河文化带建设，加强对大运河的保护利用，对油坊码头、益庆和盐店等旧址进行了保护修复和环境治理。

（四）组建大运河营销联盟平台

2015年成立的京杭大运河河北旅游营销联盟是继"承秦唐""北太行"之后的河北省第三家旅游营销联盟。利用联盟平台，河北省相继推出了面向京津冀市场的4条运河精品旅游线路，辐射京津及石家庄附近区域，共同构建了京杭大运河河北旅游整体品牌形象，打造出了具有一定影响力和较高知名度的大运河河北段旅游产品，提升了区域旅游核心竞争力。

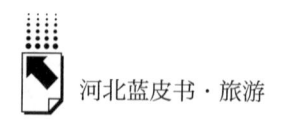

三 目前存在的问题

（一）遗产廊道系统尚未建立

大运河整体开发不足，整体性的大运河遗产廊道系统尚未建立。大运河文化旅游开发中的游憩道、解说系统、公共服务设施以及旅游要素设置等都还处在规划设计和初步建设阶段，还没有整合形成集生态与遗产保护、休闲游憩、审美启智与教育于一体的大运河遗产廊道。

（二）旅游资源开发利用层次不高

大运河河北段因缺乏完整的景观载体，所以具有较低的观赏游憩价值，仍处于一种"有说头、没看头"的状态，现有展示工作的主题内涵不集中，不利于河北燕赵文化高地的整体彰显。大运河沿线各类文化生态资源活化利用形式、途径单一，闲置情况严重，传承载体和传播渠道有限，全面展示大运河文化的基础设施亟须改善，运河文化与相关产业的融合程度较低，创造性转化和创新性发展不足，不利于有效传承利用；加之现有景区资金投入不足，规模和档次偏低，导致文旅结合的旅游资源开发利用不足。

（三）核心主题品牌形象缺失

从旅游产业布局来看，旅游景区（点）大都分散在各县市，因为大运河水量不足，长期处于干涸状态，航道淤塞不通，未形成完整的大运河旅游线路和产业体系，缺少具有吸引力的旅游"拳头"产品，没有形成"运河雄风，燕赵故事"的核心品牌。

（四）协同发展机制尚未形成

一些地方和部门未能重视旅游业发展在社会经济中的作用，未形成"大旅游"协同发展的体制机制，影响了大运河文化旅游资源的统一开发和有效整合。

四 文旅产业开发建议

(一)构建大运河大廊道格局

以"保护环境、保存遗址、唤醒记忆、提升品质、彰显特色"为原则,以"运河雄风,燕赵故事"为主题,以"水上观光、滨河休闲、近河度假"空间递进的"大运河旅游遗产廊道"为主线,构建"一核、四区、十四片、多项目"的旅游空间布局,将大运河河北段打造成古朴自然的原真生态景观带、人文特色显著的燕赵文化展示带、活力创新的多彩全域旅游带和合作典范的联动发展协同带。

1. 做大沧州大运河风情文化核心区

以大运河沿线的吴桥、东光、泊头、南皮、中心城区、沧县和青县等地为依托,在保护自然环境和生态文化的基础上,对运河流经主要城镇的古城、古镇、渡口、船坞、码头等重要文物及相关环境进行合理修复,恢复大运河历史风貌,建设运河文化博物馆、运河主题公园、休闲主题街区及雕塑等,实现部分河段游船通航,建成高品质的滨河休闲带和运河风情走廊。同时,深入挖掘沧州文化内涵,积极推进运河文化与沧州武术文化、吴桥杂技文化、泊头民俗文化的融合发展,在运河沿岸打造文化演艺、杂技研修、民俗体验、特色小镇、主题节庆等多业态复合型的旅游产品,建成高品质的大运河风情文化核心区。

2. 做大廊坊大运河生态文创旅游区

以中信国安第一城文化创意产业园区建设为抓手,以廊坊区域内的自然、历史、人文等资源为依托,落实生态文明建设,推动建设京津冀区域生态廊道,全力推动实施北运河廊坊段河道疏浚、通水通航、生态绿化、文化旅游等工作,加快实现与北京、天津水路的互联互通,激活北运河旅游发展活力,不断满足人民群众日益增长的美好生活需要,助力推进京津冀协同发展,为大运河文化带宣传新时代中国形象增色。

3. 做足衡水大运河"儒风文化"旅游区

依托景县、故城县深厚的运河历史文化，以成立京杭大运河河北旅游营销联盟为契机，借势世界文化遗产，融合深厚的儒学文化及运河船工号子、龙凤贡面、甘陵春酒等省级非物质文化遗产项目和特色休闲农业文化，通过创新开发模式，讲好大运河故事，做好水陆相通的文章，集中全力打造集文化、休闲、旅游、饮食于一体的河北省"儒风运河文化"品牌。

4. 做好邢台大运河乡村旅居露营旅游区

依托大运河贯穿邢台东部乡村的环境特色和地处冀鲁交界的区位优势，在突出运河水韵的多文化基础上，按照国际标准建设集自驾车、房车和帐篷露营于一体的乡村露营公园。配套开发休闲垂钓、水上游乐、烧烤营地、运动乐园、餐饮中心、车辆服务中心、自行车绿道、森林拓展营地、休闲农园等项目，加强与周边旅游项目的串联，将其打造成为辐射冀鲁豫的大运河乡村旅居露营中心。

5. 做强邯郸大运河古府名镇旅游区

依托大运河流经邯郸东南部的魏县、大名、馆陶、临漳等地，以文融旅、以旅载文、文旅融合，大力实施文化项目带动战略，打造大名广府古城、馆陶特色小镇、临漳邺城古都、魏县梨乡水城四张特色名片，形成大运河古府名镇旅游区。

（二）打造古运河风情文化片区

1. 香河特色小镇集群片区

结合中信国安第一城的资源优势，以中国美丽乡村实践典范区和生态健康养生示范区等为标杆，通过对现状村落的整合进行城乡统筹规划，融入现代服务业，打造集北运河文化中心、漕运小镇、万国小镇、音乐小镇、演艺小镇、影视特效基地、影视创客汇、摄影棚与外景拍摄地等于一体的特色小镇集群，同时引进教育、医院等配套设施，形成产、城融合的运河文化特色片区。

2. 青县盘古旅游片区

在现有的盘古庙基础上，进一步实施盘古寺复建工作，做强做大盘古庙会；进一步改善马厂炮台历史遗存环境，形成以盘古庙会遗存为载体的，以圣地而扬名、以区位而得势、以文化而独厚的青县盘古旅游片区。

3. 沧县旧城历史遗存区

修建沧州旧城、开元寺，完善铁狮与旧城遗址公园、御碑苑、铁钱库展馆的旅游基础配套设施，丰富纪晓岚文化园的休闲设施和旅游功能，完善运河驿站（捷地水闸），打造成集历史文化、休闲文化于一体的多功能历史遗存区。

4. 东光运河水工文化片区

以谢家坝水工文化为核心，以文化涵养为发展，融合运河漕运文化、戏曲文化，重点打造铁佛寺4A景区和东光氧牛园，修建县城西、连镇、霞口漕运码头重要节点，增加以元曲文化为核心的元曲公园、马致远纪念馆、荀慧生纪念馆等景点休闲基础设施，形成以运河水工为核心的立体文化片区。

5. 吴桥运河杂技研修片区

依托吴桥杂技大世界景区，重点针对国外市场开展中外杂技文化培训与交流，重点建设杂技文化培训基地，使之成为大运河孕育的中外文化交流桥梁。

6. 泊头运河水驿文化片区

进一步挖掘泊头镇的镇级城池文化，建设新桥水驿，打造运河重镇，形成运河的重要节点，依托水驿文化，建设工业乡愁小镇（华北城工部旧址），加强对运河风貌的保护。

7. 故城运河非遗文化片区

建设运河船工号子主题博物馆，整理运河船工号子乐谱，展示漳卫南运河船工号子的历史发展过程。建设非遗大舞台，以运河船工号子为核心，融合当地非遗进行展演。同时重点打造故城运河文化公园，融合运河船工号子、龙凤贡面、甘陵春酒等文化元素，丰富大运河的文化内涵，打造故城旅游品牌。

8. 景县运河记忆文化小镇片区

依托华家口夯土坝文化遗产点，深入挖掘夯土工艺的历史起源、发展脉络、工艺特点、文化传承，对华家口村进行整体提升改造，形成运河申遗文化轴、运河印象文化轴、防灾减灾文化轴，打造华家口村"运河人家"乡村旅游品牌。

依托省级美丽乡村建设重点村——白草洼村，以"运河古渡口、美丽新乡村"为主题，在现有整体格局基础上深入挖掘当地渡口文化，开发运河渡口文化旅游，融入运河主题餐饮、民宿、演艺、娱乐等业态，打造以街巷及民宅为主体的运河渡口印象体验地。

9. 清河运河文化融合片区

在对油坊码头进行保护修复和环境治理的基础上，修建油坊古镇，打造油坊码头—商埠重镇文化，形成与京都文化和中原文化、齐鲁文化和太行文化交会融合的区域性大旅游服务基地。

以宋代北州古城为核心，整合清河的大运河文化、金瓶梅文化、水浒文化、张氏文化，加快发展贝州古镇项目。

10. 临西运河仓集古镇文化片区

以临西（古临清）文化为主线，依托历史遗址如临清古县城遗址、官仓遗址、元槐、宋井、堂台子等历史文化资源，结合河渠、美丽乡村等景观，着力打造以"古城文化"为主题的运河特色小镇。

11. 大名运河古府片区

围绕"宋府明城、丽君故里"的主题，以大名府明城为中心，完善大名府明城基础设施建设，打造明清古城、护城河景观带。

深挖艾家口厚重的文化资源，围绕艾家口古镇的主题特色，实施艾家口古镇自然景观、历史景观、文化风俗、文化旅游设施项目，重现大运河畔的千年古镇艾家口的繁华盛况。

提升大街镇的"丽君小镇"。依托大名文化底蕴深厚、地方特产丰富的优势，研发邓丽君文化创意产品，带动"丽君文化"全面发展，进一步扩大"丽君故里"旅游知名度。

挖掘金滩镇"隆真故里"文化。深度挖掘该村历史文化资源，修缮郭隆真故居，加大红色文化旅游、民俗文化旅游建设及宣传力度，完善旅游基础设施，创建精品旅游路线。

12. 馆陶运河文化名镇片区

丰富大运河沿岸的粮画、教育、黄瓜、羊洋、杂粮、黄梨、轴承7个美丽乡村特色小镇的文化内涵，打造近百里的"卫运河生态文化长廊"，形成自然风光美、历史文化厚、人文魅力强的大运河畔文化名镇片区。

利用现有博物馆建设卫运河展馆，展示卫运河丰富的文化内涵，展示各类运河遗产及运河相关出土文物与大运河沿线非物质文化遗产。

13. 魏县运河水上休闲片区

大力发展卫河水上旅游项目。建设湖泊景区，并配套建设旅游设施，引进大型游乐项目，建设室内温泉，打造大型音乐喷泉，展示水上灯光秀，打造北方特色的水上项目，形成"梨乡水城"魏县的旅游品牌。

14. 临漳运河邺城文化片区

进一步完善城西邺城文化旅游片区，建设邺都文化创意园、鬼谷子文化产业园、汉古柏公园，融合"三台""铜雀台""鬼谷子""西门豹"等邺城文化符号，进行广德门遗址旅游开发，形成运河邺城文化片区。

（三）建立大清河生态文化走廊

以大清河为依托，建立联系白洋淀与大运河的生态文化发展走廊，落实雄安新区规划要求，加强白洋淀生态景观建设与文化传承，开展白洋淀生态环境修复及淀边村镇改造提升和减量发展，构建蓝绿交织的优良人居环境。

传承与展示水乡生产习俗和民俗的水乡村落，弘扬以雁翎队为代表的红色革命文化。利用大清河水系，修复生态环境，构建西接雄安、东连大运河的东西贯通的生态廊道。

依托大清河生态文化走廊，发展文化创意产业，激活红色文化、水乡洼淀文化、水运城镇文化活力，提升文化产品附加值，使之成为承接雄安文化休闲产业外拓的发展空间。

（四）完善旅游公共服务体系

构建全域旅游公共服务体系，采用"智慧旅游"的手段，实现旅游公共服务的全域覆盖。一是打造运河旅游交通网。推动京津冀运河联合开发，分段开通游船航线，构建全域旅游生态廊道，建设"运河雄风"品牌风景道。二是健全自驾车旅游服务体系。加快自驾车旅居示范基地建设，配套设置住宿、餐饮、休闲、娱乐、健身、汽车保养与维护等服务设施。三是建立旅游保障体系，配套旅游服务设施，保障全域旅游健康、可持续发展。

（五）打造运河主题节庆品牌

不断加大运河文化品牌宣传力度，通过运用节庆品牌，进一步提升大运河河北段的文化旅游品位和市场知名度。可凭借沧州国际杂技艺术节独特的品牌魅力，策划举行世界运河马拉松、国际运河音乐节、国际运河美食节等高品位的节庆活动，让游客深度体验码头、武术、镖师等丰富的运河文化。

（六）做好资本驱动和产业支撑

积极整合京津冀地区的产业资本和智力优势，运用好省内外文化专家团队和旅游规划领军人才的整合优势，谋划大运河文化带产业发展战略，引导社会资本进入，打造大运河绿色生态带和文化旅游经济带，促进公共服务均等化，提升当地居民的生活品质和质量。

（七）探索"互联网+"发展模式

结合新技术，为区域内的手机用户推送运河景点、文化故事，通过制作运河雄风的动态画卷，使大运河河北段的漕运、码头、故事等场景栩栩如生地展现在人们面前。亦可运用面部识别技术，通过扫描脸部将画作中的人物换成游客的面部特征，如此游客便可出现在古老运河的码头场景之中。

参考文献

[1] 张少刚：《京津冀先导先行，共建大运河文化教育带》，《天津电大学报》2019年第3期。

[2] 柳邦坤、邵礼烨：《大运河文化带沿线城市发展数字文化产业策略探析》，《文化产业研究》2019年第2期。

[3] 吕胜宾：《关于大运河沧州段文化带建设的对策研究》，《河北水利》2019年第8期。

[4] 陈玉红：《大运河文化带河北段饮食文化旅游资源分析与开发对策》，硕士学位论文，河北师范大学，2019。

[5] 朱保芹、金艳：《衡水市运河文化带非物质文化遗产传承研究》，《科技资讯》2019年第8期。

[6] 郑忠国、龚学琴、周敏、张彩霞：《推进大运河文化带建设相关问题研究——以大运河河北段为例》，《区域治理》2019年第5期。

[7] 窦群：《把大运河打造成国家文化旅游名片》，《中国旅游报》2019年5月13日。

[8] 施利锋、黄贤金：《中国大运河沿线城市扩张时空差异研究》，《地理科学进展》2019年第8期。

[9] 葛剑雄：《大运河历史与大运河文化带建设刍议》，《江苏社会科学》2018年第2期。

[10] 杨振威、王安坤、王理香：《大运河文化遗产保护与利用——以河南段为例》，《文化建筑》2018年第00期。

[11] 李婷婷、代静：《文化自信背景下沧州大运河文化传播机制研究》，《智能时代》2018年第28期。

[12] 《河北省大运河旅游发展调研报告》，2017年10月。

[13] 《河北省旅游高质量发展规划（2018~2025年）》，2018年12月。

[14] 《河北省大运河文化保护传承利用实施规划》，2019年3月。

B.11
环渤海地区旅游业发展报告

逯宝峰 李凌雁 王翠青 孙洪杰 杜苏悦 白娜 张姝琳*

摘 要： 河北省环渤海地区包括秦皇岛、唐山、沧州三市，拥有丰富的旅游资源及良好的区位优势，旅游产业发展态势良好，在旅游产品、产业融合、公共服务、品牌建设、发展环境、政策机制等方面均呈现良好局面，全域旅游不断推进，智慧旅游快速发展，崛起众多旅游小镇，旅游扶贫效果显著。但在取得较大进展的同时，也面临一定问题：资源整合与供需配比效率还不够高，产业融合、服务水平、品牌建设质量、区域协调发展等方面仍须加强。为此，结合我国粤港澳大湾区、法国蓝色海岸城市群、美国佛罗里达城市群的先进经验，为使环渤海地区的旅游产业高质量发展，本报告在品质提升、产业融合、协调发展、配套升级、品牌营销、保障机制等方面提出具有针对性的优化对策建议。

关键词： 环渤海地区 旅游业 产业融合 协调发展

---

* 逯宝峰，燕山大学经济管理学院，副教授，主要研究方向为旅游规划、旅游发展研究；李凌雁，燕山大学经济管理学院，讲师，主要研究方向为区域旅游发展；王翠青，唐山学院电商学院，教授，主要研究方向为旅游管理；孙洪杰，沧州师范学院商学院，副教授，主要研究方向为旅游与酒店管理；杜苏悦，燕山大学经济管理学院硕士研究生，主要研究方向为旅游管理、旅游经济；白娜、张姝琳，燕山大学经济管理学院本科生，主要研究方向为旅游管理。

一 河北省环渤海地区旅游发展形势和主要进展

2019年，河北省环渤海地区（秦皇岛、唐山、沧州三市）加大旅游资源的整合力度，提升旅游产品的层次、质量，促进旅游市场的快速发展，旅游接待总人次和旅游总收入持续快速增长。共接待国内外游客1.76亿人次，同比增长17.09%，其中一日游游客占比43.77%，过夜游客占比56.23%，旅游者停留时间延长；接待入境游客达52.52万人次，国际化水平不断提高；接待游客总量占全省接待游客总量的22.48%，秦、唐、沧三地占比分别是9.28%、10.05%、3.16%，秦皇岛旅游发展稳步推进，唐山旅游发展态势迅猛，沧州旅游发展步伐加快；旅游总收入达2162.20亿元，同比增长22.99%，占河北省旅游总收入的比重为23.22%，三市旅游总收入在2019年均实现了20%以上的快速增长。2019年五一期间，秦、唐、沧三市共接待国内外游客805.53万人次，旅游总收入达73.47亿元。整体来看，河北省环渤海地区旅游产品日渐丰富，旅游服务水平持续提升，综合吸引力不断提高，发展结构更加优化。

从大数据来看，从2019年4月27日起，秦、唐、沧三市的百度搜索指数呈现上升趋势，在5月1日达到高峰，当天秦8590条、唐3408条、沧3000条，共计14998条。随着暑期的到来，6月22日至8月29日，秦日平均搜索指数达9050条、唐3170条、沧2945条，秦、唐、沧三市旅游再次开启上涨浪潮。2019年，秦、唐、沧三市搜索指数在省内排名分别为第二、第五、第七位。通过百度指数的人群画像分析可知，2019年秦、唐、沧三市的搜索人群主要来自河北、北京、山东、辽宁、河南、天津等北方省份以及江苏、广东、浙江等南方省份，年龄20～39岁的人群占比70%以上，这从侧面反映了秦、唐、沧三市潜在的旅游客源市场。

（一）旅游发展态势良好，呈现崭新局面

1. 旅游产品日益丰富，供给体系不断完善

河北省环渤海地区以旅游产业六要素为基础，加强旅游产品体系建设。

餐饮产品质量不断提升，住宿新业态竞相涌现，旅游交通更加便捷，旅游景区呈现多元趋势，旅游商品内涵挖掘逐步深入，娱乐项目日益丰富，面向京津冀主要客源市场的精品旅游线路不断增加，旅游产品竞争力增强，逐渐向多元化、特色化、品质化升级。河北省环渤海地区的产品体系日趋完善，供给能力显著提升，初步形成了观光旅游与休闲体验旅游并存、传统旅游与新兴旅游共生的新格局。秦、唐、沧分别以康养乐土、工业摇篮、杂技之都为定位，打造山海康养旅游度假区、唐山工业旅游创新区、国际杂技武术旅游目的地，努力做优标杆性旅游产品，大力发展高品质滨海旅游度假产品。

2. 产业融合纵深发展，转型升级步伐加快

为应对旅游业发展的新形势和新要求，秦、唐、沧践行新发展理念，推动高质量发展，充分挖掘各地旅游资源优势，推动"旅游+文化""旅游+工业""旅游+体育""旅游+康养""旅游+农业"等融合发展，不断衍生旅游新业态，培育了旅游产业新的增长点，文旅融合发展的叠加效应正在加速释放，进一步加快旅游产业转型升级步伐。秦皇岛市积极发展沿海度假、健康养老、文化创意、游船游艇、海洋运动、酒厂、创意农业等新型商业类型，努力打造国际海滨度假旅游城市。唐山市开启"南湖时代"，海滨海岛旅游、工业旅游、长城旅游、文化旅游、红色旅游等新兴业态日益丰富，致力于建设成为京津冀重要旅游休闲目的地和著名旅游城市。沧州市深入挖掘整理大运河、渤海湾及雄安新区沿线旅游资源，积极构建集文化演艺、杂技研修、民俗体验、红色旅游于一体的复合型旅游产业新格局，向世界知名的文化旅游名城迈进。

3. 公共服务持续优化，发展基础更加巩固

河北省环渤海地区不断完善旅游交通体系，优化旅游区基础设施，推进自驾车服务体系和游客集散服务体系建设，构建"全面便捷"的旅游公共服务体系。秦、唐、沧三市加强旅游区生态停车场、景区售检票系统、游步道、星级厕所、导向牌以及垃圾污水处理、安防消防等基础设施建设，围绕重点旅游区和旅游线路，进一步完善游客咨询、智慧旅游应急管理等公共服务设施，逐渐完善公共服务体系建设，夯实旅游发展基础。

4. 旅游品牌初步形成，市场活力充分迸发

旅游品牌建设是增强城市核心竞争力的战略举措，河北省环渤海地区将品牌建设作为加快旅游发展的重要抓手，围绕特色、稀缺旅游资源，多领域、多层次、多渠道地推动差异化发展，优化产品新供给，释放市场新活力，彰显城市新魅力。秦皇岛市以大海、长城、休闲等元素为主题，融合特色文创产品、旅游文化宣传片等形式，展示了"秦皇山海，康养福地"的旅游形象。唐山市开展"珍珠项链"百余项旅游节庆活动，叫响"唐山周末"的旅游品牌。沧州市创新开展"一节一会"文化旅游季活动，打造沧州文旅特色品牌，擦亮"河海之城，文武沧州"新名片。

5. 发展环境逐渐改善，人才支撑越发强劲

旅游人才队伍建设是旅游业核心竞争力的关键因素。河北省环渤海地区围绕旅游产业转型升级、提质增效，坚持梯队培养和突出重点相结合的原则，成立旅游专家咨询委员会，建立本地旅游人才信息库，开展旅游人才提升培训、人才评价、技能竞赛、课程研发、成果交流等工作，推进旅游人才培养基地建设；推动旅游院校建立企业实践制度，落实产学研合作项目。调动旅游行业的各方机构、企业、院校和人才，实施全域旅游、智慧旅游等人才培训计划。目前，河北省环渤海地区旅游行业从业人员的数量不断增加，从业人员队伍呈现年轻化趋势，住宿业、旅行社、景区的从业人员占较大比例。

6. 政策引领作用突出，体制机制改革创新

《京津冀旅游协同发展工作要点（2018~2020年）》《河北省国家全域旅游示范省创建规划》等为河北省环渤海地区滨海休闲旅游发展提供契机。河北省环渤海地区坚持顶层设计规划引领，深入推进"放管服"改革、旅游综合管理体制改革，建设现代旅游治理机制，诚信旅游体系初显成效，质量提升行动全面展开，有效提高了旅游市场治理效能。

7. 旅发大会协力破题，融合发展聚焦突破

河北省环渤海地区积极响应河北省建立的旅发大会平台机制，通过创新引领、协同发展，实现率先突破，带动区域整体发展，秦、唐、沧分别一共举办了2届、3届、3届旅游发展大会。秦皇岛于2017年承办第二届省旅发大会，以"旅游+医疗、健康"为主题，打造了国际康养旅游中心、华夏颐养众享庄园、心乐园等一批高端新业态、前沿新模式项目。唐山突出打造滦河文化生态旅游带和五彩田园生态旅游带两条重点旅游带，采取"1+2+N"模式对唐山文旅产业发展进行了全面展示和推进。沧州传承延续六大文脉，打造了12个精品项目，签订了43个示范性和代表性项目。整体来看，旅发大会的统筹推进，完善了基础设施和公共服务体系，带动了区域经济转型发展，实现了旅游共建共享，效果喜人。

（二）旅游工作稳步推进，取得较大进展

1. 全域旅游持续推进，拓展旅游发展新路径

《秦皇岛市全域旅游发展总体规划》编制完成，加快构建一流国际旅游城市规划体系，推动港口转型，促进了旅游业的发展。2019年，秦皇岛市北戴河区获批首批国家全域旅游示范区。唐山市高标准、高要求发展文化旅游产业，编制完成《唐山市全域旅游发展总体规划》并实施。自2019年7月1日起，《唐山市全域旅游促进条例》正式施行，这标志着唐山加快从"景点旅游"向"全域旅游"的转变。2018年，沧州市旅游发展委员会起草《沧州市关于贯彻落实加快创建全国全域旅游示范省重点工作任务责任分工方案》，明确了8个方面35项重点工作任务，2019年10月25日通过了《沧州市全域旅游发展总体规划》，从潜力分析、战略规划、空间布局、项目规划、产品体系、旅游基础公共服务、人才体系建设等方面对沧州市全域旅游进行了整体规划。

2. 文旅融合进程加快，开辟旅游发展新高地

河北是文化和旅游资源大省，河北省环渤海地区坚持文化引领，"文化+""旅游+"同步发展，深挖旅游资源文化内涵，进一步丰富旅游产品，将文化优势转化为产业优势，在文旅产业融合发展上取得了新突破。河北省环渤海地区主要打造了以东陵等为核心的皇家文化品牌，以老龙头等为核心的长城文化品牌，以沧州杂技与大运河旅游带为核心支撑的运河杂技文

化品牌。[①] 精品文化实景演出不断推出，文化旅游节庆活动引爆市场，文旅产品供给更加丰富，区域带动力不断提升，推动了旅游业高质量发展。

3. 智慧旅游快速发展，引领旅游发展新模式

秦皇岛智慧旅游平台通过"一张网、一键式、一条龙"的便捷手段，全方位提升了游客的智慧旅游体验，为游客和旅游资源方提供了精准营销服务。唐山国际旅游岛已完成三岛一码头的重点区域监控、无线覆盖、应急报警、信息屏实时发布等智慧景区基础建设，在大数据中心初设产业运行监测系统、客流统计监测系统、车船指挥系统、突发险情指挥系统等共计14个软件系统。沧州市对接省旅游大数据中心和全省旅游云平台，加快了沧州智慧旅游数据中心、基础网络、交易服务营销平台体系、应用终端等建设，提升了智慧旅游公共服务能力和水平。

4. 旅游小镇初具规模，打造旅游发展新范例

建设特色小镇是推进旅游供给侧改革的重大举措。河北省环渤海地区结合自身特色，培育产业融合新兴业态，打造城乡统筹发展、产业转型升级新样板。在2019年河北省特色小镇创建类和培育类名单中，秦皇岛市北戴河新区康养小镇、青龙县冷口温泉小镇、唐山市曹妃甸区匠谷小镇、遵化市古泉小镇，沧州市运河区绿元尚邦康养小镇等共计14个小镇上榜。旅游小镇的建设迎合了市场需求的转变，通过"商、养、学、闲、情、奇"等旅游要素的建设，极大地带动了当地经济发展。

5. 旅游扶贫效果显著，构建旅游发展新思路

以乡村旅游为突破口，依托乡村独特资源优势，秦、唐、沧三市大力发展观光农业、休闲农业、有机农业、体验农业等融合业态，助力脱贫致富。秦皇岛致力于打好"特色生态牌""特色农业牌""特色旅游牌"，长期与短期相结合，"输血"与"造血"相结合，整合各类旅游资源，坚决打赢脱贫攻坚战，青龙县已退出贫困县序列。唐山乡村旅游聚集区已初步成型，增加了农民收入，促进了农村高质量发展。沧州通过

---

① 河北省人民政府：《河北省旅游高质量发展规划（2018~2025年）》，2018年11月22日。

旅游企业结对帮扶贫困村，有效带动群众致富，截至2019年，43个旅游扶贫重点村全部脱贫，其中通过发展乡村旅游带动脱贫396户1148人。①

二 河北省环渤海地区旅游发展面临的问题

（一）资源整合与供需配比效率不高

河北省环渤海地区旅游资源整合、开发、利用效率不高，各自具有的历史文化资源未得到充分的挖掘，导致其旅游产品的开发层次不高和附加值较小，进而导致旅游开发盈利不高。而且，河北省环渤海地区由于独特的地理位置和区域位置，旅游淡旺季明显。旅游旺季时，旅游需求大于旅游供给，造成旅游供给相对短缺，产能不足，致使服务质量下降，游客体验变差；而旅游淡季时，旅游需求小于旅游供给，再加上新冠肺炎的影响，旅游产能严重过剩，企业出现设备和人力资源闲置、资金周转困难等问题，易造成企业亏损。

（二）要素融合及产业叠加程度较低

河北省环渤海地区的旅游要素内部配比不协调，如酒店业中的高星级酒店数量较少，而民宿和中低档酒店数量偏多，造成酒店业的结构失调；旅行社业结构失调主要表现为各地区的旅行社分散经营、各自为政，未形成规模效应和集聚效应。除了这些单个要素的结构问题，还有它们之间的协调和配比问题，如在这些要素之中，旅游商品业和娱乐业的比重较低，导致旅游目的地旅游收入不高，旅游发展处于较低层级。旅游产业与其他产业的叠加程度较低，"旅游+"和"+旅游"在广度和深度上的融合不充分。

---

① 董传辉、吕庆元：《沧州43个旅游扶贫重点村全部脱贫》，《河北经济日报》2019年3月21日。

(三)服务质量和设施水平仍须提升

河北省环渤海地区的服务质量依然有待提高,主要表现为服务缺乏个性化、人性化,同质化较为严重等。造成旅游服务质量不高的一个原因是河北省环渤海地区对高级旅游人才的引进力度小,新型旅游人才储备不足。该区域的公共服务设施和旅游交通设施水平低,信息化建设与应用较少。现代旅游公共服务体系建设标准化、规范化水平还不够高,覆盖面不广,如贫困地区的旅游公共服务设施较为薄弱。主要的旅游交通问题有交通集散存在瓶颈、海上客运交通路线少以及高速公路的服务区缺乏旅游服务功能。

(四)品牌建设与推广力度不够强劲

当前,河北省旅游品牌的整体形象与各系列主题活动的宣传、推广力度不强,并且根据"秦皇岛旅游、唐山旅游、沧州旅游"这三个关键词在百度指数上的分析结果可知,三市的旅游客源地主要对接省内其他城市、京津和辽宁市场,但随着交通运输业的快速发展,主要市场的客流呈现出逐渐向其他相似目的地分散的趋势。秦皇岛市向旅游者展现"秦皇山海,康养福地"的旅游形象,唐山市也在叫响"唐山周末"的旅游品牌,沧州市正在擦亮"河海之城,文武沧州"新名片,然而秦、唐、沧三市在旅游品牌国际化、特色化等方面的建设还不完善,未能在旅游市场上形成强烈的品牌效应。

(五)区域协调与合作程度有待加强

目前,河北省环渤海地区各地的景点分布不均衡,景区之间的协调性不高,而且秦、唐、沧旅游产品同质化问题较为严重,致使产品之间、景区之间、地区之间呈现竞争状态;景区与社区之间的协调有待加强,如景区建设状况较好而周围的民居维修保护力度不足等。环渤海区域经济发展呈现京津独大、周边断层的态势。河北省环渤海地区旅游发展水平与京津、大连等城市相比较低,可以借鉴它们的发展经验来促进自身的发展,进而促进省内其他地区的发展。

三 河北省环渤海地区旅游发展对策

（一）品质提升，优化旅游产品新供给

2019年11月9日，秦皇岛入选首批国家全域旅游示范区，秦、唐、沧作为环渤海经济区和京津冀都市圈的重要组成部分，不仅在经济上占据重要战略地位，区域内旅游资源也十分丰富，但在旅游产品开发上仍然有所欠缺，需要政府倡导、各部门落实，加大旅游产品开发力度，提升旅游产品供给质量。要提升文化要素的挖掘和展现水平，秦、唐、沧三城发展历史悠久，非物质文化遗产众多，秦皇岛长城资源、唐山工业旅游资源、沧州运河资源等都还有很大的挖掘潜力和价值，秦皇岛玻璃及琉璃制品，唐山陶瓷、皮影戏，沧州运河资源、杂技武术等都是旅游价值挖掘的重要内容和文化元素的突出体现。要实现一个龙头、两个支撑、三大文化脉系、四系文化产品的旅游产品体系的打造，以秦皇岛为牵引，充分利用沿海地区资源发展海滨旅游，以标准化、精细化、国际化为发展标准，在河北省旅游发展过程中起到领头示范作用；扩大秦皇岛旅游业辐射范围，拓展国际客源市场和京津高端市场，增强唐山对长三角、珠三角地区的营销。此外，2019年11月26日中央全面深化改革委员会强调要加强学生劳动教育，河北省应抓住机遇，在唐山"工业旅游"的基础上大力发展"研学旅游"专项市场。要增强沧州对周边区域的吸引力，大力发展杂技、武术国内外专项市场，推动非遗区域整体保护工作，推动非物质文化遗产走出河北，走向全国；加快环首都休闲度假旅游圈和沿渤海滨海休闲度假旅游带建设，培育唐山"工业旅游名城"、沧州"运河武术名城"以及秦皇岛"国际滨海度假康养旅游城市"旅游形象名片，将世界级旅游产品做大、标杆性旅游产品做强、主题性旅游产品做精，立足当地优势资源，全力打造秦、唐、沧三市的重点旅游产品和精品线路；在国家推进文旅融合的大背景下，环渤海旅游发展要充分考量区域旅游资源内涵，讲好区域故事，展示旅游形象，拓展与激发旅游产品创新、发展的空间和活力，抓住新

冠肺炎疫情平息后旅游需求高涨的机遇，以旅游产品供给质量提高带动旅游消费结构加速升级，提升区域旅游资源质量和服务效能。

（二）产业融合，拓宽旅游业态新领域

环渤海区域旅游产业中，优质旅游供给和旅游消费升级还不相适应，旅游业创新能力有所欠缺的问题在区域旅游发展中普遍存在，虽然近年来随着供给侧改革的持续深入推进，供需不相适应和旅游业转型动力不足的状况有了很大的改善，但任重而道远，环渤海旅游业在产业融合方面还需要不断加深。河北省旅游业"十三五"规划明确了"旅游＋"战略的实施，推进旅游新领域、新业态的发展，旅游企业纷纷深耕市场，延伸产业链，培育新需求。旅游新业态在旅游市场发展和旅游需求的推动下产生，与其他行业相互融合吸纳而生。旅游业已经进入了产业融合、新兴业态发展的新时代，环渤海区域也要积极谋划自身品牌的创建，服务双创，培育主体，试点带动，聚焦项目，以供给侧结构性改革为指引，以发展全域旅游为方向，以促进产业融合为途径，拓展新领域，打造新业态。推动传统旅行社转型升级，景区传统业态和新兴业态并行发展；推进智慧旅游建设进程，打造智慧城市、智慧景区、智慧酒店等；推动旅游业要素配比平衡，促进旅游产业内部协调发展；实现发展质量、效率、动力等多方面的变革，顺应市场消费和游客需求的变化，加大产业融合力度，推进"旅游＋"战略的实施，激发旅游市场新的生产力和竞争力。现阶段，以主题公园、冰雪小镇、研学旅游、避暑旅游等为代表的旅游新业态发展势头良好，环渤海区域也应积极运用当地优势和特色发展旅游新兴业态，形成旅游传统业态和新兴业态并行发展的产业布局。结合当地产业优势、资源优势、设施条件等因地制宜发展特色旅游，遵循宜融则融、能融尽融的理念，促进山海联动发展，整合当地旅游节事如唐山陶瓷博览会、沧州国际杂技节等。立足区域特色发展新兴业态，大力推动康养旅游产品研发和市场拓展，推进唐山工业旅游和研学旅游、沧州康养旅游、秦皇岛避暑旅游、滨海旅游及文化遗产旅游发展。

（三）协调发展，塑造区域旅游新动能

自"全域旅游"提出和推进以来，旅游业有了长足的发展，旅游产品

和服务供给进一步优化，人民共建共享旅游业发展成果，但全域旅游建设征途漫漫，还有很长的路要走。全域发展为旅游业指明了一条前进的道路，环渤海三市应该吸纳全域旅游发展思想精髓，在肯定旅游业重要性的同时，倡导以旅游业为引领，整合区域经济社会资源，对旅游资源、相关产业、公共服务等进行资源优化配置，推动秦、唐、沧由观光游向休闲游、由景区景点游向全域旅游转变。环渤海三市应联动协调发展，整合区域内部优势产业和旅游资源，理顺旅游市场管理体制，破除区域发展壁垒，联合规划，整合开发，利益共享，相互促进，互利共赢。牢固树立京津冀协同发展大局观念，实施"三个主动"：主动融入京津，促进秦唐沧旅游圈与京津冀基础设施和公共服务对接；主动服务京津，满足京津冀休闲度假旅游需求，实现产业体系的完善；主动借力京津，引进京津冀优质企业、人才、技术、品牌，实现区域旅游发展一体化，共同构建世界级旅游目的地。同时应该促进与环渤海区周边省份如辽宁、山东等的合作，在区域协同上扎实促进"十个一"战略：实现"一片碧海，一片蓝天，一个市场，一个体系，一个核心，一个声音，一个形象，一个平台，一个机制，一个品牌"。资源对接，利益共生，促进环渤海旅游目的地和周边区域旅游通道的建设，扩大环渤海旅游业向内陆辐射的影响力，推进全域旅游横向纵向深度发展。

（四）配套升级，优化旅游服务新体系

以"旅游为引导，畅通为目标"，实现交通、旅游高度融合，同时交通和旅游部门协同发力，着力完善交通体系，打造立体交通网络，形成点、线、面相结合的交通体系，互联互通，使游客的出行更加便利；建设旅游交通廊道，打造秦皇岛国际游轮港、唐山工业游览观光网和沧州特色运河交通网，三市结合，使河北环渤海地区旅游交通达到深度融合；推动交通设施的旅游化，如高铁旅游化、共享单车等短距离交通方式旅游化，在完善交通网络体系的同时使交通设施旅游化。倡导绿色旅游，要以保护生态环境为基础，采用专业化、标准化、科技化手段来提升旅游整体环境。做到保护生态环境，坚持景区可持续发展，测定景区的环境承载力，合理分配人流量，提倡绿色宾馆、绿色饭店等绿色评价标准，使绿色生态观念深入人心；推行公路景观改造，不仅仅追求"快"，更要追求"美"，使景观美在路上。温馨旅游，就是要以人为中心，提供便捷周到的服务，比如在高铁站、火车站、汽车站等交通运输的节点处建设旅游问询处、医疗服务处等服务中心，更好地为游客提供服务；推进景区景点的厕所"革新"，改善厕所环境，使旅游的体验感得以提高，同时通过高科技手段、生态环保技术，使厕所更加智能化；针对老年人、青少年、残疾人等特殊人群提供一些旅游优惠政策，在城乡一体化发展过程中做到城乡旅游协调发展；在旅游活动中，旅游从业人员的素质在一定程度上决定了旅游的服务质量，也就决定了游客的满意度和忠诚度，由此可见，加强对旅游从业人员的培训就显得尤为重要。针对2020年伊始出现的新冠肺炎疫情对旅游业的打击，首先，在旅游交通方面，旅游交通部门应该增加一定的退改政策，减小旅游企业资金方面的冲击；其次，不管是国内旅游还是出入境旅游，旅游者人数都出现了断崖式的下跌，中小型企业应该尽量控制成本，可以采取歇业、减薪及抱团取暖等方式维持企业的生存；最后，大型企业应加强对员工的培训，增强企业的"软实力"。

（五）品牌营销，展现地域形象新魅力

彰显品牌营销新魅力，首先要构建旅游发展新体系，打造城市精品旅游品牌，如秦皇岛的秦皇滨海、水上长城品牌，唐山的工业园区、休闲胜地品牌以及沧州的古老运河、功夫沧州的品牌；发展标杆性的品牌，以秦皇岛的"康养乐土"、唐山的"工业摇篮"以及沧州的"杂技之都"为标杆，打造标杆性的旅游产品。其次要细分旅游市场，将旅游品牌推向市场，把握京津冀近距离的市场，发展中远距离的市场，形成近中远三层旅游市场。最后要创新节事旅游宣传，扩大网络宣传，推行奖励宣传，达到创新营销的目的。

（六）保障提升，增强旅游发展新力量

增强旅游发展新力量，加强组织领导为首要，制定旅游发展的新政策。

针对新冠肺炎疫情的出现，各级旅游管理部门应积极回应，加大对疫情的宣传力度并采取相应的防疫措施，根据国家公布的方针政策，对旅游业进行相应的扶持，以促进旅游业发展的迅速"回温"；合理规划旅游用地，减少重复开发和修建，对于尚未发现具有旅游价值的用地，要以保护生态环境为前提进行合理开发，对乡村旅游用地及旅游重点保障项目予以相应的倾斜；建立旅游发展资金引导，完善旅游财政政策，积极引导各投资主体在旅游方面进行投资的同时加大对投资主体的考核，提高旅游资金的使用效益；完善相应的法律法规，不仅能维持旅游市场的平稳运行，还能够规范各旅游主体的行为，使其依法管理旅游活动，进而减少旅游市场的不文明行为；创新旅游发展平台，以旅游发展大会为契机，创新秦、唐、沧三市的发展平台，使其在资源、人才、信息等方面传递更加通畅，促进秦、唐、沧三市协调发展；紧跟时代潮流，对符合全域旅游、乡村旅游、红色旅游等的重点旅游项目要优化供给，打造精品旅游项目，形成旅游品牌，增强秦、唐、沧3市旅游吸引力。

四 国内外滨海城市群发展启示

（一）中国粤港澳大湾区

1. 布局全覆盖网络式公交化交通运输系统

在大湾区架构下，两岸多条桥隧正在打通，继港珠澳大桥之后，南沙大桥也已开通，深中通道正在加紧建设，穗莞深城际铁路建设的广深客运大通道使广州、东莞和深圳三地与珠江东岸的诸多地区进入"一小时经济圈"，加上原有的虎门大桥、深茂铁路以及未来可能兴建的深珠通道，大湾区两岸7000万民众的湾内旅行将变得非常便捷。

2. 打破行政边界实施旅游资源开放式整合

广深港高铁引导大湾区依托高铁开发"一程多站"旅游产品，大湾区城市间的旅游资源和产品整合系统化展开，一些跨地区的精品旅游线路和旅游布局逐步深化。

3. 创新休闲康养度假项目着力塑造文旅 IP

澳珠、港深、广佛、深惠大亚湾组团，分别打造澳珠世界休闲游乐中心、世界级商务休闲度假中心、世界级岭南文化体验旅游中心、世界级滨海度假区。

4. 利用海洋优势大力推进海洋旅游业发展

大湾区有序推动香港、广州、深圳国际邮轮母港建设，加快"海洋—海岛—海岸"旅游立体开发，建设贯通广东、连接港澳的滨海景观公路，形成连接三地的滨海旅游轴线。[1]

5. 借移动互联网构建国内最强智慧旅游带

大湾区各市通过移动互联网实现旅游预订的游客量占总预订数的80%以上，线上线下旅游企业开始紧密互动，创建O2O互联网全新平台，旅游业正在构建日益强大的智能化管理平台、网络和模式。

（二）法国蓝色海岸城市群

1. 提高旅游品质，开发高端市场

法国地中海沿岸不同的滨海城市结合独特的地区历史文化、自然地理风貌、地方民俗等，打造了别具一格的世界著名滨海旅游胜地。尼斯依托于文化景观，戛纳巧妙地把时尚主题引入其中，逐渐向特色化、个性化的中高端旅游市场推进，形成了功能层次明确、空间布局合理的市场格局。

2. 加入连锁经营，集团发展旅游

地中海俱乐部在法国地中海滨海城市设立多个度假村，通过国际旅游连锁经营管理，经营组织客源，形成区域旅游网络，方便游客，促进区域旅游资源合作与开发，吸引多元投资，形成合理布局。[2]

---

[1] 中共中央、国务院：《粤港澳大湾区发展规划纲要》，《中华人民共和国国务院公报》2019年3月10日。

[2] 邓玉芳：《基于SWOT分析的三亚滨海旅游发展战略选择》，《旅游纵览》（行业版）2012年第6期。

3. 区域联动开发，旅游共建共享

法国地中海滨海城市群如马赛、尼斯、戛纳、昂蒂布、圣保罗·德旺斯等各地政府、企业开展密切合作，旅游联盟发挥区域"同城效应"，建立区域旅游协作板块，共同开发旅游市场，搭建旅游信息平台，共同制定服务标准，同时区域旅游企业进行景点、市场联合营销，加强了城市间的旅游合作。

（三）美国佛罗里达城市群

1. 城市竞合关系良好

城市之间的群体组合优势明显。主题公园、航天中心、度假天堂、原生态海岛等各具特色的代表景区和景点，共同组成佛罗里达州丰富多样的旅游业态，形成了以旅游业为主导的经济产业结构，不仅在空间上有机组合，形成了整体目的地，还实现了聚集的功能。

2. 中心城市主导带动

20多个主题公园的建设，尤其是沃尔特迪斯尼世界与会展旅游的快速增长，使旅游发展中心转移到佛罗里达州的中心地区——奥兰多一带，吸引国际游客，促进当地公路、机场等基础设施建设，推动了旅游交通业的发展。中心城市发力，为周边城市带来客源，综合效用强大。

3. 旅游产品错位开发

各城市都有不同特色的主打旅游产品，奥兰多通过主题公园的建设，逐步发展为世界上唯一一座以"贩卖快乐"为主业的大城市。迈阿密有长达20余公里的海滩浴场、365个公园、400多家豪华酒店、3000多艘次邮轮，发展高端滨海度假旅游。自基拉戈岛向西南延伸的岛群凭借自身地理优势，开发建设度假别墅酒店和汽车露营基地，发展探险旅游、自驾旅游等。棕榈滩岛以宜人的气候、丰富多样的文化、独特的社交活动吸引富人阶层，带动了房地产业的兴旺发展。[①]

[①] 尚方剑：《我国海洋文化产业国际竞争力研究》，硕士学位论文，哈尔滨工程大学，2012。

B.12 环首都区域旅游业发展报告

蒋清文[*]

摘　要： 2020年是全面建成小康社会和脱贫攻坚的收官之年。环首都区域应充分发挥旅游业在决胜全面小康和打赢脱贫攻坚战中的突出作用，立足京津冀协同发展国家战略，加快旅游业高质量发展。环首都区域旅游发展应全面融入国土空间规划体系建设，深入推进旅游供给侧结构性改革；以全域旅游为抓手，加快旅游交通一体化建设和城乡环境改善；围绕文化创意核心，做好文化内涵挖掘，推动优秀传统文化创造性转化和创新性发展；加强乡村旅游组织化程度，破解农村产业发展用地瓶颈，以乡村旅游推动农村一二三产业融合发展；坚守生态红线，充分发挥区域生态资源优势，积极发展优质度假旅游业态，统筹好生态建设和旅游发展的关系；建立健全科技创新与旅游业融合发展的体制机制，借科技之力提升产品质量和管理效率。

关键词： 环首都区域　旅游业　高质量　协同发展

本报告以雄安新区和保定、张家口、承德、廊坊四市全域为研究范围。环首都区域是落实《京津冀协同发展规划纲要》的"排头兵"，是河

---

[*] 蒋清文，中共河北省委党校（河北行政学院）副教授，主要研究方向为区域经济、旅游开发与规划。

北做好京津冀协同发展、雄安新区规划建设、冬奥会筹办"三件大事"的关键所在，是对接首都旅游市场需求的最佳区位空间。旅游业符合环首都区域产业定位、绿色发展和破解贫困问题的现实需要。环首都区域是河北加快高质量发展和建设世界级旅游目的地的重要切入点，是京津冀实现治理体系和治理能力现代化的主阵地，是推动京津冀协同治理体系和治理能力现代化的"试验田"。对其旅游业发展现状、问题及对策建议进行深入分析和研究，有利于进一步推动京津冀协同发展，落实好京津冀协同发展国家战略给河北的任务和要求，提升环首都区域治理体系和治理能力的现代化水平。

一 环首都区域旅游业高质量发展的时代意义与使命

（一）为河北当好首都政治"护城河"提供有力支撑

河北环首都区域地处京畿重地，当好首都政治"护城河"是经济发展与生态建设的首要工作和核心任务。旅游业在培育发展新动能、维护经济安全、促进生态文明建设、维护生态安全等方面地位特殊，作用突出。

1. 强化旅游业新动能作用，稳步推动区域经济高质量发展

以全域旅游为抓手，以雄安新区和冬奥会筹办"两翼"为龙头，以服务质量提升和品牌打造为重点，积极推动旅游业与其他产业有机融合，助力环首都区域旅游业提质增效，不断增加旅游业在区域经济中的比重，为区域经济发展插上旅游的"翅膀"。通过建立健全村民利益联结机制，让贫困人口充分享受旅游发展红利，进一步增强旅游业的富民效应，促进区域协调发展。环首都区域旅游业高质量发展，将进一步优化区域产业结构，增强区域发展新动能，提高区域经济发展质量，助力维护区域经济安全。

2. 推进生态环境建设，进一步强化首都生态安全屏障作用

生态环境保护是京津冀协同发展要率先取得突破的三个重点领域之一。环首都区域是建设首都水源涵养功能区和京津冀生态环境支撑区的要地，生

态环境建设是环首都区域的重中之重。围绕生态文明建设，以生态旅游为切入点，把资源优势转化为产业优势，有助于进一步加强相关利益方对生态文明建设的重视程度，提高各地持续改善生态环境质量的积极性和主动性，改善区域绿色发展质量和人居环境，助力维护区域生态安全。

（二）推动区域治理体系和治理能力现代化建设

推动环首都区域治理体系和治理能力现代化是区域旅游业高质量发展的应有之义和重要保障。

1. 推动京津冀协同发展治理体系现代化建设

治理体系现代化是京津冀协同发展的制度保障。环首都区域旅游协同发展是区域治理体系现代化的重要组成部分。以雄安新区规划建设和冬奥会筹办为重要抓手，环首都区域协同发展在旅游交通、生态环境、旅游产业等领域不断取得新进展、新突破。稳定高效的协同发展机制，将会对京津冀协同发展战略落地实施产生积极影响。

2. 促进京津冀协同发展治理能力现代化提升

河北环首都区域区位条件特殊，与京津山水相连、人文交融。环首都区域与京津在地理空间上是一体化的，但行政区划不同，经济社会发展存在较大落差，这些因素决定了该区域旅游业发展更需在协同意识、治理水平和治理手段等方面加强治理能力现代化建设，加快形成旅游业协同治理新格局，为京津冀协同发展探索新道路，积累新经验。

（三）助力打赢打好脱贫攻坚战

2020年是全面建成小康社会的收官之年。环首都区域是河北省贫困县集中分布地区。旅游是富民产业，具有助力脱贫攻坚的突出优势，在环首都区域打赢脱贫攻坚战和决胜全面小康工作中具有不可替代的重要作用。

1. 扎实推动区域脱贫攻坚工作取得实效

全省10个深度贫困县集中分布在环首都区域，该区域是全省打赢打好脱贫攻坚战的核心区域。积极发展旅游业，能够充分发挥旅游业在脱贫富民

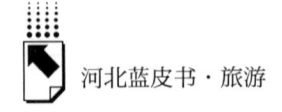

方面的突出作用，助力贫困人口脱贫奔小康，把"环首都贫困带"建成"环首都幸福带"，有效破解该区域面临的经济社会发展难题。

2.培育出一批可推广可复制的好经验、好模式

各地积极探索旅游发展模式和路径，在实践中培育出了景区带动、企业帮扶、产业扶贫、入股分红等多种行之有效的旅游扶贫模式，涌现出野三坡等一批旅游扶贫发展的先进典型，为各地打赢脱贫攻坚战积累了宝贵经验，提供了鲜活生动的发展实例。

二 环首都区域旅游业发展趋势分析

（一）旅游管治协同化

区域管治协同化是治理体系和治理能力现代化的重要体现。环首都区域拥有太行山、燕山、大运河等跨区旅游资源。《京津冀协同发展规划纲要》提出，协同发展要在交通、生态环保、产业三个重点领域率先实现突破，因此，围绕旅游业发展，实现旅游管治协同化是大势所趋，更是发展所需。近年来，以雄安新区规划建设和冬奥会筹办为抓手，环首都区域在高速公路、高铁、机场等交通协同建设方面不断取得新进展，协同化的立体交通网建设日益加强。推进环首都区域生态建设协同发展，符合区域整体利益诉求，有利于激发河北生态环境保护的巨大潜力，使首都更加充分地共享生态红利。河北与北京在旅游业态培育和产品开发方面的互补性与差异化在不断加强。联合打造产业集群，共同规划旅游线路，建立营销推广联盟，是两地旅游业实现集聚发展和规模效益的必然选择。

（二）旅游供给品质化

高质量发展是当前中国经济发展的关键词。旅游供给正处于从高速增长向高质量增长转变的历史性阶段，环首都区域作为建设世界级旅游目的地的核心区域，更应把旅游供给质量放在第一位。旅游供给质量提升涉及优质的

旅游产品和服务、完善的基础设施和公共服务、优美的生态和城乡环境等方面，既包括"硬件"建设质量，也包括"软件"服务水平。近年来，环首都区域涌现出一批优质新业态、新项目，契合了市场对休闲度假旅游产品的需求。野三坡等龙头景区的综合带动作用进一步增强，旅游产品和服务质量大幅提升。基础设施和公共服务是旅游供给的重中之重，一流的旅游目的地，离不开一流的旅游公共服务作为支撑。河北在环首都区域大力改善旅游交通等公共服务条件，打造了"京西百渡风景廊道""一号风景大道""草原天路"等品牌旅游交通线路，使区域旅游交通条件得到明显提升，"四好农村路"建设在很大程度上推动了乡村旅游交通的改善。环首都区域依托省市旅发大会和农村人居环境整治，使城乡面貌得到明显改观，为旅游发展营造了良好的生态环境。

（三）旅游产品符号化

产品符号化是产品品牌化的深入和延伸。随着旅游需求步入个性化、多样化时代，产品符号化在提升质量稳定度、市场忠诚度、品牌辨识度等方面发挥着重要作用，同时还可以大幅提升产品附加值，降低旅游者购买决策风险。环首都区域面对庞大的中高端市场群体，拥有优质旅游资源，在市场需求和产品供给两个方面都具备推动产品符号化的客观条件。崇礼滑雪、草原天路、太行民宿、坝上特产等产品具有符号化发展的巨大潜力，其中崇礼滑雪等产品发展势头良好，正沿着精细化、人性化的方向持续发展，知游客所想所需，用心打磨产品，超越消费层面需求，努力与细分市场的品牌价值观达成一致，实现由品牌化向符号化的跨越，以更加稳定的品质和更长的生命期成为辨识度、认识度最高的产品，成长为细分市场的王者。

（四）旅游环境生态化

旅游业是环首都区域践行"绿水青山就是金山银山"绿色发展理念的理想产业选择。落实好"京津冀生态环境支撑区"的定位，建设好首都水源涵养区，是河北的核心工作之一。环首都区域实现生态化发展不仅是必选项，还要把生态环境建设放到更加突出的位置，打造生态绿色发展的典范。

围绕白洋淀生态环境治理,在白洋淀上游全面开展流域治理,有利于从根本上改善区域生态质量。以塞罕坝、千年秀林为代表的国土空间绿化美化行动,将有效改善区域生态质量,促进环首都区域国土空间绿化工作深入开展。在这种大背景下,良好的生态环境必将成为环首都区域旅游业发展最有力的环境支撑和核心吸引力,旅游业也会成为良好生态环境最受益的产业之一,依托高品质的森林资源和宜人的气候条件,能够推动一批优质生态康养、休闲度假类旅游项目落地、发展。

三 国内外环大都市区域旅游业发展路径概述

(一)中国环上海大都市区域旅游发展深度合作

中国环上海大都市区域包括上海及其周边苏、浙、皖的重点城市。沪、苏、浙、徽四省市在旅游交通、合作机制、旅游线路、赛事活动、品牌推广等方面深入推进旅游合作。区域内各市依托丰富的江南文化旅游资源和发达的城市体系,达成了"区域合作、旅游先行"的发展共识,推动形成了文化旅游合作发展格局,旅游业已成为长三角一体化国家战略的先导产业和生力军。在交通出行、旅游观光、文化体验等方面率先实现"同城待遇",实现公共服务高度协同,充分利用高铁网络和站点,把景区门票与酒店住宿服务融入高铁服务,打造更加便捷的旅游线路和产品。区域内城市联合开展旅游主题推广活动,推出杭州黄山国际黄金旅游线等精品线路和特色产品。推动美术馆、博物馆等公共文化场馆设施区域联动共享。举办长三角国际文化产业博览会,集中展示推介长三角文化整体形象,共同打造江南文化等区域特色文化品牌,共建世界知名旅游目的地。

(二)日本环东京大都市区域旅游公共服务高度智慧化

日本环东京大都市区域包括东京都及千叶县等周边三县。日本自20年前就开始实施国家ICT战略,旨在建设以人为本、安全便捷、充满活力的数字化社会，依托智慧旅游公共信息服务体系建设，实现了旅游公共服务高度智慧化。交通部门开发了城市公共交通综合运输控制系统，为乘客候车和路线选择提供方便，东京铁路系统为游客提供免费 Wi-Fi 服务。环东京大都市区域实现了轨道交通一体化和全智能控制。智慧服务提供商与各大连锁酒店共同为市民、游客提供免费无线充电服务，移动网络运营商还向国外游客提供随身 Wi-Fi。发达的智慧化公共交通一体化和无处不在的智慧服务设施，为环东京大都市区域旅游发展提供了高效便捷的旅游公共服务支撑。

（三）美国环纽约大都市区域城市经济与旅游业深度融合

美国环纽约大都市区域包括纽约及华盛顿等周边五大城市。该区域拥有哈佛大学、麻省理工学院等世界一流高等院校和华尔街世界金融中心等极具号召力的资源。依托这些一流资源，环纽约大都市区成为世界著名跨国企业总部集中地和全球重要的科技创新区域，始终保持着领先世界的科技和经济发展水平。这些教育、科技、金融资源既是强劲的经济发动机，也是具有全球吸引力的著名旅游产品。环纽约大都市区充分发挥自身比较优势，着力发展都市旅游，打造世界一流的商务会展、奖励旅游和重要节事旅游目的地。纽约重视大都市区域经济与旅游业的可持续发展，通过规划编制等顶层设计手段，对基础设施和生态环境提出明确的规划目标，扩大城市绿色开放空间，修复水系岸线生态系统，确保交通运输网络的高质量和可靠性，提供全美大城市中最清洁的空气质量，减少垃圾，确保良好的城市发展环境。

（四）英国环伦敦大都市区域先进的城市空间规划引领

英国环伦敦大都市区域包括大伦敦、伯明翰等数个大城市和分布于该区域的卫星城。该区域在城市空间、基础设施配套等方面具有领先世界的水平，凭借丰富的历史文化资源和便捷发达的城市公共交通体系，成为世界上最具吸引力的旅游目的地之一。自 20 世纪 30 年代末开始至今，英国政府始终致力于以最先进的理念来规划建设环伦敦大都市区，致力于探索为城市居民提供高质量生活的可持续发展模式，并始终秉持"以城市周围地域作为城市规划考虑范围""以小城镇群代替大城市并努力保持小城镇就业平衡"等先进城市规划理念,在空间格局和基础设施等方面为城市发展奠定了良好基础。环伦敦区域不仅重视公共交通的可达性,也十分重视步行、自行车和汽车等多种出行方式的低碳化组合,充分利用泰晤士河道提供特色旅游交通体验,注重与机场、车站保持高度可达性,形成覆盖面广、换乘便捷的交通网络,为旅游业的发展提供了有力的交通支撑。

四 2019年环首都区域旅游业发展现状与存在的问题

(一)发展现状

2019年,京津冀旅游协同发展持续推进,环首都区域旅游业继续保持良好发展势头,旅游人次和收入增长迅速,京津冀旅游协同发展稳步推进,全域旅游和新业态建设成绩喜人,旅发大会促进产业融合和资源整合成效显著。

1. 旅游人次和收入增长较快

2019年,环首都区域旅游人次为3.39亿,占全省旅游总人次的43.30%;旅游收入为4068亿元,占全省旅游总收入的43.68%。环首都区域全年旅游人次和收入分别增长了14%和21%,发展态势良好。

2. 京津冀旅游协同发展取得新进展

京津冀三地主管部门在北京举办京津冀文化和旅游协同发展交流活动,成立京津冀文化和旅游协同发展领导小组,研究部署了《京津冀文化和旅游协同发展2019~2020年工作要点》,签署了《京津冀文化和旅游协同发展战略合作框架协议》。从加强组织、市场、管理、协调一体化建设4个方面确定了京津冀文化和旅游协同发展的20项重点任务。成功举办"5·18"京津冀文化旅游项目合作对接恳谈会和2019年京津冀文化旅游扶贫论坛,京津冀区域旅游合作与协同不断深化。

3. 国家全域旅游示范区创建和省级旅游度假区建设取得新突破

易县入选首批国家全域旅游示范区,白石山温泉旅游度假区、易水湖旅游度假区、崇礼冰雪旅游度假区入选省级旅游度假区，为全省全域旅游发展和旅游新业态建设树立了良好示范。

4. 旅发大会推动了旅游业高质量融合发展

廊坊市旅发大会依托固安高水平的城乡建设，重点打造了一批彰显城市发展和乡村振兴新亮点的项目，促进了旅游与城乡发展的高质量融合。张家口市旅发大会推出草原天路、海坨山谷等一批优质生态旅游项目，实现草原天路323.9公里全线贯通，将坝上区域连为一个整体，为沿线民宿、农家乐等特色扶贫产业和扶贫项目发展提供了有力保障。承德市旅发大会推出鼎盛梅园、山庄老酒文化产业园等一批产业融合项目。各地充分利用旅游产业发展大会平台，提升了文旅融合和产业融合质量，助力环首都区域在城乡融合、生态建设、脱贫攻坚、资源整合方面不断取得新进展。

（二）存在的问题

2019年，环首都区域旅游业发展取得良好成绩，但在产业化水平、产品和服务质量、文旅融合、龙头项目、旅游基础设施和公共服务等方面仍存在一些问题和瓶颈，需要给予足够重视，并以更大的改革创新力度逐步解决。

1. 旅游产业化水平和供给质量还须加快提高

受多种因素影响，该区域旅游产业转型升级效果不佳，产品"弱、旧、小、散、慢"等问题仍较突出，优质供给不足，这些因素成为制约区域旅游高质量发展的主要瓶颈。产业化培育与发展力度还须加强，旅游业与配套产业衔接还有待提升，产业链的整体竞争力还不充分，影响了旅游消费潜力的进一步释放。环首都区域优质旅游资源集聚，区位条件优越，旅游收入和人次虽增速较快，但在全省占比还有较大提升空间。

2. 文旅融合质量和程度还有较大提升空间

该区域集聚了一批世界级的文化、生态和体育旅游资源，但整体来看，资源优势向产业产品优势转化还不充分，旅游品牌有待进一步提升。文创旅游商品开发仍是短板，文化演出项目的商业转化还有较大潜力等待挖掘。

3. 缺少具有国际吸引力的龙头项目

从全省入境旅游发展情况来看，资源和区位更具优势的保定和张家口两市，入境旅游人次和国际旅游收入在全省11个设区市中位居中游，这与保、张两市的旅游国际化定位和优越区位条件是不相符的，这在某种程度上反映了该区域还缺乏具有国际吸引力的龙头项目或龙头项目的优势还未充分释放出来。

4. 旅游基础设施和公共服务建设有待进一步完善

该区域是全省贫困县集中分布区域，地方经济发展相对落后，财力普遍紧张，基础设施和公共服务欠账较多。旅游基础设施和公共服务在完善程度、供给质量、运行管理等方面还存在较大提升空间。

五 2020年环首都区域旅游业高质量发展的对策建议

（一）以新发展理念为引领，推动高质量旅游目的地建设

1. 加强新背景下的规划引领作用

在深入推进京津冀协同发展和建立国土空间规划体系的大背景下，应加快编制环首都区域旅游发展规划，强化新的空间政策和布局对旅游业发展的约束、引领作用。根据《京津冀协同发展规划纲要》的部署，2020年是第二阶段目标完成的时间节点，也是2030年第三阶段任务的开始之年，旅游业作为京津冀协同发展的先导产业，既要实现2020年阶段目标，更要为如期完成2030年第三阶段目标提前做好规划和布局。当前，更为严格的国土空间规划正在加快推进，环首都区域应编制新的旅游发展专项规划，对接国土空间规划体系，尤其须衔接好生态保护与旅游产业发展的关系，为下一阶段区域旅游业发展争取更多主动权。

2. 高标准推动区域旅游供给侧结构性改革

环首都区域是世界级旅游目的地建设的重点，应坚持"世界眼光、国际标准、中国特色、高点站位"目标，打造具有国际竞争力的龙头项目，

高标准构建产业体系，实现区域旅游高质量发展。紧紧围绕京津核心市场和东北亚、144小时落地签国际市场，打造世界级旅游目的地。着力解决好行政分割、门票经济突出、产品和服务质量低等制约发展的突出问题，培育高质量新产品、新业态，推动区域旅游产业向品质化、集约化和国际化转变。

（二）以全域旅游为抓手，改善旅游交通和城乡环境

1. 加快推进环首都区域旅游交通一体化建设

加快环首都区域高速公路、高铁站、机场与重点旅游目的地交通干线公路提升改造。重点做好京礼高速、京张高铁及其支线崇礼铁路连接线建设，完善沿线配套旅游公共服务设施，初步形成以崇礼为中心，高效连接北京与张承地区各主要旅游目的地的旅游交通网，推动冰雪等新业态、新项目向旅游交通干线集聚。结合"四好农村路"建设，加强旅游支线公路和乡村公路改造提升，建立便捷顺畅的旅游交通体系。彻底破解制约环首都区域旅游业发展的交通阻碍，为环首都区域旅游业高质量发展奠定良好的交通路网基础。

2. 结合各地实际，加快改善城乡人居环境

充分认识垃圾分类的紧迫性和重要性。在各旅游中心城市、乡村旅游重点村、4A级以上景区等重点区域，切实落实好城乡分类投放、分类收集、分类运输、分类处理的垃圾处理制度，并持续推进不放松。乡村旅游重点村要建设农村生活污水处理设施，杜绝污水乱排，确保卫生整洁的乡村人居环境。因地制宜推进农村"厕所革命"取得新进展，既要方便游客，更要充分考虑村民的实际使用，尊重农民生活习惯，根据各地气候条件差异等因素灵活落实"厕所革命"。

（三）以文化创意为核心，推动文化和旅游深度融合

1. 深入挖掘传统文化的时代内涵，做好以文促旅

环首都区域文化资源丰富，品质一流，按照"宜融则融、能融尽融"的工作思路，着力打造具有代表性的文化旅游龙头项目，重点培育"长城、

皇家、运河、红色、民俗、塞罕坝"等一流文化旅游品牌，加快形成环首都区域旅游发展强劲增长极。支持利用具有良好生产价值和市场价值的非物质文化遗产来开发文创旅游商品，支持依托非遗资源以设立非遗扶贫就业工坊，把文旅融合与脱贫攻坚紧密结合，把文化资源转化成带动贫困人口脱贫增收的经济动能。

2. 加强创造性转化和创新性发展，做好以旅彰文

长城、大运河等优秀传统文化资源经过千百年的积淀，仍具有较强的时代价值和生命力。以新时代价值观为导向，借势长城国家文化公园和大运河国家文化公园建设，充分挖掘优秀传统文化的时代价值，打造中华民族文化符号，让传统文化重焕时代光芒。提炼升华长城文化、皇家文化、运河文化、红色文化、民俗文化、塞罕坝精神等文化资源，打造提升一批具有国际水准和国际吸引力的文旅融合产品，通过旅游渠道，让世界更好地了解中国优秀文化，讲好中国故事。

（四）以乡村旅游为重点，推动农村一二三产业融合发展

1. 加强组织化程度，提升地方特色产业发展水平

环首都区域特色农产品品种丰富、质量上乘，发展基础好。乡村旅游是一种标准模式，有利于促进农村一二三产业质量提升，打造特色品牌。环首都区域适宜以乡村旅游为重点，推动一产提质，二产增效，三产壮大，促进农村产业高质量发展。高质量和品牌化发展需要以标准化、组织化为基础，在技术标准、生产管理和市场营销等方面实现统一。农村特色产业发展，需要培育农业产业化龙头企业，积极发展家庭农场和农民合作社，发展壮大各类市场主体。同时，充分结合小农户长期存在和脱贫攻坚任务艰巨的现实，加快健全农村产业发展利益联结机制，把小农户和贫困人口充分纳入各类市场主体经营中来。通过高度组织化实现标准化运营管理，加快地方特色产业发展。

2. 深挖土地潜力，破解农村产业发展用地瓶颈

落实好农业农村优先发展政策，率先实现土地要素优先满足农村一二三

产业融合发展项目需要。结合各地实际情况，推动乡村整合，积极探索实现宅基地有偿退出的成功做法，加快实施农村集体建设用地直接入市，增加农村产业发展建设用地供应。借鉴其他省市点状供地等旅游用地先进经验，实施点状供地、点状建设，未开发建设土地作为生态保留用地维持原状。加大改革创新力度，深挖农村土地潜力，有效破解制约农村产业发展的用地瓶颈。

（五）以生态环境为依托，培育优质度假旅游目的地

1. 充分发挥生态资源优势，打造一批高质量度假旅游项目

度假旅游是旅游业发展的高阶业态，对旅游环境、产品质量、服务水平、基础设施等方面有更高要求，消费水平和综合带动作用也更强。环首都区域生态区位优势突出，在国家战略的推动下，基础设施等方面明显改善，具备优越的度假旅游发展条件。以休闲度假、生态旅居等业态为重点，针对京津等周边中高端市场群体，新建、提升一批旅游度假项目。支持崇礼冰雪旅游度假区等项目创建国家级旅游度假区，培育一批高质量省级旅游度假区，逐步形成竞争有序、质量一流的旅游度假区发展梯队。

2. 坚守生态红线，实现生态建设与旅游发展双赢

环首都区域是河北省生态文明建设的重中之重，也是生态敏感、脆弱区域。旅游业是绿色产业，对生态环境的扰动相对较小。但发展中严把生态质量关不能放松，要坚守生态红线，针对农家乐、生态农庄等分布相对分散的项目要采取有效措施确保排污达标，杜绝"生态"项目"不生态"问题出现。要把维护首都生态安全放在发展首位，既要金山银山，更要绿水青山。

（六）以科技创新为支撑，提升旅游产品吸引力竞争力

1. 借势雄安新区规划建设，探索科技创新驱动旅游发展新路径

科技创新是推动区域旅游高质量发展的新动力。以雄安新区为重点的环首都区域集聚了一批科技创新力量，为区域旅游转型升级创造了有利条件。需要在科技创新驱动旅游发展体制机制方面进行改革创新，推动知识、技

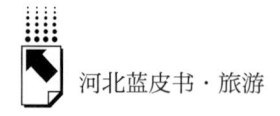

术、数据等生产要素的市场化进程，促进科技成果转化。相关政府部门应加快优化科技创新与旅游融合发展环境，激发市场主体活力。

2. 推动广泛融合，增强科技创新对旅游发展的驱动力

旅游业具有综合性的特点，涉及交通、农业、工业、商业、建筑、养老等多个产业领域。积极推动旅游业与互联网、大数据、云计算、人工智能、区块链等高新技术深度融合，丰富旅游产品，提升旅游体验，改善公共服务质量，提高管理效率，降低运营成本。以科技创新之力驱动环首都区域旅游业高质量发展。

参考文献

[1]《中共中央关于坚持和完善中国特色社会主义制度推进国家治理体系和治理能力现代化若干重大问题的决定》，2019年10月31日。

[2]《京津冀协同发展规划纲要》，2015年4月30日。

[3]《长江三角洲区域一体化发展规划纲要》，2019年12月1日。

[4] 褚劲风等：《世界著名旅游城市发展模式比较研究》，《中国城市研究》2015年第8期。

[5] 唐艺彬：《美国纽约大都市圈经济发展研究》，博士学位论文，吉林大学，2011。

B.13
燕山—太行山地区旅游业发展报告

张葳*

摘　要： 燕山—太行山地区是华北平原和京津的重要生态屏障区，资源丰富、文化深厚。本文全面总结燕山—太行山地区2019年发展情况，深入分析当前资源开发现状，燕山—太行山旅游业高质量发展步伐逐步企稳，优质旅游供给持续增加，乡村振兴和脱贫攻坚成效显著，旅游发展环境大幅改善，但也暴露出资源底数不清、规划指引作用未发挥、旅游公共服务与基础设施体系建设不足、开发模式较为初级、旅游核心吸引力不足、旅游体制机制改革创新还有待深入等一系列问题，并有针对性地提出跨区域统筹规划、弘扬燕山太行精神、加快补短板、差异化集聚式发展、跨区域共治等多维度推动燕山—太行山地区2020年旅游业高质量可持续发展的对策建议。

关键词： 燕山—太行山　高质量　可持续

河北燕山—太行山地区自然资源丰富，生态环境良好，历史文化深厚，是我国东部地区的重要山脉和地理分界线，是东部地区连接中西部的重要通道，同时也是华北平原和京津的生态屏障区。随着京津冀世界级城市群崛起、集中连片特困地区脱贫攻坚、京津冀协同发展、雄安新区建设

---

* 张葳，河北省社会科学院旅游研究中心副研究员，主要研究方向为旅游经济。

等重大国家战略的实施，燕山—太行山旅游业处于难得的历史机遇期。近年来，河北省高度重视燕山—太行山片区发展尤其是旅游开发工作，借助冬奥会筹办、太行山高速开通、全域旅游示范区创建、省市旅发大会召开等多种机遇和手段，多措并举，奋力推进，使燕山—太行山旅游业发展取得积极成效。

一 2019年燕山—太行山旅游发展情况分析

河北省燕山—太行山地区由于跨越京津，行政区划上没有明确划分，河北太行山区北起永定河，南至漳河，纵贯华北平原南北，联结京、冀、晋、豫四地，涉及张家口、保定、石家庄、邢台、邯郸5市27个县（市、区），总面积3.91万平方公里；燕山山脉河北段西起张家口万全和怀安境内的洋河，东至山海关，北接坝上草原，西南与太行山相隔，横贯华北平原，在行政区划上包括张家口、承德、秦皇岛、唐山4市26个县（市、区）。燕山—太行山地区旅游资源丰富，品类多样，自然旅游资源有小五台山、野三坡、白石山、嶂石岩等，文化旅游资源有娲皇宫、泥河湾、黄帝城、古北岳、苍岩山等，以及蔚县剪纸等民俗非物质文化资源等；红色资源包括西柏坡、晋察冀军区司令部旧址、八路军129师司令部旧址等。从资源组合度看，燕山—太行山地区既有国内著名的山岳、森林、峡谷、池潭、瀑布，也有革命圣地、历史文化、地方戏曲、民族舞蹈、民俗艺术，各类资源相互交融，组合俱佳，互补性强。目前，燕山—太行山片区共有5处世界文化遗产、8个国家5A级旅游景区、99个国家4A级景区、9处国家级自然保护区、12个国家级风景名胜区、9处国家级地质公园、23个国家级森林公园、13个国家级爱国主义教育基地。同时秦皇岛市、承德市两个城市获得了"中国优秀旅游城市"的殊荣。河北17个全国全域旅游示范区创建单位，15个位于燕山—太行山地区，其中易县已经创建成功。

燕山—太行山地区战略地位极其特殊，是确保京津生态安全的重要屏障。近年来，河北高度重视燕山—太行山地区的发展，在京津冀协同发展、冬奥会筹办、全域旅游示范区创建、省市县旅发大会举办等一系列历史性机遇与工作抓手的推动下，燕山—太行山地区旅游发展和脱贫攻坚工作不断取得新成就。

（一）高质量发展步伐逐步企稳

一是顶层设计不断优化，定位不断清晰。燕山—太行山地区旅游业发展一直是省委省政府关注的重点工作，从《河北省燕山—太行山休闲旅游发展总体规划》到《关于加快燕山—太行山地区旅游业发展的意见》出台，从《河北省旅游业"十三五"发展规划》到《河北旅游高质量发展规划（2018～2025年）》《关于进一步加快全省旅游产业高质量发展的意见》等重要规划和政策文件，都始终将燕山—太行山地区旅游业作为河北旅游空间优化格局的重要目标，燕山—太行山沿线各地也出台了一系列政策文件，打造复合型山水生态休闲旅游目的地，协调推进特色农业、绿色能源、健康养老、文化旅游、生态涵养产业发展。二是"太行山旅游高速"为沿线区域旅游发展带来新机遇。2018年12月，太行山高速全线贯通。2019年，省文化和旅游厅先后印发了《关于推进太行山高速服务区设置运营河北游客中心的通知》《关于推进太行山高速公路旅游公共服务体系建设工作的通知》等文件，积极协调沿线各市游客服务中心设置。省发改委于2019年初印发了《河北省太行山高速公路沿线绿色产业带发展规划（2019～2022年）》，提出了构建"一轴、三区、三带"的太行山区空间发展格局。在2019年第三届中国旅游交通大会上，"太行山旅游高速"称号得以确立。三是河北省市县各级旅发大会助力燕山—太行山地区全面升级，区域联动发展的意识不断增强。自2016年首届省旅发大会在保定市涞水、易县、涞源成功举办以来，为助力全省脱贫攻坚和全域旅游示范省创建，四年来省市县各级旅发大会举办地主动向燕山—太行山倾斜，带动了山区经济转型发展，推动了旅游与工业、农业、文化、体育、康养等相关产业的融合，打造出一大批新业态、新产品，建设了一批新项目，开发了一批新线路，形成了一批功能完备、环境优美、服务完善的旅游目的地。2019年，河北省全年举办了14届次省市旅发大会,其中9届次在燕山—太行山地区举办;第四届省旅发大会建设了连通正定、灵寿、平山的风景大道,邢台市连续举办两届太行山经济文化带建设交流会,各级各层会议和活动的举办,大大促进了燕山—太行山地区对内对外的文化经济交流。四是生态修复成果不断释放发展新动力。2011年至今,河北省太行山绿化三期工程已完成造林265万亩。2019年,石家庄市以滹沱河生态修复为契机,打造了风景如画的滹沱河生态走廊,建设了连通正定、灵寿、平山的风景大道,进一步增强了区域旅游发展支撑力,全面改善了区域发展环境;邯郸市打造了九龙山矿山生态修复公园,完成了1.3万亩的基础绿化和景观绿化;秦皇岛通过实施废弃矿山修复和综合治理,以生态修复探索、打造旅游新业态。

(二)优质旅游供给持续增加

一是大批传统景区品质提升。一年来,燕山—太行山沿线区域积极整合优质资源:石家庄对漫山花溪谷等优质景区进行重点打造,提升了景区的区域龙头作用,进一步推动了井陉传统村落的保护和修复,完善了大梁江古村落、于家石韵小镇、贾庄古镇、南横口陶瓷水镇等;邢台市对抗大陈列馆基础设施建设和周边环境进行了改造提升,升级了大峡谷、九龙峡、天河山、周公山等一批传统景区,大峡谷景区按照5A级景区标准对标提升;邯郸提升了磁山文化博物馆;秦皇岛祖山风景区以山海经文化为主题进行创5A改造提升,增加了水景观和滑冰滑雪项目,推动了四季旅游发展。二是新业态、新产品、新模式不断呈现。燕山—太行山沿线地区充分利用自身优势生态资源,以市场需求为导向,积极推动山地旅游与文化、农业、工业、体育、康养、科技、教育等多个领域融合发展,培育了一批跨界新产品,探索出一系列发展新模式。秦皇岛高标准打造了冷口·青龙湾康养旅游度假区、大森店文创小镇等新业态项目;邢台推出的德龙钢铁文化园,建设了钢铁侠客岛、活态钢铁博物馆、钢铁主题课堂、主题酒店等新业态项目,动员全体员工参与开发、设计钢铁文创产品,形成了"工业+文化+旅游+研学+度假"于一体的工业旅游新模式;石家庄深挖段家楼历史文化内涵,新建了由汽车主题公园、煤炭工业博物馆、段家楼建筑群组成的段家楼正丰矿文旅综合体；唐山重点打造滦州古城核心龙头；邯郸市对武安东太行、京娘湖、朝阳沟、太行花溪谷等景区的游客中心、旅游厕所、标识系统进行提升，"涉县太行红河谷"以129师司令部旧址为重点，以清漳河为轴线，以七彩旅游风景道为纽带，串联起42个新业态项目和33个旅游驿站。三是文旅融合深入体现本土特色。2019年是河北省文化和旅游深度融合的开局之年，其中燕山—太行山共有约500项物质文化遗产和非物质文化遗产实现挖掘保护和传承利用。推动了龙泉古镇、于家石韵小镇等多个古镇古村的保护性开发，为游客和嘉宾提供了深度体验河北历史文化的平台；武安博物馆、磁山文化博物馆、晋冀鲁豫边区纪念馆、伯延古镇等整体提升改造，丰富了武安的文化旅游产品体系；邢台县以邢襄古镇、兴台古镇等项目为特色，推出了山水汇农耕义化园、象外客栈、左坡渔村等项目，打响了地域文化和民俗文化品牌；滦州建立了国内首家"中国评剧艺术馆"，生动地再现了起源于唐山境内的评剧发展历史，"千古此滦州"大型马术表演和柴册大典等民族节目表演将古城滦州、民族民俗文化、非物质文化进行了有机融合。

（三）乡村振兴和脱贫攻坚成效显著

近年来，河北省积极推进燕山—太行山沿线旅游交通提升改善，不断加强旅游景区、旅游节点基础设施和公共服务体系建设，开展以景区带村新模式促扶贫、以能人带户新模式促扶贫、以"合作社（公司）＋农户"新模式促扶贫等，旅游扶贫不断为山区经济转型升级开创新模式、积累新经验。一是乡村环境整体提升。全面实施改厕、改厨、改水、改电等工程，有效推进了村落环境美化、民居风貌改造和重要节点景观提升，促进了游客中心、停车场、公共厕所、乡村医院等公共设施建设，以及新型经济和社会组织如农家乐协会、农旅合作社等的建立，共新建或改造美丽乡村近千个，让广大群众尝到了甜头、得到了实惠、看到了希望，提升了生活满意度与幸福感。涉县后池村借助首届邯郸市旅发大会，建设了乡村标识牌、村民广场等一系列设施和景观，修复了15个老宅院落，开办了30多家农家乐，赢得了社会的广泛称赞。二是乡村旅游扶贫富民不断释放新动能。全域旅游示范省的创建工作推动燕山—太行山旅游业呈现出前所未有的"井喷式"发展势头。平山县打造了城子沟"三区同建"、红崖谷"五统一分"等一批旅游扶贫典型示范；井陉县吕家剧境小镇、于家石韵小镇等民宿产业已初具规模，成为极具特色的"乡村旅游网红基地"；蔚县以"文绿兴蔚、全面转型"为主基调，深挖文化内涵；滦平县推行兴春和集团"一地生四金"模式，即流转土地得租金、务工酬劳挣薪金、入股合作分股金、联营菇房赚现金，发展特色产业扶贫，变输血式扶贫为造血式扶贫，确保贫苦户持续收益。三是乡村资源向乡村产业转变。各地积极以乡村旅游带动产业振兴，打造提升了尚义十三号村、青县广旺农庄、深州蜜桃观光园等一批精品项目，实现了乡村资源的产业化发展。平山县岗南镇泓润生态园"三金"（租金、薪金、红金）扶贫富民模式、灵寿漫山花溪谷景区的"旅游景区+龙头企业+贫困户"等，带动了当地村民增收致富，吸引更多返乡人员创业就业，取得了良好的发展成效。

（四）旅游发展环境大幅提升

一是公共服务基础设施不断完善。近年来，河北省大力提升燕山—太行山地区公共服务和基础设施，仅2018年就支持太行山地区增设了游客服务中心（集散中心）12座、旅游交通标识牌64块、自驾车营地3座、旅游停车场10个、旅游大数据中心应急指挥平台2个。太行山高速公路的全线通车，与华北平原腹地的京、津、雄、保、石、邢、邯等都市区形成1小时通达网络，为太行山区全面脱贫、新旧动能转换和绿色崛起带来了历史性机遇。太行山高速旅游公共服务体系建设初见成效，与省交投集团合作，将沙河服务区建成"景区化开放式服务区"、临城服务区建成"产业化共享式服务区"。2019年，省市旅发大会推出了石家庄滹沱河生态廊道、井陉"天路"、邢台抗大路、武安白云大道等一批旅游风景道，将沿线山地、河流、湖泊、森林、草原、田地等自然资源进行串联。道路两侧依次布局骑行绿道、步行慢道，沿线布设驿站、民宿、公园等项目，使风景道成为串珠成链的旅游带。一批高星级酒店、饭店在燕山—太行山建成，实现了四星、五星级酒店零的突破,御道口阿尔卡迪亚草原度假酒店、中国马镇梦马酒店和白马酒店、灵寿悦城星级酒店等因旅发大会拔地而起。二是智慧旅游水平不断提升。邢台县研发"邢台县智慧旅游微信小程序",在旅发大会期间还开发了智慧会务微信公众号;灵寿高标准建成了智慧旅游中心、互联网体验中心、指挥中心等设施,大幅提升了全县的文化活动、会展、会议、智慧城市的水平;"智游武安"微信公众号推送景区及旅游服务信息,使"一部手机游武安"成为现实。三是目的地影响力逐渐扩大。通过全域旅游示范省建设和各级旅发大会推进,燕山—太行山地区打造出一系列旅游发展新标杆、新片区、新品牌。张家口市打造了桑洋河谷旅游度假区的区域品牌;"夜游滦州古城"展示了滦州地秧歌、游船吟唱等精彩文化活动,打造了京秦旅游线上的"戴河日光浴、古城月下游"响亮品牌;青龙县围绕板栗、中药材两大特色产业,高标准打造了中国冷口汤印温泉、祖山景区、同盛中医药产业园等旅游项目,打破了冬季旅游发展瓶颈,目的地影响力迅速扩大。

二 当前燕山—太行山地区旅游发展存在问题研判

(一)资源底数不清,规划指引作用未发挥

燕山—太行山山脉相连,是一个有机整体,与太行山片区相比较,燕山片区旅游资源富集且差异性突出,但由于跨越京津两地,燕山—太行山区域一直未形成总体规划和统筹管理,资源不清、家底不明,长期的"碎片化"开发导致景区分散经营、各自为政、竞争力弱。

(二)旅游公共服务与基础设施体系短板仍突出

一是乡村基础设施较差,扶贫、乡村振兴任务重。燕山—太行山沿线涉及多个深度贫困地区,近年来脱贫攻坚虽取得了积极成效,但旅游公共服务与基础设施建设还不完善、到位,大部分区域还存在智慧旅游、产业要素等方面发展滞后问题,服务质量、服务水平整体不高,通信设施不完善。二是

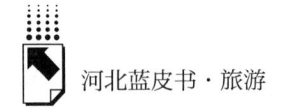

各级道路旅游公共服务功能仍处于较低水平，全域旅游时代自驾游比例较高，相应的服务显得尤为重要，如太行山高速沿线服务区的旅游公共服务及智慧旅游设施配置严重不足，个别地方甚至存在空置现象，服务水平也亟待提高。三是景区前"最后一公里"建设参差不齐，通景公路美化亮化不足，景观风貌要么徽派要么仿古，设计复制感突出，缺乏地方特色。

（三）开发模式较为初级，旅游核心吸引力不足

燕山—太行山地区旅游资源丰富，品质优良，但仍属于粗放式开发，资源优势远未转化成产业优势和品牌优势，缺乏龙头项目引领。国家5A级景区还没有做到每市至少一家，度假旅游发展滞后，度假休闲及真正的山地旅游产品项目较少，产品结构较为单一，国家级旅游度假区还是空白，多数传统景区产品和服务质量不高，精细化不足，产品类型单一。

（四）旅游体制机制改革创新还有待深入

一是区域合作和跨区域统筹机制尚未建立，燕山—太行山地区虽然资源富集，但还没有建立全面统筹的体制机制，缺乏区域合作与统筹规划，旅游产品质量不高，组团发展意识不强，京津对接主动性难以调动。二是生态补偿机制相对滞后，承德打造京津冀水源涵养功能区，张家口打造京津冀生态涵养区，如何实现生态保护与周边村民生活脱贫致富的平衡？生态红线与旅游发展的协调机制亟待突破，生态补偿机制亟待改革创新。

三 2020年推动燕山—太行山地区旅游高质量可持续发展对策建议

（一）跨区域统筹，"一盘棋"编制燕山—太行山地区旅游发展规划

一是制定燕山—太行山地区"一盘棋"规划。在了解国内、国际客源

市场需求的基础上深入挖掘自身优势，打造能够吸引京津目光的差异化、国际化产品。二是做好燕山—太行山地区旅游"1+N"线路规划。设计1条主线、N条支线，燕山—太行山片区旅游资源富集，有温泉、长城、森林、河流，错位性突出，选取几个代表性的节点作为核心，跨区域打造旅游精品线路，做到"有主线，有支线，主线强，支线亮"。三是在营销上主动与京津联动，把燕山—太行山沿线精品景区纳入京津旅游线路，同时要放大优势，凸显文化特色，做强燕山—太行品牌，把燕山—太行山片区打造成京津冀世界级旅游目的地的重要一极。

（二）弘扬燕山太行精神，传承河北优秀文化

一是严格保护文化遗产资源。严格保护清西陵、避暑山庄、响堂山石窟、北岳庙、邢窑遗址、娲皇宫及石刻等世界文化遗产、文物保护单位、历史文化名城名镇名村等。进一步推进燕山—太行山古镇古村保护性开发、非遗活化利用和文物类资源保护性利用，推进文化遗产密集分布区保护体制机制创新，支持古镇、古村和古建筑文物申报工作，严格管控重点旅游区承载量。二是做好燕山—太行精神的保护、传承和弘扬。推动李保国"太行愚公"作为太行精神的载体，加强博物馆、纪念馆、展览馆等设施建设，提升展示水平，将太行山建设成为中华民族精神的体验基地和传承弘扬高地。大力发展塞罕坝红色旅游、研学旅游，提升绿岭核桃小镇、浆水红色小镇等载体品质。三是创新发展红色旅游景区。加大对抗日战争、解放战争等革命历史文化遗址遗迹的立碑（挂牌）保护。创新红色旅游产品业态，实现精品红色旅游景区扩容提升。推广西柏坡景区、涉县太行红河谷、阜平县晋察冀军区司令部旧址等深度展现太行精神的精品线路，开展红色旅游国际交流合作。

（三）加快补短板，提升燕山—太行山全域旅游发展环境

一是进一步提升旅游交通服务。以太行山高速公路为主线，加快构建燕山—太行山安全畅达的旅游交通网络，推进跨省市高速公路、国道、省道

"断头路"改造工程，推进高铁、高速、国道、通用机场等重大交通基础设施建设，加快构建沿线旅游风景道体系，在严格保护生态环境和人文资源的前提下，推动煤炭等大宗货物运输和游客有序分流，培育打造高品质旅游风景道。建立健全旅游自驾服务、风景道系统、绿道、游步道建设，优化道路沿线景观环境，完善标识标牌、驿站等配套设施，加快构建"快旅慢游"体系。二是加快提升旅游基础设施及公共服务。深刻认识旅游扶贫对乡村振兴的重要推动作用，加快完善乡村旅游厕所、停车场、旅游安全、旅游志愿者服务等，推动旅游咨询集散中心的落地运营，完善旅游厕所、停车场、旅游安全、旅游志愿者服务等，着力补齐公共服务短板。完善旅游标识系统，规范跨区域旅游交通标识，提升燕山—太行山区域辐射范围内旅游景区和公共活动场所旅游标识系统的规范化。三是进一步提升智慧旅游服务。在燕山—太行山沿线重要交通集散枢纽、主要旅游通道等处设立信息咨询中心，提供一体化的信息咨询服务。培育一批智慧景区、智慧酒店、智慧旅行社、智慧交通等智慧旅游试点单位。加快智慧旅游设施的落地化、实际应用化建设，推动旅游云数据中心及智慧旅游管理、服务、营销等平台的软硬件建设，推动与公安、交通、工商等部门实现数据连接，打破"信息孤岛"，实现数据共享；完善微信公众号、手机自助旅游客户端等服务途经，逐步实现旅游服务、旅游管理、旅游营销、旅游体验智能化，让游客尽享"快旅慢游"。四是建立健全跨区域旅游安全保障体系。建立跨区域旅游安全救援机制和山地户外探险救援救助机制，健全山地旅游风险预警，对燕山—太行山重点旅游景区地质灾害、气象灾害等进行重点监测，实施旅行社责任保险统保示范项目，完善山地旅游保险体系。

（四）差异化发展，扩大燕山—太行山优质旅游产品供给

一是优化国际生态观光旅游产品。以金山岭长城、野三坡景区、白石山景区、西柏坡景区、娲皇宫等国家5A级或准5A级旅游景区为依托，推进旅游景区标准化建设、规范化管理、人性化服务和智能化消费，形成具有国际吸引力、竞争力的生态观光旅游产品。二是培育山地休闲度假产品。以沿

线山地、森林、高山湖泊等生态旅游资源为基础，发挥温泉、中草药等康养资源优势，大力发展精品民宿、精品酒店和度假酒店等山地度假产品，培育高端医疗、康体保健、度假小镇等新业态，高品质建设太行山水画廊风景道，打造复合型山水生态休闲旅游目的地、华北地区山地避暑康养度假胜地、全国知名的山地康养旅游基地。三是丰富文化遗产旅游产品。发展民俗旅游、研学旅游等文化旅游产品。推动非物质文化遗产创作、授教、表演等环节与旅游活动相结合，创新文化产品内容和展示方式，大力发展非遗体验游。四是加快乡村旅游产品提档升级。大力发展蔚县、涞水县、唐县、平山县、赞皇县、沙河市乡村旅游，加快精品民宿建设，引领乡村旅游转型升级。依托国家历史文化名村名镇和特色农副产品生产基地，创新乡村旅游发展模式。五是开拓山地运动旅游产品。在野三坡重点发展山地越野、登山、攀岩、漂流、溪降、滑水、野营露宿、拓展训练、洞穴探险、峡谷探险等山地运动旅游产品。举办国际山地户外运动公开赛、国际徒步大赛、国际攀岩赛、国际武术节等大型体育赛事。依托核心景区，开发小型飞机、直升机、热气球、滑翔伞等低空旅游产品，推动低空旅游产业园建设。六是发展山地研学旅游产品。依托地质公园、爱国主义教育基地、红色旅游景区等，开发地质地貌、历史文化、文物古建等系列主题研学旅游产品，高品质建设夏令营、冬令营研学旅游实践基地。七是优化长城文化公园产品。河北境内长城是明代长城的精华所在，燕山地区拥有"中华之魂"老龙头、山海关、奇绝的"长城倒挂"三道关、"水下长城"喜峰口、无比壮观的金山岭……突出金山岭、山海关等标志性节点的带动作用，强化节点空间的文化价值塑造和地方特色展示，推进建设一批高端生态休闲度假旅游产品，助推国家长城文化公园示范点建设。

（五）集聚式发展，多轮驱动打造山地特色产业带

一是做强特色产业。做大做强滦平、丰宁中草药种植，融入现代科技，加强种植区域、种植品种、种植过程中的精细化管理，同时在燕山—太行山沿线其他适合中药材生长区域发展中草药种植，打造燕山中草药种植隆起带。二是延长产业链条。因地制宜，规模化、集聚化发展，建设一批冰雪休闲、运动休闲、森林康养、温泉度假、文化旅游、农业旅游、研学旅游、生态旅游等项目，构建上下游相互补充、相互支撑的产业生态，既满足游客对美好生活的需求，又可带动酒店、餐饮等多个产业发展。三是打造一批高品质的世界级旅游产业集群。如在丰宁建立康养文旅小镇，将有机牛奶作为小镇独有资源与品牌，结合乡村振兴战略，同时充分利用大数据、"互联网+"等现代信息技术手段，不断优化营商环境。

（六）跨区域共治，构建现代旅游产业体系示范区

充分发挥核心景区引领作用，建设野三坡、白石山大景区，搭建大平台，打造大板块，推动旅游业产业化、规模化、集群化发展。一是实施"大景区"提升计划。释放国家A级景区旅游流量，创新"景区+村落群""景区+特色小镇""景区+城镇""景区+特色园区""景区+沟域"复合立体生态经济等产业集聚模式，全面提升景区管理和服务品质，提升景区辐射带动能力。二是打造燕山—太行山旅游产业集聚带。结合漳河、桑干河、滹沱河、拒马河、唐河、大沙河等跨省市流域综合治理及国家旅游风景道建设，以沿线核心精品旅游景区（点）、重点旅游城市、旅游小镇、旅游村落（贫困村）等为重要节点，完善旅游公共服务体系，培育旅游新业态产品，积极打造新型旅游产业集聚带。三是板块式建设旅游产业集聚区。优化升级旅游资源和产业高度集聚、旅游与区域经济社会发展高度融合的板块，重点建设旅游资源和产业适度集聚、旅游发展具有一定水平、形成一定辐射带动效应的板块，大力培育山水、人文、气候等休闲度假资源优势独特但旅游开发程度和市场知名度较低的板块。

（七）巩固脱贫成果，促进乡村振兴和城市转型

探索乡村振兴和资源型城市绿色转型的新路径。一是旅游助推乡村振兴。巩固涿鹿黄帝城景区、蔚县小五台景区、涞源白石山景区、阜平天生桥

景区、顺平伊祁山景区、唐县西胜沟景区、灵寿五岳寨景区、行唐升仙桥景区、赞皇嶂石岩景区、临城崆山白云洞景区等精准脱贫成果，继续实施旅游景区引领乡村振兴工程，推动旅游与农业、林业、健康、养老等多产业结合，培育乡村旅游、山地避暑、森林康养等多类型旅游产品业态。二是旅游助推资源型城市转型。结合国家资源型经济转型战略，促进易县、涞源县、曲阳县、临城县、内丘县、涉县、武安市、峰峰矿区等旅游公共服务体系提升，提升城市生态环境质量，彰显城市人文底蕴，建设一批城市休闲游憩功能区，支持旅游景区景点规划建设，大力发展工业遗产游、地质科普游等特色旅游产品。三是建立绿色旅游发展机制。树立绿色发展理念，建立完善绿色旅游产品标准、服务标准和管理标准，构建绿色旅游产业体系，探索建立流域性水资源生态补偿机制、旅游区生态环境承载能力监测预警机制和绿色发展监管制度，大力推动燕山—太行山地区绿色生态、循环低碳、可持续发展。

参考文献

[1] 吴忱:《华北地貌环境及其形成演化》，科学出版社，2008。
[2] 河北省人民政府:《河北省旅游高质量发展规划（2018～2025年）》，http://info.hebei.gov.cn/hbszfxxgk/6806024/6807473/6806589/6839465/index.html，2018年11月22日。

B.14 长城文化带旅游发展报告

白翠玲*

摘　要： 本报告在对河北省长城文化带旅游时空演变分析的基础上，总结河北省长城文化带旅游的"保护区+景区""保护区+社区""保护区+公服设施"三种发展模式。从长城文化与旅游要素叠加的角度对长城文旅融合产品供给体系和供给模式进行探讨。通过调研分析长城文化带旅游的游客画像、游客数量、消费结构和市场评价，明确河北省长城文化带旅游的市场需求和市场认知。基于以上分析，本报告深度剖析其供求中存在的问题及影响因素，提出梳理长城文化脉络、活化长城文化、认定长城文化线路、构建长城文旅产品品牌、增强公服体系建设等解决对策。最终，提出建立管理体制和法律体系、完善政策保障和标准体系、建立国家公园的管理模式和运营机制等保障措施。

关键词： 长城文化带　旅游　文旅融合

一　长城文化旅游时空演变分析

（一）长城文化旅游发展历程

河北省长城文化旅游发展历程，总体上分为四个阶段。

---

* 白翠玲，河北地质大学商学院副院长、博士、教授、硕士生导师，研究方向为旅游规划、营销管理和长城文化旅游。

1. 长城修缮保护期（20世纪50年代～20世纪70年代末期）

这个阶段是自1952年山海关镇东楼维护工程开始，一直到20世纪70年代末期。尤其是从1961年山海关段被公布为全国重点文物保护单位开始，对山海关的券洞、城墙、关城、镇东楼、瓮城、靖边楼和角山长城等进行了18次维护、修复和重建等。资金来源以国家拨款为主，省拨款和自筹为辅。这一时期，人们的保护意识相对较弱，用长城砖盖房、垒猪圈的破坏活动较多。

2. 长城保护与旅游开发并行期（20世纪80年代～2000年）

河北省长城旅游自1979年起步，随着《中华人民共和国文物保护法》的出台，越来越多的社区居民参与到长城保护中来。1987年，联合国教科文组织将长城列入世界文化遗产，长城旅游得到了飞速发展。秦皇岛以山海关长城为核心，承德以金山岭长城为核心，河北省长城旅游市场知名度迅速提升，白羊峪、董家口、板厂峪、青山关等逐步开始发展，河北省长城旅游开始了大发展阶段。

3. 长城文化旅游规范化发展期（2001～2018年）

2001年，老龙头景区成为国家4A级景区，开启了长城文化旅游规划发展时期。至2018年底，河北省共建有11家A级长城旅游景区。5A级1家：山海关景区。4A级4家：承德金山岭长城景区、秦皇岛角山景区、张家口大境门风景区、唐山迁西青山关旅游区。3A级5家：迁安市白羊峪长城旅游区、遵化市禅林寺古银杏风景园、迁安市红峪山庄长城溶洞风景区、迁西县喜峰口旅游景区、蟠龙湖风景区。2A级1家：唐山遵化鹫峰山风景旅游区。还有闆（bǎn）城小镇、董家口长城乡村旅游等非A级旅游小镇、乡村旅游度假区等出现，长城文化旅游供给越来越丰富。

4. 国家文化公园建设期（2019年至今）

2019年7月24日，习近平总书记主持召开的中央全面深化改革委员会第九次会议通过《长城、大运河、长征国家文化公园建设方案》（以下简称《方案》）；12月初，中共中央办公厅、国务院办公厅印发《方案》，要求各地各部门结合实际认真贯彻落实。8月20日，习近平总书记在嘉峪关考察时，对长城保护与文化传承再次做出重要指示。长城沿线各省市响应国务院号召，增强文化自信，弘扬长城精神、长城文化，推动长城沿线文化事业与旅游的融合，以旅游促进长城文化的传播。长城河北段被设立为中国长城国家文化公园建设示范点，自此，长城文化旅游进入了国家文化公园建设期。

（二）长城文化旅游带空间演变分析

无论是数量还是质量，燕山地区的长城都比太行山地区更具优势，所以河北省长城文化带旅游的发展，在空间上为先燕山区域，后太行山区域。燕山区域也呈现从东到西的发展演变历程，从秦皇岛的山海关、老龙头和角山长城文化旅游发展到承德的金山岭和张家口的大境门。至今，太行山区域以长城文化为核心吸引物的国家A级景区还未出现，但也存在紫荆关等长城文化优质资源，其将成为未来长城国家文化公园延伸发展的区域。

（三）长城文化旅游带发展模式

按照保护情况和开发业态，长城旅游带发展形成了"保护区+景区""保护区+社区""保护区+公服设施"三种模式。"保护区+景区"开发模式的典型代表为以山海关为核心的秦皇岛长城文化集群和以金山岭为核心的承德长城文化集群，长城文化遗产区与长城文化旅游区在空间上叠加，发展成长城文化旅游极点，在文化遗产区域融合旅游要素，延伸"吃、住、行、游、购、娱"的全产业链链条，最终形成"空间叠加、文化遗产+旅游要素"的全产业链条融合发展模式。"保护区+社区（小镇）"开发模式的典型代表为以板厂峪和乌龙沟为代表的乡村长城文化旅游区，长城文化保护区与长城文化小镇在空间上相邻，依托长城文化区，提供住宿、餐饮服务和厕所、停车场等基础服务，形成"空间相邻、文化遗产+旅游小镇"的"环境+服务"功能开发模式。"保护区+公服设施"开发模式的典型代表为未开发长城沿线，将会逐步形成"旅游绿道系统+观景平台"的融合模式。

二 长城文化旅游带产品供给体系分析

（一）河北省长城文化旅游产品的供给

河北省长城文化旅游产品的供给主要是长城文化与"吃、住、行、游、购、娱"的融合供给，主要包括旅游景区、旅游餐饮、旅游小镇、旅游演艺、旅游公路、旅游专线和旅游线路等。

1. 文化+观光游览——长城文化旅游景区

目前河北省已经开发的长城有 11 处，以秦皇岛市山海关长城和承德市金山岭长城为龙头，带动周边发展，引领省内其他 7 市的长城文化旅游发展。许多保存完好的"野长城"正被开发为新的长城节点，如乌龙沟长城等，这些区域的长城具有很大的旅游开发价值。

2. 文化+餐饮——旅游餐饮产品

从地理区域来说，从燕山地区到太行山地区，长城沿线旅游餐饮源远流长。山海关长城景区地理位置独特，饮食文化有明朝戚继光镇守山海关时期为改善戍边士兵艰苦生活的长城饽椤饼，为古城和外地游人所喜欢的四条包子，由回民按祖传秘方调制生产的口味醇正的回记绿豆糕，还有老二位麻酱烧饼、煎饼合子等。特色餐饮提供以农家餐、特色长城烧烤等为主，旅游餐饮文化丰富。

3. 文化+小镇——长城文化旅游小镇

目前，河北省有长城文化元素的旅游小镇处在发展期，以秦皇岛和承德两地最为典型。如秦皇岛板厂峪阔城小镇以长城文化为主题，打造山水长城生活；圆明山康养小镇依托长城遗迹，服务于长城游客。承德滦平的 GREAT Woo 艺术小镇以原乡为底蕴打造长城艺术旅游生活，花楼沟打造长城花乡，形成了长城脚下深度体验长城文化的生活场所。

4. 文化+节庆演艺——旅游节庆演艺活动

目前，长城演艺活动主要集中在旅游景区和长城文化小镇，如阔城小镇的戚家军表演、明制婚礼和地秧歌等；山海关景区的现代音乐汇、地方戏曲、民俗展演等，尤其是《雄关古韵》的大鼓演出；金山岭景区的《金山秀》实景演出，大境门的开城仪式和春节民俗表演等，都具有突出的长城文化特色。除此之外，长城沿线举办的杏花节、摄影大赛、民俗非遗手工匠人手工技艺的现场展示等，都是长城文化演艺的重要补充。

5. 文化＋交通——长城旅游公路和旅游专线

依托于长城的旅游公路主要有河北省长城旅游公路和环长城旅游公路。河北省长城旅游公路全长约1750公里，由主干线和支线组成，沿线串联周边的长城景点，每一条支线都是一条旅游线，多种组合，满足游客的各种需要。环长城旅游公路位于秦皇岛，是海港区北部片区景观大道建设项目之一，途经北港镇、石门寨镇、驻操营镇。河北省长城专线主要有怀密线、"秦旅山海号"观光小火车、金山岭长城一日游旅游专线、北京旅游专线［金山岭长城］（跨省）公交车路线等。怀密线穿过金山岭长城；"秦旅山海号"观光小火车从秦皇岛港西港码头"开埠地站"始发，终点站为"板厂峪站"；金山岭长城一日游旅游专线是一条步行线，起点是金山岭长城，终点是司马台西段。这些旅游专线在不同程度上宣传了长城文化，带动了长城文化旅游的发展。

（二）重要节点的长城文化旅游产业集聚分析

从目前发展的现状来看，河北省长城文化旅游基本形成了以山海关、大境门、金山岭长城景区为核心的旅游产业集聚区（资源推动型）和以旅游小镇或乡村旅游为核心的乡村长城旅游产业集聚区（市场推动型）。从发育条件和发育表现来看，山海关处在成熟期，集聚效应明显，旅游企业数量较多，体量较大，在空间形态上形成角山、长寿山、老龙头等多个增长极，经济外部效应明显，品牌认知度高。金山岭处于从成长期向成熟期转变阶段，空间上开始凸显轴线作用和结网效应，但在极化过程中，梯度网络结构还没有形成，规模效应正在形成。白羊峪、董家口等长城乡村旅游区基本处在成长期，集聚效应初步显现，旅游企业的专业化分工增强，产业链条延伸，附加值增加，并开始出现协作，空间上开始凸显轴线作用和结网效应，同时规模经济效应和范围经济效应显现。

（三）河北省长城文化旅游供给模式

长城文化旅游的供给，主要包括原状资源基础上的原状供给模式、修缮基础上的文旅融合供给模式和标准化管理基础上的公园化供给模式。在长城保护、修复等技术提供的基础上的，通过旅游产业要素的叠加，形成长城文化旅游产业体系，在旅游市场上形成独特的吸引力。

1. 原状资源基础上的原状供给模式

该类供给模式属于粗放式供给，依托原状长城，供给简单原始，旅游要素植入少，基本上处在未开发状态。但因有游客旅游，也属于旅游吸引物，呈现为资源形态的产品，游客以驴友为主，以长城文化观光为主。

2. 修缮基础上的文旅融合供给模式

该种供给模式包括基于资源驱动下的渗透融合和产品驱动下的重组融合两种类型。基于资源驱动下的渗透融合程度较浅，长城本体作为文化的载体和观光旅游的对象，旅游产业的要素叠加也是相对比较初级的。随着长城文化旅游的发展，在长城文化旅游景区文化业态中体现旅游要素功能，形成博物馆、长城文化演艺、长城文创产品等文旅融合创新产品，最终形成产品驱动下的重组融合类型，融合程度较前者深。

3. 标准化管理基础上的公园化供给模式

该类供给模式是基于长城国家文化公园管理体制机制即将构建，在长城文化遗产保护的前提下进行公园化的标准化管理，长城文化旅游将进入一个新的时代，引领长城文化旅游带的标准化发展。

三 长城文化旅游带市场需求与市场认知

（一）基于百度指数的长城文化旅游带市场分析

本次分析是建立在百度指数搜索的基础上的，百度指数搜索时间为2019年5～11月，搜索11家长城旅游景区，结果只搜到了金山岭、山海

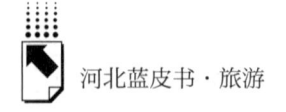

关、老龙头和大境门4家，下面对客源地的人群画像、百度趋势、资讯关注等方面进行分析。

1. 景区客源地人群画像分析

长城旅游景区客源地主要分布在河北、北京、山东、天津、辽宁等省份，并遵循距离衰减规律。广东、黑龙江、浙江、上海等距离河北较远地区的居民关注度普遍较低。江南沿海和华南地区客源市场一般，而西南和西北地区的客源较少。喜峰口、潘家口、白羊峪、角山均无百度指数数据，说明这四家景区的旅游知名度较低，需要加大旅游宣传和推广。

根据图1可知，客源以20～29岁的人群为最多，其次是30～39岁的，大于50岁的人群最少。从客源地人群的性别来看，男性多于女性。

2. 百度趋势分析

山海关的百度搜索指数大部分在2000以上，领先于其他长城景区。老龙头仅次于山海关，大境门排第三，金山岭排在最后，说明山海关在市场上有很强的吸引力。搜索指数在8月达到最大值，11月降到最低值，大部分时间段处在低水平平稳状态。

3. 长城景区资讯关注分析

从资讯关注的角度看，山海关的资讯指数明显高于其他3家景区。金山岭景区的资讯指数总体也高于大境门景区和老龙头景区，老龙头景区的资讯

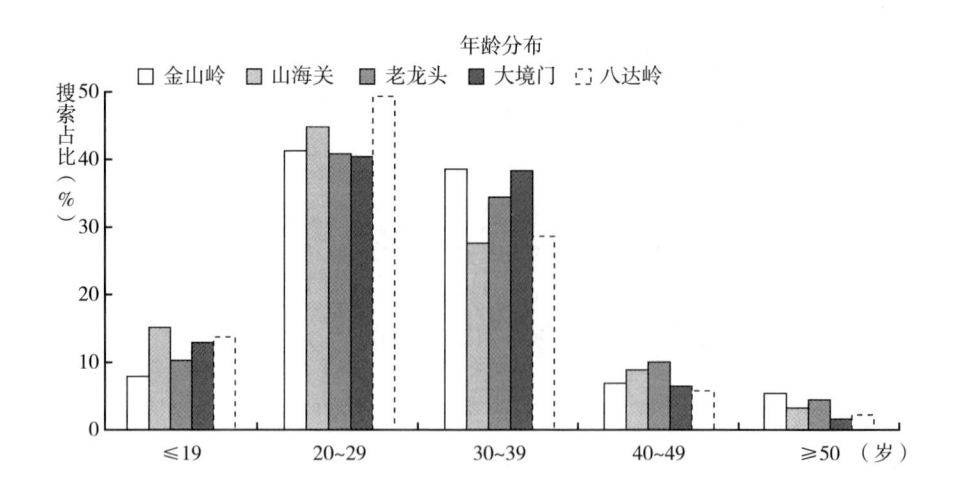

性别分布

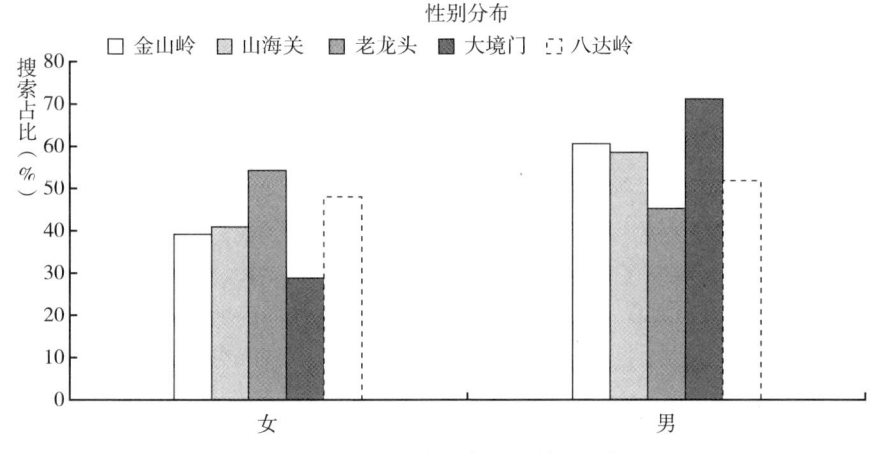

图1 长城景区客源年龄、性别结构

资料来源：2019年5~11月的百度指数。

指数总体略高于大境门景区，说明金山岭的资讯关注度比其他景区要高。具体如表1所示。

表1 长城旅游景区资讯指数

	100000以上		20000~100000		10000~20000		10000以下	
	天数	占总天数百分比(%)	天数	占总天数百分比(%)	天数	占总天数百分比(%)	天数	占总天数百分比(%)
山海关	18	10.05	129	72.06	20	11.17	12	6.70
金山岭	3	1.67	8	4.46	15	8.37	153	85
大境门	0	0	5	2.79	0	0	178	99.44
老龙头	0	0	1	0.55	14	7.82	160	89.38

资料来源：2019年5~11月的百度指数。

（二）游客数量和消费结构分析

基于全国旅游景区管理系统中获取的近三年统计数据，分析11家长城旅游景区的游客数量和消费结构。河北省长城文化旅游景区的旅游人次起伏较大，消费结构以门票为主，多元化收入的趋势明显。

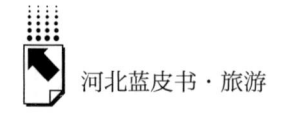

1. 游客数量

对河北省11家长城旅游景区的游客量进行统计,发现长城旅游景区的旅游人次起伏较大。2016年游客量总数为494万人次,占全省的16.80%;2017年游客量总数为307万人次,占全省的0.11%;2018年游客量总数为577万人次,占全省的3.08%。游客量绝对值增加,但占比在下降,而且主要为一日游游客,过夜游客很少。

2. 消费结构分析

对2018年河北省11家长城旅游景区的旅游收入进行统计,发现在收入结构中,除了白羊峪和喜峰口之外,其他景区的门票收入占绝对比重。尤其是山海关、金山岭、大境门、禅林寺古银杏景区、鹫峰山的门票收入占比90%以上。从收入上看,超过千万的有四家:山海关收入总数最高,为13147万元;白羊峪次之,为4481.6万元;金山岭第三,为3231万元以上;喜峰口第四,为1200万元。其他景区收入为6万~260万元,差距较大。总体来看,长城旅游景区的主要收入来源于门票,占到总收入的70%;其次是餐饮,占到13%;住宿、商品和交通均占到3%~4%,可见长城旅游产业链条有一定的延伸,产业结构应进一步优化来促进长城文化的深度体验和长城精神的传播。

(三)河北省长城旅游的市场认知评价

通过爬虫在马蜂窝网站上搜索河北省7家以长城为资源的景区,时间是从2018年5月到2019年11月,收集到334条评论。将这些评论分为积极、中性、消极三类。各景区评价如表2所示。

表2 景区评价分类

景区名称	积极评价百分比(%)	中性评价百分比(%)	消极评价百分比(%)	总评价(条)
山海关景区	79.12	6.59	14.29	91
金山岭长城	95.45	1.52	3.03	66
角山景区	90.14	2.82	7.04	71
大境门景区	57.14	11.43	31.43	35

续表

景区名称	积极评价百分比(%)	中性评价百分比(%)	消极评价百分比(%)	总评价(条)
青山关旅游区	87.50	6.25	6.25	32
白羊峪长城	92.86	0.00	7.14	28
喜峰口	90.91	0.00	9.09	11

资料来源：爬虫在马蜂窝网站2018年5月到2019年11月的搜索。

从表2可以看出，游客对于长城景区的评价大多偏向于积极，但仍存在消极评价部分。其中，金山岭、白羊峪、喜峰口和角山景区的积极评价占比较高，大境门景区的积极评价比例最低。从评价的总条数来看，山海关景区的知名度最高，而喜峰口景区的知名度最低。

1. 积极评价分析

积极评价主要包括军事防御、历史厚重、修筑长城的不易和长城景观四个方面，它们共同形成了游客对长城历史悠久、历经沧桑、依旧屹立于世的感叹，遥想当年守边将士的英勇奋战以及古长城历久弥新的感叹。利用网络文本法进行分析，如图2所示。

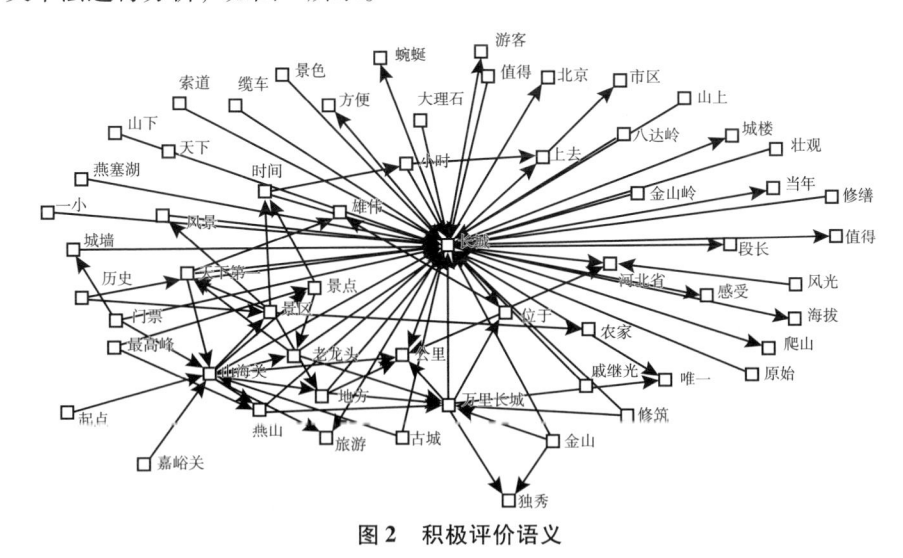

图2 积极评价语义

2. 消极评价分析

消极评价主要包括收费不合理、门票价格过高、乱收费、收费不透明、服务水平不高等问题。在河北以长城为核心资源的景区中，5A级旅游景区中的山海关名气较大，游客较多，设施较完善，其他景区都有待提高。从服务上来看，整体有待提高。从交通条件上来看，交通不便，景区外的通达性不足，如图3所示。

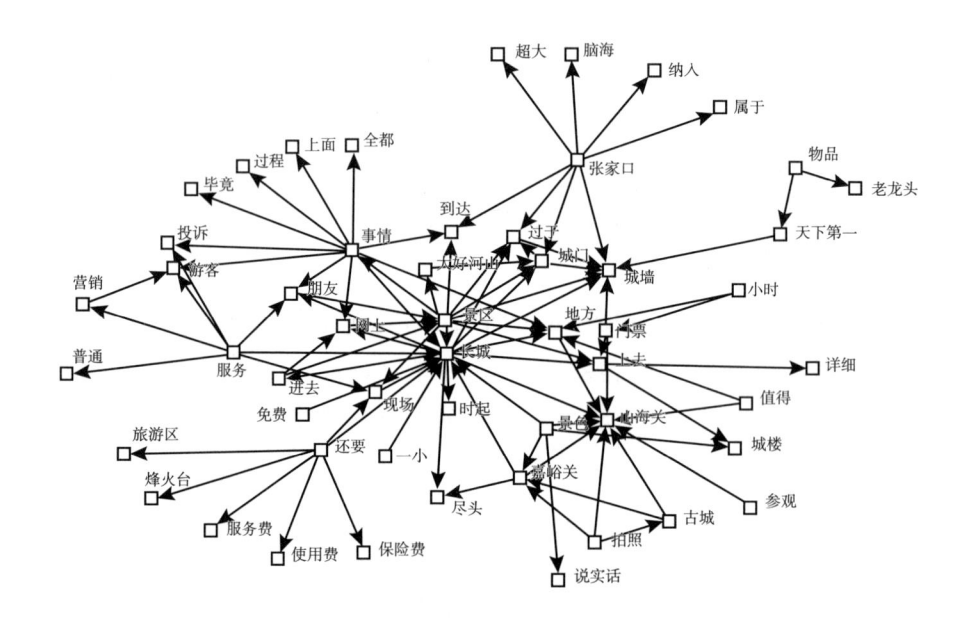

图3 消极评价语义

四 长城文化旅游带发展的问题及影响因素

（一）长城文化旅游产品供给中存在的问题

1. "长城本体就地原样作为最终产品"的传统模式占主导，可替代性强

长城文化产品在逐步发展中，但体量小，产业化特征不明显。在长城文

化旅游发展的过程中，相对于原状长城的驴友旅游，基于长城本体修复基础上的观光旅游占绝大多数，门票收入占绝对比重。长城文化旅游产品的差异性小，导致可替代性很强。

2. 长城文化遗产旅游的产品体系尚未系统构建

长城文化遗产旅游注重文化景观的视觉体验，以及基于特别的生活方式、传统风俗、历史文化的表演艺术和节事活动的情感体验。但在提供观光产品的基础上，餐饮、住宿、交通等要素与长城文化融合不足，长城文化内涵体现较差，急需升级改造。同时，教育、体育、"长城文化+旅游"的新业态产品不多，长城文化活化产品较少。

3. 主客共享的公共服务设施不完善，长城公共文化旅游空间须提升

长城文化旅游带以A级景区为发展极点，景区内的服务设施相对完善。但在整个长城沿线，长城驿站、露营基地、旅游厕所、观景平台、长城文化站等共享共建设施还不够完善。在保护的前提下，长城文化旅游的公共服务空间体系尚未呈现。

（二）长城文化旅游带市场需求和形象认知中存在的问题

1. 市场需求以观光为主，消费以门票为主

在消费结构中，长城文化旅游的门票收入占绝对比重。长城文化旅游产业链条延伸不够，餐饮、住宿、旅游商品、演出等收入占比较低。这在5A级景区中尤为突出。

2. 长城旅游景区信息提供的及时性和有效性不足，市场知名度小

在11家长城旅游景区中，只有4家旅游景区在百度指数中能搜索到，即仅37%的长城旅游景区在市场上有一定的知名度。在4家长城旅游景区中，仅有山海关的搜索指数日均超过2000，其他景区则维持在500以下，搜索量偏低，市场知名度较小。

3. 交通、服务设施、服务等方面市场评价消极，导致美誉度差

在马蜂窝网站搜索到的7家长城文化旅游景区中，有一半以上的景区存在交通不便和配套设施不完善等问题；有3家景区存在门票价格和当地

物价高、商业化浓、缺乏管理等问题；有2家景区存在长城文化体现不足、修缮过度、景观受损等问题。这些导致网络口碑差，形成市场消极认知。

（三）影响因素

长城文化旅游产品同质化严重，可复制性强，特色挖掘欠深入。同时，市场需求单一、营销力度不够、市场认知不足，导致长城精神的文化传播效果不佳。主要有以下四个方面影响因素。

1. 河北省长城文化精神挖掘不够，文化创新转化不够

在河北省长城文化旅游的评价中，对长城建筑遗产本体、历史文化和独特景观方面的认知较为明显，但对长城精神内涵，如中华民族坚韧自强的民族精神的价值、中华民族文化自信、长城沿线人与自然互动融合和长城沿线民俗文化的挖掘还不够。长城文化活化载体和表现形式不足以有效地传播长城文化精神。

2. 没有成立专门的组织，缺乏恰当的保护管理模式

长城文化遗产隶属于文物部门，当前没有设立专门管理机构，也未配备人员及配套设施等，应理顺管理体制，明确各方权利与义务，制定相关法律法规进行规范管理。长城沿线统一管理模式还没有形成，长城世界文化遗产在核心资源得到完整保存或增强后，实现传承利用。

3. 长城沿线处在"点—轴"阶段，未形成网络化整体发展

长城沿线还没有形成完善的长城文化旅游廊道，在金山岭、山海关等极点迅速发展阶段，沿着长城旅游公路这个产业轴进行串联和沟通，基本形成"点—轴"发展态势，尚未形成网络化发展。

4. 缺乏统一品牌塑造的意识，长城文化精神传播有待加强

河北省各地市旅游发展如火如荼，但缺乏统一塑造长城文化旅游品牌的意识。秦皇岛在这个方面做了一定的探索和尝试，但利益主体各自为政，目前还未形成统一的品牌形象，这造成长城精神传播有效性不足。

五 长城文化旅游带发展对策

(一)深入挖掘河北省长城精神,梳理长城文化脉络

深刻认识和理解、自觉传承和弘扬中华民族团结统一、众志成城的爱国精神,坚韧不屈、自强不息的民族精神和守望和平、开放包容的时代精神。系统梳理长城沿线的物质和非物质文化遗产,充分认识长城的文化体系,要全面而完整地阐释河北省长城的边塞攻防文化、军屯戍边文化、边贸互市文化、农牧交错文化等发生学核心文化,以及地理空间上相近,但无发生学关联的地质生态文化、古城古国文化、红色文化和民俗文化等,它们共同构成河北省长城文化体系。

(二)加强长城文化挖掘,提升长城文化资源传承载体和展现手段

实施"长城记忆"项目,抢救性发掘整理民间流传和文献资料上的长城文化故事,以情境再现形式叙述发生在长城地区的重大历史事件及其对中华文化产生的影响。建立"长城家谱"。优化长城文化遗产的传承载体,增建、续建一批特色文化博物馆、遗址博物馆、陈列馆、展览馆,探索遗址类长城现场展示阐释手段、技术,建立规范、统一的长城价值和内涵展示标识及讲解导览体系,分级分类建设长城文化主题博物馆。探索"互联网+"、AR、VR等互联网、数字化展示手段,形成特色突出、互为补充的综合展示体系。将博物馆的静态展示转变为动态展示,建设一批长城文化小镇,丰富一批长城沿线景区的文化内涵。

(三)加强沿线公共服务系统建设,实现整合营销

加强长城沿线旅游公路建设,建设长城绿道系统,串联沿线的乡镇、村庄、遗产点段和景区,建设景观路、风景道、健身步道和自行车骑行道等长城游憩带。在长城重点建设点段建设长城驿站和长城观景平台。

构建长城文化解说系统，在长城景区合理设置旅游咨询中心、游客集散中心、分中心和集散点。游客服务设施应兼具长城遗产、长城文化展示阐释功能。设立区域性旅游应急救援基地，以及休憩健身、旅游厕所等旅游公共服务设施，改造升级沿线景区水电、安全消防、医疗救援等应急设施和科研、会展等公益设施，以及宾馆、酒店和文化消费等必要商业设施，推进绿色能源使用，健全标准化服务体系。打造视觉形象识别系统，推出长城统一运用的长城文化形象标志，广泛运用在沿线的解说系统、宣传促销活动、员工服装和行为方面，串点成线、连线成片。设置长城旅游市场推广机构，建立长城旅游市场推广联盟，开展长城旅游品牌塑造和推广。

（四）推进文化产业旅游化发展，促进文博单位景区化

推动长城文博单位景区化、文化产业旅游化。加大长城资源基础信息开放力度，完善长城文物、文化资源基础数据库，支持、推动长城相关文博单位逐步景区化。演绎与长城有关的战事、故事、传说以供游客研学、体验，推动长城文化研学旅游基地建设。加强专题文艺创作。鼓励电影、电视剧、纪录片等多种艺术形式创作，传播、宣传长城文化。建设中国长城美术馆。着重推出一批体现长城文化特点、适合在长城沿线重点点段开展的"长城记忆"系列文艺演出活动。

（五）认定长城文化线路，构建长城文旅产品品牌体系

依托长城沿线及周边道路系统，连接河北长城国家文化公园，依据文化内涵设定跨度大、主题鲜明、精品文旅资源丰富的文化旅游线路，认定形成国家精神文化线路、红色革命文化线路、山海城文化线路等主题线路，促进长城从分散的地理资源空间转变为具有文化符号意义的线性公共文化空间。依托长城沿线景点建设、景观改造和设施配套，提升文旅供给品质，建设A级旅游景区、长城博物馆、长城文化公园、长城文化小镇与乡村。搭建"长城文旅+"新业态创新平台，重点培育长城整体品牌、"长城人家"住宿、"长

城味道"餐饮、"长城记忆"文创产品等要素品牌，推出长城景区、"长城画廊"等企业品牌体系。

（六）促进长城文旅融合中的信息化

旅游业与信息产业相融合，将给长城旅游带来"技术革命"。第一，政府层面要进一步推进旅游大数据的建设，为智慧化管理和服务奠定基础。第二，鼓励传统旅游企业运用信息化手段进行管理和服务。鼓励 A 级旅游景区、博物馆等旅游场所率先应用人工智能等未来科技；推进物联网技术在旅游场景的应用；推动机器人和人工智能在导游导览、景点解说、信息咨询等方面的应用；利用人脸识别、指纹识别、虹膜识别等技术改进用户体验，改变其组织形态和运营方式。

六　长城文化旅游带发展的保障措施

（一）建立管理体制和法律体系

当地政府应加大对国家文化公园的支持力度，设立国家公园管理局等管理机构，形成国家—省市—公园三级垂直管理体系，配备人员及配套设施等，对跨（县）区域以上行政区域的国家公园实行国家公园园长制。颁布《国家公园法》等基本法和《长城文化国家公园法》等专项法以及相应的规章制度等，明确各方权利与义务。拟建国家公园涉及其他保护地类型的，应按照国家有关法规及政策妥善处理好两者关系。

（二）完善政策保障和标准体系

统筹利用发展和改革、自然资源、生态环境、住房城乡建设、交通运输、水利、农业农村、文化和旅游、退役军人事务、林草、文物等部门资源，强化政策支持的整体性、系统性、协同性和可持续性，发挥宏观政策的综合效应。省级财政通过现有渠道予以必要补助并向秦皇岛市适度倾斜，大

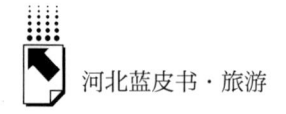

力支持长城沿线文化遗产保护传承、生态环境保护修复、文化和旅游融合发展等领域的重大任务和重点项目。地市各级财政综合运用相关渠道，积极完善支持政策。引导社会资金发挥作用，激发市场主体活力，完善多元投入机制。构建长城国家文化公园的标准建设体系，指导长城国家文化公园建设。

（三）加大投资力度，合力推进，构建多部门多地区联动机制

加大投资力度，联动各个部门，促进长城沿线各个区域共同推进旅游产业的融合创新。会同相关部门，对新业态完善标准体系、认证机制等；联合交通、文化、体育、卫生、商务、教育等部门，对新业态项目建设、政策落实、资金使用等情况进行跟踪、督导、检查和评估等。

（四）建立国家公园的管理模式和运营机制

在统一部门进行管理的基础上，确保资源权属清晰、分区科学及不存在权属纠纷。以保护为前提，把综合管理和分区管理相结合，在成熟地区进行特许经营体系的探索，确保核心资源在建成国家公园后得到完整保存或增强。

（五）广泛宣传引导，营造长城文化氛围

深入挖掘河北长城的文化内涵。加强长城国家文化公园建设宣传，深入解读中国特色国家文化公园理念，大力宣传河北长城国家文化公园建设的重要意义，收集河北长城故事、影像资料等，提炼、丰富河北长城内涵，通过多种媒体进行宣传推广，有针对性地开展监督，营造关注长城国家文化公园建设的浓厚舆论氛围。

（六）提升从业人员素质，为产业融合提供内生动力

提升旅游从业人员素质。第一，发挥旅游类教学指导委员会的作用，依托高校，校企合作，共同设置相关课程，加强对旅游急需人才的培养和输送。第二，加强行业培训，对现有人才进行培养，采用请进来、走出去的方

式，兼有现场教学和主题讲座，丰富和提升其旅游理论知识和能力。第三，发挥协会职能，组建旅游新业态智库，为长城文化和旅游高质量发展奠定基础。

参考文献

［1］中共中央办公厅、国务院办公厅：《长城、大运河、长征国家文化公园建设方案》，https：//www.mct.gov.cn/whzx/whyw/201912/t20191206_849364.htm，2019年12月。

［2］郭湘闽等：《基于IP（知识产权）的文化性特色小镇规划营建方法研究》，《规划师论坛》2018年第1期。

［3］孟浩：《文化产业与旅游产业融合发展研究——以安徽省为例》，硕士学位论文，安徽大学，2019。

［4］中华人民共和国文化和旅游部、中华人民共和国国家文物局：《长城保护总体规划》，2019年1月。

［5］白翠玲、和文征、牛天娇：《太行山河北段长城旅游开发研究》，《河北地质大学学报》2017年第4期。

［6］《云南省地方标准：国家公园建设规范》，2009年11月。

B.15
冀中南地区旅游产业发展报告

陈 胜*

摘 要： 2019年是河北省旅游管理部门主动作为、旅游发展重大战略布局稳步推进之年，也是冀中南地区旅游业持续快速增长的一年。本报告在总结2019年冀中南地区旅游业发展情况的基础上指出，长期"碎片化"的开发模式，导致冀中南地区景区开发规模小、管理粗放，景区整体知名度低、竞争力弱，文化与旅游融合的深度不够、层次不高等问题突出。针对存在的问题，报告提出以下对策建议：一是在合理划分重点旅游产业聚集区的基础上，以"旅游+"为统领，加强基础设施建设，提升聚集区规模化、集约化发展能力，推进旅游产业聚集区建设；二是以打造精品旅游景区和建立景区优胜劣汰的动态监管机制为重点，加强重点旅游景区建设；三是以旅发大会平台为核心，积极借鉴典型地区的成功创建经验，持续深入推进全域旅游示范区（片区）建设；四是挖掘文化内涵，提升文化创意，打造文旅融合精品。

关键词： 冀中南 旅游产业 聚集区

一 冀中南地区经济社会发展现状

冀中南地区在地理范围上包括石家庄市、邢台市、邯郸市和衡水市四个

---

* 陈胜，河北省社会科学院旅游研究中心副研究员，主要研究方向为旅游经济与旅游规划。

地级市,总面积46397.8平方公里,共辖18个区、49个县(市),与周边的北京、天津、济南、郑州等城市的地理距离均在300公里以内;京广高铁、京沪高铁、石太高铁、京港澳高速、京沪高速、青银高速等主要交通与周边城市联系便捷。

冀中南地区2018年总人口为3232.6万人,占全省的42.8%;城镇化率为56.93%,略高于全省城镇化率(56.43%)。2018年区域GDP为13246.66万元,占全省GDP的36.8%;人均GDP为4.1万元,低于全省GDP平均水平(4.78万元)(见表1)。

表1 冀中南地区经济社会发展基本情况

地区	面积(平方公里)	人口(万人)	城镇人口(万人)	城镇化率(%)	国内生产总值(万元)	居民人均可支配收入(元)
石家庄	13109	1095.16	691	63.1	6082.6	26839
邢台	12400	737.44	390.18	52.91	2150.76	20052
邯郸	12073.8	952.8	526.1	55.22	3454.6	23117
衡水	8815	447.2	232.9	52.08	1558.7	19869

二 冀中南地区旅游产业发展现状

(一)旅游经济总量持续保持快速增长

2019年,我国经济持续稳定增长,居民收入保持较快增长,为我国旅游业发展提供了有利的发展环境。2019年也是冀中南地区旅游管理部门主动作为、旅游发展重大战略布局稳步推进之年,旅游业发展呈现国内市场增速强劲、国际市场稳步发展的良好态势,主要表现为以下三个方面的运行特征。

1. 旅游接待人数与旅游收入持续快速增长

2019年全年共接待游客26568.95万人次,实现旅游总收入3061.08亿元,同比分别增长15%和22.3%,略低于全省平均增长水平。其中,接待国内游客26530.65万人次，完成国内旅游收入3050.39亿元，同比分别增长15%和22.3%；接待入境游客38.3万人次，完成入境旅游收入1.55亿美元，同比分别增长6.4%和10.6%。

2. 冀中南地区旅游业发展总体水平在全省依然处于落后状态

从旅游经济总量排名看，石家庄市的旅游经济总量在全省排名第1位，但邯郸市、邢台市和衡水市在全省排名分别为第6、第9和第11位，三个城市排名都较落后。

3. 石家庄市旅游经济总量在区域内依然占据"半壁江山"，而且区域内旅游发展水平相差较大

石家庄市2018年共接待游客11059.84万人次，占冀中南地区游客总数的48%；完成旅游总收入1250.6亿元，占区域旅游总收入的50%（见表2）。2019年共接待游客12689.78万人次，占冀中南地区游客总数的48%；完成旅游总收入1525.93亿元，占区域旅游总收入的50%（见表2）。2019年，衡水市全年共接待国内外游客2290.66万人次，实现旅游总收入197.11亿元；在旅游经济总体规模上，石家庄大概是衡水市的5.6倍，规模差距较大（见表3和表4）。

表2 冀中南地区旅游人数、收入总体情况

地区	接待人数（万人次）			旅游总收入（亿元）		
	2018年	2019年	同比增长(%)	2018年	2019年	同比增长(%)
石家庄	11059.84	12689.78	14.7	1250.6	1525.93	22.0
邢台	3058.44	3551.95	16.1	290.99	360.88	24.0
邯郸	6994.14	8036.56	14.9	799.15	977.16	22.3
衡水	1995.52	2290.66	14.8	162.22	197.11	21.5

注：其中石家庄市统计数据含辛集地区，下同。

表3 冀中南地区国内旅游人数、收入总体情况

地区	国内旅游接待人数（万人次）			国内旅游收入（亿元）		
	2018年	2019年	同比增长(%)	2018年	2019年	同比增长(%)
石家庄	11037.81	12666.82	14.8	1244.17	1518.62	22.1
邢台	3054.85	3547.61	16.1	290.31	359.96	24.0
邯郸	6986.01	8028.04	14.9	797.34	975.11	22.3
衡水	1993.26	2288.18	14.8	161.88	196.70	21.5

表4　冀中南地区入境旅游人数、收入总体情况

地区	入境旅游接待人数（人次）			入境旅游收入（万美元）		
	2018年	2019年	同比增长（%）	2018年	2019年	同比增长（%）
石家庄	220273	229584	4.2	9709.16	10569.19	8.9
邢台	35890	43386	20.9	1029.44	1320.52	28.3
邯郸	81300	85184	4.8	2724.93	2965.48	8.8
衡水	22600	24883	10.1	516.14	603.09	16.8

（二）通过成功举办旅游产业发展大会，带动了冀中南地区旅游重大项目建设，旅游业实现了新跨越、新发展

1. 第四届河北省旅发大会举办情况

2019年10月14~16日，石家庄市举办了第四届河北省旅发大会，大会主题为"传承红色基因，创新绿色发展"。大会打造了五大旅游片区、14个观摩项目，并重磅推出了一条串联平山、灵寿、正定三地的，全长106公里的"滹沱河生态走廊"。

第四届省旅发大会极大地改善了石家庄市旅游基础设施。大会共改造、提升旅游公路268公里，新建、改建旅游厕所149个，建设游客中心15个、乡村驿站9处（滹沱河生态走廊沿线），发布了"智游石家庄"手机软件和微信公众号。大会坚持生态优先原则，在滹沱河沿线、鹿泉西部山前区、环柏坡湖等区域全面推进生态修复和造林绿化，共栽植树木近225万株，造林面积达513.7万余亩，生态恢复和修复面积近48平方公里。

2. 市旅发大会举办基本情况

为贯彻落实首届河北省旅发大会精神，冀中南地区的4个市都决定从2017年开始每年举办旅发大会。旅发大会的举办，聚集了人气，提升了当地旅游知名度。在旅游新业态、体制机制等方面出台了一系列政策，为冀中南地区旅游业转型升级探索了成功经验，为冀中南地区经济建设注入了新活力。

石家庄市一共举办了五届旅发大会，前三届分别在正定县、鹿泉区和平山县举办，2019年举办了第四届（灵寿县）和第五届（井陉县和井陉矿

区）旅发大会。第四届旅发大会的主题是"大美灵寿，康养福地"，通过旅发大会，灵寿县旅游形成了文旅融合、农旅融合、城旅融合、商旅融合的"四轮驱动"模式和"红古绿交相辉映、山水湖相得益彰、产城教深度融合"的全域旅游新格局。第五届旅发大会的主题是"太行风情，古陉新韵"，通过旅发大会，成功打造了井陉千年古县、古村和古镇，全面系统地展示了"中国民间文化艺术之乡"的艺术精华。

邢台市一共举办了三届旅发大会，前两届分别在内丘县和临城县举办。2019年在邢台县举办了第三届，大会主题是"绿水青山，红动太行"，大会以邢台大峡谷改造提升（对标国家5A级景区）为重点，打造了两个特色小镇（路罗镇、浆水镇），形成了三大旅游板块（城郊田园休闲游、古镇古村落历史文化游、太行山水游）。

邯郸市一共举办了四届旅发大会，前三届分别在涉县、峰峰矿区、永年县举办。2019年在武安市举办了第四届旅发大会，大会主题是"美丽邯郸，生态武安"，通过旅发大会将曾经的"钢城""煤都"打造成了生态修复、环境治理的新样板。

衡水市一共举办了三届旅发大会，前两届分别在滨湖新区（衡水湖）和武强县举办。2019年，安平县、饶阳县和深州市三地联合举办了第三届旅发大会，大会主题是"文旅融合、城乡统筹，红色记忆、绿色发展"，大会成功建成了两大全域旅游示范片区：安平县"两个第一"红色旅游示范片区和饶阳、深州"文旅农"融合示范片区；建成了"一环一廊多支线"的旅游交通体系，进一步提高了衡水城市美誉度、知名度（见表5）。

表5　2019年冀中南地区各市旅游产业发展大会基本情况

大会名称	举办时间	举办地	大会主题	打造的重点旅游项目
第四届石家庄市旅游产业发展大会	2019年6月27~28日	灵寿县	大美灵寿，康养福地	松阳河新区综合文化活动中心、灵寿记忆一条街、灵寿小镇、灵石湾、松滹湾文化园、大观园、中山故都景区、慈河旅游风景带、横山湖国际房车露营地、陈庄歼灭战陈列馆、车谷砣康养度假区、锦绣大明川休闲度假康养小镇、漫山花溪谷景区

续表

大会名称	举办时间	举办地	大会主题	打造的重点旅游项目
第五届石家庄市旅游产业发展大会	2019年9月11~12日	井陉县、井陉矿区	太行风情，古陉新韵	建设和提升4条旅游道路项目：井陉县迎宾路、旅游路、井元路、井矿快速路；井陉县沿线乡镇多彩绿化项目；井陉县旅游"天路"项目；井陉矿区西环旅游大道项目；7个精品景区与旅游小镇项目：井陉县的南横口陶瓷水镇、吕家剧境小镇、于家石韵小镇、大梁江古村落以及矿区的段家楼正丰矿文旅综合体、天户峪田园综合体和贾庄古镇
邢台市第三届旅游产业发展大会	2019年9月6~8日	邢台县	绿水青山，红动太行	路罗川沿川50余公里河道治理及沿线环境美化项目；古村花海旅游环境提升项目；抗大路沿线环境整改提升项目；邢台大峡谷5A级提升项目；14个重点景点与旅游小镇提升项目：大峡谷景区（英谈）、周公山景区、天河山景区、左坡渔村、山水汇农耕文化园、路罗游客服务中心、象外客栈精品民宿、抗大陈列馆、九龙峡景区、抗大路将军岭驿站、邢襄古镇、抱香谷万亩梯田花海、德龙钢铁义化园、兴台古镇
第四届邯郸市旅游产业发展大会	2019年9月16~18日	武安市	美丽邯郸，生态武安	武安漫游环线项目：贯通西部山区的旅游大道；风景大道项目：连接武安旅游景点的南、北两条风景大道；14个精品景区项目，包括武安沙洺炒面广场、武安博物馆、九龙山矿山生态修复公园、南洺河生态治理工程、洺湖新区、伯延古镇、磁山文化博物馆、晋冀鲁豫边区革命纪念馆、颐养小镇白王庄、白云大道驿馆、朝阳沟知青文化村、田鑫亲子度假小镇、戏曲小镇楼上村等项目
第三届衡水市旅游产业发展大会	2019年10月18~20日	安平县、饶阳县、深州市	文旅融合、城乡统筹、红色记忆、绿色发展	国际一流水平的"中国马城"项目；2019把二胡共同演奏挑战吉尼斯世界纪录项目；饶阳县饶邑文化创意产业园项目，包括《冀中导报》纪念馆、葛存壮老电影博物馆、饶阳大剧院、"京剧猫"主题街区等项目；30件名人雕塑作品展示；"两个第一"红色景区项目；深州蜜桃观光园项目；安平杨屯新型农牧产业园林景区项目；饶阳华商贵澳都市现代农业园项目；深州形意拳小镇项目；深州粮仓博物馆项目

（三）文化旅游新业态、新项目持续落地，文旅融合广度与深度不断扩展

2019年是河北省文旅融合进入快速发展的一年，也是冀中南地区文旅

融合快速发展与不断深入融合之年，在历史文化、民俗文化、红色文化与旅游融合发展上投资建设了一大批文旅融合精品项目。

2019年，石家庄改造升级了正定的历史文化街区，利用现代科学技术，全面提升了隆兴寺、长乐门等景点的展示系统，进一步塑造了"古城古韵·自在正定"品牌形象，全面展示了文旅融合新风貌。鹿泉打造了多款文旅融合风情小镇，给市民周边旅游带来了休闲新选择。平山县通过打造"平山别样红"品牌，以西柏坡红色文化、温塘温泉康养文化为核心，打造了"红旅融合"新样板。"滹沱生态走廊"项目打造成了一条涵盖红色革命文化、绿色生态理念和历史传承发展的红色大道，为全省红色旅游树立了发展样板。中山古城遗址与磁河风景带片区项目打造成了"古国"历史文化与旅游融合发展片区。井陉—矿区古村落片区项目打造成了"古村、古矿"历史文化与旅游融合发展片区。

2019年，邢台通过山水汇农耕文化园项目和精品客栈民宿项目建设，推进了农耕文化与旅游产业的深度融合发展；通过抗大陈列馆项目和抗大路将军岭驿站项目建设，推进了红色文化与旅游的融合发展；通过邢襄古镇和兴台古镇的改造提升项目，推进了历史文化与旅游产业的融合发展；以太行婚俗、山区生活、农耕体验为主体，开发民俗文化与旅游融合体验式娱乐活动，让游客深入体验邢台县民俗文化，满足游客对太行山区文化特色的求知需求。

2019年，邯郸通过武安沙洺炒面广场建设，打造了传统饮食文化一条街；通过武安博物馆、磁山文化博物馆以及伯延古镇等的改造提升项目，推动了磁山历史文化与旅游的融合发展。

2019年，衡水市通过安平"中国马城"项目建设，打造了我国第一个马文化与旅游融合发展区；通过饶阳大剧院、葛存壮老电影博物馆、深州形意拳小镇项目、深州粮仓博物馆项目、"京剧猫"主题街区等项目建设，推动了衡水市传统文化、特色文化与旅游的融合发展；对全国第一个农村党支部和河北省第一个县委进行了改造提升，"两个第一"红色景区质量得到大幅度提升。

（四）全域旅游示范区创建工作扎实有序推进

目前，冀中南地区一共有平山县、涉县、武安市 3 家国家级全域旅游示范区创建单位（全省共 17 家）和石家庄市、邯郸市、武强县、桃城区、冀州区、深州市、邢台县、沙河市、内丘县、柏乡县、南和县、巨鹿县、威县 13 家省级全域旅游示范区创建单位（全省共 23 家）。在全域旅游创建顶层设计方面，截至 2019 年，石家庄、邢台、邯郸和衡水 4 个市都相继完成了市级全域旅游总体规划的编制，国家级和省级示范区创建单位也都完成了全域旅游总体规划或示范区创建方案的编制工作。在景区改造提升和开发建设方面，以西柏坡景区、邢台大峡谷、129 师司令部旧址、衡水湖景区等为代表的一大批核心景区在基础设施建设、景区服务、景区信息化以及景区新项目开发等方面得到全面提升。2019 年，冀中南地区一共有 3 家景区被新评定为 4A 级景区，8 家景区通过了 4A 级景区景观质量评审。在旅游融合发展方面，依托丰富的旅游资源，旅游跨界融合发展快速推进，2019 年，石家庄、邢台、邯郸和衡水 4 市大力实施"康养＋旅游""工业＋旅游""文化＋旅游""红色＋旅游"等战略，多方位、多角度、多领域在大产业、大融合、大发展上下功夫，取得了丰硕的成果。

三 冀中南地区旅游产业发展存在的主要问题

（一）长期"碎片化"的开发模式已严重制约冀中南地区旅游业做大做强

"碎片化"开发指的是"二多一散"旅游开发现象，即在一定区域范围内，旅游景区开发主体（企业）多、景区数量多、景区分布散。冀中南地区旅游开发就是典型的"碎片化"开发模式，以邢台、邯郸太行山地区为例，20 世纪 90 年代，由于政府财力不足，在旅游开发初期，邢台、邯郸就将两市所属太行山区域按"山头"人为地分割成几十个景区，以承包的形式出让了经营权。应该说，没有昨天的承包经营，就不会有太行山旅游的今天，但随着我国旅游市场的繁荣和旅游消费的升级，这种景区单打独斗、"小打小闹"的开发模式带来的问题也日益突出。我国已进入全域旅游开发时代，通过旅游资源整合构建"大旅游、大产业"的发展理念在全国各地得到推广，"碎片化"的开发模式不仅与我国打造全域旅游的发展理念相违背，也与全省构建"大旅游、大产业、大发展"的发展格局相冲突。长期的"碎片化"开发，致使冀中南地区旅游知名度低、竞争力弱，并严重阻碍了旅游产业的进一步发展。

（二）景区开发规模小，管理粗放等问题依然突出，景区整体知名度低，竞争力弱

一是在景区建设方面，由于景区盈利能力有限，缺乏资金的长期投入，很多景区旅游资源得不到充分开发，景区面积小，基础设施建设不完善，卫生厕所建设不达标，信息化建设落后，有些景区甚至连基本的"吃、住"都不能满足游客需求，更不用说提供丰富多彩的娱乐设施了，这最终导致景区吸引力不足，游客重游率低，大部分景区年接待游客数量都在15万人次以下，年接待游客数量超过30万人次的都已经算得上"大"景区了。

二是在旅游项目开发方面，各景区缺乏创新动力，相互模仿盛行。以冀中南太行山区景区开发为例，各地景区内开发的旅游项目几乎都有自然观光、人造漂流、滑道、滑草等。模仿盛行导致冀中南地区各景区之间项目雷同，创新严重不足。

三是在景区管理方面，很多都是家族式管理，缺乏专业人才，员工也多为本地农民，景区基本没有能力为他们提供专业培训，这导致管理粗放，服务水平差。2019年，在全省A级景区检查中，冀中南地区被取消A级景区质量等级的景区达到2家（均在邢台市），分别是尚水渔庄景区和七里河凤屏山生态园景区；给予通报批评的A级景区达到26家，其中石家庄4家，邢台18家，邯郸1家，衡水3家。

四是在景区品牌打造方面，景区之间各自为政，有钱的景区就拿出来一部分钱进行宣传促销,没有钱的景区干脆就不宣传了,而进行宣传的景区又怕其他景区从中获益,这导致景区宣传的积极性一年比一年低,各景区之间的品牌宣传根本形不成合力,无法塑造区域旅游整体品牌形象。

(三)丰富的文化资源与旅游的融合深度不够,层次不高

冀中南地区拥有源远流长的历史文化,保存着大量享有盛誉的文化旅游资源,这里孕育了中山文化、运河文化、红色文化、冀文化、仰韶文化、大儒之乡文化、龙山文化、磁山文化、梦文化、太极文化、磁州窑文化以及北齐石窟文化等人类历史文明,但优秀的文旅融合项目较少,融合的深度不够、层次不高,文旅融合仍存在较多问题。

1. 融合项目创意少

创意是文旅融合的桥梁,也是文旅融合的灵魂所在,而缺乏创意是冀中南地区文旅融合发展的主要阻碍因素。近年来,冀中南地区在文旅融合方面取得了一些成果,打造了几个代表性项目,如正定古城、广府古城等项目,但总体上创意性文旅融合项目太少,尤其是在古村、古镇、旅游文化纪念品、工艺品等方面的创意设计还存在严重不足。

2. 特色挖掘不深

在导游讲解方面,历史文化未能得到充分挖掘、整理和体现;在景区文化旅游项目开发方面,许多文化元素没有变成旅游产品,文化内涵挖掘不够;在旅游纪念品文化创意方面,很少有针对景区特色的文创产品开发,文创产品没有形成知名品牌,对广大游客的吸引力不强。

3. 资金投入不足

民俗文化保护与传承,尤其是在古建筑的修缮与保护方面,很多散落在农村地区的古建筑由于缺乏资金而得不到有效保护,也得不到有效开发,资源利用率低下。文化创意产业发展资金主要来自政府,专项扶持资金投入比例过小,成熟而完善的融资平台尚未搭建。旅游项目建设资金用于景区文化挖掘、纪念品开发、文化形象宣传等方面的比重太低,甚至没有。

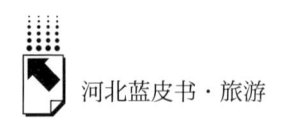

四 冀中南地区旅游产业发展对策建议

(一)转变"碎片化"开发模式,大力推进旅游产业聚集区建设

1. 合理划分重点旅游产业聚集区

旅游产业聚集区开发模式的核心内涵是通过整合资源,高度集聚旅游产业要素,形成产品丰富、配套完善的旅游产业园区,它是旅游产业化高级阶段的产物,是转变冀中南地区旅游"碎片化"开发模式的重要手段。按照开发现状和旅游资源的分布情况,冀中南地区应重点构建以下旅游产业聚集区(见表6)。

表6 冀中南地区重点旅游产业聚集区建设汇总

地区	重点旅游产业聚集区名称
石家庄市	西柏坡红色旅游融合示范区、正定古城文化旅游区、嶂石岩地质奇观旅游区、赵州桥桥文化旅游区、苍岩山祈福圣地旅游区、井陉太行古村旅游区、驼梁—五岳寨清凉慢城度假区、天桂山国际山乡度假区
邢台市	百里太行太山文化旅游产业聚集区、沿邢汾—邢临高速旅游产业聚集区、沿青银高速文化旅游产业聚集区
邯郸市	涉县"太行红河谷"旅游产业聚集区、广府古城历史文化旅游产业聚集区、武安东太行山水休闲度假聚集区、峰峰矿区响堂山磁州窑文化旅游产业聚集区、磁县溢泉湖旅游度假聚集区、梦城梦湖旅游产业聚集区、成安禅宗文化旅游产业聚集区、魏大馆古运河文化旅游产业聚集区、东部乡村旅游产业聚集区、紫山城郊休闲旅游产业聚集区
衡水市	衡水湖生态休闲旅游产业聚集区、武强乡村音乐年画文化旅游产业聚集区、深州赏花休闲旅游产业聚集区、枣强故城景县阜城儒乡文化和运河文化旅游产业聚集区、饶阳安平红色旅游产业聚集区

2. 以"旅游+"为统领,推动聚集区旅游产品整合

推动"旅游+农业"融合,加快聚集区乡村旅游产品整合。以丰富的乡土文化和乡村自然景观为内涵,建设一批乡村旅游示范村和示范户;以农业新品种和农业生产新工艺展示为重点,建设一批集农业科技展示、科普教

育、采摘、观光、休闲娱乐等活动于一体的农业科技示范园和田园综合体。

推动"旅游＋工业"融合，加快聚集区工业旅游产品整合。支持开发集科普、博览、购物、体验于一体的工业旅游产品，依托现代工业企业，塑造一批全国知名的工业旅游品牌。

推动"旅游＋服务业"融合，加快培育聚集区旅游新业态发展。推动旅游与体育运动融合，在条件优越的聚集区大力发展滑雪、滑冰、户外徒步、自行车运动和野外宿营等旅游户外运动项目以及登山、探险等特种旅游项目；推动旅游与养老健康融合，结合养老服务业、健康服务业发展，充分利用温泉、中医药名胜古迹、生态等旅游资源，在各聚集区积极开发康养旅游业。

3. 加强基础设施建设，提升聚集区规模化、集约化发展能力

建好旅游交通网络。解决干线公路至景区以及景区之间连接不畅的问题，重点解决景区与太行山高速公路的连接，解决"最后一公里"问题。解决干线公路技术等级偏低问题，重点对旅游干线公路进行改造升级，使之达到二级公路标准；同时，加强跨省域干线公路建设，推动冀中南旅游线路与周边省份旅游线路对接。推进太行山旅游主题风景道建设工程，使之成为串联众多精品景区的线性旅游产品和自驾车游客青睐的山地休闲旅游目的地。

建好游客服务网。加快建设旅游集散中心，建议在石家庄建设一级旅游集散中心，在邢台、邯郸、衡水建设二级旅游集散中心，在平山县、赞皇县、邢台县、武安市、涉县等旅游资源较为集中的县市建设三级旅游集散中心。推进旅游"厕所革命"在全域全面展开，尽快实现旅游景区、交通集散点等重点旅游服务区域的厕所标准化建设。

建好旅游互联网。启动冀中南地区"智慧旅游城市"建设，尽快建成石家庄、邯郸、邢台等大智慧旅游城市。鼓励4A级以上景区创建智慧景区，5A级旅游景区应全部达到智慧景区标准，重点引导景区在无线网络覆盖、游客流量监测系统、电子票务和门禁系统、虚拟旅游体验、智能电子导览系统、停车信息化管理系统等方面不断完善。

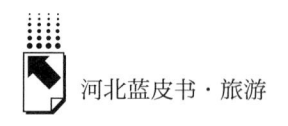

（二）加强重点旅游景区建设，提高旅游产品有效供给

1. 着力打造精品旅游景区

冀中南地区旅游业发展的核心任务依然是加强精品旅游景区建设，提高旅游产品质量，优化旅游产品供给结构。加大产品提档升级力度，力争新评定4家以上4A级景区。抓好现有A级景区整改提升工作，按照对标整改、规范提升、标本兼治的工作思路，以景区基础设施硬件建设和景区规范化服务提升为核心，重点在安全设施、标识标牌、旅游厕所、垃圾箱、环境卫生等方面进行高标准整改提升，打造精品景区（见表7）。

表7 冀中南地区精品旅游景区建设汇总

地区	精品景区
石家庄市	驼梁—五岳寨生态旅游区、嶂石岩地质研学休闲度假区、西柏坡景区、正定古城、君乐宝乳业工业旅游区、沕沕水景区、苍岩山景区、赵州桥景区、天桂山景区、白鹿温泉景区、抱犊寨景区、以岭健康城景区、石家庄（藁城）现代农业观光园、西部长青景区
邢台市	邢台大峡谷景区、崆山白云洞景区、邢台天河山景区、沙河红石沟景区、内丘扁鹊庙景区、邢台紫金山景区、邢台云梦山景区、邢台周公山景区
邯郸市	邯郸娲皇宫、广府古城景区、八路军129师司令部旧址景区、馆陶粮画小镇、京娘湖景区、太行五指山旅游区、朝阳沟景区、七步沟景区、丛台公园、冀晋鲁豫革命纪念园、峰峰响堂山景区、武安东太行景区
衡水市	衡水湖景区、衡水闾里古镇景区、衡水老白干工业旅游景区、周窝音乐小镇、衡水园博园

2. 建立景区压力传导机制和优胜劣汰的动态监管机制

利用互联网信息技术，建立游客舆情反馈平台。通过平台，游客可实时反映问题，平台定期把游客反映的问题报送景区，景区对游客所提问题和建议及时进行反馈并整改，整改效果应在平台上进行公布。建立A级景区暗访制度，对照A级景区建设和评价标准，政府定期组织或委托社会专业机构对A级景区进行暗访，并使之常态化。建立景区红线制度和景区退出机制，把旅游安全、整改情况、卫生厕所作为景区检查的三条红线，对发现问题的景区应给予降级处理，对其他存在问题而逾期不达标的景区按规定给予降级或取消等级处理。

（三）持续深入推进全域旅游示范区（片区）建设

1. 加快国家和省级全域旅游示范区创建工作

扎实做好国家和省级示范区创建工作，以创新为引领，以旅发大会为抓手，以旅游景区建设、旅游基础设施建设和服务提升为重点，尽快成功创建2家以上国家全域旅游示范区。建立示范区创建督导机制，市政府成立示范区创建督导小组，重点在示范区创建方案、总体规划、政策措施、重点项目建设等方面对创建地区进行全程督导，形成引领全域旅游发展的正向激励机制。强化政策保障，建设和完善全域旅游示范区创建在财政支持政策、旅游社会资本投融资机制、旅游用地支持政策、旅游人才保障、考核机制等领域的政策保障。

2. 完善旅发大会平台机制

形成旅发大会举办地财政支持政策保障，在项目建设、总体规划、旅游扶贫、市场推广、人才引进等方面对旅发大会举办地给予重点支持。强化对旅发大会平台建设的全程督导，旅发大会总体规划和工作方案要报省和市相关部门研究审定，省文旅厅和市政府负责指导和督促检查各地旅发大会筹备、举办情况，通过旅发大会实现凝聚共识、整合资源、集聚开发和彰显品牌的实际成效。不断优化旅发大会平台建设内容，举办地要按照"整合资源、区域联动、政府引导、市场运作、新业态引领、产业化发展"的要求，结合重点片区打造，高起点规划、高标准建设、高水平展现，组织举办项目观摩、展示展览、宣传推介、招商引资等系列活动，打造特色鲜明的旅发大会品牌。

3. 积极借鉴典型地区成功创建经验

目前，我国已经成功验收了第一批国家全域旅游示范区创建单位，这些地区在景区高质量发展、旅游基础设施共建共享、多规合一、全域旅游机制体制创新等领域进行了大量成功探索，如井冈山市在旅游新业态发展等方面形成的成功经验，西藏自治区林芝市鲁朗景区在景区高质量发展与多规合一等方面形成的成功经验等，冀中南地区政府部门应积极组织相关人员进行实地考察，科学总结，形成可借鉴、可推广的经验和模式，以指导本地区示范区创建工作。

（四）挖掘文化内涵，提升文化创意，打造文旅融合精品

1. 重点开发一批文旅融合精品

结合冀中南地区历史文化资源特色及文旅融合发展现状，通过现代科技手段和创意设计，重点开发一批文旅融合精品，实现文化价值，提升旅游产品品质。充分利用以井陉拉花、衡水内画、武强年画、邯郸成语典故、扁鹊中医药文化等为代表的优秀历史文化，尤其是冀中南地区丰富的非物质文化遗产资源，持续深入开发一批历史文化与旅游融合精品景区。充分利用以"中国马城"演艺表演、《神话之灵寿传奇》、邯郸《幸福小剧场》等为代表的旅游演艺项目，成功打造一批形式新颖别致、市场价值大的旅游演艺项目。充分利用以衡水湖国际马拉松、中原（邯郸）民间艺术节、环邢台国际公路自行车赛等为代表的旅游节庆活动，推出一批特色突出、定位精准、国际水准的文旅节庆品牌。

2. 实施文旅品牌引领战略

冀中南地区文旅品牌创建的核心是打造一批文旅融合名街、名村和名镇。应对标成都锦里古街、哈尔滨中央大街等优秀旅游古街，打造一批文旅融合名街；对标北京市门头沟区底下村、浙江省武义县郭洞村等，打造一批文旅融合名村；对标平遥古镇、镇远古镇等，打造一批文旅融合名镇。在各市旅游市场宣传推广中，加大对文旅产品的推广力度，要把地区旅游的文化内涵进一步凸显出来。充分利用各类旅游项目推介会、投资洽谈会、旅游论坛等形式，推进本地旅游企业与文化企业的交流与合作。

3. 建立文旅融合发展新机制

建立常态化的部门合作协调机制，文旅融合发展涉及多个部门，文旅部门在制订文旅融合发展规划时，应加强与文物部门、博物馆、环保部门等管

理部门之间的交流与协作,形成文化与旅游产业的联动机制。建立文化旅游人才培养和引进机制,目前不管是在文旅管理部门还是旅游企业和景区,都缺乏文旅融合专业人才,各市、各企业应根据实际需要引进专业人才,同时,应把现有从业人员的业务培训作为重要内容,努力培育一支高素质的文化旅游人才队伍。建立规范文化旅游市场经营秩序的联合监管机制,依法开展联合执法和日常监督检查,打击假冒伪劣文化旅游工艺品(纪念品),打击宣扬低俗色情、封建迷信的文化旅游产品和非法经营行为。

参考文献

[1] 陈胜:《河北省太行山区域旅游资源整合研究》,《经济论坛》2019年第8期。

[2] 罗赟敏、马耀峰、陈青松:《青海省A级旅游景区空间分布特征分析》,《青海民族研究》2015年第1期。

[3] 陆瑾:《全域旅游助力县域经济绿色崛起的对策研究——以安徽省宁国市为例》,《台州学院学报》2017年第4期。

[4] 雷传方、侯慧明、胡炜霞等:《山西黄河板块四市旅游资源空间分布研究》,《山西师范大学学报》(自然科学版)2018年第3期。

[5] 张学亮:《原始文化:新石器时代文化遗址》,现代出版社,2015。

[6] 李义福:《北京市文化创意产业竞争力提升的对策研究》,《中国商论》2016年第35期。

[7] 申茂向:《中国农村科技辉煌50年》,中国农业出版社,1999。

年度热点篇

Hot Spot of the Year

B.16 新时期河北省全域旅游创建与创新对策研究

史广峰 杨玉霞[*]

摘 要： 作为国家发展战略，全域旅游是贯彻落实五大发展理念和供给侧结构性改革的新理念、新模式。河北省全域旅游发展处于战略机遇叠加期、市场需求变革期和示范区创建关键期，新时期对全域旅游发展提出了新要求。近几年，河北省大力发展全域旅游，积极推进全域旅游示范区创建，取得了显著成效。但仍然存在旅游供给不足、旅游便利化程度不高、文旅融合不深、创新示范不强等问题。针对河北省全域旅游发展存在的问题，同时借鉴文旅产业发达省份的先进经验，本

[*] 史广峰，河北省社会科学院旅游研究中心副教授，博士，主要研究方向为旅游规划、旅游管理；杨玉霞，河北旅游研究院规划师，硕士，主要研究方向为全域旅游。

文提出：河北省全域旅游发展需要坚持问题导向，推进梯队创建；加快产业升级，进行供需对接；深化文旅融合，借助科技创新；全域乡村振兴，促进城乡共振；继续创新旅发大会，持续发挥带动作用；提升公共服务，促进有效供给；完善保障体系，加强综合管理。

关键词： 河北省　全域旅游　创新

一　河北省全域旅游发展背景分析

河北省当前正处于历史性窗口期和战略性机遇叠加期，京津冀协同发展、雄安新区规划建设和北京冬奥会筹办三件大事，不仅是国家发展重大战略，也是河北省全域旅游发展的百年不遇的历史机遇。同时，共建"一带一路"倡议及大运河文化带建设促进了河北省全域旅游的开放发展。在新时代消费升级的形势之下，文化旅游吸引力与日俱增，深推文旅融合助力全域旅游大发展，已经成为满足人民美好生活需要的重要途径。在全国大力实施乡村振兴战略的时代背景下，河北全域旅游发展要与全省乡村振兴建设同步实施，通过大力发展乡村旅游刺激乡村文旅消费，补齐全域旅游乡村发展的短板。

目前，全域旅游发展处于文旅消费市场变革期。随着人们生活水平的不断提高，消费水平与消费结构也在不断发生变化，从传统的物质消费层次开始转向更高层次的精神文化消费，文旅消费已经成为人们生活中的重要组成部分，文旅消费需求趋向于自主化、多元化、品质化。通过市场导向进行文旅供给侧改革是促进全域旅游发展的重要路径。

全域旅游在国内从提出到试点、从实践到提升、从创建到认定取得了阶段性成果，全域旅游示范区创建进入关键期。目前，全国已经认定71个国家全域旅游示范区，同时各省也都推出了一批省市级全域旅游示范区创建单

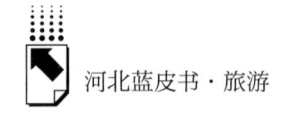

位，创建亮点不断，新模式不断涌现。近年来，河北省全域旅游呈现出跨越式发展的态势，全省已经成功创建3个国家全域旅游示范区和8个省级全域旅游示范区，形成省、市、县同创示范的全域旅游发展格局，全域旅游已成为推动河北旅游业创新发展的重要动力。

二 河北省全域旅游发展对标分析

2019年3月，文化和旅游部印发《国家全域旅游示范区验收标准（试行）》（以下简称《标准》）、《国家全域旅游示范区验收、认定和管理办法（试行）》（以下简称《办法》）、《国家全域旅游示范区验收工作手册》（以下简称《手册》），认为改革创新是国家全域旅游示范区创建的主线，示范引领是国家全域旅游示范区建设的目标，县域是国家全域旅游示范区创建的主体，党政统筹是国家全域旅游示范区体制机制改革的关键，融合发展是撬动相关改革的突破口，规划先行是国家全域旅游示范区建设的基石，公共服务提升是国家全域旅游示范区建设的保障，突出地方特色是提升国家全域旅游示范区吸引力的保障，绿色发展是国家全域旅游示范区建设的环境保障。从最新验收标准中可以看出，公共服务和供给体系是全域旅游示范区验收的两大要点，分数约占50%。改革创新是全域旅游示范区成功创建的关键，200分的创新项突出强调全域旅游示范区创建的创新理念和示范作用。旅游安全、市场秩序、生态环境是全域旅游示范区创建的底线条件。

根据最新验收标准，通过对河北省旅游产业发展现状进行对标分析，找到河北省全域旅游创建取得的成就和存在的不足，以便发挥优势、补足短板，促进全域旅游示范省创建。

（一）河北省全域旅游发展取得的成就

1. 示范引领，全域创建工作成果显著

县域是国家全域旅游示范区创建的主体，是全域旅游示范市和示范省创建的基础。2019年4月，河北省文化和旅游厅发出《关于开展首批国家全域旅游示范区初审验收和省级全域旅游示范区验收评定工作的通知》，启动国家和省级全域旅游示范区验收工作。通过对照文化和旅游部印发的《标准》、《办法》和《手册》，全省17个国家全域旅游示范区创建单位中有3个县（市、区）顺利通过验收，被认定为国家全域旅游示范区；23个省级全域旅游示范区创建单位中有8个县（市、区）被认定为省级全域旅游示范区，形成了省、市、县三级同创的全域旅游发展格局（见表1）。

表1 全域旅游示范区创建情况分布

序号	全域旅游示范区级别	创建单位	成功创建
1	国家级全域旅游示范区	张家口市、承德市、秦皇岛市、平山县、涉县、武安市、阜平县、安新县、涞源县、易县、涞水县、张北县、蔚县、迁西县、迁安市、遵化市、北戴河区	北戴河区、涉县、易县
2	省级全域旅游示范区	石家庄、唐山、保定、邯郸、定州5市及香河县、大厂回族自治县、大城县、渤海新区、河间市、青县、南大港产业园区、武强县、桃城区、冀州区、深州市、邢台县、沙河市、内丘县、柏乡县、南和县、巨鹿县、威县18个县（市、区）	北戴河区、涉县、易县、迁安市、平山县、张北县、内丘县、双桥区

2. 优化供给，旅游产品质量不断提升

旅游吸引物构建是全域旅游发展的重要抓手，全省不断优化产品供给，提升产品质量。首先，推进国家文化公园建设工作。紧抓长城、大运河国家文化公园建设机遇，开展对山海关、金山岭、大境门、崇礼段等长城重点点段的基础调研，启动长城国家文化公园（河北段）建设保护规划编制工作。其次，景区质量不断提升。清西陵景区成功晋升为国家5A级景区，全省5A级景区数量达到10家。指导金山岭长城景区接受国家现场检查验收。指导唐山南湖景区通过5A级旅游景区景观质量评审，进入5A级景区创建序列。新增4A级旅游景区9家，全省4A级景区数量达到119家。组织评定张家口市崇礼冰雪旅游度假区、秦皇岛市北戴河滨海旅游度假区等5家省级旅游度假区，推荐唐山湾国际旅游岛参加国家级旅游度假区创建。最后，旅游业态不断创新。2019年，全省按照"扶贫致富路、精品旅游路、百年工程路"的目标和交旅融合的发展理念建设太行山高速公路,将其打造成为我国第一条旅游高速公路,串起4A级及以上景区53个。承德国家"一号风景大道"已成为全国游客的网红打卡地和名副其实的线性旅游目的地。沧州推出的京杭大运河文化旅游带引领沧州全域旅游大发展。正定古城旅游吸引力快速提升,电子烟花表演成为正定古城旅游新名片。河北省唯一一家国家级田园综合体试点项目——花乡果巷特色小镇全面开展乡村振兴示范区创建工作,人居环境整治效果得到河北省委省政府的高度评价。

3. 多维营销,旅游品牌形象不断提升

2019年,河北省紧紧围绕"京畿福地·乐享河北"旅游形象品牌,深入开展旅游宣传推介,持续提升河北旅游品牌知名度。首先,以融媒体理念构建文旅宣传大格局。通过加强宣传联动机制建设、筑牢主流媒体阵地、构建新媒体宣传矩阵、强化跨界合作宣传等途径,实现河北旅游全媒体宣传推介。其次,以品牌活动提升河北文旅影响力。举办2019文化和旅游发布活动,开展"乐享河北迎春惠"文化旅游惠民活动,成功举办中国北方旅交会,参加重点旅游展会,开展"2019京津冀房车巡游暨非物质文化遗产和红色旅游宣传体验交流活动"、"乐享河北随手拍"活动、"世界网红打卡河北"活动、首届"乐享河北"文化旅游微电影(视频短片)大赛等系列互动宣传活动。再次,强化精准营销,拓展旅游客源市场。举办"这么近那么美,周末游河北"系列活动,深耕京津冀和周边市场。在上海和瑞士、新西兰等国家开设河北旅游推广中心,开展代理营销。借力"长城旅游推广联盟""京港澳高铁旅游联盟""冰雪旅游联盟"等联盟优势,实施组团营销。最后,突出文旅融合,提升对外交流实效。通过深入开展"欢乐春节"宣传活动,打造"河北文化和旅游年"品牌项目,开展对港澳台文旅交流等活动,提升河北旅游的国际影响力和对外交流作用。此外,各地也把筹办旅发大会作为落实全域旅游发展理念和推进重点片区率先发展的平台,进行全域旅游示范区的整体营销,取得了显著成效。

4. 改革创新，综合带动作用不断增强

改革创新是国家全域旅游示范区创建的主线，河北省创新了旅发大会促进全域旅游发展的模式。2016 年首届省旅发大会、2017 年第二届省旅发大会、2018 年第三届省旅发大会分别在保定、秦皇岛和承德举办，分别成功打造了"京西百渡休闲度假区"、"秦皇山海康养旅游度假区"和 180 公里的国家"一号风景大道"。2019 年，第四届省旅发大会在石家庄隆重举办，推出了全长 106 公里的"滹沱河生态走廊"，拟将其打造成为促进省会全域旅游发展、展现区域文化特色的风景廊道新标杆。在省旅发大会召开的同时，各市围绕"节约、绿色、安全、务实"的办会原则，积极举办市级旅发大会，打造了"正定古城""涉县太行红河谷""唐山国际旅游岛"等一批全域型旅游片区，成为全省旅游业的核心支撑。总体来说，省市旅发大会的举办推出了一批标杆性全域旅游片区和新业态新产品，带动了区域经济、社会、文化、生态和环境多方面发展，成为促进全域旅游发展的重要抓手。

5. 规划先行，强化产业发展顶层设计

规划先行是国家全域旅游示范区建设的基石，2019 年全省注重规划先行，强化顶层设计。首先，进一步完善旅游高质量发展规划体系。在《河北省旅游高质量发展规划（2018～2025 年）》的基础上，高标准编制了《雄安新区及周边区域旅游协同发展规划》、《河北乡村旅游提升规划》和《环京津休闲度假旅游带提升规划》等配套专项规划，研究制定了《河北省文化和旅游"十四五"发展规划编制工作实施方案》。其次，突出编好重点专项规划。积极参与由文化和旅游部牵头编制的《雄安新区旅游发展专项规划》编制与报批工作，指导雄安新区管委会编制规划实施方案，为雄安新区旅游业发展做好顶层设计。编制了《河北省大运河文化保护传承利用实施规划（2018～2035 年）》和《河北省大运河文化和旅游融合发展规划》，加速推动大运河文化旅游产业带建设，有效促进河北省大运河的保护、传承和利用。研究制定了《河北省冰雪产业发展规划（2018～2025）2019 年实施方案》《关于推进河北省冰雪产业发展规划（2018～2025）落地

落实的意见》《关于支持冰雪产业发展的政策措施》，高标准、高质量推动冰雪产业链向深度、广度发展。最后，健全旅游地方标准体系。以标准引领景区、度假区实现高质量发展，编制并印发了《旅游景区服务质量规范》《旅游小镇设施与服务规范》《温泉度假区服务规范》三个省级地方标准，进一步完善了河北省旅游业发展地方标准体系。

6. 整治市场，市场秩序安全得到保障

旅游市场秩序安全是全域旅游示范区创建的底线条件。2019年，河北省成立以文旅厅主要领导为组长的防范化解重大风险工作领导机构，出台全省文化和旅游系统防范化解重大风险的实施意见，落实领导包联责任，细化意识形态、旅游景区、人员密集文化场所、旅行社等重点行业领域专项防控方案。建立旅游景区、玻璃栈桥高风险项目、人员密集文化场所的常态化风险摸排机制。在重要节假日及暑期、汛期等重点时段，深入企业一线开展风险隐患排查整治。强化对37家景区45处玻璃栈桥项目的安全监管，严防项目违规私自运营复建。建立"黑名单+备忘录"的信用监管机制，对严重违法失信市场主体及从业人员开展联合惩戒。12月组织开展A级景区整治提升月行动，加大对上网营业场所、娱乐场所、演出市场、旅游景区等重点行业领域的监管执法力度。

（二）河北省全域旅游发展存在的问题

近两年，全省旅游业改革发展取得了显著成效，进入发展快车道，但发展不平衡、不充分问题依然存在，与全域旅游示范区的标准要求仍有差距。

1. 旅游供给体系有待提升

在全域旅游示范区验收标准中，"旅游供给体系"占240分，包括旅游吸引物、旅游要素和产业融合，是验收七大项中占分最高的一项，但目前河北省旅游供给体系有待提升。首先，虽然全省不断完善旅游产品体系，推出旅游新业态，但全省的旅游吸引物整体竞争力弱，核心吸引力不足，仍存在精品景区少、产业支撑缺、产品分布散、创新程度低等问题。其次，目前全省旅游要素供给仍存在不均衡、无特色、缺品牌的问题，亟须进行足量化、标准化、特色化、品牌化的升级打造。最后，目前全省旅游业与其他产业虽然进行了初步的融合发展，但整体上融合程度低、产业链条偏短，"旅游+"和"+旅游"在深度和广度上发展不充分，对其他产业带动力弱，发展质量、效益有待提高。

2. 旅游便利化程度须加强

全域旅游的发展重在对旅游便利化体系的构建。在全域旅游示范区验收标准中，"公共服务体系提升"部分占230分，是验收七大项中占分第二的一项，这充分说明公共服务体系的建设对全域旅游发展的重要性。但目前来看，全省公共服务明显滞后，铁路、海运、航空等旅游服务能级偏低，互联互通不够，高速公路未实现县县通；干线公路等级偏低，许多景区"最后一公里"问题尚未解决；许多旅游交通沿线和景区景点的基础设施建设滞后，包括旅游厕所、旅游集散中心、标识系统、大型停车场、特色购物点等服务设施标准偏低；全省智慧旅游体系建设滞后，智慧管理、服务、营销仍处于起步阶段。

3. 文旅融合发展亟须深化

"融合发展是撬动相关改革的突破口"，河北省历史文化悠久，文化旅游资源丰富，高品级文化旅游资源众多，但文旅融合仍有待深化发展。首先，文旅融合旅游业态的整体开发质量不高，一些重要的文化旅游资源尚未得到充分挖掘和活化，文旅融合技术手段有待创新，夜间旅游产品开发不够，目前全省缺少在全国叫得响的旅游演艺或文旅融合节事活动，文旅项目大多"雷声大、雨点小"。其次，文旅业态的创新和引领性不足，文化和旅游融合领域还较为单一，深度合作方面有待加强，特色文化没有渗透到旅游体验的方方面面，无法形成"特色聚集—人流聚集—消费聚集—产业升级—特色创新—再聚集"循环式上升发展结构。最后，文旅业态的开发模式缺少创新，目前全省比较多的文旅业态是特色商街、仿古特色小镇，商业化较重，导致最后失去了文化创新的灵魂。

4. 创新示范作用尚须彰显

示范引领是国家全域旅游示范区建设的目标。从目前河北省全域旅游发展情况来看,尽管很多全域旅游示范区已经通过验收,但整体上全域旅游发展模式、发展路径、体制机制、业态融合、科技服务等方面的创新性和示范带动性不强,没有在全省形成可复制、可推广的样板。旅游产业发展大会作为河北省全域旅游发展的一个创新路径,尽管在很大程度上促进了区域经济、社会、文化等方面的快速发展,但也存在重建设轻带动、重速度轻品质、重会中轻会后等种种问题,亟须进行提升和创新。

三 国内外全域旅游发展经验分析

从国际视角和全国站位审视全域旅游,欧美国家的全域旅游建设开始较早。法国全域旅游重点体现在城乡旅游一体化上,构建了法国乡村全域旅游发展模式;西班牙在"阳光与海滩"点式发展的基础上,着力将旅游从以海岸、酒店、景点为主的点式发展向城市、区域综合环境转变,实现休闲度假的转型升级;意大利托斯卡纳大区依托主题文化廊道串联全域旅游体验,构建交叉融合的地方产业体系,统筹推进全域旅游发展;新加坡通过全民性绿色革命,由官方负责基础城建工作,以全域为对象推进花园城市建设。

近年来,国内全域旅游也蓬勃发展。发展模式和发展路径层出不穷,如龙头景区带动型、特色资源驱动型及产业深度融合型等。近期,文化和旅游部公布的71家国家全域旅游示范区分为八大类型,包括文旅融合创新发展型、旅游扶贫富民创新发展型、城乡统筹创新发展型、景城共建创新发展型、休闲度假创新发展型、生态依托创新发展型、边境开发开放创新发展型、资源转型创新发展型,在创建方式、创建路径、创建成果上各具特色。

河北省应归纳总结国内外不同发展类型的全域旅游示范区创建的经验和教训,根据自身特色,因地制宜,探索符合自身发展的全域旅游发展模式和路径,实现各县(市、区)全域旅游创新发展,助力全域旅游示范省成功创建。

四　河北省全域旅游创建及创新对策

（一）问题导向，梯队创建

为推进全域旅游示范省创建，探索构建具有河北特色的"中心城市+战略创新平台+标杆片区+示范县市+支撑项目"的全域旅游推进模式，即以提升旅游综合服务功能为核心，打造一批现代旅游休闲城市；以国家重大战略为引擎，打造一批全域旅游战略创新平台；以省市旅发大会为平台，打造一批标杆片区；以全域旅游示范区创建为抓手，打造一批示范市县；以市场需求和创新创意为导向，打造一批支撑项目。

各县（市、区）全域旅游的快速发展是全域旅游示范省成功创建的基石，所以各县（市、区）需要对照最新的全域旅游示范区验收标准进行对标分析，找准全域旅游发展的优势和短板，通过发挥优势、补齐短板的发展思路，促进当地全域旅游突破性发展。河北省全域旅游示范区创建工作应按照"全域一盘棋，成熟一批，推动一批"的思路进行梯队划分，适时开展第二批省级全域旅游示范区考核认定工作，积极推荐2~3家条件成熟的创建单位申报国家全域旅游示范区。

（二）产业升级，供需对接

顺应文旅消费需求多元化、个性化、自主化、品质化的新趋势，挖掘河北优势旅游资源，坚持世界眼光、中国高度、河北特色，促进河北文旅产业升级。

深推产业融合，丰富文旅产品体系。充分发挥旅游业"关联度高、带动力强、覆盖面广"的黏合作用，促进旅游业与文化、体育、交通、研学、大健康、生态、工业、农业等特色产业融合发展，大力实施"旅游+"和"+旅游"战略，创新孵化一批新产业新业态，丰富旅游产品体系，形成观光、休闲、度假业态协调发展的新格局。

推进景区品质升级，提升核心竞争力。在全域旅游发展时代，景区仍是旅游者消费的主体，是发展的重中之重。目前，大部分景区存在"市场热、投资热、创建热"三热现象，机遇前景大好，但也面临着三差，即"效益差、体验差、口碑差"。通过功能复合化、产品体验化、发展现代化、景区品牌化、管理精细化、运营创新化六大举措助推河北景区提质增效。

推进旅游要素升级，打造旅游消费新热点。通过"足量化—标准化—特色化—品牌化"梯度升级举措，全面提升"食、住、购"等旅游要素产业质量，实现以市场为导向的、软硬兼顾的品质提升和特色鲜明的吸引力构建。

推进夜间经济综合发展，打造河北不夜旅游品牌。按照"区域化、特色化"的要求，依托中心城区设施和重点景区，培育商街夜市、旅游演艺、水秀表演、夜间灯光秀、特色住宿体验、夜游活动、文化体验等夜间旅游经济产业，推动各市及具备条件的县（市、区）至少形成1~2个与区域商圈发展相融合、具有较强辐射带动功能的夜间文旅消费集聚区，打造夜间消费"文化IP"。

（三）文旅融合，科技助力

深入促进文旅融合，探索文旅融合驱动全域旅游发展的新路径。河北文化旅游资源丰富，应坚持宜融则融、能融尽融，以文促旅、以旅彰文的原则，树立IP意识、创新意识、市场意识，实施文化旅游化和旅游文化化工程，促进文化遗产活化、品牌IP打造、文创商品开发、文化活动丰富、信息技术应用，培育高收益的文旅消费产品，开创文旅融合新天地，指导文旅融合实落地。

第一，突出文化保护，扎实做好文化遗产的传承利用。继续开展对文化遗产资源的调查和鉴定，做好数据整理和梳理鉴定工作。同时深入开展全省非物质文化遗产资源全面普查和抢救性保护工作，鼓励为非遗传承人传承授艺、研修提升、展示传播等提供场地和平台，以张家口市为河北省试点继续推动"非遗+扶贫"工作，在全省建立5个传统工艺工作站。第二，突出精品建设，打造一批文化旅游 IP 品牌。第一，打造一批国家级文化旅游品牌。重点推进长城国家文化公园试点建设、大运河国家文化公园创建，探索建设雄安新区国际旅游城市和文化旅游创新发展示范区，紧盯国家级（沧州）武术与杂技文化生态保护区创建。第二，升级一批文化旅游品牌景区。通过创新"文旅+特色演艺""文旅+科技体验""文旅+文创消费""文旅+主题游乐"等多种融合模式，对文化旅游景区进行创新提升打造。第三，突出创意转化，加快文创产品和旅游商品开发。综合运用文化植入、创意设计、科技提升、市场转化等方式，创新开发"河北游礼""冀念品"等具有河北特色的文创产品和旅游商品，以伴手礼和文创精品店、沉浸式展示等形式推向市场。第四，抓好艺术生产，推动文艺创作和文化活动繁荣发展。首先，加强精品艺术创作组织和生产。创新歌舞剧院、茶座欣赏、实景演出等多种演艺形式，鼓励文艺院团、演出企业进景区、进大会，进行常态化演出。其次，创新举办重点节庆节事活动。第五，创新信息应用，推进智慧旅游创新发展。首先，推进 5G 技术与 VR/AR 技术、裸眼 3D 技术相结合，发展沉浸式文旅娱乐新业态。其次，通过 5G 技术与物联网技术相结合发展智慧旅游，实现刷脸进景区、全景直播、实景游戏、虚拟场景演示等功能，提升旅游体验。再次，通过光影新科技、多媒体、沉浸式等手段促进夜间景观改造以及夜间演艺、夜间文化体验项目发展，提高夜间经济供给质量。最后，通过文化科技应用，不断推进博物馆、美术馆、纪念馆、图书馆、文化馆等公共文化服务机构文创产品打造和智慧场馆建设，推动公共文化服务走向文化消费市场。

为更好地促进文旅产业融合发展，还要加强支持文化产业高质量发展的政策保障，编制"十四五"文化和旅游产业发展规划，建设文化和旅游产业大数据平台及分析系统，实施文化和旅游消费促进提升行动，规范引导国家和省级文化产业园区基地健康发展，搭建文化和旅游产业发展宣传服务展会平台，持续深化和推进京津冀文化旅游协同发展工作，保障文旅融合落地实施。

（四）乡村振兴，城乡共振

推进全省乡村振兴建设，实现乡村振兴与全域旅游齐头并进、珠联璧合。首先，实施旅游引导乡村振兴战略，培育乡村旅游精品示范标杆。精品化、度假化、创意化开发一批田园综合体、精品民宿、旅游小镇、房车营地、艺术公社、康养农业等乡村旅游新业态和新产品，实现"农业产业+文旅配套+文旅社区"综合开发，打造太行山水人家、湖泊湿地船家、长城文化老家、华北田园农家、海滨海岛渔家、坝上草原牧家六大"回家"品牌，打造城市居民周末休闲度假的"第二家园"，建设自然环境优美、接待设施配套、资源整合有序、产业要素齐全的乡村旅游集聚带。其次，打造乡村旅游优质品牌。策划系列"周末在冀"乡村旅游节庆活动和推出一批特色乡村旅游线路，对标民宿进行转型升级，提升一批"冀里乡居"休闲住宿产品，培育"河北游礼·冀忆乡礼"系列旅游商品，打造乡村旅游商品统一品牌。最后，扩大乡村旅游产业扶贫功效。以10个深度贫困县为重点，全力实施乡村旅游精准扶贫工程，打造"正定县—平山县—阜平县—涞水县"旅游扶贫基地，形成典型经验。因地制宜地采取不同模式，加强贫困地区人才培养，深入开展乡村旅游扶贫重点工程，确保旅游脱贫攻坚取得稳固实效，最终实现乡村"产业兴旺、生态宜居、乡风文明、治理有效、生活富裕"的总体目标，补齐全域旅游发展中最重要的乡村发展短板。

大力推进红色旅游和乡村旅游融合发展，探索发挥红色旅游和乡村旅游富民功能、助力革命老区脱贫攻坚的发展路径。通过"情景化"演绎红色旅游故事、"融合化"推动乡村产业发展、"主题化"开发红色旅游产品、"常态化"策划红色旅游活动、"系统化"打造红色旅游目的地，打造一批精品红色旅游村、红色民宿、红色乡村度假综合体、红色乡村节庆活动、红色乡村创客基地，营造红色氛围，丰富红色体验，构建以西柏坡为龙头，以邢台太行、塞罕坝为两翼，以邯郸太行红河谷、冀东大钊故里、保定抗战英雄、张家口国防文化旅游区为支撑的"1+2+4"红色旅游目的地体系，推动河北省红色旅游精品发展、创新发展、融合发展。

（五）创新旅发，持续发力

河北省、市、县三级旅游产业发展大会举办得如火如荼，已经成为推进区域生态文明建设，提升区域综合魅力，推动区域经济、社会、生态、文化等全面发展的重要动力，更是推进全域旅游发展的重要抓手。

新时期，旅发大会由快速发展阶段转向高质量发展阶段。首先，要立足旅游新时期市场需求，促使旅发大会高质量举办。新时期文旅消费需求更加品质化，旅发大会要把质量与品质视为生命线，深刻理解旅发大会的丰富内涵和核心要义，推动旅发大会由规模向效益转变，由速度向品质转变。其次，创新旅游业态，探索办会新模式。在项目打造上体现景区特色、业态创新，在主题上体现区域特色和地方差异，在设施建设上采用多种投融资模式，逐步实现旅发大会由政府主导向政府引导、市场主导的运作模式转变。最后，要高度关注"后旅发"效应，实现带动效应可持续。加强对在建项目和签约项目的跟踪与支持，将"旅发大会筹备指挥部"整体转变为"全域旅游建设指挥部"，统筹组织后续建设、品牌营销以及其他方面的完善配套，将旅发大会承办地打造成为全域旅游示范区、全国知名旅游目的地，促进"后旅发"大会时期区域旅游的可持续发展。

（六）完善公服，有效供给

按照"需求导向、补齐短板、创新共享、智慧支撑、结构优化、全域全程、软硬并举"的建设主线，以高质量、高标准、高品质为目标，全面构建与大众旅游和自驾车旅游相匹配的结构完善、高效普惠、集约共享、便利可及、全域覆盖、标准规范的旅游公共服务体系，推动旅游公共服务信息化、品质化、均等化、全域化、现代化、国际化发展，实现全省公共服务总量供给扩大，供给结构不断优化，运营绩效完善提升，均等发展实现突破，空间布局科学合理，体制机制健全完善。

建设"快进慢游"旅游交通网。以"旅游为引领，畅通为目标，服务为宗旨"，促进交旅融合发展，实现全省交通方式产品化、交通功能复合化、交通服务品质化、交通线路网络化。首先，建立立体化旅游交通网络。要重点完善外部交通网，积极融入京津冀世界级交通体系，同时也要完善内部公路网打通景区"最后一公里"。其次，创新旅游交通产品供给。全面发展自驾和骑行旅游，2020年重点深入推进太行山高速公路和延崇高速公路旅游公共服务体系建设，以"环首都绿道网""环石家庄绿道网"为试点率先推动中心城市绿道网建设，同时推进邮轮游艇旅游、特色铁路旅游、航空旅游产品开发。最后，完善旅游交通配套设施。打造"房车、自行车、绿色能源车"三车友好设施配套工程。完善全省旅游集散系统、旅游引导标识系统、自驾营地系统及绿道风景道沿线生态景观系统、徒步自行车道慢行系统、停车接驳系统、服务设施系统等配套服务系统建设。

建设"干净整洁"旅游厕所网。持续推进旅游"厕所革命"工程，改造在"乡"，开放在"城"，在全省推广厕所革命"正定模式"。按照"数量充足、干净无味、实用免费、管理有效"的要求和"生态理念、人本理念、主题文化理念、创意理念、管理理念、便捷理念"的建设理念，对旅游景区、风景道绿道沿线、交通集散点、旅游餐馆、旅游娱乐场所、休闲步行区、农家乐、乡村旅游等地厕所进行全面整治改造和优化提升，同时鼓励推进城市旅游免费开放，实现旅游厕所材料生态化、旅游厕所功能标准化、旅游厕所主题文化化、旅游厕所景观创意化、旅游厕所商业服务化和旅游厕所服务便捷化。

建设"智慧智能"旅游互联网。首先，加强文旅信息中心建设。以"河北旅游云"为依托，整合全省文旅系统数据信息，建设"文旅数据中心"，包括进一步推进横向数据互联，加强纵向数据的互通，加强与省广电网络合作，实现更多文旅企业信息共享互换，建立全省统一的文化旅游基础资源数据库。其次，完成智慧管理平台系统整合。提高厅机关各业务系统融合度，提升智慧管理平台功能。再次，基本实现"一部手机游河北"。统筹推进"一部手机游河北"项目，到2020年底基本实现"一部手机游河北"，为广大来冀旅客提供最大方便，丰富游客体验度。最后，启动"河北省智慧景区示范点"评定工作。依托第三方机构在全省范围内开展智慧景区示范点评定工作，通过智慧景区示范点的评选，全面带动提升河北省景区智慧化水平。

（七）完善保障，加强管理

继续推进旅游现代治理体制机制改革，构建集政府治理、市场治理和社会治理于一体的现代治理体系。第一，创新文旅产业综合管理模式。顺应文旅产业"综合产业综合抓"的特点，创新构建"三三三"管理模式，即构建"省级引领、市级谋划、县（区）级实施"的层级推进机制，构建"党政推动、产业协同、研学提升"三维共举机制，构建"游客文明、居民热情、志愿者专业"三方共融机制。第二，继续推进文旅职能融合。开展对文化和旅游领域政策、法规、规划、标准的清理、对接、修订等工作，确保相互兼容、不留空白、不余死角。明确部门责任分工和主要任务，整合好已有工作抓手，积极推进资源、平台、工程、项目、活动等融合。第三，加强政策支撑。以积极服务河北发展战略为导向，以"生态优先、以民为本、可持续发展"为原则做好顶层设计，通过创新旅游用地政策，强化旅游用地用海保障；创新旅游财税政策，强化资金投融保障；创新旅游产业政策，强化新兴业态保障；创新旅游人才政策，强化智库支撑保障。第四，加强安全管理，严守生态红线。旅游安全、市场秩序、生态环境保护和旅游厕所是全域旅游发展的关键要素和基本前提，严防创建期内出现重大旅游安全生产责任事故、重大生态环境破坏事件、重大旅游投诉、旅游负面舆情、旅游市场失信等问题。第五，建设河北旅游诚信体系。通过完善河北旅游诚信体系要素，健全河北旅游诚信法规体系，建立旅游诚信组织保障体系，营造全省旅游诚信良好氛围。

参考文献

[1] 文化和旅游部：《国家全域旅游示范区验收标准（试行）》，2019。
[2] 文化和旅游部：《国家全域旅游示范区验收、认定和管理办法（试行）》，2019。
[3] 文化和旅游部：《国家全域旅游示范区验收工作手册》，2019。
[4] 刘玉春、贾璐璐：《全域旅游助推县域经济发展——以安徽省旌德县为例》，《经济

研究参考》2015年第37期。
［5］王俊、沈韩笑：《全域旅游目的地的类型及开发模式》，《中国旅游报》2016年4月11日。
［6］沈仲亮：《五种全域旅游发展模式获肯定》，《中国旅游报》2016年9月12日。
［7］郭玉兰：《全域旅游背景下的文化旅游强省建设——以山西省为例》，《中共山西省委党校学报》2019年第10期。
［8］郭静：《恩施州全域旅游示范区建设路径研究》，硕士学位论文，湖北民族学院，2017。
［9］李永文：《论海南省全域旅游示范区的创建》，《商丘师范学院学报》2017年第12期。
［10］王立成、刘晓玲、郭钊：《建设"国家全域旅游示范市"的战略环境和战略路径研究》，《河南省社会主义学院学报》2019年第4期。

B.17 文旅融合发展下河北旅游供给侧改革现状与对策

白美丽 任亮 安树伟 王瑞娟*

摘 要： 文章立足于河北省文旅融合供给侧改革现状，剖析河北省文旅融合供给侧改革存在问题及原因，明确河北省文旅融合供给侧改革的总体思路与重点任务，提出丰富文化旅游产品供给，提升供给能力、供给效率和服务水平，增强创新能力等对策。

关键词： 文旅融合 旅游 供给侧改革

一 文化和旅游融合发展态势

（一）政策利好不断释放

2009年，文化部、国家旅游局联合制定了《关于促进文化与旅游结合发展的指导意见》；2014年，国务院制定下发了《关于推进文化创意和设计服务与相关产业融合发展的若干意见》和《关于促进旅游业改革发展的若

---

* 白美丽，河北北方学院法政学院副教授，理学硕士，研究方向为区域经济与旅游规划、文化旅游、文化产业；任亮，河北北方学院生态建设与产业发展研究中心教授，博士生导师，研究方向为生态建设与产业发展；安树伟，首都经济贸易大学城市经济与公共管理学院教授，博士生导师，研究方向为城市与区域发展；王瑞娟，首都经济贸易大学城市经济与公共管理学院在读博士，研究方向为跨区域生态补偿、生态经济学。

干意见》，文化部颁布了《贯彻落实〈国务院关于推进文化创意及设计服务与相关产业融合发展的若干意见〉的实施意见》。国家和相关部委一系列文件的发布实施，标志着旅游产业和文化产业融合发展的大潮已经到来。自此之后，国家对文旅融合的关注持续升温，陆续出台了一系列政策。2017年，国家发改委、国土部、文化部等八部委联合印发了《"十三五"时期文化旅游提升工程实施方案》；2018年，国务院办公厅发布了《关于促进全域旅游发展的指导意见》；2018年4月8日，文化和旅游部正式挂牌，揭开了文化和旅游融合发展的大幕；2019年，国务院办公厅发布了《关于进一步激发文化和旅游消费潜力的意见》。这些政策的陆续出台表明政府高度关注文旅融合。

河北省委、省政府围绕贯彻落实中央决策部署，积极响应国家的相关政策，也先后出台了一系列促进文旅融合发展的政策文件。2018年11月2日，河北省文化和旅游厅正式挂牌，这是省委、省政府为贯彻落实中央关于深化党和国家机构改革要求，着眼推动全省文化和旅游深度融合、高质量发展而作出的重大决策。2019年，河北省印发了《关于促进全省文创商品、旅游消费品与旅游装备制造发展的实施意见》，意在催生文旅深度融合新业态。

（二）文化和旅游融合面临新机遇，呈现新特征

"一带一路"、京津冀协同发展、北京携手张家口承办2022年冬奥会和雄安新区规划建设等国家战略，为河北旅游业高质量发展、河北文化与旅游融合发展提供了千载难逢的历史机遇。

随着中国经济发展进入新常态，旅游业发展进入新阶段，旅游与文化产业融合发展呈现新的特征：一是从宏观背景看，文旅融合要牢固树立新的发展理念，必须以供给侧结构性改革为主线，扩大有效供给，满足有效需求，提高文化旅游产品供给体系的质量和效率；二是从旅游业发展实践看，随着全域旅游和"旅游+"战略的实施，文旅融合将充分发挥融合能力和集成作用，为相关产业提供平台，形成文旅融合新业态和综合新产能；三是从旅游需求端看,文化旅游消费逐渐成为新的消费热点,文化旅游消费需求日趋多样化,消费形式差异化日趋明显。

(三)文化和旅游融合对供给侧改革提出新要求

研究文旅融合发展下的旅游供给侧改革,主要解决的理论问题是如何借助文化资源的内涵,提升文化旅游产品供给质量,实现"以文化提升旅游内涵质量"的目的。"文旅融合,不是简单的'文化+旅游'",而是"文化"与"旅游"的相互融入、相互支撑、优势互补、协同共进。文旅融合发展下的旅游供给侧改革应通过提升文化旅游产品的参与性、体验性,强化文化与旅游之间的相互作用,"以旅游扩大文化的传播消费",实现人民群众获得更加美好的旅游体验的期待。

二 文旅融合发展下河北旅游供给侧现状

(一)文化旅游产品供给基础良好

河北省是中华民族的发祥地之一,数千年的历史演进、深厚的文化积淀,形成了独具特色的历史文化。目前,河北省有世界文化遗产4项;国家历史文化名城6座,国家级历史文化名村12个;国家级文物保护单位278处,省级文物保护单位930处;重要革命纪念地、纪念建筑物118处;国家级非物质文化遗产项目227处,省级非物质文化遗产项目400处;国家级非物质文化遗产代表性传承人91人,省级非物质文化遗产代表性传承人260人;有9个门类的非物质文化旅游资源,共计30余项,被载入中国第一批非物质文化遗产名录。除此之外,长城文化、运河文化、红色文化、民间歌曲、舞种、戏曲剧种、民间传说、节庆习俗等都是极其珍贵的文化旅游资源,为文化旅游产品供给奠定了坚实的基础。

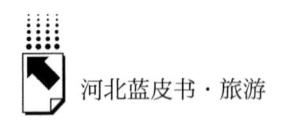

（二）文旅融合成效显著，推出多种特色文化旅游产品

河北省文化与旅游融合已初具规模，一批高质量的文化旅游项目已建成落地。2017年，全省的A类景区中有300余家是文化景区，245家新业态景区中有127家是文化类景区，443家非A类景区中有112家是文化景区；2018年，河北省按照休闲、个性和多元的发展思路，在全省界域内借助旅发大会，将古迹、文物、名胜、地方传说、民俗、节庆和特色文艺等文化资源盘活用好，共投资3.3亿元，举办《新中国从这里走来》《木兰秋弥大典》《大梦中山》《江湖》等10多场文艺演出和150多项文化演艺活动，推出一批极具地方特色的文化演艺项目；2019年创排了《滹沱河畔》《太行山抗战》《那年芳华》等旅游演艺作品。

（三）以文件、规划为纲领，推动高端文化旅游产品得以发展

2011年12月，河北省旅游局和河北省文化厅共同印发的《关于促进文化与旅游融合发展的指导意见》提出"全面促进文化、旅游深度融合发展"。2016年发布的《河北省文化产业发展"十三五"规划》强调地方文化、历史文化、生态文化与旅游的深度融合，提出实施"文化+旅游"计划，完善文化企业、基地、园区的旅游服务功能，注重旅游景区文化宣传，增强其文化魅力。2018年发布的《河北省旅游高质量发展规划（2018~2025）》要求"深入挖掘、唤醒河北深厚的文化资源，推动文化资源、文化要素转化为旅游产品，用文化的养分滋养旅游，丰富旅游的内涵，拓展旅游的空间，推动旅游特色化、效益化、品质化发展"。2019年1月18日，河北省人民政府网发表文章《2019，河北文化和旅游踏上新征程》，文章指出"2019年，全省文化和旅游系统将紧紧抓住机构改革新契机，稳步推进文化和旅游在资源、平台、项目、活动和功能等方面的衔接，重点抓好八项工作，切实发挥'文化+旅游'1+1＞2的作用，推动河北文化旅游产品发展再上新台阶"。

三 文旅融合发展下河北旅游供给侧改革存在问题及原因分析

（一）存在问题

1. 文化旅游产品形式雷同，内容单一，同城化现象严重

当前，文化旅游消费逐渐成为新的消费热点，消费形式更趋差异化，这是文化与旅游融合的新特征。为了满足更趋差异化的文化旅游消费需求，文化旅游产品应更趋多样化，但当前河北省的文化旅游产品在设计上依然存在形式雷同、内容单一、缺乏特色等问题，主要体现在产品开发设计的细分程度不够、地域文化内涵挖掘不足、地理标识度模糊、特色不鲜明、未充分考虑旅游者的文化需求、未从有效供给视角考虑文化旅游产品的供给、未将文化需求与旅游需求在细分基础上做好广度和深度融合等方面。

另外，各类旅游景区出售的多数文化旅游商品亦是千篇一律、大同小异，缺乏地域特色和原创性，表现出严重的同城化现象。有的景点出售的兵马俑、驴打滚、德州扒鸡等旅游商品，不仅在河北可以买到，在西安、北京、德州以外的其他许多地方也可以买到，这种含有特定地域文化内涵的旅游商品随处可见的现象，严重地摧残了隐藏于商品背后的特定地域文化的价值，是旅游供给侧改革在提升有效供给、提高供给质量时须着重解决的问题。

2. 文化旅游消费结构不合理，文化旅游商品销售状况不乐观

"2017年河北省的游客人均消费为1074元，从游客消费结构来看，弹性较小的基本消费（住宿、交通、餐饮、游览）占比超过了70%，消费弹性较大的购物和娱乐只占到27%。"以河北省特色文化小镇——承德马镇为例，截至2019年10月31日，马镇的游客总花费是9325.82万元，其中，在景区门票上的消费是4357.85万元，在住宿、餐饮上的消费是3626.96万元，在旅游商品上的消费是1341.01万元（特别说明：此处将马镇的特色餐

饮消费与二次消费归入旅游商品消费进行统计）①，旅游商品消费的占比是14.38%。由此可见，景区门票、住宿和餐饮方面的花费仍然是游客消费的重头，旅游商品方面的花费仅占很小的比例，作为旅游商品之一的文化旅游商品所占比例更是少之又少。这种情况表明，河北省的旅游消费结构和文化旅游消费结构亟待优化。

河北省地理位置优越，濒临渤海，环绕京津，消费人群集中，市场潜力大。河北省的旅游商品数量大、类型多，涵盖"原国家旅游局开列的食品类、纺织类、工艺品类等20个分类，共3500余种，其中，文创旅游商品涉及雕塑、漆器、花画、剪纸、刺绣、陶瓷、书画、中外乐器、文具笔墨等重点文化产品类别"。2017年，河北省的旅游商品消费额为1165.54亿元，只占全省旅游总收入的18.98%，远低于世界平均水平，其中文化旅游商品消费额所占比例更低。文化旅游商品因其销售量滞后，不能充分实现其经济价值，导致其经济性体现不明显。

3. 缺乏有竞争力的文化旅游品牌

河北省地处华北平原北端，是中华民族发祥地之一，历史与文化底蕴深厚，是全国著名的旅游资源大省。独特的地脉和文脉，成就了种类齐全、内涵丰富的文化资源，无论是数量规模还是价值品位，都堪称一流。近年来，河北省的旅游业发展迅猛，但文化与旅游融合发展乏力，文化旅游产品开发层次不高，品牌建设意识淡化，现有的文化旅游品牌市场认知能力弱，缺乏有竞争力的文化旅游品牌。

4. 文化旅游商品发展没有得到足够重视

旅游收入过度依赖"门票经济"。旅游商品消费对旅游收入有极大的促进作用，文化旅游商品消费又对旅游商品消费起着重要的促进作用，但文化旅游商品发展没有得到足够重视，省级层面未设立专门负责文化旅游商品市场发展与管理的部门，市县自然就更少。政府部门对于文化旅游商品市场缺乏规划与管理，文化旅游商品开发人才短缺，诸多原因造成文化旅

---

① 数据来源于马镇资料统计。

游商品边缘化和文化旅游商品市场野蛮生长。另外，河北已有的文化旅游商品虽然数量大、类型多，但由于在营销与宣传方面缺乏政府整体设计，因此，其在游客旅游消费结构中所占的比例较低，在地区经济发展中没有发挥应有的作用。

（二）原因分析

1. 文化与旅游融合的深度和广度不够

河北现有的文化旅游产品，文化内涵挖掘不足，文化价值挖掘不深，文化与旅游融合的深度和广度不够，存在旅游与文化偏离、脱节的问题和"有旅游、无文化"的现象，这导致燕赵特色古韵文化不能完美展示，不能切实做到以文促旅、以旅彰文。

2. 优质文化旅游产品有效供给不足

当前，河北省的文化旅游产品数量充足、种类丰富，但大多数文旅产品吸引力弱、回头率低，原因在于文化旅游产品质量不高，优质文化旅游产品数量少，种类贫乏，有效供给不足。

3. 文化旅游商品重视经济性，轻视文化性

随处可见的文化旅游商品"同质化""低端化""同城化"甚至"地摊化"现象，是文化旅游商品重经济性、轻文化性的有力证据。这种现象反映的问题是文化旅游商品的文化内涵挖掘乏力。此种现状不仅不利于对特色地域文化的保护和传承，还可能导致地域文化的特色和原创性逐渐削弱甚至消失，从而影响游客对特定地域文化的学习和体验，也背离了供给侧改革中提到的"有效供给和高质量供给"的改革方向。

4. 文化旅游商品地理标识度低，地域特色和原创性表现不明显

文化旅游商品在设计、策划和创意上存在不足，主要表现为在设计与策划中忽略了地理标识度，在创意上没有把景点、地名的标志与特有文化元素进行融合，地域特色和文化原创性体现不明显。

5. 文化旅游商品供给价格与购买需求错位

文化旅游商品的供给价格高，绝大多数游客购买文化旅游商品的目的主

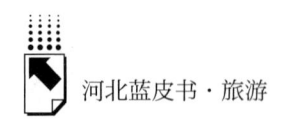

要是留作纪念和馈赠亲友,高价格导致游客很少大批量购买。供给价格与购买需求错位是文化旅游商品销售状况堪忧的主要原因之一。

四 文旅融合发展下河北旅游供给侧改革的总体思路与重点任务

当前,河北省文化旅游融合发展正处在关键时期,京津冀协同发展、京张携手承办冬奥会等国家战略又为其发展提供了新机遇。"新机遇为发展注入了新动能、拓展了新空间,同时也对河北省文旅融合供给侧改革提出了更高要求"。为了进一步做好文旅融合供给侧改革,推动文化产业、旅游产业发展,河北省应理清文旅融合供给侧改革总体思路,明确文旅融合供给侧改革任务。

(一)总体思路

1. 创新改革理念

文化和旅游部部长雒树刚指出,"要实现供给侧结构性改革,企业就必须转型升级,传统的思维、传统的理念、传统的经营、传统的供给模式明显跟不上旅游更新换代的速度,企业转型升级的任务已迫在眉睫"。聚焦河北文旅融合供给侧改革,革新改革观念也迫在眉睫。河北文旅融合供给侧改革理念应围绕以下内容进行升级:一是文旅融合供给侧改革将解决中国特色社会主义新时代社会主要矛盾作为主要任务;二是加强文旅融合供给侧改革,适应新时代的新需求;三是文旅融合供给侧结构性改革要坚持问题导向;四是文旅融合供给侧结构性改革必须走创新发展之路。

2. 以特色、效率、业态为改革抓手

(1)特色改革

今天的旅游已进入大众旅游时代,"4亿多的中等收入群体,对旅游产品的需求已经从过去的低端产品上升到中高端产品的需求",中高端产品需求非常注重旅游产品和服务的文化内涵,注重文化内涵的地域特色,注重特

色地域文化的参与性和体验性，注重文化旅游带来的满意度和获得感。依托深厚的历史文化底蕴和丰富的文化资源，坚持"宜融则融，能融尽融，以文促旅，以旅彰文"和"特色化、高端化、大众化、国际化"的发展思路，让文化旅游特色改革成为河北文旅融合供给侧改革的重要抓手之一。

（2）效率改革

要实现供给侧改革，效率改革首当其冲。河北省现有的文化旅游产品和服务的供给模式、供给渠道、供给类型均滞后于旅游更新换代的速度，为了扩大有效供给，满足有效需求，提高供给体系的质量和效率，提升文化旅游服务水平和综合效益，优化服务效果，文化旅游效率改革应成为河北文旅融合供给侧改革的又一重要抓手。

（3）业态改革

随着旅游经济的发展，旅游活动不断细化，河北应针对游客的文化旅游消费行为展开具体的研究，进行需求细分；针对细分后的不同文化需求和旅游需求，实施"文化+""旅游+"战略，促进文化、旅游与农业、工业、康养、体育等相关产业融合发展，加强文化与旅游融合深度，加大文化旅游新业态、新产品的创新力度，提供有针对性的文化旅游产品，如影视旅游、博物馆旅游、阅读之旅等。创新开发新业态、新产品，提高文化旅游产品供给质量，完善供给体系是河北文旅融合供给侧改革的另一重要抓手。

3. 以创新为引领，提升永续性

文化和旅游部制定下发的《关于提升假日及高峰期旅游供给品质的指导意见》提出创新推进，大力推进旅游目的地技术创新、业态创新、内容创新、模式创新和管理创新，实现多样化、特色化、差异化、内涵式发展。鉴于此，河北省的文旅融合供给侧改革必须始终以创新发展理念为引领，通过创新提升河北文旅融合供给侧改革的延续性，实现供给侧改革可持续性发展。

（二）重点任务

1. 深化旅游供给侧改革，培养文化旅游消费新亮点

刺激文旅消费最有效的举措就是文旅融合。大力推进旅游与文化等相关

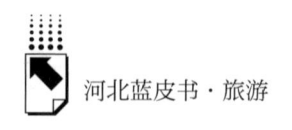

产业、行业的融合发展，推动旅游产品多样化，培育新的旅游消费热点，是河北省深化旅游供给侧改革的有力举措。

通过积极构建推动产业做大做强的政策保障体系、优质多元和创新可靠的产品和服务供给体系、方便快捷的市场准入和安全有序的政务服务体系，统筹推进文化旅游消费供给端工作，着力提升河北文化旅游产品有效供给，通过有效供给带动河北文化旅游消费，让文化旅游消费逐渐成为河北旅游新的消费热点。

2. 加强优质产品供给，提升产品供给质量

当前，河北省的文化产业与旅游产业融合发展虽然已取得一定的成果，文化旅游产品数量多、种类丰富，但现有的文化旅游产品仍存在吸引力弱、回头率低的现象，多数不是游客心目中的优秀产品。因此，应从平衡供需关系入手，通过产业融合加强优质文化旅游产品供给，逐渐淘汰次等文化旅游产品，增加文化产业和旅游产业中产品的有效供给，提升文化旅游产品的供给质量和供给水平，提高河北文化旅游供给结构的适应性和灵活性，使供给体系更好地适应游客对文化旅游产品需求结构的变化。

3. 发展智慧文化旅游，提升文化旅游智慧服务和管理水平

文化和旅游部发布的《关于提升假日及高峰期旅游供给品质的指导意见》提出以智慧旅游为抓手，切实提升假日及高峰期旅游产品开发、现场管理、综合服务的智慧化水平。为了满足多样化的文化旅游消费需求，未来河北省必须把发展智慧文化旅游、提升文化旅游智慧服务和管理水平作为旅游供给侧改革的重要任务之一。

五　文旅融合发展下河北旅游供给侧改革对策

（一）深入挖掘文化资源，丰富文化旅游产品供给

立足于丰富文化旅游产品供给，挖掘文化资源应主要做好"细"和"深"两点。"细"是指按照一定的细分标准对文化资源进行系统挖掘。此

处的细分标准主要是指在人类社会发展进程中,存在于人类生产与生活中的具体化、特色化的文化类型,如宇宙文化、历史文化、地质地貌文化、革命文化、民俗文化、饮食文化、酒文化、茶文化等。文化类型越具体、越富有特色,就越有吸引力。"深"是指要弄清文化发展的来龙去脉和文化的内涵,如文化产生的时间、地点、原因、背景及发展过程、发展历史、文化精髓、文化的价值、文化的功能、对人类观念和生产生活产生的影响,以及被人类歌颂、引以为豪的闪光点等内容都要详细地挖掘出来。

(二)发力供给侧,提升文化旅游产品体系供给能力

1. 从供给端发力,加强优质文化旅游产品供给

文旅融合背景下的旅游供给侧改革应按照提升有效、优质的"供给",才会提升游客的获得感和幸福感,满足游客对文化和旅游美好生活需求的思路,从供给端发力,让燕赵大地的文物、遗产、文字等文化资源活起来;围绕特色优秀文化,实施"文化+""旅游+"战略,开发特色文化旅游系列产品;围绕特色优秀文化资源内涵,努力打造既有民族文化底蕴又富有时代精神的文化旅游精品系列,加强优质文化旅游产品供给,满足游客对文化和旅游美好生活的愿望。

2. 立足供给端,优化文化旅游空间发展格局,提升文化旅游产品有效供给

提升文化旅游产品的有效供给,需要在开发前做好规划布局。首先,需要找准开发"点",避免全面布局。"点"的寻找应注重"归属性"、"原创性"和"特色性"。其中,"归属性"是指文化的地域归属,任何类型的文化在其形成发展过程中都必须依附于一定的地理环境(包括人文环境和自然环境);"原创性"是指文化土生土长的地理环境;"特色性"是指依附于一定地理环境形成的文化,反过来会成为该地域旅游产品的一大特色。因此,提升文旅产品的有效供给应力戒因离开其形成发展的地域环境而文化"归属性"、"原创性"和"特色性"减弱或消失问题的发生。其次,要有全局观念,做好资源整合。此处的全局观念是指要树立合作意识,对于地域界定模糊或处于行政地区边界的文化资源进行整合,合作共享,整体挖掘,

以满足游客对异域文化求新、求奇的需求，提升文化旅游产品的有效供给，切勿让行政区划的条条框框割裂文化的完整性。

3. 立足供给端，加强科技支撑，提高文化旅游商品质量供给

游客购买文化旅游商品的主要目的是体验、纪念和馈赠，价格太高或超出一般消费水平，会导致游客大批量购买次数减少；质量是商品的生命，文化旅游商品质量太次，会导致游客体验次数和重复购买次数减少。对此，文化旅游商品的开发设计应通过科技手段，采用规模化、流水化、机械化，实现批量化生产，降低成本，提高商品的性价比。只有保证文化旅游商品的高质量供给，才能满足游客的购买需求和对特定文化的美好期待，实现旅游经营者和游客的双赢。

（三）做好需求与旅游精准融合，增强文化旅游产品体系创新能力

未来，文化旅游消费需求不仅变化快，还会越来越多样化、差异化，做好文化消费需求与旅游精准融合，创新文化旅游新业态，一是提高文化旅游活动的参与性和体验性。"在旅游中植入丰富的文化体验和文化活动"，开发"文化休闲旅游系列产品"，让游客在体验与参与中放松身心，陶冶情操，感受美好生活，提升游客的获得感和幸福感。二是依托燕赵文化的"化人"功能，实现燕赵文化的创新与发展。围绕燕赵文化每一项具体的教化功能，开发"文化研学旅游系列产品"，满足游客学习、品味燕赵文化的精神需求，同时，燕赵文化在游客的学习与品味中得到传承、弘扬、创新与发展。三是实施"走出去"发展战略，增强国际吸引力。依托优秀传统文化的地域归属性和原创性，打造"文化旅游品牌系列产品"，以品牌为核心实施"走出去"战略，增强河北文化旅游产品的国际吸引力。因此，应围绕文化旅游产品的体验性、"化人"功能和品牌构建等方面开发新业态，做好需求与旅游精准融合，增强文化旅游产品体系创新能力。

（四）推进智慧文化旅游发展，提升文化旅游产品体系供给效率

大力推进智慧文化旅游发展，通过互联网、App 智慧导游、电子讲解、

虚拟现实（VR）、4D、5D 等人工智能技术手段，在航空、酒店、旅游目的地等方面发挥"互联网＋"的强大优势，加强文化旅游调控与引导，积极推进优质供给、弹性供给和有效供给，提升文化旅游资源开发、产品建设和服务管理水平，提高文化旅游供给效率，更好地满足来冀游客日益增长的旅游美好生活需求。

（五）构建文旅公共服务体系，提升文化旅游产品体系服务水平

依据文化和旅游部 2019 年第四季度例行新闻发布会相关内容，结合河北省文旅公共服务体系建设现状，全省构建有效的文旅公共服务体系应做好以下四点。一是大力推广社会力量参与文化和旅游公共服务融合的创新性做法。发掘、推广省内创新经验，加大宣传推广力度，以点带面推动全省文化和旅游公共服务供给侧改革工作。二是开辟社会力量参与渠道。通过举办"公共文化和旅游产品采购大会"，促进供需有效对接，为社会力量常态化参与搭建平台开辟渠道。三是建立文化和旅游公共服务融合的交流、合作机制。通过推动全省各地建立交流、合作机制，促进全省"文旅公共服务资源优化配置，实现省内公共文旅服务资源共建共享，促进文化和旅游公共服务一体化高质量发展"。四是找准公共文化服务和旅游公共服务融合的切入点。已有的相关实践和研究成果表明，公共文化服务和旅游公共服务融合应做好以下几点：一将公共文化设施嵌入旅游景区、旅游线路、住地、旅游交通服务区域等板块；二将基层综合性文化服务中心和乡村旅游中心进行融合；三将旅游公共信息服务融入公共图书馆业务；四将博物馆、非遗传习场所等公共文化设施融入研学旅行共同发展；五将城市标志性文化设施融入新的旅游路径。提升文化旅游产品体系服务水平，从供给端满足游客的公共文化需求。

（六）构建文化旅游消费的体制机制，优化文化旅游产品供给体系

党的十九大报告中指出，完善促进消费的体制机制，增强消费对经济发展的基础性作用。政府通过积极构建文化旅游消费的机制体制，优化文化旅

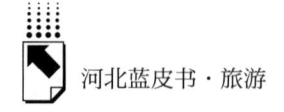

游资源要素配置，开发文化旅游新业态，刺激文化旅游消费新需求，培育新的文化旅游消费热点，完善文化旅游消费的政策保障体系，保障文化旅游公共产品、公共设施、公共服务和公共政策等的供给，优化文化旅游消费环境，达到优化文化旅游产品供给体系的目的。

参考文献

［1］任远：《文化旅游应多些创意》，《中国文化报》2017年2月15日。

［2］翟春阳：《"文旅融合"关键在"供给侧"》，《杭州日报》2019年5月22日。

［3］河北省文化和旅游厅：《2018年河北省旅游业发展报告与2019年发展展望》，中国旅游出版社，2019。

［4］河北省文化厅、河北省旅游局：《关于促进文化与旅游融合发展的指导意见》，http：//www.hbwhcyxh.com/new_content.asp?id=409/2011-12-22/2019-11-05。

［5］河北省人民政府：《河北省旅游高质量发展规划（2018～2025）》，http：//info.hebei.gov.cn/hbszfxxgk/6806024/6807473/6806589/6839465/index.html/2018-11-22/2019-10-29。

［6］河北省人民政府：《2019，河北文化和旅游踏上新征程》，http：//www.hebei.gov.cn//hebei/11937442/10757006/10757180/14553397/index.html/2019-01-18/2019-10-31。

［7］中国互联网新闻中心：《同质化、低端化，旅游纪念品都长着"同一张脸"》，https：//baijiahao.baidu.com/s?id=1613808790707591909/2018-10-09/2019-11-05。

［8］李秋云、程丽仙：《在文旅融合中为全域旅游注入新活力》，《中国文化报》2019年3月11日。

［9］伍策、一丁、雒树刚：《旅游迫切需要供给侧改革，文旅融合是强强联合》，http：//travel.china.com.cn/txt/2018-12/10/content_74259346.htm/2018-12-10/2019-11-07。

［10］明庆忠：《文旅供给侧结构性改革：新需求新问题新应对》，《贵州民众报》2019年7月30日，第A3版。

［11］雒树刚：《全域旅游最新工作部署》，http：//dy.163.com/v2/article/detail/ETLN89TN0524BKEM.html/2019-11-11/2019-11-11。

［12］文化和旅游部：《关于提升假日及高峰期旅游供给品质的指导意见》，《经济

日报》2018年12月3日。
[13] 人民网：《消费惠民丰富供给专家：国务院新政提振文旅消费信心》，http：//travel. people. com. cn/n1/2019/0813/c41570 - 31291267. html/2019 - 08 - 13/2019 - 11 - 12。
[14] 张婧：《深化供给侧改革，培育文旅消费新亮点》，《中国文化报》2019年5月1日。
[15] 搜狐网：《习近平这样部署供给侧结构性改革》，https：//www. sohu. com/a/297918076_ 585752/2019 - 02 - 27/2019 - 11 - 15。
[16] 文化和旅游部：《大力推进旅游业供给侧结构性改革》，https：//finance. sina. com. cn/china/gncj/2018 - 12 - 04/doc - ihprknvs9554608. shtml/2018 - 12 - 04/2019 - 11 - 12。
[17] 中华人民共和国中央人民政府：《文化和旅游部介绍2019年文化和旅游公共服务工作和产业发展情况》，http：//www. gov. cn/xinwen/2019 - 12/25/content_ 5463975. htm/2019 - 12 - 25/2020 - 01 - 05。
[18] 《中国文化报》：《文旅融合：专家聚焦公共文化发展新动能》，http：//www. ce. cn/culture/gd/201911/07/t20191107_ 33547799. shtml/2019 - 11 - 07/2020 - 02 - 05。

B.18 京津冀协同发展背景下城镇居民旅游消费行为研究

李 晓*

摘 要： 2014年2月，习近平总书记提出京津冀协同发展的重大国家战略，这对于较京津旅游经济发展相对落后的河北而言，无疑是个好机遇。2019年8月，《关于完善促进消费体制机制进一步激发居民消费潜力的若干意见》出台，呼唤以高质量的旅游供给来增强居民消费意愿。河北旅游资源丰富，历史文化悠久，但旅游消费拉动经济动力不足，本课题在京津冀协同发展的背景下，对京津冀城镇居民的旅游决策行为、旅游偏好及旅游态度进行研究，从而提出河北旅游的发展建议，以期在京津冀协同发展的机遇中，助力河北旅游朝着高质量方向发展，更好地拉动旅游消费。

关键词： 京津冀 旅游消费行为 城镇居民

一 旅游消费行为

旅游消费行为是旅游者根据自身需求收集旅游信息，前往目的地游览，以及游后评价的动态全过程，具体可分为旅游前决策行为、旅游中体验行为

---

* 李晓，河北省社会科学院旅游研究中心实习研究员，主要研究方向为旅游经济。

(旅游偏好)和旅游后评价行为(旅游态度)三个阶段。旅游决策行为是旅游者根据个人因素(时间、收入等)和外部因素(信息通达度等)做决定的行为;旅游偏好是核心,综合而言是旅游者对"吃、住、行、游、购、娱"等旅游要素的体验偏好;旅游态度是旅游者游后感受与游前心理预期的对比评价,包括旅游者的重游意愿及推荐意愿。

二 问卷设计、数据来源与数据处理

(一)问卷设计

本次调查问卷的调查对象是北京、天津、河北三地的城镇居民,具体调查内容由四部分构成。第一部分是旅游人口统计学特征,包括性别、年龄、现居住地、受教育程度及职业;第二部分是旅游决策行为,包括出游动机、获取旅游信息途径、计划出游时段及行程安排、出行前最关心的问题;第三部分是旅游偏好,包括出游次数、感兴趣的传统与新型旅游产品类型、喜欢的就餐场所、住宿设施、购物商品、娱乐项目等问题;第四部分是旅游态度,即京津冀城镇居民对河北省旅游评价的调查,包括旅游品牌知名度调查、满意度调查、重游意愿及推荐意向。

(二)数据来源与数据处理

考虑到样本的充分性和代表性,本次问卷调查采用线上与线下相结合的调查方式。一方面,通过网络调查。在"问卷星"上编制网络问卷,通过微信、QQ、扫二维码等形式向京津冀三地的城镇亲朋好友进行发放。另一方面,通过实地调查。为保障京津冀地区的有效样本量,笔者于2019年10~11月多次赴京津冀三地进行实地问卷调研,调研地点包括学校、商场、超市、博物馆等公共场所。问卷统一回收后,首先将实地调研的纸质问卷通过Excel软件录入,随后利用Excel、SPSS等软件进行数据分析和处理,以期得到准确的调研结果。

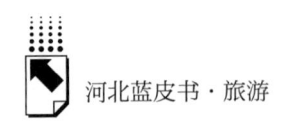

三 京津冀城镇居民旅游消费行为研究

（一）样本特征描述

本次调研共回收 1859 份问卷，经初步筛选，剔除 99 份无效问卷，对 1760 份有效样本的人口统计特征进行整理，基本情况如表 1 所示。

表 1 样本人口统计特征情况

特征	类型	人数（人次）	百分比（%）	特征	类型	人数（人次）	百分比（%）
性别	男	762	43.3	受教育程度	初中及以下	56	3.18
	女	998	56.7		中专/高中	219	12.44
年龄	18 岁以下	24	1.36		大专/本科	1188	67.5
	18~25 岁	544	30.91		硕士及以上	297	16.88
	26~40 岁	840	47.73	职业	公务员及事业单位人员	521	29.6
	41~60 岁	317	18.01		企业职工	544	30.91
	60 岁以上	35	1.99		学生	335	19.03
现居住地	河北	926	52.61		自由职业	187	10.63
	北京	513	29.15		离退休人员	52	2.95
	天津	321	18.24		其他	121	6.88

资料来源：根据作者问卷数据整理而得。

从性别上看，男性 762 人，占比 43.3%；女性 998 人，占比 56.7%。女性样本多于男性，因为在调研过程中，商场、超市等公共场所女性较多，但总体来说，两性样本较为均衡。

在年龄分布中，26~40 岁年龄段人数占比最高，占总数的 47.73%；随后紧跟的年龄段依次是 18~25 岁、41~60 岁，分别占比 30.91% 和 18.01%；60 岁以上及 18 岁以下人数较少，分别占比 1.99%、1.36%。可以看出，18~40岁的被调查者占比近80%，该年龄段人群主要为学生或青年上班族，有一定的可支配收入，出游热情高，并有寒暑假或带薪年假，是旅游消费的中流砥柱。

从地域分布来看，被调查者来自河北省的占比最高，占52.61%；其次是北京，占比29.15%；最后为天津，占比18.24%。河北省内外调研人数较为均衡，保证了进一步研究的准确性。

从受教育程度分布来看，本次被调查者普遍受教育程度较高，其中大专/本科占比最高，占67.5%；其次是硕士及以上，占16.88%；再次是中专/高中，占12.44%；初中及以下占比较少，为3.18%。

从职业分布看，被调查者占比较高的是企业职工和公务员及事业单位人员，分别占30.91%、29.6%；其次是学生，占19.03%；再次是自由职业者，占10.63%；离退休人员占比最少，仅占2.95%；其他人员包括一些待业人员、家庭主妇等，占比6.88%。本次实地调研大多在周末进行，许多公务员、企事业单位人员及学生周末出来休闲娱乐，所以人数占比较高，此职业分布结果符合调研过程，是样本有效性的一个重要体现。

（二）旅游决策行为分析

1. 出游动机：放松身心、缓解压力是人们出游的主要动机

调查显示，放松身心、缓解压力是人们出行的主要动机，占52.39%；其次是陪伴家人/朋友，占28.18%；另外还有增长见识（12.16%）、会议/商务（2.61%）、宗教/精神享乐（0.68%）、其他（3.98%）。

2. 旅游信息来源：线上和亲友推荐是最主要的信息获取渠道

总的来说，人们获取旅游信息的渠道多种多样，但网络和亲友推荐是最主要的渠道。具体来看，如图1所示，被调查者选择网络自媒体（抖音、微信、微博等）的占47.16%，选择旅游网站的占38.86%，选择亲友推荐的占36.93%，选择门店旅行社的占12.39%，广播/电视和报刊/书籍分别仅占6.70%、5.34%。由此可见，线上和"口口相传"是京津冀城镇居民

主要的获取信息的方式,线下门店和传统媒介逐渐被新型网络媒介替代,特别是方兴未艾的网络自媒体。

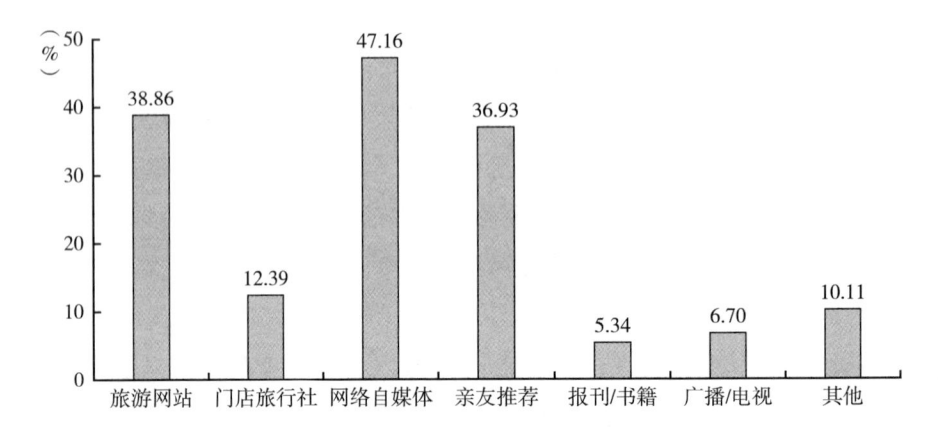

图1 获取旅游信息的来源渠道

资料来源:根据作者问卷数据整理而得。

3. 计划出游时间:集中在法定节假日和寒暑假

在出游时段安排方面,法定节假日出行的比例最高,占30%;随后依次是寒暑假(占比23.3%)、其他时间段(占比20.68%)、周末(占比16.47%),选择工作日出行的被调查者仅有9.55%。可见,京津冀城镇居民出游时间集中在法定节假日和寒暑假,错峰出行比较少。

4. 行程安排:以中短期出行为主

在行程安排方面,以2~3天(占比37.72%)和3~5天(占比26.48%)为主,以5~7天(占比16.02%)和一日游(占比13.98%)为辅;7天以上的长期出行占比很小,仅占5.8%。总体来看,京津冀城镇居民仍以中短期出行为主,长期出行占比较少。

5. 出行前最关心的问题:景区特色和价格是人们出行前最关心的问题

出行前人们关心的问题很多,这些因素在不同程度上影响着他们的出行决策。本次调查如图2所示,景区特色和价格是人们出行前最关心的问题,分别占50.23%和38.86%;旅游地服务质量(占比25.23%)、景区知名度/口碑

（占比21.70%）、安全问题（占比20.68%）也是人们出行前很关注的因素；另外有12.95%的人关心交通问题，9.89%的人最关心时间问题，1.93%的人关心其他问题。总而言之，京津冀城镇居民出游首先考虑"好玩"和"承担得起"，其次是"服务"、"口碑"和"安全"。

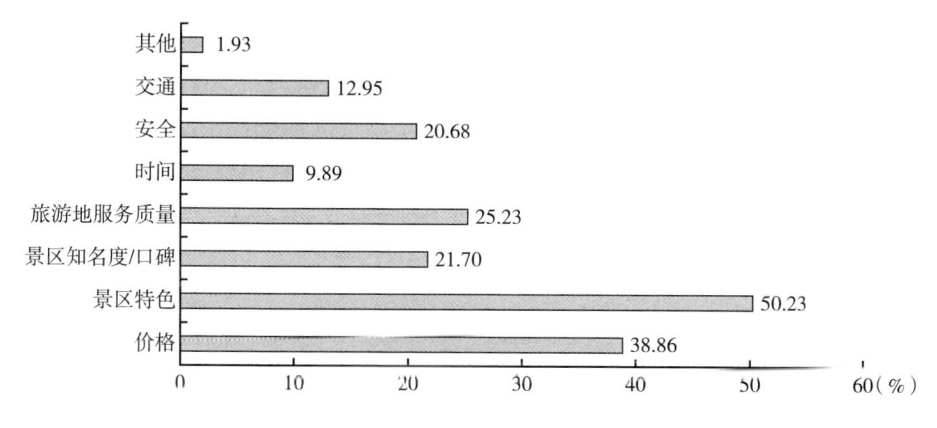

图2 人们出行前最关心的问题

资料来源：根据作者问卷数据整理而得。

（三）旅游偏好分析

1. 出游频率：基本每年会安排一次以上出游

调查显示，大部分被调查者平均每年出游次数为1~2次，占58.3%；其次为3~4次，占26.02%；出游5次以上的被调查者占9.55%；2019年未出游的被调查者仅占6.13%。可以看出，有超过90%的被调查者在过去一年中出游过，但出游频率相对较少。

2. 出游方式及结伴方式：大多与亲朋好友结伴自助出游

从调查看，被调查者的出游方式以自助游为主，占比63.81%；半自助游，即由旅行社提供护照等服务或其他个性化旅游服务，占比12.21%（其中偏好定制游的占2.27%）；跟团游占比18.98%。此外，被调查者更偏向于结伴而行，与家人、朋友、伴侣、同学/同事结伴出游的分别占比46.93%、20.57%、17.73%、8.07%；独自一人出游占比较少，占3.86%；

其他方式占2.84%。总之，人们倾向于与亲朋好友结伴自助出游，不仅可以"放纵于山水之间"，还可以感受"情意浓浓"。

3. 交通工具偏好：以火车/高铁、自驾为主

在选择出游工具方面，如图3所示，被调查者出游以火车/高铁（38.86%）、自驾（32.50%）为主，飞机（16.36%）和大巴（8.86%）为辅；骑行和徒步旅行占比极小，分别为0.45%和0.34%；未填的占2.63%。说明随着高铁系统的逐步完善和私家车的普及，加上国民大众旅游经验的不断丰富，高铁游和自驾游将逐渐成为京津冀城镇居民出行的最佳选择。

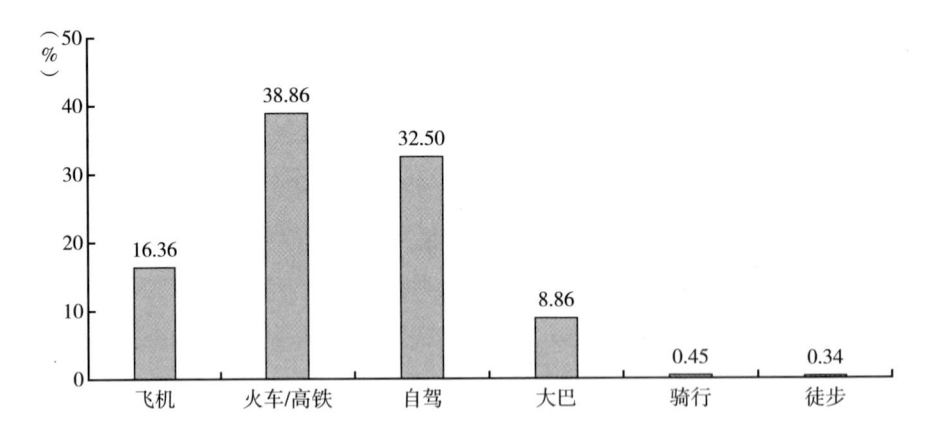

图3　出游方式偏好情况

资料来源：根据作者问卷数据整理而得。

4. 产品偏好：传统旅游产品更偏爱自然景观，新型旅游产品更偏爱购物美食游

对于传统旅游产品而言，如图4所示，被调查者喜欢自然风光和海滨海岛的分别占68.30%和38.86%；喜欢历史古迹、民族风情、文化街区和主题公园的分别占26.7%、13.64%、11.14%、10.11%；喜欢乡村田园、文博展馆、宗教圣地和革命圣地的占比较小，分别为7.16%、6.02%、2.27%、2.05%。总之，京津冀城镇居民更偏爱自然景观，无论是自然风光还是海滨海岛都是自然景观，对除历史古迹之外的人文景观热情不高。

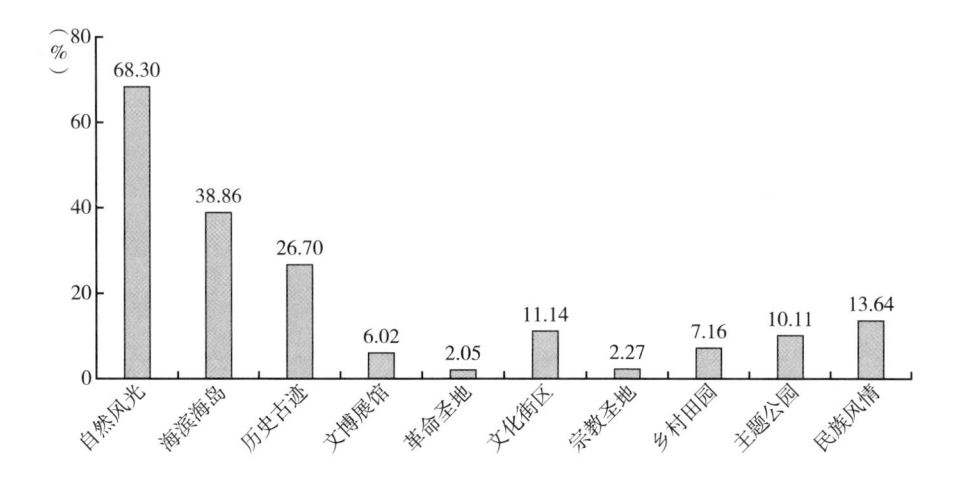

图 4 传统旅游产品偏好情况

资料来源：根据作者问卷数据整理而得。

对于新型旅游产品而言，如图5所示，被调查者更偏爱购物美食游，占比60.80%；探险旅游、科技旅游、冰雪旅游、豪华船游、夜间旅游也很有潜力，分别占比23.98%、21.36%、20.91%、20.11%、14.20%；体育旅游和工业旅游占比较小，分别为7.05%、3.86%。总之，京津冀城镇居民更钟爱"边逛边买边吃"的旅游产品，并对各类旅游新生态产品感兴趣，不断呼唤多样化、个性化的旅游产品来满足自己的需求。

5. 餐饮偏好：更偏爱地方特色小吃街，最关注餐饮卫生

在选择就餐场所方面，86.25%的被调查者喜欢地方特色小吃街，喜欢农家乐的占27.16%，喜欢普通餐厅的占16.82%，喜欢酒店餐厅的占15.68%，不讲究的占12.5%。当被问及对餐饮最关注的方面时，49.32%的被调查者认为卫生是关键，味道（占比24.09%）和菜品特色（占比21.36%）位居第二、第三；服务态度和装修占比很小，只占4.09%和0.23%；其他占0.91%。可见，京津冀城镇居民喜欢卫生好、味道佳、具有菜品特色的个性化餐饮服务。

6. 住宿偏好：更偏爱设施齐全、别具一格的特色民宿

调查显示，47.84%的被调查者选择特色民宿；其次为快捷酒店，

```
     80
  (%)
         60.80
     60

     40
                                                    23.98   21.36   20.91
                 20.11                      14.20
     20
                         7.05
                                 3.86
      0
         购物美食游 豪华船游 体育旅游 工业旅游 夜间旅游 探险旅游 科技旅游 冰雪旅游
```

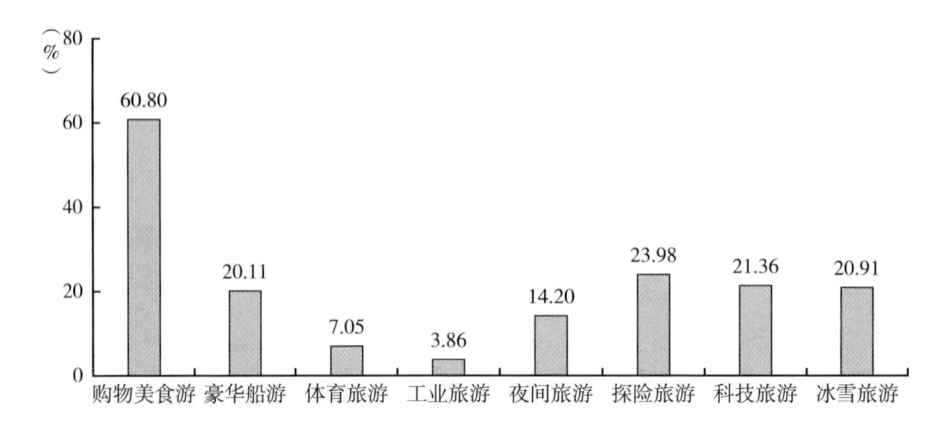

图 5　新型旅游产品偏好情况

资料来源：根据作者问卷数据整理而得。

占比37.39%；再次为三星级以上的酒店，占比33.98%；另外选择网红酒店、家庭旅馆、青年旅馆、帐篷/房车露营等设施的占比较小，分别为9.32%、7.39%、5.23%、5%；选择其他设施的占3.18%。可见，京津冀城镇居民倾向于设施齐全、环境优雅、别具一格的品质化住宿设施。

7. 购物偏好：更偏爱购买特产，最关注商品特色及质量

在商品类型方面，被调查者喜欢购买特产（占比52.73%）和文创商品（占比21.82%）；服装饰品、高科技产品和保健品占比较小，分别为10.57%、5.57%、0.34%；其他占比8.97%。此外，在购物方面，被调查者更关注商品特色及质量，占比81.14%；其次为价格，占比41.02%；再次为服务态度，占比14.55%；最后为购物环境，占比13.41%。可见，对京津冀城镇居民而言，"特色"成为他们消费过程中最重要的关注点，不论是喜欢购买特产和文创商品，还是更关注商品特色及质量，他们都希望把不同于"家"的这一份特殊"留念"带回家。

8. 娱乐偏好：更偏爱现代游乐类和民俗文化类娱乐项目

在娱乐项目方面，被调查者喜欢现代游乐类的占39.55%，喜欢民俗文化类（表演/演艺）的占37.39%，喜欢户外探险类的占12.5%，

其他占10.56%。为更直观地观测不同年龄段人群的娱乐喜好,笔者将年龄与娱乐项目进行了交叉分析。如图6所示,年轻人更偏爱现代游乐类,年老者更偏爱民俗文化类,26~40岁的人群对两者的偏爱度一样(都为38%);随着年龄的增长,京津冀城镇居民对现代游乐类的偏爱呈下降趋势,对民俗文化类的偏爱呈上升趋势,对户外探险类的偏爱大致呈下降趋势。

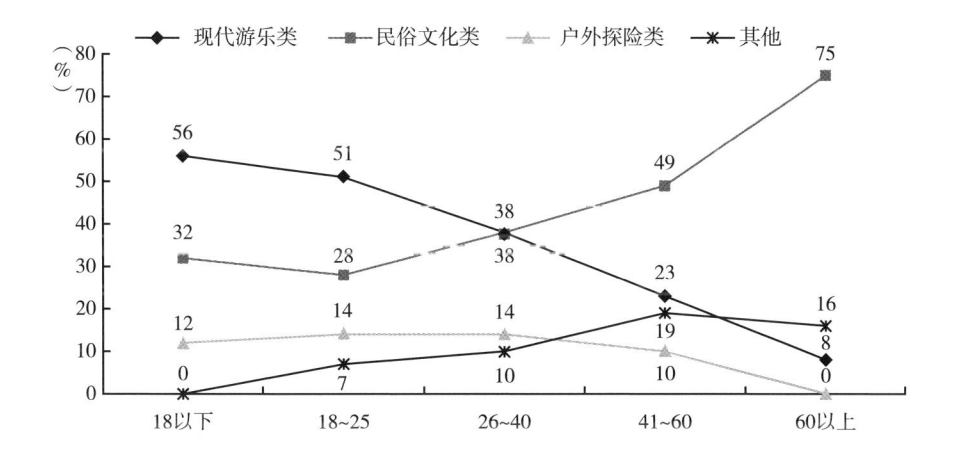

图6 不同年龄段京津冀城镇居民的娱乐偏好情况

资料来源:根据作者问卷数据整理而得。

9. 人均旅游消费及消费结构:每次人均旅游消费多为1500元以下,消费结构不均衡

如图7所示,被调查者中每次人均旅游消费大多为1500元及以下,占比40.68%;其次是1501~3000元的人均消费,占比34.55%;人均3001~5000元的占比15.00%;人均5001~10000元及10000元以上占比很小,分别为7.39%、2.38%。此外,被调查者的旅游花费主要用于食宿(27.95%)、交通(25.92%)、休闲/娱乐(20.45%)三个方面,门票占比14.20%,购物仅占8.30%(见图8)。旅游消费结构有待均衡。

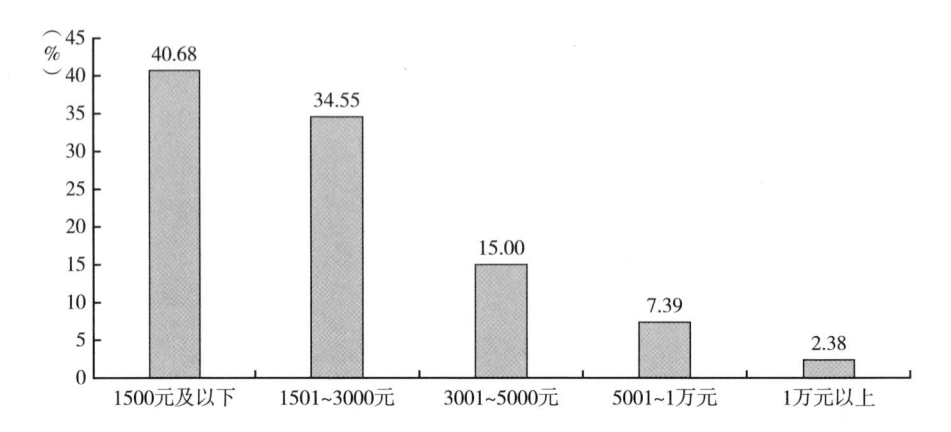

图7 人均旅游消费分布情况

资料来源：根据作者问卷数据整理而得。

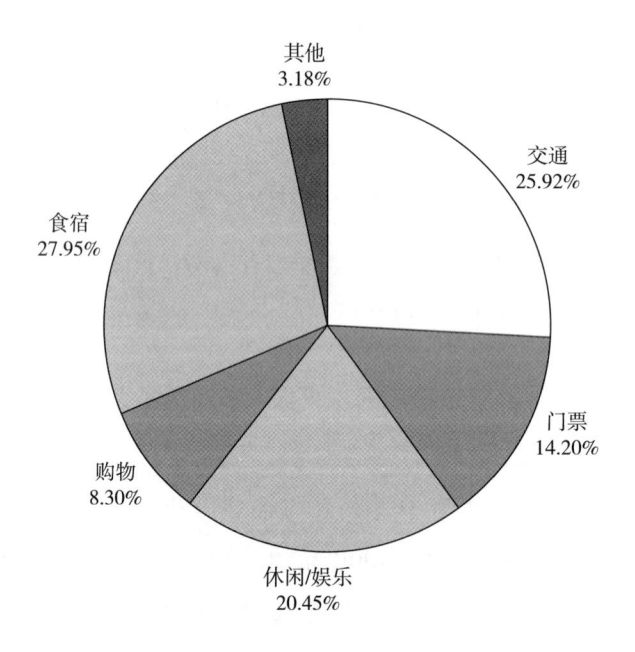

图8 旅游花费分布情况

资料来源：根据作者问卷数据整理而得。

（四）旅游态度分析

1. 河北旅游景区品牌知名度分析：景区的品牌知名度偏低

调查结果显示，7.39%的被调查者认为自己"非常了解"河北的景区/景点，24.57%的被调查者认为自己"比较了解"，43.57%的被调查者认为自己的了解度"一般"，19.64%的被调查者表示"不太了解"，4.83%被调查者表示"非常不了解"。可见，京津冀居民对河北旅游资源的了解度偏低，这折射出河北旅游景区的品牌知名度不高。

2. 河北省旅游景区满意度分析：不同类型景区的游览率和满意度存在较大差异

河北旅游景区满意度分析针对的是近一年赴河北旅游过的京津冀城镇居民，共有1592人。调研结果如图9所示，去过河北省山地型旅游景区、滨海型旅游景区、文化旅游景区的人居多，分别占53.52%、52.5%、47.73%；去过乡村旅游景点、冰雪旅游景区、温泉旅游景区的人较少，分别占16.02%、18.3%、21.82%。同时，针对这些景区的满意度调查发现，人们对山地型旅游景区、滨海型旅游景区、草原型旅游景区的满意度较高，分别为42.05%、38.75%、33.14%；而对乡村旅游景点、冰雪旅游景区、滨水旅游景区的满意度较低，分别为9.77%、9.93%、16.25%。从整体来看，对图中满意度的三个"凹点"应予以特别关注，分别为文化旅游、乡村旅游和冰雪旅游。其中，文化旅游相关景点的游览率与满意度差距较大，导致京津冀城镇居民"慕名而去，失望而归"的主要原因是这些景区对文化内涵的挖掘不深，难以让游客身临其境、融入其中去体味历史；乡村旅游和冰雪旅游在游览率偏少的情境下满意度较低，原因有两点：一是乡村旅游产品存在同质化严重的问题，忽视了对民俗民间文化这一"根脉"的传承与创新；二是发展冰雪旅游的张承地区，交通较为不便，影响了游客的体验。总之，这三类旅游景区的品质亟须提升。进一步调查发现，人们对河北省重点景区的景区特色、人员服务和环境卫生最满意，分别占比38.9%、28.78%、19.92%；最不满意的是购物（占比20.57%）、娱乐（占比18.25%）、交通（占比13.11%）和住宿（占比10.36%）。

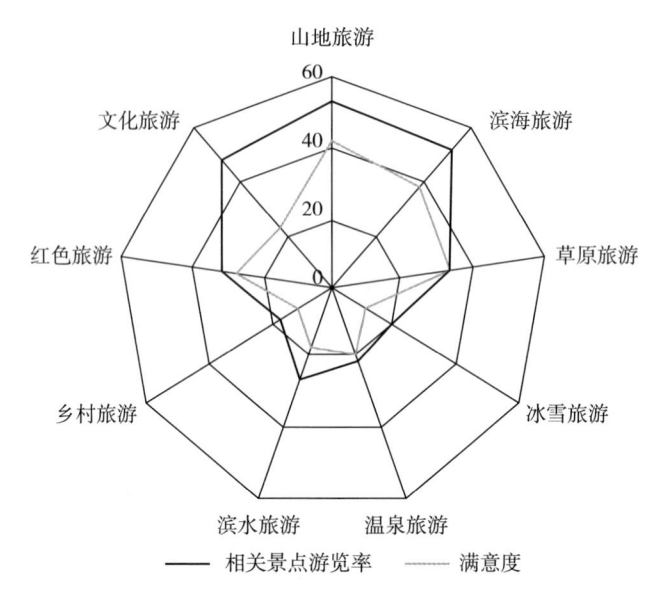

图9 河北旅游资源游览率及满意度情况

资料来源：根据作者问卷数据整理而得。

3. 重游意愿及推荐意愿：两者意愿都很高

如图10所示，当被问及是否愿意再来河北旅游时，1592人中有79.27%的被调查者表示以后还会再来河北旅游，表示不会再来河北旅游的占3.27%，

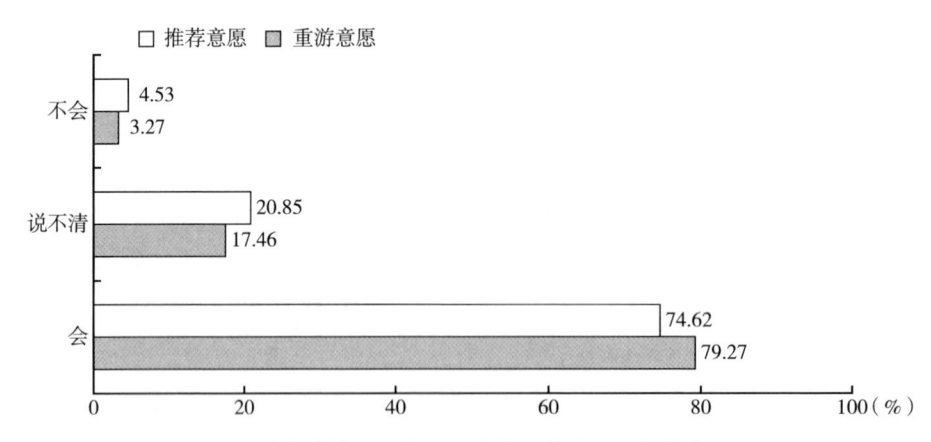

图10 京津冀城镇居民赴河北旅游重游意愿及推荐意愿分析

资料来源：根据作者问卷数据整理而得。

表示说不清的占17.46%；当被问及是否愿意向亲朋好友推荐河北的旅游景点时，74.62%的被调查者表示会推荐，表示不会推荐的占4.53%，表示说不清的占20.85%。总之，超过70%的被调查者的重游意愿及推荐意愿都很高，说明人们对河北省旅游的满意度总体较高。

四 基于京津冀城镇居民旅游消费行为的河北旅游发展建议

在京津冀协同发展的大背景下，河北应把握机遇，顺势而为，结合京津冀城镇居民的旅游消费偏好，不断优化河北的旅游消费环境，以便更好地拉动京津冀地区，尤其是京津地区的旅游消费。

（一）整合资源，打造京津冀精品旅游线路

通过调查发现，超过90%的京津冀城镇居民每年都有出游计划，而且行程安排集中在2~5日，可见，三地携手打造旅游产品正符合消费者的中短途旅游需求。而京津冀地缘相接、人缘相亲，地域一体、文化一脉，并且"两翼"战略的实施给京津冀旅游协同发展带来千载难逢的机遇，为三地旅游市场联合、旅游产品联手、旅游产业联动提供了良好条件。因此，河北应紧抓机遇，整合资源，打造京津冀精品旅游线路。

一方面，整合资源，逐步实现省内旅游景点的联动发展。河北应增强机遇意识和责任意识，主动迎合时代需要，不断打破河北境内的区域壁垒和行政樊篱，通过大力发展全域旅游，统一整合资源，以强市带动弱市，以优势资源带动弱势资源，"以点带面"逐步实现旅游景点的联动发展。另一方面，与京津联合，打造不同主题的精品旅游线路。如利用2022年北京冬奥会这一契机，通过举办冰雪文化旅游节，打造京津冀冰雪旅游线路；紧抓2021年建党100周年的机遇，提前进行红色旅游体验推广活动，推出京津冀红色传承线路；配合144小时过境免签政策的实施，推出144小时畅游京津冀线路等。总之，通过整合资源，与京津携手，共同推出京津冀精品旅游

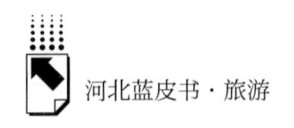

线路，实现京津冀信息"一张网"、旅游"一张图"，共同打造京津冀世界级旅游目的地。

（二）优化供给，带动京津冀旅游消费升级

本次针对京津冀城镇居民的调研，近一半被调查者的人均旅游消费低于1500元，而且花费在食宿、交通、门票的基本旅游消费占68.07%；花费在休闲/娱乐和购物的非基本旅游消费占28.75%，低于30%的国际最低水平，远低于60%以上的旅游发达国家水平，这折射出河北旅游发展的一个问题：一直偏重住宿和餐饮环节的产品供给，忽视购物和休闲娱乐环节的产品供给，从而导致游客的旅游消费结构不均衡，整体旅游消费水平偏低的现状。因此，河北须优化供给，带动京津冀旅游消费升级。

在旅游购物方面。一方面，要重视对特色老字号的传承。将衡水老白干、马家老鸡、槐茂酱菜、蜂蜜麻糖等享誉百年的老字号做大做强，无论是选料还是产品制作工艺等生产环节都要做到精益求精，以满足游客居家旅行、馈赠亲友的佳品需求；另一方面，将文化融入商品，重视对文创商品的开发。培育一批具有自主知识产权和鲜明地方特色的文创产品，如将剪纸、宫灯、年画、皮影、陶瓷等传统工艺创新化，以提高旅游商品的文化附加值，让旅游消费者与冀文化相遇，并将这份"乡愁"带回家。

在休闲娱乐方面。河北应在传统文化上深耕细作，纵向深挖河北当地历史民俗文化的精髓，增强文化旅游景区娱乐旅游项目的体验性与互动性，让旅游不再只是"到此一游"式的"打卡"，而是一场酣畅淋漓的文化体验。如将非物质文化遗产"活化"，打造吴桥国际杂技艺术节、"蔚县打树花璀璨疯狂夜"等文旅演艺项目，让游客沉浸其中、享受其中，达到身心愉悦的境界。

总之，通过优化"购"与"娱"两个环节的产品供给，推动旅游产品向特色化、品质化、效益化方向发展，从而不断满足京津冀游客的购物与娱乐需求，充分释放其消费潜能，不断均衡旅游消费结构并提升旅游消费水平。

（三）提质提量，增强河北旅游核心竞争力

随着时代的发展，居民的旅游消费观念在不断进步，其旅游消费需求向多样化、个性化、品质化方向发展。而现阶段河北传统旅游产品同质化严重，新业态旅游产品发展不充分，致使旅游供给跟不上消费需求的升级，旅游业正处于矛盾凸显期。此外，京津地区旅游产品规模更大，品质更好，市场认可度更高，导致河北在区域旅游竞争中处于下风。因此，河北亟须对旅游产品提质提量，以增强旅游核心竞争力。

一是围绕市场需求，丰富旅游产品体系。一方面，依托"绿色、特色"的生态资源优势，通过整合旅游资源，打造一批山地度假、山海康养、草原生态等在全国有竞争力、吸引力、影响力的自然景观目的地，以满足消费者品质化的旅游产品需求；另一方面，在传统旅游产品的基础上，促进购物美食游、探险旅游、冰雪旅游、科技旅游、夜间旅游等新型旅游产品的开发，不断丰富旅游产品体系，以满足消费者多样化、个性化的旅游需求。

二是践行文旅融合理念，打造旅游精品。首先，盘点文化"家底"，细梳人文气质，探索文旅融合之道，实现旅游资源的创造性转化。如优化设计理念、创新建筑风格，让乡间山居化身特色民宿，展现独特的历史文化魅力，让久居城市的游客停住步伐，浸润历史文化气韵。其次，依托当地历史文化，注重对"互联网＋"、VR和AR等新科技的运用，开发数字文化旅游创意产品。如运用沉浸式技术，让游客能够"穿越时空"与文物对话，满足他们"触摸历史"、感知文化的体验需求。

总之，旅游产品的质量和特色是吸引游客的决定性因素。京津作为河北的"硬核"邻居，对河北而言既是机遇，又是挑战。面对此境况，河北应把握京津冀协同发展的机遇，注重旅游产品的提质提量，不断优化旅游产品供给体系，吸引京津居民赴冀旅游；同时，不断挖掘自身文化内涵，推出差异化的旅游精品，让"诗和远方"交相辉映，提升河北旅游的核心竞争力。

（四）完善交通，构建"快进慢游"的京津冀旅游交通网

在自助游和全域旅游时代，自驾游和高铁游成为京津冀城镇居民出行的热门方式，交通设施布局与品质显得尤为重要。而通过此次调查发现，来冀游客对河北的交通评价不高，尤其是发展冰雪旅游的张承地区，因交通不便，游客满意度较低。因此，河北须改善交通环境，以满足游客"快进慢游"的旅游需求。

一是完善旅游专列运行体系，实现游客"零距离"换乘。以北京、天津、石家庄等城市为中心，开通多条旅游直通车，覆盖避暑山庄、北戴河、野三坡等环京津重点景区。此外，在开通"野三坡号""西柏坡号""正定号""邯郸号"等旅游专列的基础上，加强对张承地区铁路旅游产品的开发，使京津冀1亿多人口迈进"1小时旅游圈"。

二是完善交通配套服务系统，尤其是针对房车、自行车、绿色能源车等热门交通工具的配套服务系统。完善京津冀旅游引导标识系统、自驾营地系统、停车接驳系统、徒步自行车道慢行系统、绿道沿线生态景观系统等配套服务系统的建设，使交通服务紧跟时代，满足消费者的需求。

总之，河北应紧抓共建"轨道上的京津冀"的契机，建设"快进慢游"的京津冀旅游交通网，通过打通京津冀交通的"任督二脉"，使京津冀游客不仅可以通过自驾、铁路便捷地"快"赴河北旅游，也可以通过骑行、徒步"慢"享亲近自然的乐趣。

（五）精准营销，提升河北旅游品牌知名度

"京畿福地·乐享河北"是河北省践行京津冀协同发展理念、对接京津和对外宣传的旅游品牌形象。而从本次调查结果看，京津冀城镇居民对河北旅游资源的了解度偏低，这说明景区品牌知名度不高。因此，河北应多措并举，进行品牌精准营销。

一是优化营销策划，深耕京津市场。首先，践行"智慧+"理念，"读懂"游客，特别是京津居民，运用大数据技术，帮助景区分析游客消费偏

好，指导市场运营，化"被动"为"主动"，个性化地进行产品推送。其次，重点打造"周末在冀"品牌，推广"周末游河北"的自驾游线路，以满足京津居民周末结伴出游的旅游需求，做强京津周末游市场。最后，通过举办京津冀"骑乐无穷"游、"玩转"京津冀等品牌推广活动，让河北进一步融入京津冀旅游圈。

二是丰富营销手段，多维宣传河北。一方面，利用价格杠杆来吸引游客，河北可通过景区门票减免、景区淡季免费开放、演出门票打折等营销政策，来吸引京津游客以及赴京津旅游的国内外游客来冀旅游。另一方面，坚持传统手段与网络新媒体并用，全方位宣传河北。整合营销资源，利用北京、天津旅游产业博览会的平台，开设京津冀旅游主题展馆，区域联合宣传河北；同时，加强抖音、微信、微博等新媒体的宣传力度，推进与京津微信、微博新媒体平台的互联互通，并运用 Facebook、Twitter、YouTube 等海外新媒体营销京津冀，使河北"走出去"，以适应新时期旅游消费者获取旅游信息的新需求。

总之，品牌知名度是促进旅游消费的有效途径，而营销是提升品牌知名度的必要手段，因此河北须多措并举，精准营销，让河北"华丽转身"，融入京津，走向世界。

参考文献

[1] 王红彦：《新时代京津冀旅游高质量发展的路径探析》，《中国旅游报》2018年8月31日。
[2] 李娜、李聪：《河北旅游品牌提升策略研究》，《湖北开放职业学院学报》2019年第9期。
[3] 王坤：《国内自助旅游者旅游消费行为研究》，硕士学位论文，广西大学，2015。

B.19
冬奥背景下河北冰雪旅游发展现状与展望

从佳琦 刘 斌*

摘 要： 当前，河北省正面临冬奥会筹办、京津冀协同发展、雄安新区规划建设、供给侧结构性改革、消费需求升级等多重重大机遇，冰雪旅游发展要素凸显，发展潜力巨大。本文在分析河北省冰雪旅游发展背景的基础上，依托河北省冰雪旅游统计数据和张家口崇礼区游客抽样调查数据，对河北省冰雪旅游发展现状和存在问题进行总结，展望其发展前景，并提出加快冰雪场馆设施建设、实施旅游服务提升工程、构建冰雪旅游产品体系、开展冰雪旅游宣传推广、优化人才引进培养机制等对策建议。

关键词： 冬奥会 河北 冰雪 旅游

冰雪旅游是指以冰雪资源为核心吸引物，以滑冰、滑雪等活动为主要载体，旅游者离开常住地并在此过程中产生吃、住、行、游、购、娱等消费，以满足身心愉悦目的的一种旅游方式。

---

* 从佳琦，河北省社会科学院旅游研究中心，副研究员，主要研究方向为旅游经济；刘斌，河北师范大学汇华学院，讲师，主要研究方向为旅游规划与开发。

一 河北省冰雪旅游发展背景

（一）冬奥会为冰雪旅游发展带来新契机

历届奥运会的实践证明，奥运会可以为举办地带来巨大的发展契机，使交通和城市公共服务基础设施大幅改善，城市品牌价值不断提升，经济增长潜力持续释放，体育、旅游等相关产业进入高速发展期。冬季奥运的发展特点及特殊规律决定了冬奥会举办对冰雪旅游的带动效应十分明显。北京市和张家口市于2022年联合举办第24届冬奥会为河北省冰雪旅游发展注入了强劲动力，开启了冰雪旅游发展的黄金时代。

（二）国家宏观政策为冰雪旅游发展创造良好机遇

近几年，习近平总书记先后作出了"冰天雪地也是金山银山""大力发展冰雪经济""推动冰雪旅游向冰雪经济综合产业发展"等重要论述，这成为我国新时代冰雪旅游发展的科学指南和行动纲领。中央部委联合密集出台了一系列涉及支持冰雪产业发展的政策性文件，对冰雪产业提出了指导性意见，为其指明了发展方向，提供了政策保障，从多个方面引导冰雪产业与体育、旅游等相关产业深度融合。同时，伴随旅游业供给侧结构性改革的不断深入，阻碍旅游业发展的体制机制和政策难点正在逐步被打破，冰雪旅游将在旅游业发展的重大机遇中实现大突破。

（三）地方政策是冰雪旅游发展的直接动力

伴随国家宏观政策的出台，北京、黑龙江、吉林、河北四省份分别从省委、省政府层面出台了涉及支持冰雪产业发展的意见和措施，各地推动冰雪产业发展的顶层设计方案日趋完善。2018年5月，河北省制定发布了《河北省冰雪产业发展规划（2018~2025年）》，对河北省冰雪产业发展作出了战略部署，在此基础上，张家口、石家庄、邢台等地市也相继制定了冰雪产

业发展规划。2019年4月29日，省委省政府办公厅印发了《关于加快冰雪运动发展的实施意见》。2019年7月2日，省发改委、文旅厅、工信厅等六部门印发了《关于支持冰雪产业发展的政策措施》。这些支持冰雪产业发展的地方政策成为河北省冰雪旅游发展的直接动力和有力保障。

二 河北省冰雪旅游发展特征分析

依托河北省冰雪旅游统计数据和张家口崇礼区游客抽样调查，笔者分别对冰雪旅游目的地、冰雪旅游参与者和冰雪旅游产品进行特征分析。因目前河北省"雪强冰弱"的发展特点，文中冰雪旅游目的地主要以滑雪场为研究对象。冰雪旅游参与者既包含参与冰雪运动的游客，也包含参与冰雪观光、娱乐活动的人群。

（一）冰雪旅游目的地特征分析

1. 总体特征

2018~2019雪季，河北省滑雪场数量为40家，比上一雪季增加3家；滑冰场（不含学校冰场）数量稳步增长，其中室内冰场11家，比上一雪季增加5家；露天冰场16家；嬉雪嬉冰场地数量为6家，比上一雪季增加1家。

2018~2019雪季，河北省40家滑雪场共接待滑雪人次275.4万人，与上一雪季基本持平。从不同等级滑雪场接待情况来看，4个一级滑雪场（全部位于崇礼）接待滑雪人次100.6万人，占全省滑雪人次的37%；3个二级滑雪场接待滑雪人次的占比为9%，三级滑雪场为21%，四级滑雪场为33%。

2. 分布特征

从全国范围来看，垂直落差超过300米的22家滑雪场中有7家属于河北，分别是万龙、云顶、太舞、富龙、多乐美地、翠云山银河、长城岭；占地面积50公顷以上的13家大型滑雪场中有4家来自河北，分别是万龙、云顶、太舞、富龙；建成并投入使用的236条架空索道中有46条位于河北，占全部架空索道的20%。河北省滑雪旅游目的地，无论是数量还是质量都在全国范围内位居前列。

从省内滑雪场数量分布情况来看，张家口最多，为9家；其次为保定和石家庄，分别为7家和6家；秦皇岛、唐山和邯郸各4家；沧州和邢台各2家；承德和衡水各1家。从滑雪场接待情况来看，2018~2019雪季，张家口接待滑雪人次超过100万人；秦皇岛、保定、石家庄和邢台接待滑雪人次均超过20万人；其他地市均小于20万人。

（二）冰雪旅游参与者特征分析

1. 总体特征

2018~2019雪季，滑雪者仍然是河北省冰雪旅游参与者的主体，滑雪场接待人次为275.4万人，占比60%；滑冰者呈现快速增长态势，滑冰场接待人次为103.9万人，占比23%，较上一雪季提高了12%；嬉雪嬉冰场地接待人次为80.6万人，占比17%（见图1）。

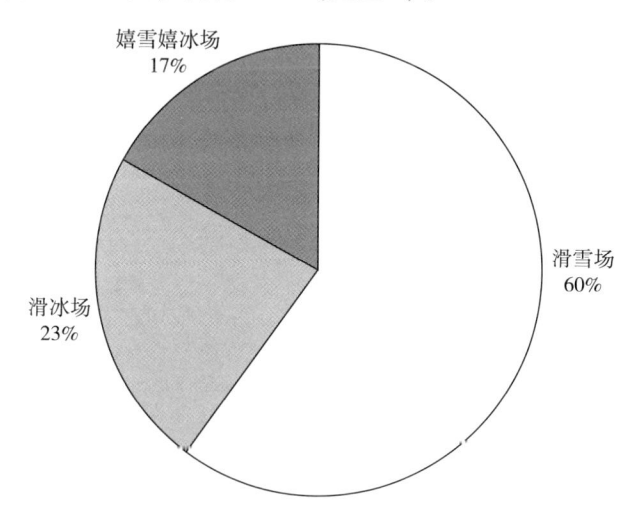

图1 冰雪旅游接待人次场馆分布

资料来源：《河北省冰雪活动蓝皮书（2018~2019）》。

滑雪旅游具有明显的季节性和阶段性。对于河北省大部分地区来说，每年11月到次年3月是雪季，1月、2月是旺月。例如，2019年2月，河北省三级滑雪场雪票销售数量占整个雪季的40%，四级滑雪场则超过了50%。周末是游客最集中的时间，在一天中，上午是滑雪者最多的时段。

2. 分布特征

2018~2019雪季，张家口全市共接待滑雪人次122万人，占全省滑雪人次的44%。秦皇岛、保定接待滑雪人次均达到33万人，分别占比12%。邢台、石家庄、唐山接待滑雪人次分别为22万人、19万人和16.4万人，占比分别为8%、7%和6%。其他地区占比均不及5%，分别为邯郸11万人，占比4%；沧州8万人，占比3%；承德和衡水均为5.5万人，分别占比2%。接待滑雪人次增加的地市有张家口、秦皇岛、邢台和邯郸，其中增幅较大的是张家口（7.5万人次）、秦皇岛（8.7万人次）、邢台（12.4万人次）（见图2）。

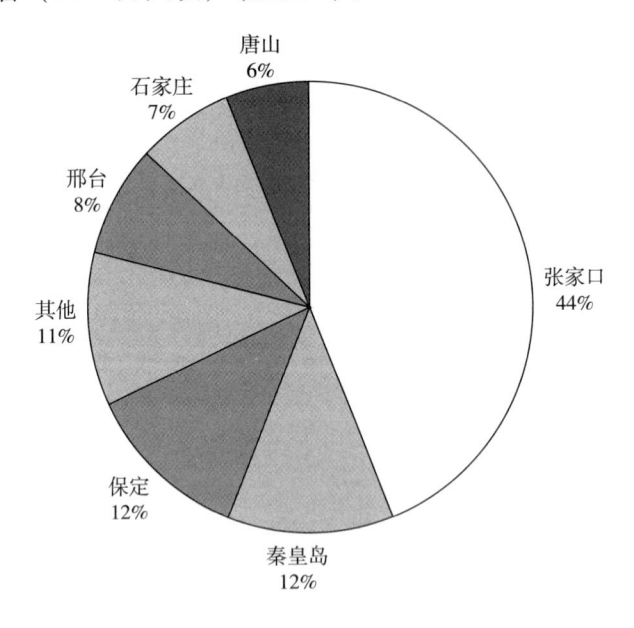

图2 滑雪接待人次地域分布

资料来源：《河北省冰雪活动蓝皮书（2018~2019）》。

3. 人群特征

（1）性别特征。男性滑雪者人数多于女性。一级滑雪场男性占比为67%，女性占比为33%；其他滑雪场男性占比为61%，女性占比为39%。

（2）年龄特征。18~25岁的滑雪者人数最多。一级滑雪场占比为65%，其他滑雪场占比为40%。随着年龄增长，滑雪者人数越来越少。

（3）学历特征。具有大专、本科学历的滑雪者人数最多。一级滑雪场占比为82%，其他滑雪场占比为44%。一级滑雪场的学历结构远高于其他滑雪场。

（4）收入特征。一级滑雪场以年均收入5万~10万元的滑雪者人数为最多，占比为65%；其他滑雪场以年均收入5万元以下的滑雪者人数为最多，占比为44%（见图3）。

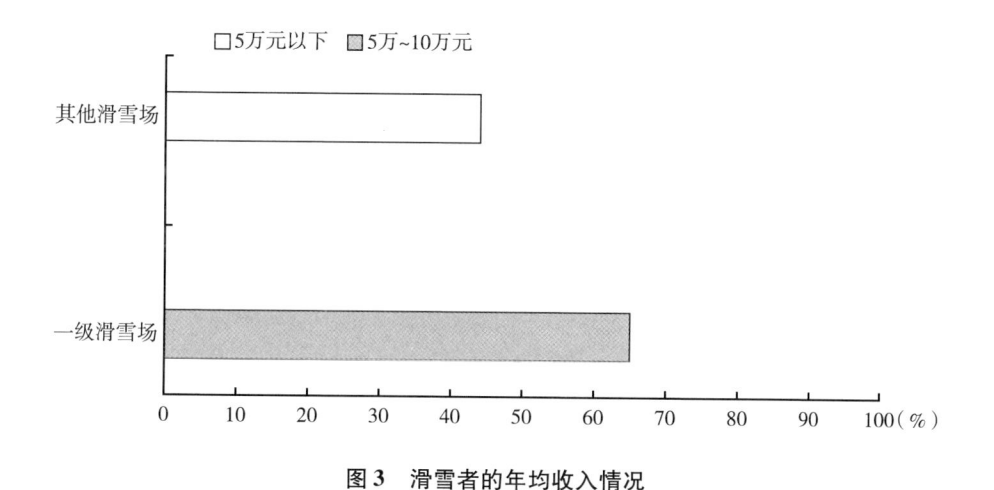

图3 滑雪者的年均收入情况

资料来源：《河北省冰雪活动蓝皮书（2018~2019）》。

（5）消费特征。一级滑雪场排在前三项的消费项目分别为雪票、住宿和餐饮，其他滑雪场为雪票、租赁雪具和住宿。在消费结构上，餐饮、住宿和交通支出占旅游总消费的比重最大，其次为购买雪票、租赁雪具和聘请教练的支出。

（6）价格评价。滑雪场的价格认可度偏低。一级滑雪场的价格认可度为22%，约70%的滑雪者认为价格偏高；其他滑雪场的价格认可度为32%，约45%的滑雪者认为价格偏高（见图4）。

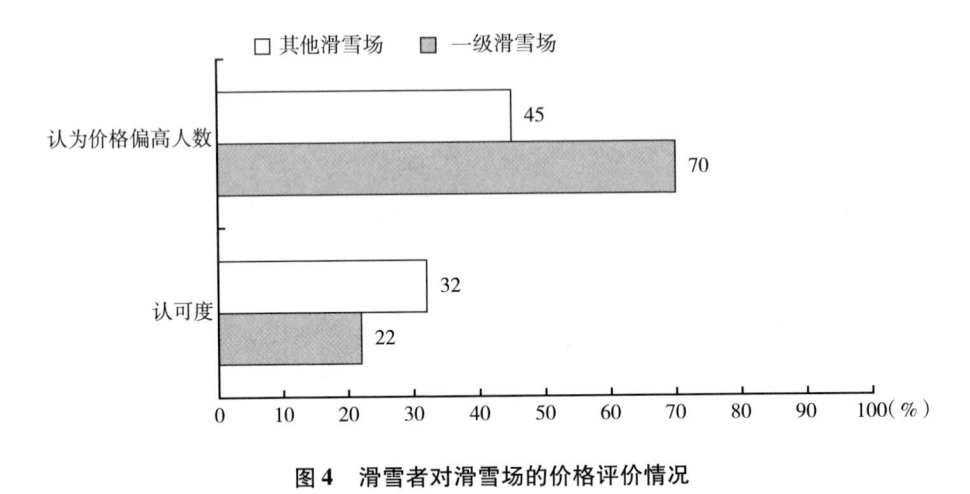

图4 滑雪者对滑雪场的价格评价情况

资料来源：《河北省冰雪活动蓝皮书（2018~2019）》。

（7）滑雪技能。一级滑雪场以技能成熟型滑雪者为主，高级、中级和专业水平滑雪者所占比重为82%；其他滑雪场则以新手和初级水平滑雪者为主，所占比重为51%。

4. 行为特征

（1）滑雪次数。一级滑雪场的重游率较高，一个雪季滑雪10次以上的滑雪者所占比重高达50%，6~10次的占比7%，2~5次的占比21%，仅1次的占比22%。其他滑雪场一个雪季滑雪2~5次的滑雪者所占比重为26%，仅1次的占比38%。

（2）停留时间。一级滑雪场的旅游休闲度假特征明显，过夜游客数量较多，停留7天以上的游客所占比重为59%，一日游占比仅为13%。其他滑雪场则以当日往返的游客居多，一日游占比为47%，停留2~3天的游客所占比重为20%，7天以上的占比为25%。

（3）出行方式。一级滑雪场排在前三位的出行方式为自驾、公共交通和铁路，所占比重分别为46%、23%和20%。其中，自驾游呈减少趋势，铁路交通越来越受欢迎。其他滑雪场则仍以自驾和公共交通为主，二者所占比重超过90%。

（4）安全性评价。滑雪场的安全性认可度接近60%，但仍有超过四成的游客对安全性不确定或认为不安全。

（5）满意度。游客对滑雪场的满意度较高。近七成的游客表示满意或非常满意，不满意的占比低于10%。

（三）冰雪旅游产品特征分析

冰雪旅游产品是旅游企业为旅游者提供的冰雪旅游体验的总和，除传统的冰雪运动体验产品外，还包括冰雪赛事、冰雪活动、教学培训等关联产品。

1. 冰雪赛事

冰雪赛事是助推冰雪旅游发展的重要平台。2018～2019雪季，河北省共组织承办竞技冰雪赛事80项，其中专业赛事21项，占比26%；一般赛事59项，占比74%。专业赛事中有国际级赛事6项、国家级赛事8项、省级赛事7项。专业赛事具有良好的示范、引领和带动作用，有力地提升了河北省冰雪赛事的水平和层次，带动了品牌赛事、职业联赛、商业表演等的兴起和发展。一般赛事中有国际级赛事12项、国家级赛事16项、省级赛事8项、地方性赛事23项。一般赛事因参赛门槛较低，可吸引大量冰雪运动爱好者，对于引导大众参与冰雪运动、推广冰雪健身休闲项目、培育和扩大冰雪旅游消费主体、带动冰雪旅游发展具有重要的推动作用。

2. 冰雪活动

冰雪活动是助推冰雪旅游发展的重要抓手。2018～2019雪季，河北省共组织开展区域性冰雪活动17项、大众体验活动126项、传统特色冰雪活动10项。其中以大众体验活动的参与性为最强，活动类型丰富多彩，包括各类雪季活动启动仪式、嘉年华趣味活动、冰雪竞赛表演活动、家庭亲子体验活动、商业性主题活动等，极大地满足了不同人群的冰雪活动需求。特别是近年来河北省着力打造的冰雪活动品牌——"健康河北、欢乐冰雪"雪季系列活动，对外推介河北省的冰雪资源，吸引了媒体的广泛关注，有效放

大了品牌效应,推动了冰雪旅游客源市场的形成。

3. 教学培训

滑雪培训是滑雪场开展的一种滑雪教学服务,主要依托于滑雪学校。2018~2019雪季,河北省共有26家滑雪场开设了滑雪学校,滑雪教练1311人,总教学培训时间22.4万小时,总教学人次18万人。从教练人数来看,一级滑雪场672人,占比52%;二级滑雪场150人,占比11%;三级滑雪场330人,占比25%;四级滑雪场159人,占比12%(见图5)。从教学人次来看,一级滑雪场7.5万人次,占比42%;二级滑雪场0.8万人次,占比4%;三级滑雪场3.6万人次,占比20%;四级滑雪场6.1万人次,占比34%(见图6)。

冬令营是滑雪场开展教学培训的另一种形式,其培训对象以4~16岁的儿童和青少年为主,培训内容以滑雪运动为主,辅以拓展、游戏、知识学习等。据不完全统计,2018~2019雪季,河北省共有16家滑雪场组织了冬令营,参与人数达1.5万人,其中1.3万人集中于张家口的各大滑雪场,万龙、云顶、太舞的参与人数均超过2000人,比上一雪季有较大幅度提升。

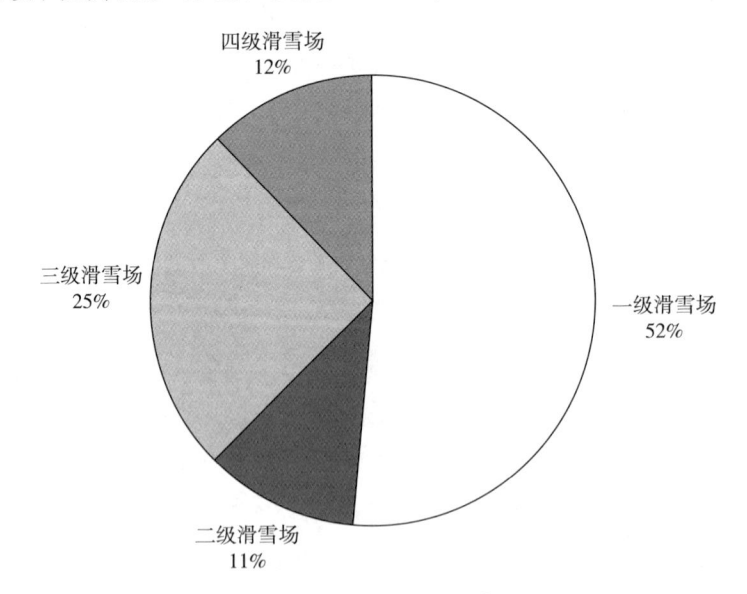

图5 滑雪场教练人数情况

资料来源:《河北省冰雪活动蓝皮书(2018~2019)》。

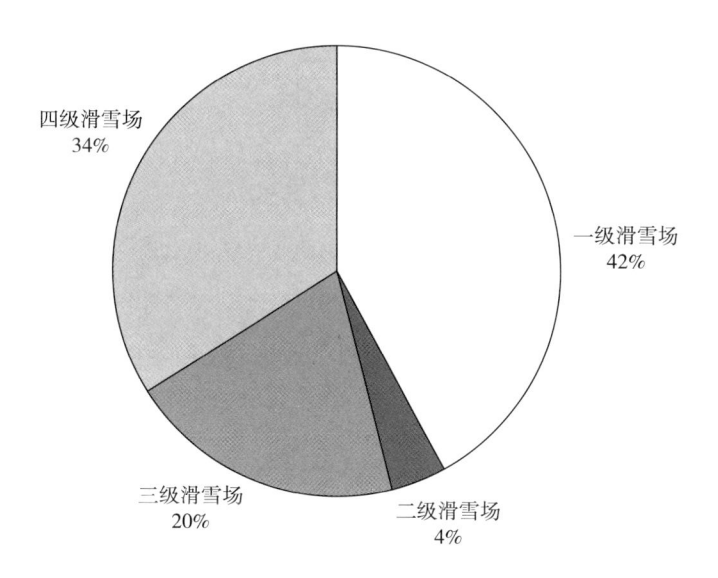

图6 滑雪场教学人次情况

资料来源：《河北省冰雪活动蓝皮书（2018~2019）》。

三 河北省冰雪旅游发展存在问题

（一）空间战略布局尚未完全形成

根据河北省冰雪产业发展"2344"总体战略布局，突出做强张家口、承德两个冰雪产业核心区，发展壮大京津张、承秦唐、太行山三条冰雪旅游带。从河北省40家滑雪场的地域空间分布来看，以太子城为中心的崇礼滑雪大区已基本形成并加快成长，区内滑雪场数量、规模、质量、服务水平、空间聚集度、知名度等都具有比较优势，是国内规模最大、产业效益最突出的滑雪场集群，年接待滑雪游客超过百万人次，其中，万龙滑雪场、密苑云顶乐园和太舞滑雪小镇入选国家十强滑雪度假村。崇礼滑雪大区与北京西北部的城郊滑雪场由点上聚集向面上拓展发展，京津张冰雪旅游带已具备一定规模。承德依托丰富的"冰"资源打造冰上产业核心区，沿燕山山脉与秦

皇岛、唐山初步形成承秦唐冰雪旅游带。由于冀中南地区冰雪条件和产业基础相对薄弱，太行山冰雪旅游带尚处于起步阶段。

（二）配套服务设施有待进一步改善

住宿、餐饮、停车等配套服务设施反映了滑雪场的综合服务能力和接待水平，不仅直接影响滑雪场的服务接待质量，还关乎滑雪场的运营收益。总体来看，河北省大多数滑雪场能够满足游客住宿和餐饮的基础性需求，一些高等级滑雪场的配套服务设施较为完备，住宿和餐饮条件可以达到三星、四星级酒店标准。停车作为一项重要的服务需求受到滑雪场的重视，各滑雪场投资建设了不同数量和规模的停车场，为自驾游提供便利。但由于受建设投资大、回报期长等因素的限制，一些中小型滑雪场的基础和配套服务设施较为落后，接待能力不足，服务质量得不到保证。此外，随着商务活动的增多，会议接待成为发展休闲度假型滑雪场不可或缺的服务项目。截至2019年3月底，河北省40家滑雪场中仅18家具备会议接待能力（7092人），此方面设施建设须进一步加强。

（三）冰雪旅游市场尚须加强培育

滑雪人口渗透率（滑雪人口占总人口的比例）是衡量一个国家或地区冰雪旅游市场是否成熟的关键性数据，在我国，这一数据仅为1%（河北省尚不足1%），尽管年接待滑雪游客数量逐年增长，但也远远无法与瑞士（35%）、法国（13%）、日本（9%）、美国（8%）等冰雪旅游发达国家相匹敌。例如，河北省冰雪旅游的核心目的地——崇礼滑雪大区（7大滑雪场），2018~2019雪季接待滑雪人次为117.3万人，而法国仅一个拉普拉涅滑雪场，过去几个雪季的平均滑雪人次就达到240万人。河北省冬奥会举办地的影响效应尚未完全发挥，冰雪旅游市场尚须加强培育。京津冀都市圈人口总量近1亿，是河北省冰雪旅游培育的主要目标市场，特别是京津两地，人均GDP在12万元人民币以上，成为河北省冰雪旅游最大的潜在客源市场和中高端客源市场。但近年来，欧美、日韩等著名滑雪旅游胜地和国内东北三省以及大量京郊滑雪场，都对京津客源进行了争夺和分流，冰雪旅游市场培育较为艰难。

（四）冰雪旅游产品创新开发不足

河北省冰雪旅游产品开发程度不高，产品较为趋同，大多以传统的滑冰滑雪、嬉冰嬉雪等冰雪运动体验产品为主。自冬奥会申办成功以来，河北省承办的各类冰雪赛事成为冬季旅游的一大亮点，为冰雪旅游的发展注入了生机与活力，但在赛事结构上，高水平、高级别的竞技冰雪赛事所占比重偏低，对冰雪旅游市场的吸引、拉动作用尚未完全发挥。冰雪活动主要以节庆类产品为主，包括各大滑雪场的开板节、封板节和冰雪嘉年华、冰雪派对等，类型多样，但大多是围绕常规节日挖掘的衍生产品，地域文化特色不够突出。教学培训主要依托滑雪学校和冬令营，但费用相对较高，例如，一级滑雪场冬令营（每期为一周时间）人均费用在5000元以上，其他等级的滑雪场基本在2000元左右。冰雪文化、冰雪演艺、冰雪科教、冰雪商贸等新业态开发不足。

（五）滑雪场四季运营成效亦未彰显

与国际上大多数滑雪场一样，滑雪场运营的季节性限制是困扰我国滑雪场发展的一大难题。四季运营是滑雪场维持盈利、避免非雪季游客流失的一种经营模式，近年来国内各大滑雪场都纷纷开始进行探索和尝试。一些滑雪场通过建设水上主题乐园、生态农业观光园等突破季节性限制；有的滑雪场通过打造体育训练基地实现全年开放运营；有些滑雪场则依托气候、地貌和生态等自然资源，培育旱雪、滑草、滑翔、攀岩、高尔夫、室内滑雪模拟训练等非雪季运动项目。受海拔影响，河北省滑雪场大多身处森林公园（4A级景区），在春、夏、秋季节是天然的森林氧吧和避暑胜地。特别是在夏季，各大滑雪场积极推出夏令营、山地运动、户外营地、越野比赛等休闲娱乐产品，配套完善餐饮、住宿、购物、娱乐等服务机构，将滑雪场建设成为可供四季休闲度假的旅游目的地。尽管优势明显，但与国内众多探索和尝试

四季运营模式的滑雪场一样，成效目前亦未彰显。以万龙滑雪场为例，在全年接待的游客数量中，80%仍为冬季游客。

（六）冰雪旅游产业人才供不应求

2018~2019雪季，河北省滑雪场人力资源总体数量有显著提升，40家滑雪场共配备人力资源7660人，平均每家滑雪场192人，较上一个雪季增长27%，没有出现30人以下的滑雪场。从地域分布来看，张家口的滑雪场人力资源数量最多，各滑雪场平均超过500人，规模较大的太舞、万龙滑雪场在1000人以上，其他地区的滑雪场人力资源数量普遍较少，近六成的小型滑雪场不足百人。从人才结构来看，管理人员911人、专业技术人员617人、服务人员6132人，所占比重分别为12%、8%和80%；管理型人才和专业技术型人才储备均明显不足，具体表现为滑雪场高级和中层管理者缺乏，造雪、压雪、索道、救护等各类专业技术人员数量较少，滑雪教练人才缺口较大，餐饮、住宿等服务人员整体受教育程度不高、经验不足、短期季节性从业者居多。

四 河北省冰雪旅游发展展望

随着2022年北京冬奥会的日益临近，京张高铁的开通，雄安新区和张北地区两翼发展战略的推进，各种政策红利的释放，以及冰雪旅游市场需求的不断扩大和人民消费水平的持续提升，河北省冰雪旅游发展将进入"爆发期"。

（一）冰雪旅游产业布局更加广泛

随着古杨树冬奥赛场和万科汗海梁等滑雪场的建设，崇礼滑雪大区的空间范围不断扩大，实力进一步增强，加快发展成为中国冰雪旅游发展的核心区。张家口将以此为基础，打造世界著名的滑雪旅游胜地。京津张冰雪旅游带由张家口延至廊坊、雄安、沧州等地，与北京延庆、天津蓟州等地连接成带，辐射带动衡水等地的冰雪旅游发展。保定致力于打造京西南滑雪大区，太行山沿线的涞源、涞水、易县、阜平等地滑雪场数量将显著增多，逐步发展成为河北省第二个滑雪旅游聚集区。此外，石家庄、承德、唐山、邢台、邯郸等地的冰雪场馆建设步伐也将进一步加快，冰雪旅游产业布局更加广泛。

（二）冰雪旅游客源市场不断拓宽

未来几年，京津冀仍然是河北省冰雪旅游最主要的客源地市场，特别是北京的中高端游客群将显著增多。北京近郊的滑雪场主要以初级滑雪者和家庭嬉雪者为主，针对中高端游客群的产品供给不足，不能满足其对滑雪、嬉雪等多元化、专业化的产品需求。随着2022年北京冬奥会的日益临近，崇礼滑雪大区各项基础设施加快建设，京张高铁、延崇高速等短期内将实现正式通车，届时北京到崇礼滑雪大区的时间将缩短至1小时以内。崇礼滑雪大区借力冬奥，打造国际高端滑雪旅游胜地，是北京中高端游客群最理想的滑雪旅游目的地。此外，随着崇礼滑雪大区各项基础设施的不断完善，特别是交通便利性的提高，长三角、珠三角等经济发达地区也将成为河北省冰雪旅游庞大的潜在客源市场。

（三）崇礼滑雪大区百万人次常态化

近年来，崇礼滑雪大区以提高质量为核心，以建设专业化精品滑雪场为支撑，以打造国际级冰雪运动基地和冬季休闲旅游胜地为目标，不断完善万龙滑雪场、密苑云顶乐园、太舞滑雪小镇、富龙滑雪场、崇礼高原训练基地等地的设施建设，滑雪旅游目的地档次和接待能力都有了较大程度的提升。2018~2019雪季，崇礼滑雪大区接待滑雪游客数量达到117万人次，首次突破百万人次大关，领先全国各大滑雪旅游聚集区。未来几年，受冬奥会拉动效应、京津冀都市圈腹地效应和"1小时交通圈"的影响，崇礼滑雪大区将继续巩固和释放京津冀客源地市场能力，挖掘国际和国内市场潜力，实现接待百万人次常态化。

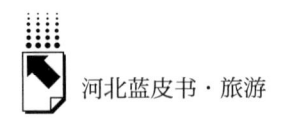

（四）承德冰上产业核心区跨越发展

一直以来，河北省冰雪产业发展呈现的是"雪强冰弱"，但近年来，以承德为核心的冰上产业优势逐步显现出来，未来几年将实现跨越式发展。承德依托避暑山庄湖面、冰上运动中心、武烈河及滦河两岸户外冰上运动休闲带等资源，融合独特的皇家历史文化，大力发展冰上产业，全力打造"冰嬉之都"，形成皇家冰嬉文化体验核心聚集区，建设集国际冰上赛事、人才培养、国际峰会论坛等于一体的国际冰上运动产业基地和冰上休闲旅游目的地。据统计，仅2019年春节黄金周期间，承德接待游客4525万人次，同比增长31.5%；实现综合收入3.45亿元，同比增长32.6%，增长速度较快。此外，石家庄、唐山、保定、沧州、邯郸等地也都在加快滑冰场馆建设，近三个雪季滑冰场馆数量逐年增加。2018~2019雪季，河北省共有室内冰场11家、露天冰场16家，吸引冰上运动参与者78.4万人次。随着群众参与热情和运动普及程度的日益提升，河北省冰上产业发展未来可期。

（五）四季旅游运营模式愈加成熟

冰雪旅游受季节性限制明显，推动冰雪旅游由冬季开展向四季运营转变是必然之举，河北省将在如何构建冰雪旅游的四季运营模式上持续进行摸索。作为河北省主推的冰雪旅游目的地，张承地区既具有"冰天雪地"的优质冰雪资源，又具有"绿水青山"的良好生态条件，开展四季旅游具有得天独厚的优势。例如，张家口的坝上草原、承德的避暑山庄等都具有开展四季旅游的较为稳定的客源市场。随着冬奥会正式进入"北京周期"，冬奥效应带动下的张家口城市旅游将不断升温。据不完全统计，近七成的滑雪旅游者愿意在非雪季到张家口旅游，欣赏草原风光，参与户外运动。此外，随着一系列冰雪小镇和大量休闲娱乐综合体的建设，冬季冰雪旅游与非雪季休闲度假游相结合，张承地区冰雪旅游受季节性限制越来越小，四季运营模式愈加成熟。

（六）产业带动融合作用明显提升

冰雪旅游是崇礼地区的发展引擎，将冰雪旅游打造成为崇礼地区未来发展的核心竞争力，将极大地提升其产业带动作用，包括利用崇礼国际滑雪旅游目的地带动张家口冬季旅游发展，利用张家口冬季旅游带动周边山地四季旅游发展，利用张承地区冰雪旅游带动全省旅游联动发展。冰雪旅游作为河北省冰雪产业链中的优势环节，其产业地位越来越凸显，在一系列产业发展政策的支持下，未来将充分发挥其引领作用，高标准、高质量引领冰雪产业链向深度和广度发展，加快与冰雪场馆建设、冰雪装备制造、冰雪休闲健身、冰雪教育培训、冰雪赛事、冰雪文化等关联产业深度融合，并形成冰雪旅游全产业链发展的大格局。

五 河北省冰雪旅游发展对策建议

（一）加快冰雪场馆设施建设，科学规划场馆空间布局

著名的滑雪运动研究者劳伦特·凡奈特研究发现，全球滑雪运动参与者的活动流向具有转移趋势，即将有越来越多的滑雪运动参与者选择到亚太地区参与滑雪运动，而国内"带动三亿人参与冰雪运动"也必然要求有足够的场地保障。建议河北省在现有基础上适度新建、改建、扩建一批城市周边型滑雪场，吸引更多的人群参与冰雪运动和冰雪旅游。崇礼地区应围绕冬奥会需求和冰雪产业长远发展，打造高标准、专业化的精品滑雪场，建设红花梁、冰山梁、桦皮岭、小五台山和红石山五大滑雪功能区，持续完善滑雪场设施建设，打造世界一流的休闲度假型滑雪旅游资源区。加快京津张和承秦唐冰雪旅游带建设，沿线建设冰雪场馆和冰雪运动休闲基地，辐射带动沿线地市冰雪旅游发展。依托冀中南深厚的地域文化资源，加快保定沿太行山一线建设涞源七山、涞源白石山、阜平神仙山等一批高档次滑雪场，改造提升易县狼牙山、西柏坡、涉县五指山等一批重点滑雪场，推动太行山冰雪旅游带加快形成。

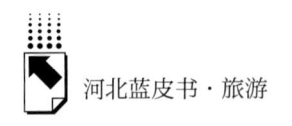

（二）实施旅游服务提升工程，提高旅游服务接待品质

冰雪旅游的高质量发展需要高水平的旅游公共和配套服务作为保障。建议河北省大力实施冰雪旅游交通便捷工程、冰雪旅游集散体系工程、智慧旅游服务体系工程、冰雪旅游配套接待工程等，努力提升冰雪旅游服务与接待水平，不断增强对广大游客的吸引力，提升游客满意度。建设"空铁陆水"无缝对接的"快进慢游"冰雪旅游交通网络体系，加快推进京张高铁、京石城际、延崇高速、石津高速、太行山高速等建成通车，开设冰雪旅游专列和冰雪旅游专线直通车。完善交通枢纽到冰雪旅游景区的集散功能，建立功能齐备的冰雪旅游游客中心、服务咨询中心、安全救助中心等。开通线上冰雪旅游公共服务门户，构建冰雪"智慧旅游"服务平台，对河北省冰雪旅游行业进行智慧化管理和监测，提升"智慧旅游"服务平台与智能移动终端的融合度，根据冰雪旅游产品和线路，为游客提供个性化、便利化的服务。提升旅游饭店、民宿等的服务设施与服务水平，在环境和服务上打好"情感牌"。

（三）构建冰雪旅游产品体系，丰富四季休闲度假产品

随着我国"带动三亿人参与冰雪运动"目标的推进，冰雪旅游将由小众的高端消费转为大众的经常性消费，旅游产品更加丰富，产品体系逐步完善。建议河北省依托良好的生态优势、丰富的冰雪资源和多元的地域文化特色，继续巩固冰雪运动体验产品，加快丰富休闲度假产品，着力开发冰雪健康养生、冰雪民俗体验、冰雪节庆活动、冰雪论坛会展等新业态产品，打造具有河北特色的冰雪旅游产品体系，提高核心竞争力。四季休闲度假产品是未来河北省冰雪旅游产品开发的主流方向，建议大力实施精品旅游项目工程，加快冰雪小镇和大量休闲娱乐综合体的建设，实施冬季冰雪旅游与非雪季休闲度假旅游相结合，打造丰富多彩的四季休闲度假旅游产品。张承地区应按照精品景区的标准开展滑雪度假小镇、温泉养生小镇、户外体验基地等的建设，着力打造具有河北特色的国际知名冰雪旅游

目的地品牌，在全国率先建成以太子城为核心的崇礼百万人次滑雪休闲度假综合体。

（四）开展冰雪旅游宣传推广，发挥旅发大会平台效应

搭建河北冰雪旅游推广平台，开展冰雪旅游宣传推广。通过开展主流媒体营销、重大赛事营销、生态环境营销、时尚影视综艺营销和各类冰雪系列评选宣传活动，对河北省冰雪旅游实施全方位、全时段、全景式的宣传推广。建立区域冰雪旅游推广联盟，开展冰雪旅游联合营销。加强与周边地区的沟通与合作，与北京、天津联合成立"京津冀冰雪旅游推广联盟"，通过共创品牌、联合营销、共享客源、协同发展的新模式，促进三地冰雪旅游的共同发展。围绕"休闲河北、欢乐冰雪"的主题，谋划设计第五届河北省旅游产业发展大会，借助旅发大会平台渗透冰雪旅游文化、宣传冰雪旅游品牌、营销冰雪旅游产品、推介冰雪旅游精品线路，巩固和扩大旅发大会成果，增强市场吸引力，提高冰雪旅游发展效益。

（五）优化人才引进培养机制，加强冰雪旅游人才储备

冰雪产业在河北省是一个发展尚不成熟、规模又急剧扩张的产业，其成熟壮大和高质量发展需要强大的人才储备作为支撑。河北省应不断优化人才机制，挖掘和用好省内存量高层次冰雪旅游人才，制定相应人才政策，防止人才流失。加快引进和培养冰雪旅游人才，特别是管理型人才和专业技术型人才，增加冰雪企业管理、造雪压雪、滑雪教练等人员储备。争取出入境放开对外国冰雪专业技术人员发放工作签证的政策要求，以便于人才引进。鼓励省内高等院校开展冰雪旅游相关专业教育，支持职业技术院校和技工学校与冰雪场馆对接合作，开展人才培养。鉴于省内各大滑雪场教练员缺口较大，应加快省内专业体育院校与滑雪场、体育部门等联合成立人才培养联盟，建立教练员培养基地，实施教练员培训工程，为滑雪场提供源源不断的优秀教练员人才。

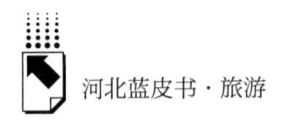

参考文献

[1] 河北省体育局：《河北省冰雪活动蓝皮书（2018~2019）》，方圆电子音像出版社，2019。

[2] 《关于以2022年北京冬奥会为契机大力发展冰雪运动的意见》（中办发〔2019〕19号）。

[3] 中共河北省委、河北省人民政府：《关于贯彻落实习近平总书记系列重要指示精神、全力做好冬奥会筹办工作的实施意见》（冀发〔2019〕17号）。

[4] 中共河北省委办公厅、河北省人民政府办公厅：《关于加快冰雪运动发展的实施意见》（冀办发〔2019〕26号）。

[5] 《河北省人民政府办公厅关于印发〈河北省冰雪产业发展规划（2018~2025年）〉的通知》（冀政办字〔2018〕73号）。

[6] 《河北省发展和改革委员会等六部门关于印发〈支持冰雪产业发展的政策措施〉的通知》（冀发改社会〔2019〕921号）。

[7] 河北省体育局、河北省文化和旅游厅：《关于推进河北省冰雪产业发展规划（2018~2025年）落地落实的意见》。

[8] 河北省体育局、河北省文化和旅游厅：《河北省冰雪产业发展规划（2018~2025年）2019年实施方案》。

[9] 《张家口市人民政府关于印发〈张家口市冰雪产业发展规划（2019~2025年）〉的通知》（张政办字〔2019〕44号）。

创新发展篇

Reports of Innovation and Development

B.20
河北省旅游新业态项目实证研究
——以中国马镇为例

王　强*

摘　要： 河北省正处于新旧动能转换关键期，加大对旅游业扶持须重点推广旅游新业态，但新业态"新"在何处？没有对比就没有"新"可言，因此本文基于国内外同类案例比较，以中国马镇为新业态典型实证对象，得出中国马镇旅游新业态表现原理。首先，从形成基础、业态构成、驱动因素三个维度建立旅游新业态分析框架；其次，马镇根据国内外案例，舍弃国外的"赛马场＋马术"这一受众暂不成熟的业态，主体上借鉴了小镇型模式的主题公园化发展路径，以"旅游＋文

---

* 王强，河北民族师范学院燕山旅游研究中心讲师，硕士，主要研究方向为区域旅游规划与市场。

化+产业"的理念打造融合创新的全季旅游综合体,推出彰显马文化主题的"儿童游乐+主题演艺+美食消费+特色住宿"的新业态;再次,中国马镇新业态"入门上路,引路上道"的发展模式总结为"文化元素—融合创新—主题公园"之路、"全产业链—活动营销—产业扶贫"之道、"行业领袖—迎合市场—效益评估"之门;最后,从城镇化战略、产业链、马式服务、创新营销等方面提出下一步改进方向。

关键词： 旅游　新业态　中国马镇　马文化

一　中国马镇旅游新业态分析背景

(一) 河北省加快发展旅游新业态,相关典型案例实证不足

旅游新业态是旅游行(企)业及其相关行(产)业部门依据旅游消费者多元化需求,在组织管理方式、产品形态、经营形态等方面实现旅游产业的新发展和新突破。河北省旅游业全面实施"十三五"规划以来,尤其是2017年被列为国家全域旅游示范区创建单位,河北省先后出台的《河北省人民政府关于加快创建全国全域旅游示范省的意见》《河北省国家全域旅游示范省创建规划》都指出把发展全域旅游作为河北走好加快转型、绿色发展、跨越提升新路的战略选择,构建"中心城市+标杆片区+核心项目+业态支撑"的多元化全域旅游休闲度假目的地体系,鼓励发展多产融合功能的新型业态。2018年《河北省旅游高质量发展规划(2018~2025年)》提出增强旅游发展新动能,拓展旅游发展新领域。由此看出,河北省拥有全面建成世界知名旅游目的地、跻身全国旅游第一方阵、实现由旅游大省向旅游强省跨越的豪迈勇气,并且各个意见和规划之中无一不大力提倡加快创新发展新业态,可见新业态发展已成为旅游行业吸引更多旅游者、叫响"京

畿福地·乐享河北"的不二举措。2016年,河北省各地市全面开始举办旅游发展大会,力图通过短期内创建一批旅游新业态样板,让全省前来观摩并形成快速可复制的经验,因此造就了一批值得称颂的新业态流量明星目的地。前四届"京西百渡""秦皇山海花田""一号风景大道""滹沱河生态走廊",每一个大项目都由众多新业态项目组成,但总体来看,河北省依旧欠缺像拈花湾、莫干山民宿、大宋武侠城这种一面世便迅速火遍全国与媒体的新业态,所以有必要对新业态进行原理分析,弄清楚到底什么是新业态的构成机制,尤其应对典型案例实证不足的特定业态进行重点分析。

(二)主题旅游是旅游新业态重要方式,中国马镇在同类案例中相对典型

随着旅游发展中文化要素的日益突出,依托地方文化的旅游新业态层出不穷。主题旅游是最容易产生新业态的方式,具体形态可以是主题景观展示,也可以是主题化行为活动。河北省第三届旅发大会的重要节点——中国马镇,一经隆重登场便点亮了丰宁坝上草原,成为整个张承坝上地区迅速聚集人气的新型旅游目的地,显示了马文化主题旅游近些年异军突起、方兴未艾之态。20世纪90年代后,中国马术在沉寂多年后重焕生机,依托马文化主题的休闲旅游产业链快速形成。我国北方,尤其是内蒙古、甘肃、新疆、青海、西藏等地由于降水稀少,牧草茂盛,是传统养马重镇,2010年以来这些地区的马文化旅游产业陆续发展起来,如山丹马场、黄海养马岛、海西以及新疆哈萨克阿肯阿依特斯等地。其中,内蒙古的马文化旅游产业发展迅速:锡林郭勒盟由于保持着较为完整的游牧生活习惯,形成了以马文化为龙头的休闲体育、文化旅游产业雏形,2010年锡林郭勒盟被中国马业协会授予"中国马都"称号;2015年,内蒙古推出马文化全景式综艺演出《千古马颂》,凭借高颜值和有内涵博得满堂彩。鄂尔多斯、呼和浩特也加入了马业旅游这一大军,呈现遍地开花、蓬勃发展之势;2018年,内蒙古重点发展"马道旅游"并打造了沿黄马道产业链。

中国马镇草原度假区位于承德丰宁大滩镇北部，2017年开建，2018年夏一期开园营业，是国家"一号风景大道"主景区、旅发大会的闭幕式景区及20个旅游观摩项目之一。度假区依托坝上草原丰富的自然、人文资源，以草原马文化为主题，以萨满、狩猎、图腾、马背文化为特色，主要建有舞马世界主题乐园、满韵骑风剧场、烤羊美食街、蒙藏特色酒店群四大主体近40项观光主题项目，是集马文化体验、商务会议、休闲度假、草原避暑、民族艺术展演、冰雪旅游、湿地生态等于一体的多功能文化旅游项目。中国马镇的落成丰富了河北旅游品牌，拓展了河北主题文化景区类型，也诠释了河北省是具有丰富旅游业态的旅游接待大省，其发展经验可圈可点，作为已开发的业态值得进行典型分析。

二 中国马镇旅游业态本体分析

（一）旅游新业态的分析框架

中国马镇虽然是新业态案例典型，但到底新业态"新"在何处、特征与驱动渊源是什么，只有弄清楚上述命题，才有利于扎根下来求教训，进而有利于河北旅游经验拓展。本文首先在比较国内外研究的基础上归纳出旅游新业态分析框架，为案例分析提供理论支持（见表1）。

表1 旅游新业态的分析框架指标

框架	维度	分析项目	参考来源
形成基础	资源	自然资源（背景、资源）、人文资源（文化基础）	（张肖杰，2018；张瑞真，2013）
	条件	政府导向与支持、地方经济基础（产业结构）	
	渊源	形成方式（全新、换代、改进、仿制；融合、革新、更新、创新）	
业态构成	业种	旅游产品形态（卖什么）、旅游业经营方式（怎么卖）、旅游组织形式（谁来卖）	（邹再进，2007；杨玲玲，2009；张文建，2010；杨懿，2014）
	业状	业态类型、发展模式	
	业势	未来趋势、演进规律	

续表

框架	维度	分析项目	参考来源
驱动因素	内驱力	行业领袖创新精神、投资收益、创新文化	（汪燕，2011；高丽敏，2012；张瑞真，2013；张清源，2018）
	外驱力	旅游市场规模扩大、旅游消费需求变化、旅游竞争激烈、技术革新、产业链延伸	

（二）中国马镇案例地的业态状况

1. 形成基础

中国马镇地处承德市丰宁县大滩镇北部，北倚内蒙古草原，西接冬奥会赛区崇礼，国家"一号风景大道"贯穿景区。该项目以发展文化旅游产业为导向，规划占地1150公顷，总建筑面积65万平方米，计划投资80亿元，由马镇旅游开发有限公司投资建设，融合了各种旅游业态，目前一期已经全部完成并开园营业，第二期项目仍在建设之中，一项最大的旅游综合体呼之欲出。中国马镇在该地域的建设，除了自然与人文环境优势之外，国家和河北省的发展战略也为该业态的出现提供了政策与规划上的帮助（见表2）。

表2 中国马镇新业态的形成基础

框架	维度	项目	中国马镇案例
形成基础	资源	自然资源（背景、资源）	内蒙古高原南缘，海拔1600米，夏季最高气温25度；低山草坡花海、白桦林、溪流，风景壮丽；丰宁较好的草场资源，京北第一天路进入草原起点；目前有马8000匹
		人文资源（文化基础）	大滩镇是春秋战国时期燕国重要牧场；忽必烈在此训练铁骑，挥戈中原；清代设立热河马场，称为海留图；张艺谋《我的父亲母亲》等外景地；当代"北京马术初学者的摇篮"；拥有萨满文化、图腾文化、渔猎文化、马背文化
	条件	区位条件	北倚内蒙古草原，西接冬奥会赛区崇礼，东临避暑山庄；距丰宁县城86公里、北京市区260公里，张承高速及国家"一号风景大道"贯穿景区；承德市旅游"五大精品板块"之一
		政府导向与支持	河北省旅游业"十三五"规划提出建设中国马镇；河北省旅游高质量发展规划重点打造中国马镇；承德市、丰宁县重点支持打造4A级景区

续表

框架	维度	项目	中国马镇案例
形成基础	条件	地方经济基础（三产结构）	京津冀区域性的旅游发展集群；京北水源与生态涵养区，坝上草原旅游服务业为主体产业
	方式	创新类型	融合型（融合了多种业态的旅游综合体）；改进型（其他马文化园区基础上的项目提升与再造）

2. 业态构成

中国马镇在产品形态上以满蒙草原萨满、图腾、渔猎、马背文化为特色，是集马文化体验、商务会议、休闲度假、草原避暑观光、民族艺术展演、冬季冰雪旅游、湿地生态等于一体的多功能文化旅游项目。在经营方式上，中国马镇在创立短短一年以来，大量的宣传口号已经逐步深入人心，同时马镇市场化的理念非常足，一年来赞助、支持的活动就有十余项，每一项都起到了大规模宣传与营销作用。马镇在经营模式上践行"旅游+产业"发展理念，成为中国北方一处兼备娱乐、演艺、住宿、美食、购物、观光等多元化的高规格草原旅游度假区；同时，以"骏马+演艺"模式重点开发《满韵骑风》，并以此为基础带动文化互动、演艺展示、美食体验、特色商业等业态（见表3）。

表3 中国马镇新业态的业态构成

框架	维度	项目	中国马镇案例
业态构成	业种	旅游产品形态	项目情况：舞马世界主题乐园、满韵骑风剧场、烤羊美食街、蒙藏主题酒店群四大主体近40项旅游观光主题项目
			产品类型：马文化体验、商务会议、休闲度假、草原避暑观光、民族艺术展演、冬季冰雪旅游、湿地生态等
		旅游经营方式	发展理念："旅游+文化+产业"；定位：最多演艺+最大酒店群+最丰盛美食+最丰富玩乐的中国马镇；"再好的空调也比不过草原的风"；"星空下的篝火、草原上的狂欢""是一瞬也是一生"
			活动营销：2018年，中国马镇首届丰宁坝上草原文化节，河北省第三届旅发大会观摩点与闭幕场地，冰火节；2019年，中国马术文化旅游标准化研讨会，首届中国马镇马术文化旅游领队培训班，"以马为梦，绽放青春"——首届"马背上的成人礼"，湖南电视台2019芒果音乐节，首届承德市金牌导游员大赛，百雀羚·第二十五届中国模特之星大赛，冰火节，2020带上挚爱一起来马镇过大年

续表

框架	维度	项目	中国马镇案例
业态构成	业种	旅游组织形式	组织：丰控集团下属的马镇旅游开发有限公司投资运营 部门：行政人事部、商品部、演艺部、运营部、财务部等
	业状	业态现状（类型模式）	2017年5月一期占地50公顷，建筑面积185986平方米，主要建设四大主体40项主题项目。2018年8月启动冰雪运动、八旗帐篷、房车营地、盛世草原、游牧世界、原野院墅、骑马驿站等二期项目
			马业＋扶贫、非遗＋扶贫
			2018年度第八届中国旅游投资"ITIA艾蒂亚"奖提名奖
	业势	未来趋势	建设全季旅游综合体；规划建设草原文化产业园、马文化产业园、草原戏雪中心、草原湿地公园和草原避暑度假区；让老百姓更多地参与到养马、赛马、教人骑马活动中，让游客参与体验骑马观景、喂马、马术运动等，打造当地独有经济产业链

3. 驱动因素

在中国马镇的发展驱动方面，内驱力最重要的是投资者即行业领袖的创新精神与投资意愿，马镇董事长的投资理念、涉猎范围、爱县情怀促进其迅速确定投资意向。当前旅游业的长期性旺盛需求也促进了高等级旅游项目投资能很快吸引客源，并迅速收回成本，实现最大的投入产出比。从外驱力看，消费者的需求变化成为主导因素，消费者对参与式、沉浸式、情境化、意象化旅游需求的上升也恰好与设计者的意向相统一，但目前产业链整体还不是很完善，中国马镇的所有项目与业态还没有形成很好的生态链，分散性较为明显（见表4）。

表4 中国马镇新业态的驱动因素

框架	维度	项目	中国马镇案例
驱动因素	内驱力	行业领袖创新精神	投资人林东旭获中国旅游投资十大先锋人物奖、"河北省创业功臣"；在建筑地产、园区建设、现代服务业、公共事业建设以及扶贫济困、社会慈善和公益事业等领域发挥主导作用
		行业投资收益	规划占地1150公顷，总建筑面积65万平方米，计划投资80亿元，由马镇旅游开发有限公司投资建设，规划建设期5年 截至2018年底共接待游客5.5万人次，销售收入390万元；满韵骑风剧场投资1.2亿元，共演出155场，实现销售收入300余万元；白马酒店、梦马酒店实现销售收入达1500万元

续表

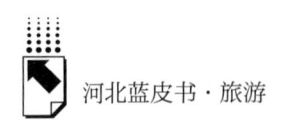

框架	维度	项目	中国马镇案例
驱动因素	内驱力	行业创新文化	以马文化&满文化为主题的特色主题乐园;以世界名马+精彩演艺+丰富娱乐项目为核心,打造坝上最豪华、最具体验感的主题乐园
	外驱力	旅游市场规模的扩大	每年在全国各地骑马旅游的消费者超过2400万人次;马术文化旅游成为各地"文旅融合"和"产业创新"增长点;成为带动西部地区产业结构调整与脱贫的消费原动力;马镇的全阶层消费——适宜家庭、情侣、亲子等各年龄层人群
		消费需求变化	游客的参与式、沉浸式、情境化、意象化旅游需求;游客对草原娱乐、演艺、住宿、美食、购物、观光等多元化需求
		旅游竞争激烈	西接冬奥会崇礼、东临避暑山庄、北临锡林郭勒草原的区域竞争,大滩草原的童话世界、大汗行宫、京北房车营地等的近邻竞争
		技术革新	先进的声光电与多媒体技术;互联网信息技术飞速发展,平台与移动互联网、抖音直播等

三 与同类案例对比的中国马镇新业态"新"在何处

不对比就无所谓新,不同类对比更没有求新意义,将中国马镇与国内外经验放在上面建立的相同比较维度上,思考马镇与其他案例地的相同与不同之处,最后得出中国马镇旅游"新"的表现原理,避免因单纯研究马镇本身而"不识庐山真面目",看不清事实本质。

(一)国内外马文化产业的对比案例

通过网络以"马文化"为主题搜索文化旅游产业典型案例库,从相关案例总结出我国的马文化业态分为"依托市场的城市型业态"与"依托资源的小镇型业态",两者发展道路与模式差异很大。城市型业态以香港马会、九龙山马会俱乐部、武汉东方马城为代表,小镇型业态以昭苏天马文化产业园、锡林浩特中国马都、奥威蒙元马文化生态旅游区为代表(见表5)。

表5　国内外马文化业态案例地情况

国外案例名称	地点	国内案例名称	地点
Kentucky Horse Park	美国肯塔基州	昭苏天马文化产业园	新疆昭苏县
Churchill Downs	美国肯塔基州	锡林浩特中国马都	内蒙古锡林浩特
Hippodrome deLongchamp	法国巴黎市郊	奥威蒙元马义化生态旅游区	内蒙古呼和浩特
Flemington 赛马场	澳大利亚墨尔本	香港马会	中国香港、北京
Aintree 赛马场	英国利物浦	九龙山马会俱乐部	浙江省平湖市
日本中央竞马会(东京、中山等四大马场)	日本东京府中市、千叶县船桥市	武汉东方马城	湖北武汉市

（二）马镇与国内外案例对比的异同

1. 形成基础

马镇与国外相比，都有马文化的资源依赖性，同纬度也是主要发达国家集聚区，国外大型传统马场都与自然环境融合较好，如隆尚赛马场布洛涅森林公园及肯塔基州马文化公园都是风光优美之地。但与国外动辄上百年马术、赛马的全民娱乐运动相比，马镇发展不足三年，我国尚未培养出大范围的大众阶层爱好者。国外发展历程基本属于民间行为，少部分有贵族皇室参与建设；马镇等地的发展属于政府导向、企业主体行为。在创新模式上，马镇借鉴了相关传统并与主题公园复合而来，比国外后发优势更为明显，但世界影响与人文底蕴则较为欠缺。

与国内同类相比，马镇与依托资源的小镇型模式背景相似度较高，历史上都处于我国北方广大的草原地区，地理环境方面，草场丰美辽阔。同时都有较大的政府导向性，都是在近十年国内旅游休闲火热的趋势下，通过商业规划，在短时间内新建的旅游综合体，但马镇优势在于更加靠近京津冀客源市场；与依托市场的城市型业态不同，它们更多建设在大都市圈内部，主要分布在东部发达城市如北京及长三角、珠三角周边，不太受地理背景与草原环境影响，接近我国受西方马术文化影响而形成的休闲客源人群；马镇更多针对来草原观光的旅游客源，同时对所处的

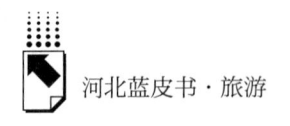

草原风光背景更为依赖。

2. 业态构成

在产品形态上，国外基本是以赛马场为主体设施，以马术与赛马为主体吸引物，配套建设其余设施。马镇的相似性在于通过马厩参观、亲近马、马骑乘、马科技电影等近距离接触马文化，同时配置了大型酒店与餐饮设施。不同之处在于，马镇没有采用目前国内较多的赛马场设施，而是采用了更加适合国内消费群体的主题公园设施，形成更加多元、更加综合的产品形态。在经营方式上，双方都采取了节庆活动方式进行营销推广，如国外的赛马节、美食节、嘉年华以及马镇的旅发大会、冰火节、模特之星等；同时双方都在塑造自己独一无二的品牌，如肯塔基州宣称自己是世界唯一马主题公园，隆尚的凯旋门杯赛马，马镇的"最多演艺+最大酒店群+最丰盛美食+最丰富玩乐的中国马镇"理念。不同的是，国外的活动基本以马场为主体自办大赛活动；马镇由于初创，大部分活动是赞助行为，自办活动尚无多届连续性。在组织模式上，国外基本采用会员与俱乐部模式运作；马镇则对所有游客开放，针对团体游客与自助游客进行差别定价。国外普遍采用赌马与马彩结合的经营模式，部分如弗莱明顿与安翠马场依靠会议展览的节事盈利模式，而马镇盈利主要依赖"门票+食宿消费+购物消费"，产业链较单薄。从未来趋势看，国外会基本延续现有模式继续发展，持续走大众娱乐的道路；马镇则会坚持"旅游+文化+产业"理念，不断打造更为丰富的全季旅游综合体。

与国内相比，在产品形态上，城市型业态主要参照国外赛马场设施设计，但无一例外地采取了"马场+（地产、商业、酒店、别墅）"的业态组合拳模式，马镇在业态上与小镇型的相同之处在于布设了马文化展示、马骑乘体验，尤其是大型室内外舞台演出；创新则在于增加了美食街、舞马世界主题乐园两项更符合国人偏好的业态产品。在经营方式上，马镇虽为初创，但举办和赞助的活动场次远非其他园区可比，但它们也都意识到了创建自己活动品牌的重要性，如九龙山马会的国际马球邀请赛、昭苏的天马节、中国马都的那达慕大会等。在发展模式上，城市型业态基本采用会员与俱乐部的模式，吸收会员，为会员提供精致服务是它们的宗旨，会费与赛事收入、广告、带动周边服务业收入是它们的盈利价值所在，无法采用国外的马彩模式，但例外的是香港马会的"非牟利"模式以及高慈善的捐助；马镇与其他小镇型业态相似，盈利主要依靠游客的旅游六要素消费，但它们都肩负着脱贫致富、吸纳就业的政治任务，间接达到了慈善目的。在未来趋势上，城市型业态在短期内持续乏力，由于盈利模式无法突破，必须突破制约才能看见光明。马镇与其他小镇型业态刚开发几年，管理经验不足，只有加大文化挖掘与完善产业链，才能在与持续跟进企业的搏杀中突围。

3. 驱动因素

国外全民娱乐的属性经久不衰，竞技运动包括对赛马、马术、马彩的热烈追捧是它们的主要外驱力；在内驱力上，相关业态的行业投资效益能力十分强大，赌马与马彩等博彩活动更是以小博大，如日本的马彩销售总量一直世界第一。马镇与国外相比，从养马的第一产业向第二、三产业的产业链的延伸扩展至关重要，同时新技术的革新也促进其发展，如5D效果、魔幻舞台、流量监控、互联网信息等。在内驱力上，首先，马镇发展归因于景区投资者的企业家精神、投资视野与家国情怀，尤其是对于初创企业，这比国外要明显得多；其次，马镇等景区的企业受益于消费者需求的日益旺盛，行业投资效益能力远景十分可观，但与国外相比，国内企业家的社会责任精神更加明显，更多是承担社区就业、脱贫、区域名片等社会责任。

与国内相比，在外驱力上，其与城市型业态的区别是双方对应的客源群体不同。此类产业由于俱乐部制的发展，更多是所在大都市有一定社会地位与经济实力的社会阶层，依旧有贵族运动遗风，具有提供社交场合的功利化倾向。马镇与小镇型业态的客源基本相同，都是阶层广泛的游客群体，走平民阶层与亲子路线，他们的消费偏好为身临其境地参与其中，这也促进了马镇对舞马世界、美食街、满韵骑风、战神赵子龙等业态的基本偏好。从内驱力来看，马镇与小镇型业态、城市型业态受投资人的影响都颇为巨大，对行业投资效益能力的远景都较为看好，对行业创新文化都较为看中。

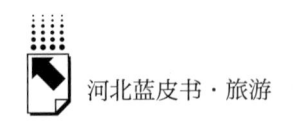

四　中国马镇新业态的模式与发展建议

（一）"入门上路，引路上道"的中国马镇新业态可复制模式

1. 形成基础："文化元素—融合创新—主题公园"之路

一是根据地方自然与人文背景，在政府导向上做好提前规划，注入强心剂。新建项目充分梳理当地的文化背景脉络，遴选可以利用的文化元素，马镇即从萨满、图腾、渔猎、马背文化角度着手，结合地方自然环境（草原风貌）做好可持续规划。河北省在旅游业"十三五"规划中就提出建设中国马镇，从总体战略上给予定位，有利于企业精准着笔铺设蓝图。

二是走融合创新之路，充分发挥"旅游+文化+产业"后发优势。新建项目的创新元素基本在国内外都能看见，十分原创的项目已极为困难，根据市场导向进行创意元素融合，建设全季旅游综合体也是创新之路。

三是新建项目主题公园模式方兴未艾，地方基础设施配套及时跟进。马镇从0到1的项目规划是从文化元素到融合创新再到旅游综合体的主题公园式园区，中国马镇、古北水镇等都属此类，但因为没有基础，前期配套设施必须全面跟进，七通一平尤其是高等级交通通达性必须保证，马镇的高速连接就做得极好。

2. 业态构成："全产业链—活动营销—产业扶贫"之道

一是产品形态上，舍弃了"赛马场+马术"这一受众不成熟的业态。马镇对国内外案例分析得较为透彻，果断舍弃了包括内蒙古、新疆都广泛建设的"赛马场"模式，采用了更加符合受众需求与国内行情的"依托资源小镇型"发展道路，建设舞马世界、满韵骑风、美食街、蒙藏酒店群四大主体近40项主题项目，将国内需求旺盛的儿童游乐、主题演艺、美食消费相结合，相得益彰，在食、住、行、游、购、娱六要素上环环相扣，营造了相对完善的旅游产业链。

二是经营方式上，大批量活动组织与赞助十分必要。政府在发展规划如"十三五"规划、第三届旅发大会以及政府的营销推广等场合发挥的促进作用极为强大。中国马镇在初创期，一年内运作专题活动达11项之多，月月有活动，知名度还不高的马镇可以迅速聚集人气。

三是运营模式上，"马业+扶贫""非遗+扶贫"的运作模式，不同于国外与港澳的"非牟利"式慈善行为，中国马镇更多从国家战略的社会责任担当出发，采取中国式慈善之路，马文化旅游逐渐成为当地经济发展和脱贫的重要产业。大滩镇党委副书记、镇长孙旭东介绍："'舞马世界'中的演员大都是当地村民，马匹也都是自家驯养的。当地农民依靠骑马旅游服务，逐步开始脱贫致富。"同时马帮寨子与美食街运营的都是当地民俗与非遗项目，如磨豆腐、丰宁剪纸、丰宁烤羊等；2019年4月首届"马术文化旅游领队培训班"500名学员都是当地从业者，这都是充分帮助当地居民的社会责任行为。

3. 驱动因素："行业领袖—迎合市场—效益评估"之门

一是投资人行业领袖的创新精神。马镇投资人林东旭先生有"河北省创业功臣""河北省优秀企业家"荣誉，敢于创新、热爱家乡、实业报国，符合管理学上"管理者素质也是生产力"的正确论断。

二是充分迎合旅游消费者的市场需求，客观分析区域内外的竞争要素。中国马镇发展在外驱力上充分考虑市场需求变化，迎合消费者对参与式、沉浸式旅游的需求，同时考虑周边竞合目的地如大汗行宫、御道口牧场、避暑山庄等，实现另类突围，走差异化发展之路。

三是进行充分的投资产出分析，以效益评估驱动投资热情。据2019年统计，中国马镇注册资本1.2亿元，资产总额2.67亿元，负债总额1.89亿元，2018年营业收入0.93亿元（开业半年）。以此为依据，马镇的投资回收期不过十年左右，是相对成功的投资行为（开业仅一年，数据无法做精确推测，须持续观察）。

（二）中国马镇未来发展建议

1. 实施"文化+旅游+产业+新型城镇化"战略

在原有自然资源、文化主题与旅游产业结合之后，加入新型城镇化建设，以"文化高附加值、旅游强变现力、产业联动生态体系、新型城镇化建设"四位一体模式进行产业融合创新，以全域旅游引领大滩镇协调发展，改善目前镇域服务设施不健全、景观不协调、服务不标准的落后面貌，建设旅游目的地体系。

2. 发展现代马产业，延伸马产业链，做足马文章

统筹周边马场，实行大牧场制，进行马科学研究，建设马业研究中心，培养本地优种马，扩大景区旅游用马、宠物马等马匹供给。延伸马产业链，发挥马全身是宝的价值，利用马奶马肉、孕马血清、马皮马鬃、马骨马尾等宝贵原料，开发天然、绿色高附加值产品，如特色饮食、特色纪念品、特色保健品，创造地方标志性品牌产品，增强盈利能力。

3. 提高服务标准化水平，加大马式特色服务

加大"马业扶贫"和"文旅扶贫"力度，充分吸收社区资源，积极吸收当地从事马业旅游的散乱从业人员、养马农户、贫困户，实施"企业+农户"模式，加强统一管理与标准化培训，协助控制技术风险，改善服务质量。同时创新马式服务与管理，开展马匹认养认领、马术教育培训、马节庆活动，使用马车交通，创造新盈利点，设立女子骑警大队、骑兵巡逻等特色监管小组。

4. 稳定管理团队，加强营销渠道协同化

当前马镇的营销团队理念先进，除了大量的活动营销之外，更多采用新媒体营销，包括微信朋友圈、抖音、直播等互联网媒介，但一定程度上传统媒体应用不足，须继续增加在央视、河北卫视、火车站大屏幕、地铁墙体上的视频广告投放，吸引传统游客注意力。马镇须创新培育与举办自己的品牌活动，做大冰火节、草原马文化节等；加强与国外马会的合作关系，建立营销联盟，相互推荐客源市场，积极吸引入境旅游市场；稳定马镇管理团队，提高中层管理者的旅游业务水平。加强与高校合作，充分利用高校的人才优势，通过委托培训或实习提高马镇的营销人才层次，不断创新营销方式。

参考文献

[1] 张瑞真、马晓冬:《我国旅游新业态研究进展及展望》,《旅游论坛》2013 年第 4 期。

[2] 邹再进:《旅游业态发展趋势探讨》,《商业研究》2007 年第 12 期。

[3] 杨懿等:《旅游业态演变综合模型研究》,《旅游论坛》2014 年第 10 期。

[4] 张肖杰:《旅游"新业态"发展指标体系构建与分析》,硕士学位论文,浙江工商大学,2018。

[5] 杨玲玲等:《旅游新业态的"新"意探析》,《资源与产业》2009 年第 6 期。

[6] 张文建:《当代旅游业态理论及创新问题探析》,《商业经济与管理》2010 年第 4 期。

[7] 汪燕、李东和:《旅游新业态的类型及其形成机制研究》,《科技和产业》2011 年第 6 期。

[8] 高丽敏等:《旅游新业态的产生发展规律研究》,《中国商贸》2012 年第 12 期。

[9] 张清源等:《皖南国际文化旅游示范区旅游新业态发展特征及驱动机制》,《安徽师范大学学报》(自然科学版)2018 年第 4 期。

[10] 宋河有:《创意旅游与主题旅游的融合:动因与实现路径——以草原旅游目的地马文化主题创意旅游开发为例》,《地理与地理信息科学》2018 年第 4 期。

[11] 赵敏、刘忠良:《内蒙古马文化休闲产业发展研究——以内蒙古锡林郭勒盟"中国马都"为例》,《内蒙古大学艺术学院学报》2015 年第 4 期。

[12] 王友文、王峻蓉:《新疆哈萨克阿肯阿依特斯与马文化旅游融合发展国际化战略研究》,《西部学刊》2018 年第 12 期。

[13] 全小国、董杰:《内蒙古的马道旅游与沿黄马道建设研究》,《前沿》2019 年第 4 期。

[14] 艾云辉、刘畅:《马产业创新驱动地区经济发展——以呼和浩特马产业为例》,《现代商业》2019 年第 3 期。

B.21 河北省乡村振兴的旅游创新实践研究
——以"迁西县花乡果巷"为例

史广峰 姚聪润[*]

摘 要： 实施乡村振兴战略是在新时代背景下，国家针对"三农"问题提出的一项重大战略。党的十九大以来，河北省大力实施乡村振兴战略，深入推进农业供给侧结构性改革，为解决"三农"问题打下坚实基础，农业农村发展取得全面进步，农民居住环境更加生态宜居，生活逐渐富裕。迁西县花乡果巷依托国家级田园综合体，实施产业旅游化战略，走出一条片区变园区、园区变景区的特色乡村振兴之路，为全面推进乡村振兴提供了一个可借鉴、可复制、可推广的"迁西样板"。

关键词： 乡村振兴 花乡果巷 迁西样板

党的十九大报告顺应时代发展潮流，首次提出乡村振兴战略，为有效解决"三农"问题指明了方向，推动了社会持续、健康、绿色发展。河北省高度重视农业、农村、农民发展，紧紧围绕乡村振兴战略，加大力度抓住产业兴旺这一关键环节，根据市场需求，补齐农村发展短板，推进农业供给侧结构性改革，促进农业转型升级。乡村环境宜居改善，新产业、新业态蓬勃兴起。

---

[*] 史广峰，河北省社会科学院旅游研究中心副教授，博士，主要研究方向为旅游规划、旅游管理；姚聪润，河北旅游研究院规划师，主要研究方向为乡村旅游。

一　河北省乡村振兴发展现状

（一）顶层设计，引领未来

2018年1月15日，河北省农村工作会议指出要大力实施乡村振兴战略，努力开创新时代的"三农"工作新局面。2018年11月21日，《河北省乡村振兴战略规划（2018～2022年）》印发实施。2019年1月12日，河北省农业农村局主要负责同志会议确定了2019年全省农业农村工作的总体布局为"一体两翼"，该会议对"三农"工作进行了详细阐述，把解决"三农"问题放在首要地位。河北省在乡村振兴事业中取得了显著的成绩，推动了乡村繁荣持续发展。

（二）农村发展，取得突破

新时代背景下，党中央高度重视"三农"工作，结合农村发展现状，紧紧围绕"农业强，中国则强；农村美，中国则美；农民富，中国则富"等思想，时刻把农村、农业、农民放在首要位置，制定了一系列战略思想。乡村振兴战略的实施意味着农村发展战略思想的更新，助力农村全面振兴，农村发展取得新突破。

（三）国家战略，带来机遇

京津冀协同发展战略、雄安新区规划建设和北京冬奥会筹办等对河北省发展意义重大。一是京津冀协同发展战略的实施，促进了河北与京津之间的合作交流，使其关系更加密切，并为河北省乃至全国发展都市现代农业及脱贫攻坚打下了坚实基础。二是雄安新区规划建设，促进了河北省乡村振兴战略的创新发展，对农村改革发展产生深远而有意义的影响。三是冬奥会的筹办，提高了河北省的知名度，促进河北省经济社会高质量发展，推动产业融合发展，共同致富。

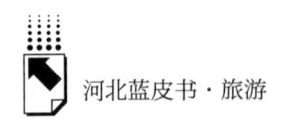

二 "迁西县花乡果巷"实例研究

2019年以来，迁西县委、县政府认真贯彻落实中央、省市农村工作会议精神，提出打好迁西"生态、文旅、津西"三张优势牌，实现"生态建设、棚户区改造、文旅产业融合发展、康养教育医疗高地建设、民营企业转型攻坚、乡村振兴"六大新突破，以"十百千"工程为抓手，以产业化龙头企业为引领，开展人居环境整治行动，强化政府领导、督导考核及资金投入等保障机制，促进迁西县经济社会高质量发展，努力构建农业强、农村美、农民富的乡村振兴"迁西样板"。迁西县花乡果巷依托国家级田园综合体这一金字招牌，在持续深化生态环境深度治理的基础上，深入挖掘生态资源价值，引进大企业、建设大项目、打造大平台，走产业旅游化的特色道路，带动当地乡村全面振兴。

（一）乡村振兴发展概况

1. 基础现状

（1）交通区位

花乡果巷乡村振兴示范区隶属于河北省唐山市迁西县，是京津唐承秦腹地，位于河北东北部、唐山北部，是迁西、迁安、滦州、丰润四县交界处，南距唐山市区50公里，北距迁西县城30公里，东距迁安市23公里，距离丰润区37公里，距离遵化市54公里。该示范区距京沈高速20公里，S262迁唐高速贯穿东莲花院乡南北，项目地北侧距离京秦高速（在建）有5分钟车程，西侧是京哈高速迁西支线。因此，该示范区交通便利，区位条件优越，通行能力良好。

（2）自然环境

迁西县花乡果巷乡村振兴示范区的地形地貌属于典型的低山丘陵区，种类多、山地广、耕地少、土层薄、质地粗、肥力一般。土壤类型属棕壤土，养分含量较高，物理性状较好，因地势高、山势陡、砾石多等原因，适宜发展水杂果种植。境内有赶马河穿过,河道蜿蜒,水面宽阔,水流缓慢,与山村融为一体,另有马家沟、马家冲、松山峪、西莲花院四大水库。四面环山,峰峦叠嶂,树木苍翠,河水清澈,空气清新,杂果林网密集,森林覆盖率达80%,生态优良。另外,示范区内田园景观和文化遗产景观丰富多样,主要有花田、果园、古井、古树、古建筑等。其中,古树以板栗树、核桃树、梨树、松树为主,散布于村庄内外;古建筑包括柳沟峪的李运昌会议旧址、黄岩的药王庙和张书林四合院等。乡村道路、庭院、公共空间绿化面积广,包括板栗树、梨树、核桃树、杏树、月季、二月兰等乔灌木品种,多以乡土植物为主,层次鲜明。

(3) 人文资源

该示范区文化深厚,历史悠久。一是农耕文化源远流长。示范区内有大量石碾、石磨、铁犁、锄头等传统农具,还包括磨豆腐、漏粉、磨面、碾糙米等传统粮食加工。二是历史文化独树一帜。示范区有唐太宗东征、赶马河传说、柳沟峪会议、松山峪战役等历史文化,积淀深厚。三是红学文化神秘传奇。东莲花院村流传着曹家坟的传说,并有名著《红楼梦》作者曹雪芹的先人及其妻妾的墓地。四是红色文化薪火相传。示范区内有冀东抗战形势发展的转折点——抗日名将李运昌同志召开的"柳沟峪会议",抗日战争时期老区根据地松山峪。五是民俗文化生生不息。示范区每年庙会期间,有高跷、中幡、旱船、跑方、武会、地秧歌等各种花会,评剧、河北梆子、杂技等曲艺;其中评剧团、百道秧歌队、道德讲堂、武术馆等文化平台的搭建,形成独具特色的民俗文化品牌。

(4) 产业现状

迁西县花乡果巷乡村振兴示范区包括西山、徐庄子、西花院、东花院、东城峪等12个行政村,大约1.7万户籍人口。村内常住人员主要是老人和小孩,占总人口的35%左右。在常住人员中,有部分人员就地就业,在花乡果巷田园综合体内提供除草、卫生管理等服务;有部分人员因示范区内乡村旅游的逐步发展,开办农家院,实现就地创业。迁西县被誉为"花果之乡"。一是林果种植规模大,产品优质。示范区主要以梨树、核桃树、板栗树为主，鲜果以苹果、梨、葡萄为主，产量高，品质好。现已逐步形成以西山、徐庄子为中心的梨树片区，以黄岩村为中心的大李子、杏树片区，以长甸为中心的葡萄片区，以东城峪为中心的猕猴桃生产基地。示范区内有林果面积15000余亩，干鲜果品15大类53个品种，常年产量900万公斤，是名副其实的"花果之乡"。二是农业种植品质高，绿色生态。拥有梨花坡、牡丹花海、猕猴桃种植基地、葡萄采摘园、神农杂粮基地、美国大榛子种植基地和百果园等，广阔的果树种植及多样化的农业园区构成了示范区的农业特色。三是工业项目强势入驻，配套齐全。依托示范区果树种植，示范区内特色农产品加工种类繁多，板栗、安梨加工、豆皮加工、红薯粉条制作、牡丹花卉加工等行业企业入驻。四是乡村旅游独具特色。依托独特的区位优势和生态条件，示范区全力培育原乡度假、农事体验、休闲康养等乡村旅游业态，打造京津冀诗意乡居体验地。

2. 成绩总结

花乡果巷借助田园综合体大量的资金支持及省、市、县、乡各级政府的高度重视，开展产业结构优化、服务设施配套建设、生态环境治理等工作，实现全域生态、全域富民、全域福民、全域振兴，推进河北省乡村振兴战略的有效实施。项目在前期开发基础上确立了"一镇四区十园"的发展框架，分三年三个阶段逐步实施。"一镇"即花乡果巷特色小镇，"四区"主要包括山林休闲体验区、浅山伴水健康养生区、记忆乡居村社服务区、生态涵养区四个功能分区，十园主要包括十个特色项目园区。

(1) 生产、生活、生态"三生同步"建设

迁西以"生态立县"为核心策略，全面筑牢经济发展基础，创新治理方式，聚焦改善民生，将"两区"建设作为县域发展的主攻方向。花乡果巷示范区实现了生产、生活、生态"三生同步"建设，满足村民的发展需求。一是深挖农业生态价值，将生态资源转化为生态效益和经济效益，把生态和农业、资源和产品、保护和发展进行有效统一结合，开展采摘节、果树认养和赏花节等农事体验活动，建设花海婚纱摄影基地，发展"花果大集市"、乡村微客栈等。二是建立市、县、乡、村"四级"农民专业合作组织

体系，健全利益分配制度，增加村民农产品附加值和农民增收渠道，从而实现多方获益。三是因地制宜，持续抓好山水林田湖草等生态环境整改，坚持绿水青山就是金山银山的发展理念，大力开展人居环境综合整治工作，对农村污水、垃圾进行集中处理，实施村庄绿化工程及生态景观大道打造工程，分区域、分阶段对土地进行综合治埋，进一步改善农业生产条件，发挥场地的绿色生态价值，改善提升乡村面貌。在符合乡村特色、改善生态环境的前提下对农村进行开发建设，最大限度地保留农村原生态，体现农民生活、农业特色和农村风情。计划三年内投资建设一座高标准小型垃圾处理厂及集餐饮住宿、游客接待于一体的游客服务中心，提高环境治理能力及游客接待能力。

（2）一、二、三产业"三产融合"发展

随着城乡经济社会发展，该示范区生态资源优势更加凸显，传统果品产业结构发生新转变，旅游康养等新兴产业体系迸发活力。一是引入企业，开发三产融合体验产品。五海农业开发有限公司与燕山果业试验站等省部级研究院所联合培育出猕猴桃等新品种，项目区依托优质的猕猴桃品种，发挥特色农业资源优势，打造北方最大的软枣猕猴桃种植基地，发展乡村旅游。唐山市供销社农业开发有限公司、尚菌堂生物科技有限公司、神农农产品有限公司和河北报业集团等企业纷纷入驻该项目区。其中，神农农产品有限公司依托有机杂粮基地，将产品优势转化为市场优势，通过对该产品进行深加工，研发新技术，延伸产业链，增加销售渠道，构建营销模式，集生产、加工、销售于一体，加快一、二、三产业融合发展，促进农业经济效益增加、农民收入增多和农村繁荣稳定。二是品牌建设，推进农业产业化经营。花乡果巷田园综合体依托以安梨和葡萄等水杂果为代表的优势主导产业与以油用牡丹和猕猴桃为代表的特色新兴产业，加强农产品质量管理，推进五海品牌建设及五海农业观光园、黄岩露营公园等特色景区建设，计划三年内将2个景区升级为4A级景区。同时投资建设花果人间温室群、天晶智能温室群、水果深加工基地、农产品交易中心、玉泉农庄康养中心等产业融合项目，推动乡村产业振兴。

（3）农业、文化、旅游"三位一体"建设

该示范区突出主题，实施农文旅发展模式，加快乡村文化建设，实现一村一品、一村一特色，促进农文旅三位一体建设。该示范区文化底蕴深厚，马家沟村主打国学文化，打造国学文化村；黄岩村突出生态文化，开展生态采摘活动，发展精品民宿，使游客可享受乡村休闲度假生活的乐趣；徐庄子村、西山村花果资源丰富，凸显乡村花果文化，打造生态景区和农户富民模式；东城峪村田园气息浓厚，主打五海猕猴桃庄园，通过产业富民，体现田园风情；杨家沟、马家冲挖掘红色文化；西花院主打赏花文化，打造花海景观，吸引游客前来参观；董庄子村依托有机杂粮基地，融入药膳饮食文化，为游客提供一个养生体验地。

（4）循环农业、创意农业、农事体验"三农同步"推进

该示范区与中科院植物研究所以及多家科研院校展开合作，在循环农业和创意农业等方面进行积极探索，发展农事体验新业态，实现循环农业、创意农业和农事体验蓬勃发展。一是林下经济种养模式。该示范区森林覆盖率极高，为充分发挥场地生态资源优势，因地制宜发展了林下种植业和林下养殖业，推广林下种植林粮模式、林药模式和林花模式等多种新模式，主要包括神农杂粮基地、中华药园、食用菌菇、二月兰、牡丹柴鸡园等项目，充分提高了林地综合效益。二是名特优经济林发展模式。积极开展油用牡丹—木本油料示范项目建设，探索出"安梨+油用牡丹+二月兰"共生模式，该项目的建设有助于实现企业、合作社有效益，集体有股份，群众有收益，实现多方共赢、良性循环。三是果树认养模式。牡丹园、百果园等农业种植项目建设取得显著成效，推广应用果树栽培新模式、新技术、新品种和现代化的管理方式，开展赏花、果品采摘、田间耕作文化体验等农事体验活动，形成农事体验新业态，吸引大量游客前来参观。

（二）乡村振兴经验借鉴

迁西立足于纯山区县生态资源禀赋突出、城乡居住分散等实际特点做出全新战略决断。面对诸多新命题、新挑战，花乡果巷示范区坚持以农为本、共建共享的原则，在持续深化生态环境深度治理的基础上，深入挖掘生态资源价值、打造地域品牌和推动产业转型升级等，实现"三生同步""三产融合""三位一体""循环农业、创意农业、农事体验"蓬勃发展，成为联通上下线的全农产业链先行先试点和小气候优于大环境的京津冀乡村微度假首选目的地，走产业旅游化特色之路，推进乡村全面振兴发展。其经验借鉴主要有以下六个方面。

一是强化顶层设计，坚持规划引领。该示范区精准定位，科学谋划乡村发展，以《迁西县乡村振兴战略规划》《迁西县花乡果巷田园综合体发展规划（2018~2025）》《迁西县花乡果巷特色小镇乡村振兴示范区总体规划（2019~2022）》等规划为引领，以政策为支撑，以增加农民收入为目的，加快乡村基础设施建设和环境综合治理，推动规划有效实施落地，不断改善乡村人居环境，示范区、示范村建设取得显著成效。如东城峪村作为花乡果巷示范片区的核心村，坚持规划先行、全域综合整治思路，乡村治理现代化水平得到显著提升，美丽庭院建设取得显著成果。

二是广泛发动群众，共筑致富平台。该示范区坚持抓住有利市场机遇，构建新型农业经营主体结构，成立以市供销社为龙头、县供销社为平台、乡供销合作社为纽带、农民专业合作社为基础的四级农民合作组织网络体系，大力推进"组织+经营+服务"为一体的新型供销合作组织体系建设，实现经营体系创新发展，构建农民增收致富平台。迁西县花乡果巷田园综合体的建设，预计可解决大约3500人的就业问题，整个项目区经济效益倍增，可增收8.14亿元，农民人均收入增加8000元以上，成为河北省实施乡村振兴战略的典范。

三是完善分配机制，确保利益共享。该示范区成立了以县长为组长、发改和国土资源等多部门领导为成员的组长成员制领导小组，构建合理的机构组织体系，吸引农业、美丽乡村建设、全域旅游创建等资金，强化资金保障机制，积极探索入股分红、合作经营、帮扶共建、股权置换等经营模式，完善"633"利益分配模式，形成了"政府主导、市场运作、集体参与、百姓获益、利益共享"的项目建设体系，实现了农民、农村和企业等互利共赢，具有较强的示范作用。

四是推进六治三建，落实扶持政策。该示范区紧密结合省、市、县对乡村振兴发展的要求，紧紧围绕治山治水，建设花果之乡；治村治户，建设诗画乡居；治穷治乱，建设幸福家园"六治三建"策略，抓重点、补短板、强基础、做示范，统筹安排各项财政支持政策，创新财政资金使用方式，开展项目建设，力争实现全县乡村全面振兴。如实施村庄绿化工程，栽植苗木花卉以提高村庄绿化覆盖率及森林覆盖率，并完成大面积的经济林种植；整合资源，建设"旅游+"项目，发展新业态。

五是坚持创新驱动，释放乡村活力。该示范区遵循国家乡村振兴发展要求，坚持创新驱动战略，通过生产消费服务功能等综合载体创新、体制机制创新和农业经营化创新等，发挥产业旅游化带动作用，吸引城镇居民到乡村消费。其一，有效释放乡村生态资源价值，通过"科技+"模式建设智能化综合管理中心，构建多元化产品体系，初步实现乡村产业旅游化发展；其二，向农村基层放权，以基层干部为主体，激发乡村基层组织的积极性，为乡村谋发展；其三，放手让市场参与，鼓励、支持、引导、吸引社会力量，使其在乡村振兴事业中发挥积极作用。

六是突出党建引领，培育新型农民。该示范区坚持以党建为引领，以农民为主体，充分调动广大农民的积极性，多渠道提升水杂果产业的科技化水平。其一，以产业融合发展为导向的乡村人才培养机制逐步形成；其二，乡村高端优秀人才引进建设。通过培养与引进相结合的方式，坚持科学规范管理，完善乡村人才培训体系，根据实际所需最终培育出了一批懂农业、爱农村、爱农民的新型高端农民人才队伍，乡村人才队伍整体素质明显提高，进而推动乡村人才振兴。

三 河北省实施乡村振兴战略面临的困境

（一）农村人才流失，村庄空心化问题突出

当前农村人才流失问题依然严重，大量农村存在空心化现象。农村基础

设施和服务落后，跟不上农民的生活所需；农村人居环境问题未能有效解决，脏乱差问题依然突出。城市相对优越的环境以及广泛的发展平台，让农村许多青年优秀人才走向城市，农村主要以留守老人、妇女和儿童为主，城乡人才结构出现鲜明反差。农村人才的匮乏，还导致农村的生产生活方式发生改变以及农业生产管理创新缺乏人才参与。这些问题的出现，不可避免地影响农村可持续发展。

（二）农业结构单一，产业融合程度不深

目前，农业结构性问题依然突出，农业产业薄弱，产业结构不够优化。河北是农业大省，农业区位优势明显，但主要以现代传统农业为主，都市农业、绿色农业、品牌农业、特色农业比较匮乏。通过走访河北省部分农村地区发现，农村经济价值链条较短，经济发展缓慢，基础物流设施缺乏，农产品加工不到位，销售渠道不稳定，三产融合普遍不足，农产品的附加值得不到提升。

（三）融资模式滞后，金融支持力度不足

随着时代的发展，金融在当今社会发挥着极其重要的作用，担任着各种生产要素的媒介角色，在各个生产环节发挥联动作用，甚至会产生深刻的连锁反应。通过对河北省部分农村地区的调查发现，金融支持在农村普遍缺乏，金融机构建设不足，农村金融知识的普及也相对比较欠缺，这导致人们金融意识落后以及金融产品不能充分满足农业生产的需要。

（四）文化建设缺乏，农民价值观念落后

随着市场经济和互联网的发展，农民的思想观念发生了极大的变化，优秀传统文化观念日益淡薄，乡村生活中的集体性文化观念急需加强，农村的文化和价值观念急需重建。另外，部分农村在建设过程中，由于人们思想观念落后且文化水平较低，只注重经济单方面发展，忽视文化建设，文化古迹、民居民俗等乡村文化资源遭到严重破坏，人们参与文化建设的积极性不高，乡村文化建设水平普遍较低。

（五）土地流转不畅，乡村治理能力低效

农民和土地的关系问题是农村改革发展面临的主要问题。在乡村振兴战略的背景下，土地流转及完善乡村治理体系成为现阶段亟须解决的首要问题。河北省现阶段土地流转不畅，政策体系不完善，管理不到位，导致农村发展缓慢，制约了乡村振兴战略的实施。另外，随着城市化进程的加快，农民价值观念及生活水平发生了极大变化，致使乡村治理难度加大，现有乡村治理体系不能满足农民的生活所需。

四 河北省推进乡村振兴战略的对策建议

（一）加强人才队伍建设，构建乡村振兴新梯队

人才在现代社会发展中发挥着重要的作用，实现乡村振兴需要注入多层次、多领域、高素质的人才队伍。一是实施好"领头羊"工程。有针对性地培养农村干部脱贫致富的意识，使其成为推进乡村振兴基层组织的引领者和带领群众快速脱贫致富的组织者。二是完善乡土人才的培养机制。利用各部门农民培训资金，依托农业生产合作社，对农民进行专门培训，增加农业技术及管理知识，培育新型职业化农民。三是引导人才返乡创业。河北省大部分农村人才流失严重，为了吸引人们返乡创业，应借助职业院校的培训体系，促进乡村人才梯队建设。四是制定更加完善的政策，通过促进市场、资本、信息、人才等要素资源向农村聚集，补齐农村发展短板。

（二）完善农业生产体系，优化产业发展新格局

产业兴旺是乡村经济发展的基础，乡村振兴的关键是实现乡村的产业振兴。乡村产业振兴主要表现在两个方面：一是从农业内部结构出发，突破传统的农业发展方式，融入特色农业、物流、餐饮、交通、金融与支付等多个领域的生产要素，构建完善的农业生产体系，实现产业深度融合发展，推动

农村农业发展，农民增收；二是随着科技的进步，应用生物技术和互联网技术等高新技术，推动产业进步，给农村注入新活力。如鼓励发展家庭农场，借助规模化的经营方式，采取先进的种植、养殖技术，打破传统的小农户分散化经营模式，提高农业生产效率。

（三）强化金融服务措施，提升激励保障新机制

金融机构对"三农"支持不够，为了更好地引导农村金融服务乡村振兴，需要从财政补贴、奖励、税收等方面进行考虑，制定完善的政策。一是加大财政方面的支持力度，同时完善财政贴息政策，对积极服务乡村振兴的机构给予财政支持，对服务乡村振兴有突出贡献的机构直接给予现金奖励。二是优化税收激励政策，完善风险保障机制，对涉农金融服务机构给予政策优惠，引导金融资源流向"三农"领域。河北省部分农村金融知识欠缺，村民金融意识不够强。因此，河北省区域金融机构不仅要在金融产品和服务上下功夫，还要加强政策实施和金融意识宣传，增强村民的金融意识，同时通过金融服务使农业农村发展的综合效果得到显著提升。

（四）凸显本土文化特色，焕发乡村文明新气象

习近平在党的十九大报告中对文化建设的重要性做出阐述。乡村文化振兴主要表现在两个方面：其一，深入挖掘乡土文明、乡村文化和乡土记忆等，营造浓厚的乡土文化氛围，创造优美的居住环境，促进乡村文化兴盛；其二，农民是乡村发展的主体，为了给游客提供更加满意的服务体验，应因地制宜地打造文创产品，满足游客对乡土文化的消费需求，从而让农民获取更大的发展机会，提高当地农民的思想认识、文化素养及价值观念。因此，基层组织应该加强乡村文化建设，扭转只注重经济而忽略文化建设的错误倾向，引导农村居民积极参与到文化建设中来。

（五）巩固党政核心领导，构建乡村治理新体系

随着"三农"问题的解决，农业农村现代化进程也逐渐加快，为推进

乡村振兴事业快速发展，解决农民和土地的关系问题以及构建完善的乡村治理体系至关重要。一是农民的主要收入来源于土地，在实施乡村振兴战略的过程中，要以农民利益为基础，健全乡村土地流转机制，加强土地经营方式创新。二是在新时代乡村发展背景下，完善乡村治理体系是不可或缺的一大举措。坚持以党政领导为核心，强化党和政府对乡村振兴事业的全面指导，健全乡村便民服务体系，推进乡村法治、德治和村民自治融合建设。

参考文献

[1] 杨莲丽：《全面贯彻落实党的十九大精神实施乡村振兴战略开创新时代"三农"新格局》，《神州》2018年第19期。
[2] 文晓英：《新时代中国特色"三农"理论体系的构建研究》，《河南农业》2018年第23期。
[3] 《甘肃农业》编辑部：《回首过去，展望未来——"乡村振兴战略"为农业农村发展新阶段带来了新的生机与活力》，《甘肃农业》2018年第2期。
[4] 王丽娜：《京津冀金融协同发展探究》，《市场周刊》2018年第6期。
[5] 李昀等：《田园综合体河北之试点探索》，《中国农村科技》2017年第10期。
[6] 赵富洲：《发挥农业政策性金融牵引作用助力破解乡村发展不平衡不充分难题》，《农业发展与金融》2018年第3期。
[7] 李秀艳：《农村金融税收优惠问题研究》，《速读》（上旬）2017年第6期。

B.22
河北省红色研学旅行创新发展研究

徐平海[*]

摘 要： 红色研学旅行作为近年来兴起的一种寓教于游的学生实践活动形式，在社会主义核心价值观培育过程中发挥了重要作用。河北省红色研学旅行工作开展过程中面临着思维转变慢、场地设施不匹配、红色研学课程欠缺、经费不足、人才匮乏、意识形态防范风险和安全保障措施不够完善等亟待解决的难题。本文通过对红色研学旅行相关政策的解读，借鉴江西瑞金、河南安阳红旗渠开展红色研学的案例，结合河北省八路军129师纪念馆和开滦国家矿山公园的实例研究，提出河北省红色研学旅行发展路径。

关键词： 红色研学 红色旅游 青少年爱国主义教育

一 红色研学旅行的兴起与现状

2013年，国务院办公厅发布的《国民旅游休闲纲要（2013~2020）》明确提出，要"逐步推行中小学生研学旅行"。2014年，国务院印发了《关于促进旅游业改革发展的若干意见》，提出要"积极开展研学旅行"。2015年，国务院办公厅印发《关于进一步促进旅游投资和消费的若干意见》，再次提

---

[*] 徐平海，河北省红色旅游协会秘书长、旅游策划师、规划师，主要研究方向为红色文化、红色旅游、红色教育。

出要"支持研学旅行发展"。2016年，教育部等11部门发布的《关于推进中小学生研学旅行的意见》，要求将研学旅行摆在更重要的位置，推动研学旅行健康快速发展。

红色研学旅行是中小学生研学旅行的重要组成部分和不可或缺的发展土壤。近年来，红色研学活动在全国蓬勃兴起，2017年，国家旅游局出台了《研学旅行服务标准》，北京市、天津市、山东省、四川省及部分市级教育部门出台了推进研学旅行的政策和措施。承载着塑造社会价值观、树立和坚定理想信念、增强文化自信等特殊功能的红色旅游景区、革命纪念地也积极行动，从安全设备、展陈升级、教学环境、教材编制等软硬件打造方面全力为研学旅行开展做好各项准备。

（一）江西瑞金红色研学旅行发展经验

江西省瑞金市被誉为"共和国的摇篮"。近年来，瑞金充分挖掘利用当地丰富的红色旅游资源，推出了集培训、参与、体验于一体的红色教育培训和研学旅行活动，创新了传统教学方式，让峥嵘历史"活"了起来，在红色旅游和研学旅行上逐渐形成了"瑞金特色"和"瑞金样板"。分析其发展路径，发现主要有机制创新、内功扎实、科技融入三个方面。一是机制创新，走出"瑞金道路"。瑞金市成立了"红培办"作为管理机构，出台了《瑞金市扶持发展党性教育培训行业实施办法（试行）》等多个政策文件，强化政治引领，坚持规范管理，加大政策扶持，确保红色培训健康发展。同时，加强对外宣传营销，成立中央苏区纪念馆联盟，在产品开发、线路串联、宣传营销等方面加强合作，全面打响瑞金红色旅游品牌。二是内外兼修，打造"瑞金模式"。瑞金在机制和设施不断完善的同时，强化教学"内功"。推出3~7天的"不忘初心、牢记使命"红色经典课程，通过富有内涵的"八个一"基本课程（参观一次革命旧址、走一段长征路、听一堂红色教育培训课、向革命先烈献一束花、吃一餐红军饭、学唱一首红色歌谣、看一场红色文艺演出、读一本红色书籍），形成现场教学、体验式教学、情景教学等相得益彰的"瑞金模式"，让红色教育成为瑞金旅游的一面旗帜。

三是提质升级，见证"瑞金行动"。红色教育和研学旅行以青少年等年轻群体为主，为了让新一代年轻群体爱上红色旅游，时代科技元素必不可少。在不改变革命旧址现状的基础上，瑞金在主要红色景区景点充分融入了AR、VR等新技术，在提升展览水平的同时，增强了游客的体验感、融入感、代入感。传统展陈融合现代科技，从聆听历史到触摸历史，从传统游览到互动体验，正是这一系列创新实践，使瑞金红色培训和红色研学旅行真正成为游客的"感悟之旅"、"砥砺之旅"和"收获之旅"。

（二）河南安阳市红旗渠风景区红色研学旅行发展经验

2019年3月，河南省教育厅等10部门发布了《关于推进中小学生研学旅行的实施方案》，要求全省中小学每学年至少安排1次校外研学旅行，并将研学旅行纳入教学计划、评价结果纳入学生学分管理及综合素质评价。红旗渠风景区依托自身资源优势，结合教学实践编制了红旗渠研学旅行总体规划，并通过了教育、旅游等各领域专家学者的评审。根据教育部素质教育的规划要求，开发了幼儿园、小学、初中、高中研学旅行教材，与北京教育出版社联合出版了《研学旅行理论与实践》《全国中小学生研学旅行安全手册》，使一套专业且规范的红旗渠研学旅行课程走进校园。以"校景融合，薪火相传"为主题，红旗渠风景区开发了独具特色的红旗渠"十个一"研学体验课程（即当一次红色讲解员、看一场红旗渠电影、走一次红旗渠、推一把独轮车、抡一回开山锤、抬一次太行石、吃一次民工餐、看一场"凌空除险"表演、学唱一首红旗渠歌曲、开一次红旗渠主题班会），以青少年易于接受的活动形式再现历史，让学生们在行走中阅读历史、在体验中感悟革命精神、在欢乐氛围中完成红色教育，深切体会红旗渠的精神内涵。

而今，红旗渠风景区积极探索"5G技术+VR体验+视觉震撼+精神洗礼"，让红旗渠的故事变得鲜活立体，研学项目更加丰富，通过研学旅行使红旗渠国保文物活了起来，让当地红色旅游火了起来，也为红旗渠精神不断注入新的生命力。

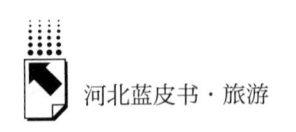

二 河北省红色研学旅行探索与实践

河北省是红色旅游资源大省，从1921年中国共产党诞生直至1949年中华人民共和国成立，河北人民在共产党领导下，同国民党反动派和日本侵略者进行了英勇顽强的斗争，用生命和鲜血书写了中国革命波澜壮阔的历史画卷，留下众多革命遗址、遗迹、故事、影视文学作品等红色文化载体。这些红色资源正是开展红色研学活动最生动、鲜活的教科书。

2017年11月，教育部公布第一批"全国中小学生研学实践教育基地"名单，河北西柏坡中央社会部旧址暨国家安全教育馆、西柏坡纪念馆、晋察冀军区司令部旧址、马本斋烈士纪念馆、保定市清苑区冉庄地道战纪念馆5处红色旅游经典景区入选其中。2018年，河北省八路军129师纪念馆、唐山地震遗址纪念公园、晋察冀边区革命纪念馆、迁西县喜峰口旅游开发有限公司、中国人民抗日军政大学陈列馆5处红色旅游经典景区成功入选教育部第二批"全国中小学生研学实践教育基地"名单。

为落实教育部、原国家旅游局等11部门发布的《关于推进中小学生研学旅行的意见》，河北省对红色研学旅行工作的支持力度逐年增大。2017年4月9日，原河北省旅游发展委员会发布了《研学旅游示范基地评定规范》服务标准，全省在开展红色旅游、研学旅行标准化工作方面走在了全国前列。各设区市对研学旅行的支持力度逐年加大，各地掀起了红色研学旅行的热潮。为促进全省红色研学旅行的深入开展，规范红色研学旅行活动，提升全省红色研学旅行水平，2019年5月31日，河北省红色旅游协会组织省内红色旅游景区、教育培训机构、研学营地、投资集团等10多家红色研学旅行相关单位，组建了红色文化研学中心。中心成立后，联合京津冀三地权威专家，从研学旅行机制完善、课程打造、人才培养、基地建设、完善保障等多个方面积极推动了全省红色研学旅行事业发展。

一是组建专家团队，完善研学机制。中心成立后，组建了以京津冀三地研学旅行教育专家为核心的专家智库。以机制建设拉动全省研学旅行教育实施开展省内研学旅行工作服务体系的研究与制定（研学旅行教育的标准化管理、业务准入制度、行业行为规范、研学导师标准等）。逐步完善全省以红色研学教育为特色的研学旅行社会服务体系。二是开展红色资源调研，推动研学课程建设。组织专家学者深入红色旅游经典景区和基地开展红色资源考察调研，深入挖掘各地红色资源课程的价值，实现红色研学的教育价值，推动各景区基地研学旅行课程体系建设。三是加强研学人才培养，提升研学服务水平。以京津冀专家团队为基础，面向省内红色研学旅行相关从业人员，分期分批开展对研学导师的培训，促进河北红色研学旅行教育服务专业人才职业能力提升。四是搭建服务平台，促进事业发展。2019年9月30日，河北省红色旅游协会举办了京津冀红色研学旅行峰会，与京津两地携手联合建立课程、师资、线路和基地统筹运作、协调发展的"四位一体"研学教育模式，搭建三地红色研学旅行资源平台，在交流先进经验的同时，促进河北红色研学旅行教育事业发展。

（一）八路军129师纪念馆红色研学旅行工作经验

八路军129师纪念馆充分发挥老区涉县独特的资源优势，整合各方面力量，积极探索行之有效的研学实践教育新模式，面向中小学生开展了"爱国主义教育""理念信念教育""国防教育""公共安全教育"，逐步构建五个协调运行机制，积极打造全国中小学生研学实践教育基地，2019全年接待中小学生36万人，受到社会各界一致好评。一是构建协调运行的内部机制。为加强对研学实践教育的组织领导，八路军129师纪念馆适时成立了以馆长姚英芳为组长、其他馆领导为副组长、中层干部为组员的研学实践领导组织机构。同时，打破原有的用人机制，充分发挥每一位员工的特长，实行竞争上岗，把热衷于研学教育的有特长、有爱好的员工调整到研学教育岗位上来。"不拘一格降人才"，对表现突出的、成绩优异的，可破格提拔到管理层。合理调配人力资源，在成立研学项目部的同时建立研学项目小分队，培养兼职人员，储备后备力量，如退役军人组成的教练队、文研室研究员组成的讲师队、各景点工作人员组成的安保队。编制了研学项目部管理手册，包括岗位职责、日常管理制度、培训制度、考核制度、政策法规、业务流程、活动方案、营销方案、指导师手册、安全应急预案等,实现管理规范化、培训常态化、操作流程化、考核指标量化、队伍专业化。要求全馆员工熟知管理手册内容,实现统一思想、统一行动,为研学项目的可持续发展打好基础。二是构建安全放心的保障机制。安全是研学实践教育活动的生命线。在研学实践中,老师、家长、第三方机构考虑最多的也是景区安全。为消除各方面的顾虑,构筑研学实践的安全保障机制,129师纪念馆加大安全保障投入,先后对景区的消防、安防工作进行了全面排查和整改提升,加强对员工安全素质的培训,牢固树立安全第一意识。利用景区监控和广播系统加强对学生动向的实时监控,特别是客流高峰期,监控指挥中心适时向带队人员通报人流情况,以便于及时疏导,确保学生游览安全。在研学旅行的接待过程中,食、住、行、游、购、娱等旅游要素都参与进来,作为研学产品的供应方,129师纪念馆积极参与到市场调节中,利用地缘优势,帮助主办方和组织方筛选优质产品,把控采购价格,控制活动成本。对于纪念馆指定的供应方则主动给予业务指导,一切以适合中小学生为准则,为不同学龄的学生量身定制专门的服务标准,尤其对食品质量与安全、住宿条件、车程车况亲自跟踪,严格把关。三是构建因材施教的教学机制。研学旅行效果如何,课程是关键。129师纪念馆对所管辖的历史文化资源进行了认真梳理和研究,以抗战文化为背景,以八路军129师、晋冀鲁豫边区发展史为内容,根据不同学龄阶段,开发了"当一天八路军""穿越封锁线""战争中走出的科学"三门课程;设计印制了研学手册;打造了军事体验、劳动生产、体能拓展、科学探索等活动场地;策划组织了"鲜花祭英雄""小记者老区行""追寻新中国新闻事业发展的足迹"等11项主题活动。根据学生的接受能力,将"不怕困难、不怕牺牲、勇于担当、勇于胜利"的129师精神进行了具体化的阐释,引导学生从小牢固树立为国为民努力学习的理想信念,培养学生自觉形成"讲诚信、守纪律、能吃苦、有毅力"的优秀品质。为确保课程的有效实施,针对课前、课中、课后三个教学阶段及各个活动环节制订了行之有效的方案,包括知识积累、动手操作、教具配备、讲解内容、活动场地、指导师定向、行程路线、课程评价、集体就餐、应急处理预案等内容，形成一套规范化的操作流程，精确到分钟，细化到个人。四是构建多方合作的共赢机制。129师纪念馆倡导基地与学校共建、基地与校外机构共建，互相学习，互通有无。一方面，主动向校方提供学生版的讲解词，并负责对学校选拔的历史老师进行网络远程培训，不仅缓解了客流高峰讲解员供不应求的问题，还帮助学校建立起一支专业的讲师队伍。另一方面，积极与校外机构沟通，将研学的课前准备环节在学生抵达前实现，课程评价在返程途中落实，充分利用了学生在路上的时间，提高了活动效率和质量。此外，在市教育局启动研学旅行网上预约平台后，纪念馆主动沟通，增加129师纪念馆的预约程序，确保了市场运行紧张有序。

（二）开滦国家矿山公园红色研学工作经验

近年来，开滦国家矿山公园依托典型厚重的文化资源，发挥人力、场地、区位等资源优势，积极探索，开拓创新，以"红游"为内核，开展极具工业文化特色的主题研学活动，取得了良好的社会反响，先后荣获河北省爱国主义教育基地、国防教育基地、廉政教育基地、社会科学普及基地、公民科学素质教育基地、不得不游的十大研学基地、北京市中小学生社会大课堂资源单位、国土资源科普基地、全国红色旅游经典景区、全国科普教育基地、国家工业旅游创新单位等荣誉称号。

开滦国家矿山公园红色研学工作主要从五个方面形成研学品牌影响力。一是发挥比较优势，强化研学特色。开滦国家矿山公园是以中国近代工业文明为主题的工业遗址类旅游景区，至今仍完好保存了丰富的珍稀矿业文化遗产，几乎见证和涵盖了中国早期工业发展史、民族屈辱与抗争史、工运与建党史、新中国建设发展史、工人阶级艰苦创业史等全部内容，称得上是一个多门类、多学科的综合性红游读本。在研学课程开发上，着重突出其鲜明的工业特色，增强学生的新鲜感和好奇感，进而激发学习兴趣。二是突出红色基因，传承主流价值。所设课程均以"追忆工业文明，传承红色基因"为核心，以景区展陈主展线知识为重点，以馆藏文物、井下探秘区、蒸汽机车观光园、"国保"遗址等为吸引物和研学重要节点，既着眼于课程的知识性、趣味性、参与性，又突出了内容的先进性、教育性，在满足中小学生好奇心理的过程中，潜移默化地实现了价值观传承，收到了较好效果。三是依托品牌优势，构建课业体系。积极发挥已获得的各类基地品牌，努力发挥基地的教育实践功能，主动对接京津教育机构、学校、旅行社及其他社会团体，陆续推出红游、科普、小小讲解员、铁路探奇、历史大搜索等多项主题研学课程，陆续增添拓展训练等课程，形成了多主题研学项目。四是创新研学手段，增强核心竞争力。2015年探索将"小小讲解员"培训和实践上岗作为一种新的研学方式，产生了良好的社会反响，引发周边博物馆竞相举办，"小小讲解员训练营"已发展成为集历史、人文、口才、演讲、形体、礼仪、外语、形象展示于一体的青少年综合素质训练基地，创新构建"馆校共建"新模式，实现了学校"课堂教育"、博物馆"实物教育"、文化遗产"实地教育"的有机融合。小小讲解员实践讲解更是广受游客喜爱，成为独具特色的唐山城市文化代言人。目前已培训小小讲解员700多人，并多次在国家、省市各类比赛中获奖，开滦博物馆获评唐山首批"红领巾小讲堂"宣讲教育基地，经验做法在全国煤炭学会和全省科协经验交流会上得到推广。五是主动对接市场，提供定制服务。根据各学校和游学单位的需求，在研学活动策划、课程设置、路线设计、行程安排等方面提供"一对一"量身定制服务，并为学校提供夜场参观服务，使研学活动更加形式多样、丰富多彩。

然而，面对持续走红、迅速升温的市场需求，河北省红色研学旅行发展显现诸多不足：许多红色旅游景区尚处于传统旅游的接待状态，无法与快速增长的青少年研学市场需求相匹配；各地红色研学旅行经费不足，文化挖掘和研学产品研发不够；没有针对青少年人群的红色研学课程体系和与之相匹配的研学场地及设施；红色研学导师人才欠缺，研学活动组织体验性和参与性较弱；由于红色旅游景区体制原因，相关单位内生动力不足；红色研学旅行实施过程中存在一定的意识形态防范风险和安全保障措施不够完善等问题，成为各红色旅游景区亟待解决的难题。

三 推进河北省红色研学旅行发展对策与建议

红色研学旅行是研学旅行之魂,红色研学旅行依托红色资源,有助于青少年思想政治教育,在落实立德树人及传承革命精神等方面有至关重要的作用。为此,应积极贯彻落实中共中央、国务院《新时代爱国主义教育实施纲要》,大力推进河北省中小学生研学实践,组织中小学生走出课堂,走向社会,通过集体旅行、集中食宿的方式开展研究性学习和旅行体验相结合的校外教育活动,依托红色资源、人文资源、自然资源,对学生进行革命传统、理想信念、爱国主义、国情和综合实践教育,才能让河北红色景区"活"起来、红色研学"火"起来。

(一)加大扶持力度,优化发展环境

红色研学旅行的发展离不开政府主导和政策支持,坚持以"政府引导、整合资源、市场参与"的理念发展红色研学。一是加强红色研学意识形态风险防范工作。红色旅游承载着传播中国革命历史和红色文化的重要使命,要充分发挥政治优势和先锋作用,加强意识形态建设,提高政治敏锐性和政治鉴别力,切实增强做好风险防范工作的政治责任感和使命感。因此,红色旅游景区在开展爱国主义教育和研学旅行工作时,应该严把政治关、思想关,要牢记红色文化的本质及意识形态价值,既要遵循教育的规律,寓教于乐,又要注意在形式上不能贪大求洋,性质上不能过度娱乐化,以免冲淡红色教育的政治主题。同时,还要注重资源的真实性,应该避免出现因博观众眼球而夸大宣传、歪曲历史、随意捏造、任意修改的现象,要实事求是,明确哪些该说、哪些不该说。二是制定红色研学标准,严格市场操作规范。原国家旅游局发布《研学旅行服务规范》(LB/T 054-2016)行业标准,针对研学旅行服务的术语和定义、总则、服务提供方基本要求、人员配置、研学旅行产品、研学

旅行服务项目、安全管理、服务改进和投诉处理等方面给出了明确规定，对规范红色研学旅行工作服务流程和提升服务质量有较强的指导意义。三是引入市场化运作机制，加快红色研学基地建设。借鉴PPP、BOT等模式，加快建设一批具有良好示范带动作用的研学旅行基地，通过引入社会资本和有实力的企业参与老区红色研学项目建设，有效解决老区政府资金瓶颈制约，建构完整的产业配套、精细的教育专业分工和研学旅行的服务配套，由此形成整体优势，用美誉度和知名度构建河北红色研学的品牌。

（二）深挖文化内涵，突出红色主题

作为红色旅游资源大省，河北省现有红色资源800余处、开放景区160多处、全国红色旅游经典景区30家，每一处红色旅游景点都是一个常学常新的生动课堂。深入挖掘红色旅游文化内涵，打造河北特色红色研学课程，严格按照"旅游+教育"的宏观框架，通过课程体系的形式植入红色旅游研学之中，并与大中小学校内课程、综合实践课程以及思想政治教育的要求结合起来，围绕人物与事件，塑造英雄形象；通过生活点滴细节，营造军民鱼水情；通过激烈情节冲突，渲染红色传奇魅力。因此，打造独具河北特色的红色研学旅行课程体系，可以使参加红色研学的学生更加深入地了解河北革命历史，坚定爱国爱党的意志，激发强烈的民族精神与时代精神，将红色基因传承下去。

（三）提升人员素质，提高服务质量

青少年是研学旅行的主要群体，该群体知识体系和价值观尚未完善，因此，在思想引导和安全保障方面不能用纯教育或纯旅游产品中的常规方法，研学导师便成了联结研学旅行目的地、研学课程、家长、学校和学生的最重要的纽带，也是处理和解决突发事件的核心，对研学活动中的学生体验和收获有直接影响。面对急速增长的研学旅行市场需求，合格的职业人才缺失成了研学旅行发展的最大制约。一时间，全国各地研学导师培训行业如雨后春

笋般爆发。研学旅行是教育教学活动，从业人员的品德、知识、技能与能力素养对能否提供高品质研学课程及服务至关重要。为此，需要教育、文旅等多部门联合推动，共同出台相应政策，制定服务标准，完善评价体系，并对所有研学旅行相关从业人员进行资格培训和考核，整合区域最优的研学资源，确保研学旅行活动使家长放心，让人民满意，更好地推动全省研学旅行事业持续健康发展。2019年11月26日，文化和旅游部人才中心在北京举办首期研学旅行指导师职业能力评价考评员培训班。首次对取得国家高级及以上导游证书并从事本职业及相关工作四年以上，或取得教师系列中级及以上专业技术职务任职资格并从事本职业及相关工作两年及以上的组织和指导研学旅行活动的专业技术人员进行培训。然而，不管是导游群体、教育从业者还是旅游管理类专业院校学生，都需要政府相关部门出台激励、考核措施，实施正规的培训和资格认定，改变现在从业人员鱼龙混杂的乱象。

（四）讲好红色故事，构建红色IP

在河北这片抗敌御侮的红色热土上，无数燕赵儿女用赤诚热血续写可歌可泣的英雄壮举，留下许多革命遗迹和感人肺腑、催人向上的红色故事，如抗战时期的白洋淀抗日武装"雁翎队"、冀东南的"敌后武工队"、冀西山区的"地雷战"、冀中平原的"地道战"等，无不表现出慷慨悲歌、英勇豪壮的燕赵风骨和红色精神内涵。深入挖掘红色旅游中的历史人物故事，抗日英雄、建设先驱、时代楷模等，既要反映领袖、英雄等"大人物"在历史中的重要作用，又要通过"小人物"的故事，如大家耳熟能详的张嘎子、雨来、王二小、狼牙山五壮士等以小见大，以人说史，揭示人民群众创造历史的真谛，使红色研学活动更加生动鲜活。这些红色故事本身就是超级IP，它的价值更多地体现为其精神内涵和不怕困难、勇于牺牲、勇于奋斗的优秀革命传统。加大对红色文化系统性的挖掘、梳理和重构，通过文创、动漫、影视、游戏等不同载体进行输出，使之更具吸引力，更容易被不同年龄段的学生接受和喜爱。利用现

代化多媒体、AR、VR等新技术，还原革命遗址和历史场景，在学生亲身体验、亲自实践的基础上实现社会实践教育。

（五）加强品牌营销，叫响红色河北

以"政府引导，协会主导"为原则，以河北丰富的红色旅游资源为依托，建立河北红色研学旅行品牌。在基地建设、课程研发、线路串联、安全保障、宣传营销等方面进行整合运作，提高河北红色研学旅行品牌知名度，全面打响河北红色研学旅行品牌影响力。

联合省内外权威纸媒、网络媒体、新媒体等建立"河北红色旅游媒体联盟"，利用现有媒体平台进行品牌营销。有计划、有组织地对全省红色研学旅行工作开展成效进行宣传报道，使河北红色旅行品牌深植人心。对研学活动，尤其是跨区域红色研学旅行活动进行大力度的宣传报道，借助活动扩大河北红色研学旅行品牌知名度和社会影响力。

参考文献

[1]《习近平关于红色旅游重要论述》。
[2] 教育部等：《关于推进中小学生研学旅行的意见》，2016年11月30日。
[3] 中共中央、国务院：《新时代爱国主义教育实施纲要》。
[4] 国务院办公厅：《国民旅游休闲纲要（2013~2020）》，2013。
[5] 国务院：《关于促进旅游业改革发展的若干意见》，2014。
[6] 国务院办公厅：《关于进一步促进旅游投资和消费的若干意见》，2015。
[7] 原国家旅游局：《〈研学旅行服务规范〉（LB/T 054-2016）行业标准》，2017。
[8] 王竹青、王书玥：《打造红色旅游+培训的"瑞金样板"》，《中国旅游报》2019年10月25日。
[9]《瑞金市扶持发展党性教育培训行业实施办法（试行）》。
[10] 刘剑昆：《红旗渠研学旅行别样红》，http://www.ayrbs.com/news/2019-04/18/content_2010588.htm，2019年4月18日。
[11] 河南省教育厅：《关于推进中小学生研学旅行的实施方案》，2019年3月20日。

［12］教育部：《第一批"全国中小学生研学实践教育基地"名单》，2017 年 11 月。
［13］教育部：《第二批"全国中小学生研学实践教育基地"名单》，2018。
［14］原河北省旅游发展委员会：《〈研学旅游示范基地评定规范〉服务标准》，2017 年 4 月 9 日。
［15］王煜琴、赵恩兰：《"研学旅行执业人"培养刻不容缓》，《中国旅游报》2019 年 9 月 19 日。
［16］《河北省中小学研学旅行》。

社会科学文献出版社

皮 书

智库报告的主要形式
同一主题智库报告的聚合

❖ 皮书定义 ❖

皮书是对中国与世界发展状况和热点问题进行年度监测,以专业的角度、专家的视野和实证研究方法,针对某一领域或区域现状与发展态势展开分析和预测,具备前沿性、原创性、实证性、连续性、时效性等特点的公开出版物,由一系列权威研究报告组成。

❖ 皮书作者 ❖

皮书系列报告作者以国内外一流研究机构、知名高校等重点智库的研究人员为主,多为相关领域一流专家学者,他们的观点代表了当下学界对中国与世界的现实和未来最高水平的解读与分析。截至2020年,皮书研创机构有近千家,报告作者累计超过7万人。

❖ 皮书荣誉 ❖

皮书系列已成为社会科学文献出版社的著名图书品牌和中国社会科学院的知名学术品牌。2016年皮书系列正式列入"十三五"国家重点出版规划项目;2013~2020年,重点皮书列入中国社会科学院承担的国家哲学社会科学创新工程项目。

中国皮书网

（网址：www.pishu.cn）

发布皮书研创资讯，传播皮书精彩内容
引领皮书出版潮流，打造皮书服务平台

栏目设置

◆ 关于皮书

何谓皮书、皮书分类、皮书大事记、
皮书荣誉、皮书出版第一人、皮书编辑部

◆ 最新资讯

通知公告、新闻动态、媒体聚焦、
网站专题、视频直播、下载专区

◆ 皮书研创

皮书规范、皮书选题、皮书出版、
皮书研究、研创团队

◆ 皮书评奖评价

指标体系、皮书评价、皮书评奖

◆ 互动专区

皮书说、社科数托邦、皮书微博、留言板

所获荣誉

◆ 2008年、2011年、2014年，中国皮书网均在全国新闻出版业网站荣誉评选中获得"最具商业价值网站"称号；
◆ 2012年，获得"出版业网站百强"称号。

网库合一

2014年，中国皮书网与皮书数据库端口合一，实现资源共享。

权威报告·一手数据·特色资源

皮书数据库
ANNUAL REPORT(YEARBOOK) DATABASE

分析解读当下中国发展变迁的高端智库平台

所获荣誉

- 2019年，入围国家新闻出版署数字出版精品遴选推荐计划项目
- 2016年，入选"'十三五'国家重点电子出版物出版规划骨干工程"
- 2015年，荣获"搜索中国正能量 点赞2015""创新中国科技创新奖"
- 2013年，荣获"中国出版政府奖·网络出版物奖"提名奖
- 连续多年荣获中国数字出版博览会"数字出版·优秀品牌"奖

成为会员

通过网址www.pishu.com.cn访问皮书数据库网站或下载皮书数据库APP，进行手机号码验证或邮箱验证即可成为皮书数据库会员。

会员福利

- 已注册用户购书后可免费获赠100元皮书数据库充值卡。刮开充值卡涂层获取充值密码，登录并进入"会员中心"—"在线充值"—"充值卡充值"，充值成功即可购买和查看数据库内容。
- 会员福利最终解释权归社会科学文献出版社所有。

卡号：352474468827
密码：

数据库服务热线：400-008-6695
数据库服务QQ：2475522410
数据库服务邮箱：database@ssap.cn
图书销售热线：010-59367070/7028
图书服务QQ：1265056568
图书服务邮箱：duzhe@ssap.cn

S 基本子库
SUB DATABASE

中国社会发展数据库（下设12个子库）

整合国内外中国社会发展研究成果，汇聚独家统计数据、深度分析报告，涉及社会、人口、政治、教育、法律等12个领域，为了解中国社会发展动态、跟踪社会核心热点、分析社会发展趋势提供一站式资源搜索和数据服务。

中国经济发展数据库（下设12个子库）

围绕国内外中国经济发展主题研究报告、学术资讯、基础数据等资料构建，内容涵盖宏观经济、农业经济、工业经济、产业经济等12个重点经济领域，为实时掌控经济运行态势、把握经济发展规律、洞察经济形势、进行经济决策提供参考和依据。

中国行业发展数据库（下设17个子库）

以中国国民经济行业分类为依据，覆盖金融业、旅游、医疗卫生、交通运输、能源矿产等100多个行业，跟踪分析国民经济相关行业市场运行状况和政策导向，汇集行业发展前沿资讯，为投资、从业及各种经济决策提供理论基础和实践指导。

中国区域发展数据库（下设6个子库）

对中国特定区域内的经济、社会、文化等领域现状与发展情况进行深度分析和预测，研究层级至县及县以下行政区，涉及地区、区域经济体、城市、农村等不同维度，为地方经济社会宏观态势研究、发展经验研究、案例分析提供数据服务。

中国文化传媒数据库（下设18个子库）

汇聚文化传媒领域专家观点、热点资讯，梳理国内外中国文化发展相关学术研究成果、一手统计数据，涵盖文化产业、新闻传播、电影娱乐、文学艺术、群众文化等18个重点研究领域。为文化传媒研究提供相关数据、研究报告和综合分析服务。

世界经济与国际关系数据库（下设6个子库）

立足"皮书系列"世界经济、国际关系相关学术资源，整合世界经济、国际政治、世界文化与科技、全球性问题、国际组织与国际法、区域研究6大领域研究成果，为世界经济与国际关系研究提供全方位数据分析，为决策和形势研判提供参考。

法律声明

"皮书系列"(含蓝皮书、绿皮书、黄皮书)之品牌由社会科学文献出版社最早使用并持续至今,现已被中国图书市场所熟知。"皮书系列"的相关商标已在中华人民共和国国家工商行政管理总局商标局注册,如LOGO( )、皮书、Pishu、经济蓝皮书、社会蓝皮书等。"皮书系列"图书的注册商标专用权及封面设计、版式设计的著作权均为社会科学文献出版社所有。未经社会科学文献出版社书面授权许可,任何使用与"皮书系列"图书注册商标、封面设计、版式设计相同或者近似的文字、图形或其组合的行为均系侵权行为。

经作者授权,本书的专有出版权及信息网络传播权等为社会科学文献出版社享有。未经社会科学文献出版社书面授权许可,任何就本书内容的复制、发行或以数字形式进行网络传播的行为均系侵权行为。

社会科学文献出版社将通过法律途径追究上述侵权行为的法律责任,维护自身合法权益。

欢迎社会各界人士对侵犯社会科学文献出版社上述权利的侵权行为进行举报。电话:010-59367121,电子邮箱:fawubu@ssap.cn。

社会科学文献出版社